الدولة العثمانية
عوامل النهوض وأسباب السقوط
الجزء الثاني

مكتبة حسن العصرية
للطباعة والنشر والتوزيع
بيروت - لبنان

الطبعة الأولى	:	1431هـ/ 2010 م
عنوان الكتاب	:	**الدولة العثمانية** 2 / 2
تأليف	:	الدكتور علي محمد الصلابي
عدد الصفحات	:	400 صفحة
قياس	:	17 × 24
صف وإخراج	:	غنى الريّس الشحيمي
تصميم الغلاف	:	فؤاد وهبي
الناشر	:	مكتبة حسن العصرية
هاتف	:	009613790520
تلفاكس	:	009617920452
ص.ب.	:	14-6501 بيروت- لبنان

E-mail: Library.hasansaad@hotmail.com

طبع في لبنان 2010 **Printed in Lebanon**

الدكتور علي محمد الصلابي

الدولة العثمانية

عوامل النهوض وأسباب السقوط

الجزء الثاني

مكتبة حسن العصرية

للطباعة والنشر والتوزيع

بيروت ـ لبنان

الفصل الخامس
بداية اضمحلال الدولة العثمانية

اتفق المؤرخون على أن عظمة الدولة العثمانية قد انتهت بوفاة السلطان العثماني سليمان القانوني عام (974هـ/ 1566م) وكانت مقدمات ضعف الدولة قد اتضحت في عهد السلطان سليمان، إذ وقع السلطان تحت تأثير زوجته روكسلانا التي تدخلت للتآمر ضد الأمير مصطفى ليتولى ابنها سليم الثاني الخلافة بعد أبيه وكان مصطفى قائدا عظيما ومحبوبا من الضباط، مما أدى إلى سخط الانكشارية ونشوب ثورة كبرى ضد السلطان وأخمدها السلطان سليمان، وبذلك تم القضاء على مصطفى وابنه الرضيع وكذلك قتل السلطان ابنه بايزيد وأبناءه الأربعة بدسيسة من أحد الوزراء[1] ومن مظاهر الضعف في عهد سليمان بدء انسحاب السلطان من جلسات الديوان، وبروز سطوة الحريم والعجز عن مواجهة المشاكل الاقتصادية والاجتماعية التي أدت إلى نشوب القلاقل الشعبية في الروميلي والأناضول[2].

(1) انظر: في أصول التاريخ العثماني، ص102.
(2) انظر: الدولة العثمانية في التاريخ الإسلامي ، ص94.

المبحث الأول

السلطان سليم الثاني

تولى الحكم في 9 ربيع الأول سنة 974هـ ولم يكن مؤهلا لحفظ فتوحات والده[1] السلطان سليمان ولولا وجود الوزير الفذ والمجاهد الكبير والسياسي القدير محمد باشا الصقللي لانهارت الدولة، إذ قام بإعادة هيبتها وزرع الرهبة في قلوب أعدائها وعقد صلحا مع النمسا وأتم توقيع معاهدة في عام 975هـ الموافق 1967م احتفظت بموجبها النمسا بأملاكها في بلاد[2] المجر ودفعت الجزية السنوية المقررة سابقا للدولة كما اعترف أمراء تراسلفانيا والأفلاق والبغدان .

أولا: تجدد الهدنة مع شارل التاسع ملك فرنسا:

تجددت الهدنة مع ملك بولونيا وشارل التاسع ملك فرنسا في عام 980هـ الموافق 1569م كما زادت الامتيازات القنصلية الفرنسية وجرى تعيين هنري دي فالوا - وهو أخو ملك فرنسا - ملكا على بولونيا باتفاق مع فرنسا التي أصبحت بذلك ملكة التجارة في البحر المتوسط . وطبقا للمعاهدات السابقة فقد قامت تلك الدولة - أي فرنسا - بإرسال البعثات الدينية النصرانية إلى كافة أرجاء البلاد العثمانية التي يسكنها نصارى وخاصة بلاد الشام وقامت بزرع محبة فرنسا في نفوس نصارى الشام مما كان له أثر يذكر في ضعف الدولة، إذ امتد النفوذ الفرنسي بين النصارى وبالتالي ازداد العصيان وتشجعوا على الثورات فكان من أهم نتائج ذلك التدخل الاحتفاظ بجنسية

(1) انظر: تاريخ الدولة العثمانية، د. علي حسون، ص123.

(2) المصدر السابق نفسه ، ص124.

ولغة الأقليات النصرانية حتى إذا ضعفت الدولة العثمانية ثارت تلك الشعوب مطالبة بالاستقلال بدعم وتأييد من دول أوروبا النصرانية[1].

إن اقتناع الدول الأوروبية بكون " نظام الامتيازات الأجنبية، حقا من حقوقها الطبيعية هو الذي دفع فرنسة لإرسال جنودها لمساعدة البندقية التي كان السلطان مراد الرابع (1624-1640م) يحاربها، كما أرسلت سفيرها برفقة عمارة بحرية لإرهاب الدولة العلية ومطالبتها بتحديد الامتيازات. لكن الصدر الأعظم حينئذ والذي كان مازال يمتلك قراره السياسي، أخبر السفير "بأن المعاهدات هذه ليست اضطرارية واجبة التنفيذ ذلك لكونها منحة سلطانية فحسب، الأمر الذي جعل فرنسة تتراجع عن تهديداتها وتتحايل لدى السلطان ليوافق من جديد على تجديد نظام الامتيازات عام 673م، مما زاد الطين بلة، وبدل أن تتعظ الدولة العثمانية[2] مما حدث أمر السلطان محمد الرابع (1648-1687م) بتفويض فرنسة حق حماية بيت المقدس تتابع بتجديد الامتيازات، وفي كل مرة يضاف قيد جديد على السلطنة ففي تجديد عام 1740م أضافت السلطنة امتيازات تجارية جديدة لفرنسة. ولكن الامتيازات تعرضت لتهديد حقيقي عندما احتل نابليون بونابرت مصر، فقد أوقفت السلطنة العمل بها، غير أن نابليون كان قد تراجع في الوقت المناسب حفاظا على علاقته مع السلطنة، وذلك حين عرض انسحاب فرنسة من مصر لقاء تجديد الامتيازات، وقد تم ذلك بالفعل في 9 تشرين أو (أكتوبر) 1801م[3] وأضافت السلطنة امتيازا جديدا يقضي بمنح فرنسة حرية التجارة والملاحة في البحر الأسود.

لقد كانت نتائج هذه الامتيازات وخيمة جدا على السلطنة ولقد بين المؤرخ اليوناني ويمتري كيتسيكس : " .. أن الامتيازات حطمت اقتصاد الإمبراطورية بتحطيمها

---

(1) انظر: تاريخ الدولة العثمانية، ص124.

(2) انظر: الدولة العثمانية، قراءة جديدة لعوامل الانحطاط، جواد العزاوي، ص26.

(3) انظر: الدولة العثمانية، قراءة جديدة لعوامل الانحطاط، جواد العزاوي، ص26.

النظام الضريبي العثماني القائم على حماية التجارة المحلية ضد المنافسة الأجنبية .. " [1] . بل هذه الامتيازات حالت دون قيام السلطنة بتنفيذ مشروعات إصلاحية واستنباط موارد مالية جديدة لمواجهة نفقات الإدارة والحكم، لذلك أصبحت معاهدات الامتيازات الأجنبية بمثابة مواثيق مذلة للعثمانيين مادام الأوربيون لايخضعون للسلطات العثمانية، فقد أصبحوا وكأنهم يشكلون حكومة داخل الحكومة العثمانية [2] .

ثانيا: حاكم خوارزم يطلب الحماية من السلطان سليم الثاني

اشتكى حاكم خوارزم للسلطان سليم الثاني، من أن شاه فارس يقبض على الحجاج الوافدين من تركستان، بمجرد عبورهم حدوده، وأن موسكو بعد استيلائها على استراخان منعت مرور الحجاج والتجارة، ووضعت العقبات والعراقيل أمامهم، لهذا طلب حاكم خوارزم، وحكام بخارى وسمرقند من السلطان سليم الثاني أن يفتح استرخان بهدف إعادة فتح طريق الحج [3] لاقى ذلك الطلب القبول لدى الدولة العثمانية اعد صوقللي باشا الصدر الأعظم في الدولة حملة كبرى سنة 976هـ/977هـ/568-1569م للاستيلاء على استراخان وتحويلها إلى قاعدة عثمانية للدفاع عن المنطقة وأن يصل مابين نهري الفولجا والدون بقناة صالحة لمرور السفن لتسهل دخول الأسطول العثماني بحر الخزر (قزوين) عن طريق البحر الأسود لتمكن العثمانيين من وقف التوسع الروسي نحو الجنوب وتطرد الفرس من القوقاز واذربيجان بل وغزو فارس من الشمال، بدلا من مرور الجيوش العثمانية بأرض أذربيجان الوعرة، والاتصال بالأزبك أعداء الصفويين وتتار القرم، ومن شأن كل ذلك أن يؤدي إلى إحياء طريق القوافل القديمة

(1) المصدر السابق نفسه، ص27.

(2) انظر: الدولة العثمانية دولة إسلامية مفترى عليها (75/1).

(3) انظر: في أصول التاريخ العثماني ،ص144.

المارة بأواسط آسيا من الشرق إلى الغرب [1].

شرع العثمانيون في تنفيذ مشروع وصل نهر الدون بالفولجا، وحل شهر جمادي الأولى 977هـ/ أكتوبر 1569م حتى كان ثلث القناة قد اكتمل، وان يكن موسم الشتاء قد أدى إلى إيقاف العمل، وحينئذ اقترح قائد الحملة استعمال سفن صغيرة محملة بالمدافع والذخيرة لشن الهجوم على استراخان إلا أن الحملة فشلت بسبب الظروف الطبيعية ومع هذا استطاع صوقللي باشا أن يحقق بعض النجاحات كتشديد قبضة السلطان على أمراء مولدافيا وولاشيا وبولندا، وبذلك اعترضت الدولة العثمانية مرحليا توسع روسيا شمال وغرب البحر الأسود [2].

ثالثا: فتح قبرص:

كانت إيطاليا واسبانيا تقدر أهمية جزيرة قبرص وشاع في أوروبا عن تكون حلف ضد السلطان ولكن لم يعمل شيء في حينه لإنقاذ قبرص من العثمانيين الذين نزلوها بقوة كاسحة، نفذت إلى الجزيرة بدون صعوبة ووقفت مدينة فامرجستا الحصينة أمام العثمانيين بقيادة باحليون وبراجادنيو الذين واجهوا القوة العثمانية التي وصلت مائة ألف مقاتل استعمل خلالها العثمانيين جميع وسائل الحصار المعروفة، من فر وكر، وزرع للألغام ولم ينتج أي تأثير على الحامية، ولو وصلت قوة مسيحية للنجدة، لصار العثمانيون في خطر، إلا أن المجاعة قامت بعملها، واستسلمت المدينة في ربيع الثاني 979هـ / أغسطس 1571م .

نقلت الدولة العثمانية بعد فتحها لقبرص عددا كبيرا من سكان الأناضول الذين لايزال أحفادهم مقيمين في الجزيرة، ورغم ترحيب القبارصة الأرثوذكس بالحكم

(1) انظر: فتح عدن ، محمد عبد اللطيف البحراوي، ص145.

(2) انظر: جهود العثمانيين، ص447.

العثماني، الذي أنقذهم من الاضطهاد الكاثوليكي الذي مارسته البندقية لعدة قرون، إلا أن احتلال العثمانيين أثار الدولة الكاثوليكية[1].

رسى الأسطول العثماني بعد انتهاء مهمته في ابنانجني وانصرف معظم جنوده بمناسبة حلول موسم الشتاء، حيث تتوقف ساحة المعارك في مثل هذا الوقت من السنة، والاستعداد للسنة المقبلة[2].

رابعا: معركة ليبانتي[3]

ارتعدت فرائص الأمم المسيحية من الخطر الإسلامي العظيم الذي هدد القارة الأوروبية، من جراء تدفق الجيوش العثمانية برا وبحرا فأخذ البابا بيوس الخامس (1566 - 1572م) يسعى[4] من جديد لجمع شمل البلاد الأوروبية المختلفة وتوحيد قواها برا وبحرا تحت راية البابوية[5] وقد كتب يقول "... إن السلطنة التركية قد تبسطت تبسطا هائلا بسبب نذالتنا" عقد البابا بيوس الخامس وفيليب الثاني ملك اسبانيا وجمهورية البندقية معاهدة في أوائل 979هـ/ مايو 1571م، تعهدوا فيه بالقيام بهجوم بحري ضد العثمانيين شارك في الحلف كذلك بعض المدن الايطالية، وذلك بعد تحريك بيوس الخامس[6] لروح التحالف، فارتبطت توسكاني وجنوة، وسافوي، وبعض الايطاليين في الحلف المقدس، وأرسل البابا إلى ملك فرنسا يريد العون: فاعتذر شارل التاسع بحجة ارتباطه بمعاهدات مع العثمانيين، فأجابه البابا طالبا منه التحلل من مواثيقه هذه ولم تمض سوى أيام قليلة حتى نقض الإمبراطور عهوده ومواثيقه التي

---

(1) انظر: في أصول التاريخ العثماني ، ص146-147.
(2) انظر: فلسفة التاريخ العثماني لمحمد جميل بيهم، ص142.
(3) تقع في الطرف الشمالي للفم الغربي لخليج كورنث في اليونان اليوم.
(4) انظر: حرب الثلاثمائة سنة، ص396.
(5) تاريخ الدولة العثمانية ، ص125.
(6) انظر: جهود العثمانيين، ص452.

أبرمها مع العثمانيين واتجه نحو إيفان ملك الروس يطلب إجابته نفير الحرب ووجد تباطؤا عند ملك بولونيا واختير (دون جوان) النمساوي قائدا للحملة وجاء في أحد بنود المعاهدة النصرانية : " إن البابا بيوس الخامس وفيليب ملك إسبانيا وجمهورية البندقية يعلنون الحرب الهجومية والدفاعية على الأتراك لأجل أن يستردوا جميع المواقع التي اغتصبوها من المسيحيين ومن جملتها تونس والجزائر وطرابلس "(1) .

سار دون جون إلى البحر الأدرياتيك، حتى وصل إلى الجزء الضيق من خليج كورنث بالقرب من باتراس وليس ببعيدة عن ليبانتو والذي اسمها أعطى للمعركة.

كان من رأي قادة الأسطول الإسلامي الإفادة من تحصين الخليج وعدم الاشتباك بالأسطول الصليبي، غير أن القائد العام علي باشا صمم على الخروج للمعركة معتمدا على تفوقه في عدد سفنه، ونظم علي باشا قواته فوضع سفنه على نسق واحد من الشمال إلى الجنوب، بحيث كانت ميمنتها تستند إلى مرفأ ليبانتو، ومسيرتها في عرض البحر، وقد قسمها علي باشا إلى جناحين وقلب فكان هو في القلب وسيروكو في الجناح الأيمن وبقي الجناح الأيسر بقيادة قلج علي.

ومقابل ذلك نظم دون جون قواته فوضع سفنه على نسق يقابل النسق الإسلامي ووضع جناحه الأيمن بقيادة دوريا مقابل قلج علي، وأسند قيادة جناحه الأيسر إلى بربريجو مقابل سيروكو وجعل دون نفسه لقيادة القلب وترك أسطولا احتياطيا بقيادة سانت كروز(2) .

خامسا: احتدام المعركة :

احتدمت المعركة في 17 جمادي الأولى سنة 979هـ/ 17 أكتوبر 1571م أحاط

(1) انظر: تاريخ الدولة العثمانية، ص125،126.
(2) انظر: حرب الثلاثمائة سنة، ص396.

الأسطول الإسلامي بالأسطول المسيحي وأوغل العثمانيون بين سفن العدو، ودارت معركة قاسية [1] أظهر فيها الفريقان بطولة كبيرة وشجاعة نادرة ، وشاءت إرادة اللـه هزيمة المسلمين ففقدوا ثلاثين ألف مقاتل وقيل عشرين ألفا، وخسروا[2] 200 سفينة حربية منها 93 غرقت[3] والباقي غنمه العدو وتقاسمته الأساطيل النصرانية المتحدة وأسر لهم عشرة آلاف رجل واستطاع قلج علي إنقاذ سفنه واستطاع كذلك المحافظة على بعض السفن التي غنمها ومن بينها السفينة التي[4] تحمل عمل البابا، رجع بها لاسطنبول التي استقبلته استقبال الفاتحين، رغم الشعور بمرارة الهزيمة وبادر السلطان سليم الثاني أثر ذلك بترفيع[5] قلج علي إلى رتبة قائد البحرية العثمانية " قبودان باشا "، مع الاستمرار في منصبه كبيرلبك للجزائر .

سادسا: أثر ليبانتو على أوروبا والدولة العثمانية:

احتفلت[6] القارة الأوربية بنصر ليبانتو، فلأول مرة منذ أوائل القرن الخامس عشر تحل الهزيمة بالعثمانيين فهلل الأوروبيون وكبروا لذلك الانتصار وأقيمت معالم الزينات في كل مكان وأفرطت في التسبيح بحمد دون جون أمير الأساطيل المتحدة الذي أحرز هـذا الانتصار، إلى حد أن البابا لم يتورع عن القول أثناء الاحتفال في كنيسة القديس بطرس، بمناسبة هذا النصر (إن الإنجيل قد عنى دون جون نفسه، حيث بشر بمجيء رجل من اللـه يدعى حنا) وظل العالم المسيحي ومؤرخوه ينوهون بهذا النصر البحري، حتى أن القواميس المدرسية الحديثة لاتذكر ثغر ليبانت، إلا وتذكر معه دون

---

(1) انظر: جهود العثمانيين، ص454.
(2) انظر: تاريخ الدولة العثمانية، ص126.
(3) المصدر السابق نفسه، ص126.
(4) انظر: الحرب الثلاثمائة سنة، ص398،399.
(5) انظر: جهود العثمانيين، ص454.
(6) انظر: في أصول التاريخ العثماني، ص147.

جون المشار إليه على اعتبار أنه أنقذ المسيحية من خطر كان يحيق بها[1] .

لقد فرح البابا فرحا عظيما على الرغم من عدم ارتياحه لأن عدوه لايزال عظيما مرهوب الجانب وحاول إثارة شكوك الشيعة الأثنى عشرية الصفوية ضد العثمانيين مستغلا بعض الضغائن والمشكلات والاختلاف العقائدي، فأرسل إلى الشاه طهماسب ملك العجم ومن جملة ماقال له : " .. لن تجد أبدا فرصة أحسن من هذه الفرصة لأجل الهجوم على العثمانيين ، إذ هم عرضة للهجوم من جميع الجهات..."[2] .

وأرسل يستعدي ملك الحبشة وإمام اليمن على الدولة العثمانية ولكن المنية عاجلته[3] . إن نتيجة معركة ليبانتو، كانت مخيبة لآمال العثمانيين، فقد زال خطر السيادة العثمانية في البحر المتوسط ومع زوال الخطر، زال الخوف الذي كان قويا، للمحافظة على حلف مقدسي دائم و استعاد الحسد والغيرة نشاطه بين الدول المسيحية[4] .

إن أهمية ليبانتو كانت عظيمة وأسطورة عدم قهر العثمانيين قد اختفت ولم تعد للوجود ثانية على أقل تقدير في البحر، وأزيح ذلك الخوف عن قلوب حكام إيطاليا، واسبانيا، وتزعزع تأثير الدولة العثمانية على سياسة القوى الغربية لأوروبا، إذ كانت من الحقيقة القوات العثمانية هائلة في كل المجال البري، والمجال البحري[5] ، كما أن الانتصار المسيحي في ليبانتو 1571 كان إشارة لتحضير لتحضير حاسم في ميزان القوة البحرية في البحر المتوسط، كما أنه أنهى عصرا من عصور العمليات البحرية الطموحة في البحر المتوسط، والتي تكاليفها باهظة[6] .

(1) انظر: فلسفة التاريخ العثماني، ص143.
(2) انظر: تاريخ الدولة العثمانية، ص126.
(3) المصدر السابق نفسه، ص126.
(4) انظر: جهود العثمانيين، ص455.
(5) المصدر السابق نفسه، ص455.
(6) المصدر السابق نفسه، ص455.

لم يعد يفكر العثمانيون بعد تلك الهزيمة في إضافة حلقة أخرى إلى سلسلة أمجادهم[1] البحرية[2] ، إذا كان هذا الانكسار نقطة البداية نحو توقف عصر الازدهار لقوة الدولة البحرية .

سابعا: ظهور أطماع فرنسا في الشمال الأفريقي:

كانت معركة ليبانتو فرصة مواتية لإظهار طمع فرنسا نحو المغرب الإسلامي، إذ بمجرد انتشار خبر هزيمة الأسطول العثماني في تلك المعركة قدم ملك فرنسا شارل التاسع مشروعا إلى السلطان العثماني (980هـ / 1572م) ، وذلك بواسطة سفيره باسطنبول، يتضمن طلب الترخيص لحكومته في بسط نفوذها على الجزائر، بدعوة الدفاع عن حمى الإسلام والمسلمين بها وأن فرنسا مستعدة في مقابل ذلك دفع مغرم للباب العالي، فأعرض السلطان عن السفير الفرنسي ولم يهتم به، ومع ذلك أوغلت فرنسا طموحها وألحت على طلبها وسلكت للتوصل إلى هدفها مسالك دبلوماسية عديدة، حتى تحصلت على امتيازات خاصة، في السقالة وأماكن أخرى على الساحل الجزائري وتصريح من السلطان بإقامة مراكز تجارية[3] .

ثامنا: إعادة بناء الأسطول العثماني:

قبل القبودان باشا قلج علي، بهمة ونشاط متزايد، على تجديد الأسطول العثماني، وتعويض ما فقد منه، وما حل صيف 980هـ/ 1572م، حتى قد هيأ مائتان وخمسون سفينة جديدة، وخرج قلج علي بأسطوله في البحر وارتاعت البندقية من هذا الاستعداد البحري، فطلبت الصلح من الدولة العثمانية بشروط مخزية إذ تنازلت لها

---

(1) انظر: بداية الحكم المغربي في السودان، ص94.
(2) انظر: فلسفة التاريخ العثماني، ص143.
(3) انظر: تاريخ الجزائر العام (3/97-98).

عن جزيرة قبرص، كما دفعت غرامة حربية قدرها ثلاثمائة ألف دوكه[1]، ولكن هذا النشاط كان من قبيل اليقظة التي تسبق فترة الاحتضار البحري ذلك لأن الدولة انصرفت إلى حروب متواصلة، نشبت بينها وبين النمسا وحليفاتها من جهة، وبينها وبين فارس من جهة أخرى كما أنها انشغلت بإخماد الثورات الداخلية المستمرة[2].

تاسعا: احتلال تونس:

كان فيليب الثاني قد تشجع لاحتلال تونس بسبب لجوء السلطان الحفصي أبي العباس الثاني الذي حكم تونس 942-980 / 1535- 1572م إليه، وطلب منه المساعدة في إخماد الثورات بإعطائهم[3] امتيازات كبيرة، وتتيح لهم سكن جميع أنحاء تونس، وتتنازل عن عناية وبنزرت وحلف الواد[4] فرفض أبو العباس الشروط ولكن أخاه محمد بن الحسين قبلها بعد ذلك خرج دون جون بأسطوله من جزيرة صقلية في رجب 981هـ أكتوبر 1573م، على رأس أسطول مكون من 138 سفينة تحمل خمسة وعشرون ألف مقاتل، ونزل بقلعة حلق الواد التي كانت تحتلها اسبانيا[5]، ثم باغت دون جون تونس واحتلها وخرج أهلها بوادي تونس فارين بدينهم من شر الإسبان[6]، كما انسحب الحاكم العثماني إلى القيروان[7] وكانت أوروبا قد أدركت أنها لاتستطيع أن تقضي على الدولة إلا مجتمعة.

---

(1) انظر: حرب الثلاثمائة سنة، ص399.

(2) انظر: جهود العثمانيين،ص456.

(3) انظر: تاريخ الجزائر الحديث، ص143.

(4) جهود العثمانيين، ص457.

(5) حرب الثلاثمائة سنة، ص399-400.

(6) انظر: تاريخ الجزائر الحديث، ص

(7) انظر: جهود العثمانيين، ص457.

عاشرا: قلج علي واستعداداته الحربية:

اهتم قلج علي بتسليح البحارة وتدريبهم على الأسلحة النارية الحديثة، وقد لفت هذا النشاط البحري أنظار كل المقيمين الأجانب وازدادت مكانة قلج علي حتى أن البابا نصح فيليب الثاني ملك اسبانيا أن يسعى لإغرائه[1] وذلك بمنحه راتبا من عشرة آلاف وإقطاعية من مملكة نابلس أو غيرها من ممتلكات العرش الاسباني ويتوارثها نسله من بعده، مع لقب كومت أو ماركيز أو دوق، كما شمل المشروع أيضا منح امتيازات مماثلة لاثنين من مساعديه[2]، وكان البابا يدرك أن مثل هذه المحاولة أن لم تنجح فإنها على الأقل ستثير شكوك السلطان على قلج علي وهو الشخص الوحيد القادر على دعم أمور السلطنة ولكن هذه المحاولة فشلت وكانت النتيجة أنها أثارت غضب قلج علي بدلا من أن تقربه[3]، وأنه لايمكن شراء أمانة المسلم المجاهد إذ أنه وجوده في خدمة الدولة، إنما كان يعني أنه وهب نفسه لسبيل الله وهذا ماسارت عليه الدولة في سياستها في جميع فتوحاتها ولعل ذلك كان سببا مباشرا في سرعة الفتح ونجاحه، في كل الأقاليم والميادين التي طرقتها[4] الدولة وكان العثماني في أي موقع يخدم الدولة بكل إخلاص وما خدمته تلك، إلا خدمة للإسلام .

الحادي عشر: السلطان سليم يصدر أوامره لإعادة تونس :

أصدر السلطان سليم الثاني أوامره إلى وزيره سنان باشا وقبودانه قلج علي بالاستعداد للتوجه إلى تونس، لفتحها نهائيا، وإعادة نفوذ الدولة العثمانية إليها، كما صدرت نفس الأوامر والتوجيهات لبقية الأقاليم بتحضير الجنود والذخيرة، والمؤن

(1) انظر: تاريخ الجزائر الحديث، ص51.
(2) انظر: أطوار العلاقات المغربية العثمانية، ص280.
(3) انظر: تاريخ الجزائر الحديث، ص51.
(4) انظر: جهود العثمانيين، ص458.

والجنود مع مائتين وثلاث وثمانين سفينة مختلفة الأحجام، كما أكد على المكلفين بالخدمة في الأناضولي والروم يلي بالاشتراك في السفر بحرا، كما أحضر المجدفين اللازمين للأسطول، وأنذر من لايحضر من المجدفين بالفصل من مناصبهم على أن لايسند إليهم في المستقبل أي عمل وبينما كان الأسطول يتأهب، أخذ حيدر باشا الحاكم العثماني في تونس والذي انسحب للقيروان في حشد المجاهدين من الأهالي الذين التفوا حوله[1].

أبحر الأسطول العثماني بقيادة سنان باشا وقلج علي في 23 محرم 982هـ / 14 مايو 1574م، فخرج من المضائق ونشر أشرعته في البحر الأبيض، فقاموا بضرب ساحل كالابريا، مسينا، واستطاع العثمانيون أن يستولوا على سفينة مسيحية ومن هناك قطعوا عرض البحر في خمسة أيام[2] في هذا الوقت وصل الحاكم العثماني في تونس حيدر باشا، كما وصلت قوة من الجزائريين بقيادة رمضان باشا، وقوة طرابلس بقيادة مصطفى باشا، كما وصل ثمة متطوعين من مصر[3].

بدأ القتال في ربيع سنة 981هـ/ 1574م، ونجح العثمانيون في الاستيلاء على حلق الواد، بعد أن حوصروا حصارا محكما[4] وقامت قوات أخرى بمحاصرة مدينة تونس، ففر الإسبان الموجودين فيها ومعهم الملك الحفصي محمد بن الحسن إلى البستيون[5] التي بالغ الإسبان في تحصينها وجعلوه من أمنع الحصون في الشمال الأفريقي.

توجه العثمانيون بعد تجمع قواتهم إلى حصار البستيون، وضيق العثمانيون الخناق على أهلها من كل ناحية وباشر الوزير سنان الحرب بنفسه كواحد من الجند حتى أنه

(1) انظر: الأتراك العثمانيون في أفريقيا الشمالية، ص251.
(2) المصدر السابق نفسه، ص250.
(3) انظر: حرب الثلاثمائة سنة ، ص400.
(4) انظر: تاريخ الجزائر الحديث، ص51.
(5) البستيون : قلعة بناها الإسبان بجانب تونس.

أمر بعمل متراس يشرف منه على قتال من في البستيون كما كان ينقل الحجارة والتراب على ظهره مثل الجنود، فعرفه أحد أمراء الجنود فقال له: ما هذا أيها الوزير؟ نحن إلى رأيك أحوج منا إلى جسمك، فقال له سنان: لاتحرمني من الثواب.

وشدد سنان باشا في حصاره على البستيون حتى استطاع فتحه[1].

لجأ الحفصيون إلى صقلية حيث ظلوا يوالون الدسائس والمؤامرات والتضرعات لملوك اسبانيا سعيا لاسترداد ملكهم، واتخذهم الإسبان آلات طيعة تخدم بها مآربهم السياسية حسبما تمليه الظروف عليهم وقضى سقوط تونس على الآمال الاسبانية في إفريقيا وضعفت سيطرتها تدريجيا حتى اقتصرت على بعض الموانئ مثل مليلة ووهران[2] والمرسى الكبير وتبدد حلم الإسبان نحو إقامة دولة اسبانية في شمال إفريقيا وضاع بين الرمال.

الثاني عشر: السلطان سليم الثاني يرسل حملة كبرى إلى اليمن:

اضطربت الأحوال في اليمن مع ظهور الزعيم الزيدي المطهر الذي كاتب أهل اليمن ودعاهم للخروج عن طاعة السلطان[3] العثماني فاجتمعت القبائل لدى المطهر الذي دخل صنعاء بعد أن ألقى بالعثمانيين هزيمة ساحقة وشعرت الحكومة العثمانية بخطورة الموقف وقررت إرسال حملة كبرى إلى اليمن بقيادة سنان باشا وقد اهتم السلطان العثماني سليم الثاني اهتماما كبيرا بإرسال تلك الحملة، لأن اليمن كان يمثل[4] جزءا هاما من استراتيجية العثمانيين في البحر الأحمر وهي غلق هذا البحر أمام الخطر البرتغالي علاوة على ذلك يكون درعا قويا للحجاز، وقاعدة للتقدم في المحيط الهندي.

---

(1) انظر: حرب الثلاثمائة سنة ، ص401.
(2) انظر: جهود العثمانيين، ص460.
(3) انظر: البرق اليماني في الفتح العثماني، قطب الدين النهروالي ص173-177.
(4) انظر: دراسات في تاريخ العرب القديم ، عمر عبد العزيز، ص102،103.

وصل الوزير العثماني سنان باشا إلى مصر تنفيذا لأوامر السلطان وهناك اجتمعت لديه الجنود في كافة الأنحاء، حتى أنه لم يبقى في مصر إلا المشايخ والضعفاء[1].

تحركت الحملة ووصلت إلى ينبع واستقبله هناك قاضي القضاة في مكة وعند وصوله إلى مكة المكرمة استقبله أهلها ودخلت الجيوش العثمانية معه، وكأن جنود مصر انتقلت إلى مكة بالإضافة إلى جنود الشام وحلب وفرمان ومرعش، وضبط سنان باشا الجنود، وأجرى الصدقات وأحسن على العلماء والفقهاء، ومكث عدة أيام في مكة وغادرها إلى جازان، وعندما اقترب منها، هرب حاكمها من قبل الإمام الزيدي المطهر، وأقام سنان باشا في جازان، فأقبلت عليه العربان يطلبون الطاعة وكان منهم أهل صبيا فأكرمهم سنان باشا وخلع عليهم وكساهم كما أقبلت عليه وفود عربان اليمن وبذلوا الطاعة طالبين الأمان.

أسرع سنان باشا إلى تعز، بعد أن ضبط جازان إذ بلغه أن الوالي العثماني في تعز ومن معه من الجنود في ضيق من أمرهم بسبب قطع عرب الجبال عليهم الميرة، وحصل عليهم المجاعة، فقطع الوزير سنان باشا المسافة في غاية السرعة، ونزل خارج تعز، وانتشر جنوده في جبالها ولما شاهد الزيديون كثافة ذلك الجيش، اعتصموا بأحد الجبال المسمى الأغبر.

قام سنان باشا وجزء من جيشه بمتابعة الزيود في جبل الأغبر، وتمكنوا منه عند ذلك خرج الزيود من مخابئهم لمواجهة العثمانيين، فانهزم الزيود وولوا هاربين فأنعم سنان باشا على جميع الجنود العثمانيين[2].

الثالث عشر: الاستيلاء على عدن:

جهز سنان باشا حملتان وذلك للاستيلاء على عدن، الأولى عن طريق البحر بقيادة

---

(1) انظر: غاية الأماني في أخبار القطر اليماني، يحيى بن الحسين (733/2).

(2) انظر: البرق اليماني في الفتح العثماني، ص218-226.

خير الدين القبطان المعروف بقورت أوغلي، واخو سنان باشا، والثانية عن طريق البر بقيادة الأمير حامي وبرفقته عدد من الفرسان.

وكان حاكم عدن قاسم بن شويع من قبل الإمام الزيدي المطهر، قد أظهر شعار الزيدية، فكرهه أهالي عدن لأنهم شافعيون، ثابتون على الكتاب والسنة وبنى مدرسة باسم مطهر يدرس فيها بعض من مذهب الزيدية، كما استدعى البرتغاليون الذين أرسلوا سفينة وعليها عشرين جنديا، فأطلعهم قاسم إلى القلعة وأراهم مافيها من العدد والآلات وأعطاهم المدافع ليدافعوا عن عدن من جهة البحر ويكون البر للزيدية وأشياعهم إلا أن خير الدين القبطان سبق إلى عدن ورأى من وسط البحر عشرين شراعا للمسيحيين قاصدة عدن ولما تحقق خير الدين من ذلك توجه بسفنه إليهم فولوا هاربين، وتتبعهم خير الدين حتى اطمأن على ذلك.

لما عاد خير الدين إلى الساحل وأنزل مدافعه فوجهها نحو قلعة عدن منتظرا القوة البرية لتتم محاصرة عدن ففاجأهم الزيود، وإذا بالأمير ماحي قد وصل وأحاطوا بعدن من كل جانب، فهجموا عليها هجمة واحدة ودخلوا عليها من كل جانب، وأعطى خير الدين الأمان للأهالي الذين جاءوا بقاسم بن شويع وولده وذويه، وإذا بشخص منهم تقدم ليقبل يد خير الدين، فضربه بخنجر في بطنه وجرح خير الدين على أثرها، وتقدم الأمير ماحي، وقطع رأس بن شويع لاتهامه بهذه الخيانة وأراد قتل ولده وجميع أتباعه فمنعه الأمير خير الدين عند ذلك فرح لذلك الفتح الوزير سنان باشا وشاركه في ذلك الجنود وزينوا زبيد وتعز وسائر الممالك السلطانية في اليمن، ثم عين الوزير سنان باشا ابن أخته الأمير حسين، وأرسل معه مئتين من الجنود، ورقى جميع الجنود الذين فتحوا عدن[1].

(1) انظر: البرق اليماني في الفتح العثماني، ص249-255.

الرابع عشر: دخول صنعاء:

فرغ سنان باشا في هذا الوقت من جنوب اليمن، فاتجه نحو ذمار وأمر بسحب المدافع لحصار صنعاء، فجهز المطهر نفسه للانسحاب منها، ونقل ما فيها من الخزائن وتقدم سنان باشا نحو صنعاء بعد أن وعد أهلها بالأمان فاطمأنت قلوبهم واختاروا عددا منهم لمقابلته، فأكرمهم [1] سنان ودخل صنعاء بعد ذلك إلا أنه لم يستقر فيها بل نهض بجيوشه الجرارة لحرب كوكبان وثلا لأن سنان باشا رأى أنه لن يتمكن من السيطرة على اليمن بأكمله إلا بالقضاء على مقاومة المطهر وأتباعه فأخذ يوالي حشد قواته وتبعه في ذلك الوالي العثماني ودامت الحرب سجالا مايقرب من عامين، انتهت بموت الإمام الزيدي المطهر في مدينة ثلا سنة 980هـ/ 1573م وقد أتاح موت المطهر للعثمانيين مزيدا من السيطرة وبسط النفوذ حتى تمكن الوالي العثماني حسن باشا من الاستيلاء على ثلا ومدع وعفار وذي مرمر والشرفين الأعلى والأسفل وصعدة مركز الإمامة الزيدية فقضى بذلك على حركة المقاومة اليمنية فترة من الوقت [2] واستطاع حسن باشا أن يأسر الإمام الحسن بن داود الذي استحوذ على الإمامة بعد وفاة المطهر .

لقد تحولت سياسة الدولة العثمانية بعد معركة ليبانتو 979هـ/ 1571م إلى أن تكون الأولوية للمحافظة على الأماكن المقدسة الإسلامية أولا ثم البحر الأحمر والخليج العربي كحزام أمني حول هذه الأماكن وتطلب ذلك منها أسطولا قادرا على أن يقاوم البرتغاليين .

استطاعت الدولة العثمانية أن تبني درع قوي، حمى الأماكن المقدسة الإسلامية من

(1) انظر: غاية الأماني في أخبار القطر اليماني، يحيى بن الحسين(736/2).
(2) انظر: الفتح العثماني لليمن، فاروق أباظة، ص23.
(3) انظر: جهود العثمانيين، ص484.

الهجمات المسيحية، ومع ذلك الدرع فقد احتفظ السلطان بحرس عثماني خاص في مكة المكرمة والمدينة المنورة وينبع، كما أقامت الدولة العثمانية محطات حراسة بجوار آبار المياه على طول الطريق بين مصر وسوريا ومكة المكرمة لحماية القوافل، كما قررت الدولة أن يكون الوالي في جدة ممثلا للباب العالي في الحجاز، عرف الحجاز في العصر العثماني بثنائية السلطة، وقررت الدولة أن تقسم حصيلة الرسوم الجمركية التي تجمع من السفن في ميناء جدة بين الوالي العثماني وشريف مكة المكرمة[1] .

الخامس عشر: دفاع عن السلطان سليم ووفاته رحمه الله:

وصف المستشرق " كارل بروكلمان "[2] السلطان سليم الثاني بأنه اشتهر باسم السكير، وبارتكابه المعاصي والذنوب والكبائر وبمصاحبته صحبة السوء والفسق والعصيان، وتأثر بهذه التهم الدكتور عبد العزيز الشناوي[3] رحمه الله ورد الدكتور جمال عبد الهادي على هذه الاتهامات فقال:

1- شهادة الكافر على المسلم مردودة، فكيف يسمح الكتاب من أبناء المسلمين لأنفسهم بترديد مثل هذه الشهادات والافتراءات على الحكام المسلمين بدون دليل، ألم يتعلموا في مدرسة الإسلام قال تعالى: ﴿لولا إذ سمعتموه ظن المؤمنون والمؤمنات بأنفسهم خيرا ﴾ (سورة النور، آية:12) ويقول سبحانه : ﴿يا أيها الذين آمنوا إن جاءكم فاسق بنبأ فتبينوا ﴾ (سورة الحجر، آية: 6).

2- أن المستشرقين ومن سار على نهجهم، دأبوا على تصوير الحكام المسلمين

(1)انظر: جهود العثمانيين، ص487.

(2) انظر: الأتراك العثمانيون ، كارل بروكلمان (137/3).

(3) الدولة العثمانية دولة مفترى عليها (672/1).

المجاهدين بصورة السكارى الذين لايتورعون عن ارتكاب المحرمات [1]، بل دأبوا على النيل من دين اللــه، والأنبياء والرسل - عليهم السلام -، فكيف نأخذ عنهم مع علمنا بأنهم غير أمناء [2].

ثم ذكر أهم أعمال السلطان سليم الثاني التي تدل على نفي الـتهم التـي ألصـقت بـه وتقـدم بنصيحة إلى أساتذة التاريخ الذين لايتحرون الصدق والأمانـة العلميـة فقـال: " نصـيحة إلى أولئـك الذين لايتحرون الحقيقة، ويرمون الناس في دينهم وخلقهم دون بينة أو دليل، أن يتبينوا وليضـعوا في الاعتبار أن القذف جريمة، وعليه تقام الحدود، آمل أن ينتبه أساتذة التاريخ ويتورعوا على إيراد أي شبهة أو تهمة تتصل بأي شخص دون دليل أو بينة.

وليضـعوا في الاعتبـار أن اللــه يـزن الحسـنات، ويـزن السـيئات، ولايـزن السـيئات فقـط دون الحسنات، والمؤرخ يجب أن يستشعر هذا، ويدرك أن الكلمة أمانة وهـي شـهادة أمـام اللــه عـز وجل - ومن هنا يلزمه التأكد من الخبر قبل أن يورده في كتابه [3].

إن الدارس لتاريخ الدولة العثمانية في عهد السلطان سليم الثاني يـدرك مـدى القـوة والهيمنـة التي كانت عليها الدولة " طلب نائب البندقية الصليبية في " استانبول " - في أعقاب معركة ليبانتو، وتحطم الأسطول العثماني مقابلة الصدر الأعظم، " محمد صوقلو باشا " ليسـبر غـوره ويقـف عـلى اتجاهات السياسة العليا للدولة العثمانية تجاه البندقية، وقد بادره الصدر الأعظم قائلا: إنك جئت بلا شك تتحسس شجاعتنا وترى أين هـي، ولكـن هنـاك فـرق كبـير بـين خسـارتكم وخسـارتنا، إن استيلاءنا على جزيرة " قبرص " كان بمثابة ذراع قمنا بكسره وبتره، وبإيقاعكم الهزيمة بأسطولنا لم

---

(1) انظر: أخطاء يجب أن تصحح في التاريخ، ص64.
(2) المصدر السابق نفسه، ص64.
(3) انظر: أخطاء يجب أن تصحح في التاريخ، جمال عبد الهادي ، ص65.

تفعلوا شيئا أكثر من حلق لحانا، وإن اللحية لتنمو بسرعة وكثافة تفوقان السرعة والكثافة اللتين تنبت بهما في الوجه لأول مرة "[1]. وقد قرن الصدر الأعظم قوله بالعمل الفوري الجاد، وإنصافا للسلطان سليم الثاني فإنه قد أبدى تحمسا شديدا لإعادة بناء الأسطول العثماني، فقد تبرع بسخاء من ماله الخاص لهذا الغرض كما تنازل عن جزء من حدائق القصر السلطاني لتبني فيه أحواض السفن للتعجيل بإنشاء وحدات بحرية جديدة، واستطاع الأسطول الجديد أن يعاود جولاته في البحر المتوسط[2].

إن هذا الموقف يؤكد أن الإدارة القوية ليست مجرد حماس، وإنما لابد وأن يقترن ذلك بالعمل الجاد الذي أثمر إعادة بناء الأسطول في فترة وجيزة، وفي هذا دليل أيضا على الرخاء الذي كانت تعيش فيه الأمة، مافرضت الضرائب، وما صودرت أموال، ولا قالوا موتوا جوعا لأنه لاصوت يعلو على صوت المعركة[3]، لقد أنفق السلطان سليم من ماله ومال أسرته لأنه تعلم من مدرسة الإسلام، قال تعالى: ﴿وما تنفقوا من شيء في سبيل الله يوف إليكم وأنتم لا تظلمون﴾ (سورة الأنفال، آية: 60).

وفاته:

إن مؤرخي الغرب ذكروا أن سبب وفاة السلطان سليم الثاني الإفراط الشديد في تناول الخمر، إلا أن المؤرخين المسلمين يذكرون أن سبب وفاته انزلاق قدمه في الحمام فسقط سقطة عظيمة مرض منها أيام ثم توفي عام 982هـ[4].

---

(1) انظر: الدولة العثمانية دولة إسلامية (678/1).

(2) المصدر السابق نفسه (677/1،678).

(3) انظر: الدولة العثمانية، د. جمال عبد الهادي ، ص66.

(4) انظر: تاريخ الدولة العثمانية، ص128.

المبحث الثاني

السلطان مراد الثالث

(982 - 1003هـ/ 1574-1594م)

تولى العرش بعد وفاة والده، اهتم بفنون العلم والأدب والشعر وكان يتقن اللغات الثلاثة التركية، والعربية والفارسية وكان يميل إلى علم التصوف اشتهر بالتقوى واهتم بالعلماء، صرف للجنود عطايا الجلوس ومقدارها (110.000) ليرة ذهبية، فمنع الاضطرابات التي كانت تحدث عادة إذا تأخر صرف تلك الهبات[1] .

أولا: منعه للخمور

وكان من أول أعماله أن أصدر أمر بمنع شرب الخمور بعد ما شاعت بين الناس وأفرط فيها الجنود وخصوصا الانكشارية، فثار الانكشاريون واضطروه لرفع أمره بالمنع وهذا يدل على ظهور علامات ضعف الدولة بحيث السلطان لايستطيع منع الخمور وإقامة أحكام الشرع عليهم وكذلك يدل على انحراف الانكشارية عن خطها الإسلامي الأصيل من التربية الرفيعة، وحبها للجهاد وشوقها للشهادة[2] .

ثانيا: وضع الحماية على بولونيا وتجديد الامتيازات:

عمل السلطان مراد الثالث على تنفيذ السياسة التي انتهجها والده من قبل، ففي

---

(1) انظر: الدولة العثمانية في التاريخ الإسلامي ، ص100.
(2) انظر: تاريخ الدولة العثمانية العلية العثمانية، ص259.

عهده قام بعدة حروب في أماكن مختلفة. ففي عام (982هـ/1574م) هرب ملك بولونيا هنري دي فالوا وذهب إلى فرنسا، فأوصى الخليفة العثماني أعيان بولونيا بانتخاب أمير ترانسلفانيا ملكا عليهم، ففعلوا، وصارت بولونيا (بولندا) فعلا تحت حماية العثمانيين عام (983هـ/1575م) واعترفت النمسا بذلك في معاهدة الصلح التي أبرمتها مع الدولة العثمانية عام (984هـ/ 1576م) ومدتها ثماني سنوات، وهاجم التتار على حدود بولونيا عام (984هـ/1576م) فاستنجدت بالسلطان العثماني فأعلن حمايتها بمعاهدة رسمية[1] وجدد السلطان مراد الامتيازات مع فرنسا والبندقية وزاد بعض الامتيازات القنصلية والتجارية مع زيادة بعض البنود في صالحهما أهمها، أن يكون سفير فرنسا مقدما على كافة سفراء الدول الأخرى في الاحتفالات الرسمية والمقابلات الحكومية، لقد كثر توارد السفراء على الباب العالي للسعي في إبرام معاهدات تجارية أصبحت ذريعة فيما بعد للتدخل الفعلي في شئون الدولة، وفي زمن السلطان مراد تحصلت إيزابيلا ملكة الانجليز على امتياز خصوصي لتجار بلادها وأصبحت السفن الانجليزية تحمل العلم البريطاني وتدخل الشواطئ والموانئ العثمانية[2] .

ثالثا: الصراع مع الشيعة الصفوية :

وفي عام (985هـ/1577م) ونتيجة لحدوث اضطرابات في بلاد فارس بعد وفاة طهماسب، أرسل العثمانيون حملة عسكرية، تمكنت من قطع مفازات شاسعة في بلاد القوقاز وفتحت مدينة تفليس وكرجستان (الكرج). ودخل العثمانيون بعدها تبريز عام (993هـ/1585م) وتمكنت فيها جيوش مراد من السيطرة على أذربيجان والكرج (جورجيا) وشيروان ولوزستان. فلما تولى الشاه عباس الكبير حكم فارس، سعى إلى إقامة صلح مع العثمانيين، تنازل بمقتضاه عن تلك الأماكن التي أصبحت بيد

---

(1) انظر: الدولة العثمانية في التاريخ الإسلامي الحديث ، ص100.
(2) انظر: تاريخ الدولة العثمانية العلية، ص260.

العثمانيين. كما تعهد بعدم سب الخلفاء الراشدين - أبو بكر وعمر وعثمان رضي الله عنهم- في أرض مملكته وبعث بابن عم له يدعى حيدر ميزرا رهينة إلى استنبول لضمان تنفيذ ما اتفقا عليه[1].

رابعا: تمرد وعصيان على أيدي الانكشارية :

قام الإنكشاريون بتمرد وعصيان في الولايات العثمانية بعد توقف الحروب، وكان السلطان قد كلفهم بحرب المجر غير أنهم هزموا أمام النمسا التي ساندت المجر، واحتلت عدة قلاع حصينة استردها سنان باشا بعد ذلك. كما أعلن أمراء الأفلاق والبغدان وترانسلفانيا التمرد وانضموا إلى النمسا في حربها مع العثمانيين، فسار إليهم سنان باشا عام 1003هـ/1594م غير أنه لم يحرز النصر، وخسر عدة مدن[2] .

خامسا: مقتل الصدر الأعظم صوقللي محمد باشا:

قتل الصدر الأعظم نتيجة لدسائس حاشية السلطان المتأثرة بدسائس الأجانب الذين لا يروق لهم وجود مثل هذا الوزير القدير، الذي سار على منهج الاستقامة، وطريق الحكمة، وبناء الدولة، وحسن القيادة، ودقة التخطيط، وضبط الإدارة، ومتابعة الولاة، واستغلال الفرص، فكان موته ضربة شديدة ومحنة عظيمة وفتح باب للشر في تنصيب وعزل الصدور العظام والتنافس عليه مما أضعف قوة السلطنة، وارتبكت أحوال البلاد، وتمردت بعض فرق الجيش، ولم تتمكن الحكومة من القضاء على هذا التمرد، ونتيجة لهذه الاضطرابات والثورات الداخلية خرجت بولونيا عن الدولة العثمانية واشتبكت في صراع معهما[3] .

---

(1) انظر: الدولة العثمانية في التاريخ الإسلامي، ص101.
(2) المصدر السابق نفسه، ص101.
(3) انظر: الدولة العثمانية في التاريخ الإسلامي الحديث، ص102.

سادسا: اليهود والسلطان مراد الثالث :

ظن اليهود أن الفرصة سانحة لهم لتحقيق حلم راودهم طويلا، فنزحوا في هجرات متقطعة ومتقاربة إلى " سيناء " لاستيطانها، وكانت خطتهم تقوم في المراحل الأولى على تركيز إقامتهم في مدينة الطور، وكان اختيارهم لهذه المدينة اختيارا هادفا، فهذه المدينة وهي تقع على الشاطئ الشرقي لخليج السويس لها ميناء يصلح لرسو السفن التجارية، وكان تأتيه سفن من جدة، وينبع، وسواكن، والعقبة، والقلزم، كما كانت المدينة ترتبط برا بخط قوافل مع "القاهرة " و " الفرما ".

وبذلك كان يسهل على اليهود إيجاد اتصالات خارجية فلا يصبحون في عزلة عن العالم بل تستطيع السفن أن ترسو في ميناء " الطور " تحمل أفواجا من اليهود الجدد.

وقد تزعم حركة التهجير رجل يهودي اسمه (أبراهام)، استوطن " الطور" مع أولاده وسائر أفراد أسرته، ولما أقام اليهود بالطور تعرضوا بالأذى لرهبان "ديرسانت كاترين " مما دفعهم إلى إرسال شكاوى مكتوبة إلى سلاطين الدولة العثمانية وولاتها يشتكون من إيذاء اليهود لهم مذكرين بعهد العثمانيين لحمايتهم، ومنع اليهود استيطان " سيناء " ومحذرين من تروح اليهود إلى "سيناء" - وخاصة مدينة " الطور " - في جماعات كثيرة بقصد إيقاع الفتن.

ولما كانت الدولة الإسلامية مسئولة بحكم الشرع عن حماية أهل الذمة، فقد سارع على الفور المسؤولون العثمانيون إلى إصدار ثلاثة فرمانات ديوانية في عهد السلطان (مراد الثالث)، فأمروا بإخراج " أبراهام " اليهودي وزوجته وأولاده وسائر اليهود من " سيناء "[1] ومنعهم في قابل الأيام منعا باتا من العودة إليها بما فيها مدينة " الطور " والإقامة بها أو السكنى .

---

(1) انظر: الدولة العثمانية ، د. جمال عبد الهادي، ص68.

سابعا: وفاة السلطان مراد الثالث :

توفى السلطان مراد الثالث في 16 كانون الثاني 1595 عن عمر يناهز 49 عاما ودفن رحمه الله في فناء أيا صوفيا[1] .

---

(1) انظر: السلاطين العثمانيون، ص55.

المبحث الثالث

السلطان محمد خان الثالث

ولد عام 974هـ وجلس على سرير السلطنة عام 1003هـ[1] بعد وفاة والده باثني عشر يوما، لأنه كان مقيما في مغنيسا[2]، كانت أمه إيطالية الأصل تسمى صفية.

ورغم حالة الضعف والتدهور التي كانت قد بدأت تعتري الدولة العثمانية إلا أن راية الجهاد ضد الصليبيين ظلت مرفوعة ومما يذكر لهذا السلطان أنه لما تحقق له أن ضعف الدولة في حروبها بسبب عدم خروج السلاطين وقيادة الجيوش بأنفسهم برز بنفسه وتقلد المركز الذي تركه سليم الثاني، ومراد الثالث، ألا وهو قيادة عموم الجيوش، فسار إلى بلغراد ومنها إلى ميادين الوغى والجهاد، وبمجرد خروجه دبت في الجيوش الحمية الدينية والغيرة العسكرية، ففتح قلعة (أرلو الحصينة) التي عجز السلطان سليمان عن فتحها في سنة 1556م ودمر جيوش المجر والنمسا في سهل كرزت[3] بالقرب من هذه القلعة في 26 أكتوبر سنة 1596 حتى شبهت هذه الموقعة بواقعة (موهاكز) التي انتصر فيها السلطان سليمان سنة 1526م[4] وبعد هذه المعركة استمرت الحروب دون أن تقع معركة حاسمة.

وتعرضت الدولة في زمنه لثورات داخلية عنيفة قادها قره يازيجي وأخرى قام بها الخيالة إلا أن السلطان استطاع القضاء عليهما بصعوبة ومن تلك الأحداث الداخلية

---

(1) انظر: تاريخ سلاطين آل عثمان ، يوسف آصاف، ص86.
(2) انظر: الدولة العثمانية ، ص70.
(3) انظر: تاريخ الدولة العلية العثمانية، ص268.
(4) المصدر السابق نفسه، ص68.

يظهر للباحث المدقق اختلال النظام العسكري وعدم صلاحيته لحفظ اسم الدولة وشرفها من أعدائها.

أولا: الشيخ سعد الدين أفندي

كان من شيوخ السلطان محمد الثالث وممن شجعه على الخروج بنفسه لقيادة الجيوش[1] وقال للسلطان : (أنا معك أسير حتى أخلص وجودي من الذنوب، فإنني بها أسير) .

وفي أحد المعارك كاد أن يؤسر فيها السلطان وفر من حوله الجنود والأعوان قال الشيخ سعد الدين أفندي: (أثبت أيها الملك فإنك منصور بعون مولاك، الذي أعطاك، وبالنعم أولاك، فركب السلطان جواده، وحمل سيفه وتضرع إلى القوي العزيز[2]، فما مضت ساعة حتى نزل نصر الواحد القهار وكانت تلك المعركة بعد فتح حصن اكري .

ثانيا: من شعره:

كان على نصيب عال من التعليم والثقافة والأدب، وكان شديد التدين ويميل إلى التصوف ومن أشعاره ذات المعاني السامية:

لانرضى بالظلم بل نرغب في العدل[3]

نحن نعمل لحب الله، ونصغى بدقة لأوامره[4]

---

(1) انظر: تاريخ سلاطين آل عثمان للقرماني، ص63.
(2) المصدر السابق نفسه، ص63،64.
(3) انظر: السلاطين العثمانيون ، ص57.
(4) انظر: تاريخ الدولة العثمانية ، ص131.

نريد الحصول على رضى اللـه[1]

نحن عارفون وقلوبنا مرآة العالم.

قلوبنا محروقة بنار العشق في الأزل

نحن بعيدون من الغش والخديعة وقلوبنا نظيفة[2]

ثالثا: وفاته:

توفي السلطان محمد الثالث بعد أن أخمد الحركات التمردية، والثورات العنيفة، وقاد الجيوش بنفسه وكانت وفاته في نهار الأحد الثامن عشر من رجب سنة إثنتي[3] عشرة وألف، ومده حكمه تسع سنين، وشهران ، ويومان، وله من العمر ثمان وثلاثون سنة .

وكان هذا السلطان[4] عندما يسمع اسم نبينا محمد صلى اللـه عليه وسلم يقوم إجلالا واحتراما لسيد الكائنات .

(1) انظر: السلاطين العثمانيون ، ص57.

(2) المصدر السابق نفسه ،ص 57.

(3) انظر: تاريخ سلاطين آل عثمان للقرماني، ص64.

(4) انظر: السلاطين العثمانيون، ص57.

المبحث الرابع
السلطان احمد الأول

(1012-1026هـ/1603-1617م)

تولى الحكم بعد وفاة والده وعمره 14 سنة ولم يجلس أحد قبله من سلاطين العثمانيين في هذه السن على العرش وكانت أحوال الدولة مرتبكة جدا لانشغالها بحروب النمسا في أوروبا وحرب إيران والثورات الداخلية في آسيا. فأتم مابدأ به أبوه من تجهيزات حربية [1].

أولا: الحرب مع النمسا والدول الأوروبية :

عين السلطان أحمد لالا محمد باشا صدرا أعظم خليفة للصدر الأعظم يمشجي حسن باشا، حيث كان سردارا عاما للجيوش التي جاهدت في النمسا وهو من خيرة قواد الجيوش، فاهتم بتقوية الجيوش العثمانية وحاصر قلعة استراغون وفتحها. كما حارب إمارات الأفلاق والبغدان والأردل وعقد صلحا معهم. ولما مات لالا باشا خلفه قبوجي مراد باشا صدرا أعظم وكان قائدا لإحدى فرق الجيش، وقد نجحت الجيوش العثمانية في هزيمة النمسا واسترداد القلاع الحصينة من مدن يانق واستراغون وبلغراد وغيرها كما نجحت الجيوش العثمانية في جهادها بالمجر وهزمت النمسا هناك. ونجم عن ذلك، قبول النمسا بطلب الصلح ودفع جزية للدولة العثمانية مقدارها مائتا ألف دوكة من الذهب، وبقيت بلاد المجر بموجب هذه المعاهدة تابعة للدولة العثمانية [2].

---

(1) انظر: الدولة العثمانية في التاريخ الإسلامي ن ص105.

(2) انظر: الدولة العثمانية في التاريخ الإسلامي، ص105.

وجرت حروب بحرية بين السفن العثمانية وسفن إسبانيا، ورهبان القديس يوحنا في مالطة، والإمارات الإيطالية، وتراوح النصر بين الجانبين[1].

ثانيا: تجديد الامتيازات :

وجددت الدولة امتيازات فرنسا، وانجلترا، على مثلها، كما جددت الاتفاقية مع بولونيا بحيث تمنع الدولة تتار القرم من التعدي على بولونيا، وتمنع بولونيا القازاق، من التعدي على الدولة العثمانية[2].

وتحصلت هولندا على امتيازات، واستغلت ذلك في نشر الدخان داخل ديار الإسلام وبدأ تعاطيه من قبل الجنود، فأصدر المفتي فتوى بمنعه فهاج الجند، وأيدهم الموظفون، فاضطر العلماء إلى السكوت عنه[3].

وهكذا أصبح الجند ينقادون خلف شهواتهم ويعترضون على العلماء.

إن القوى الأجنبية الكافرة تهتم بنشر كل محرم في أوساط المسلمين.

إن الله تعالى أحل لنا الطيبات النافعة وحرم علينا الخبائث الضارة لأجسامنا وعقولنا وأموالنا ولذلك أفتى العلماء - رحمهم الله تعالى - بتحريم شرب الدخان وبيعه وشرائه لما فيه من الأضرار الدينية والدنيوية والاجتماعية والصحية وهي:

1- أنه دخان لايسمن ولايغني من جوع.

2- أنه مضر بالصحة الغالية وما كان كذلك يحرم استعماله.

3- أنه من الخبائث المحرمة قال تعالى: ﴿يحل لهم الطيبات ويحرم عليهم الخبائث﴾ الأعراف، آية: 157[ ].

---

(1) المصدر السابق نفسه، ص105.

(2) المصدر السابق نفسه، ص105.

(3) انظر: الدولة العثمانية، د. جمال عبد الهادي، ص72.

4- إن رائحة الدخان تؤذي الناس الذين لايستعملونه بل وتؤذي الملائكة الكرام لأن الملائكة تتأذى مما يتأذى منه بنو آدم وقد حرم الله تعالى أذية المسلم قال تعالى: ﴿والذين يؤذون المؤمنين والمؤمنات بغير ما اكتسبوا. فقد احتملوا بهتانا وإثما مبينا ﴾.

وغير ذلك من الأدلة التي ذكرها العلماء ولكن لضعف الوازع التربوي، وضعف سلطان الدولة التي تشرف على تنفيذ الأحكام يحدث التمرد من قبل الجنود والأفراد.

ثالثا: الحرب مع الشيعة الصفوية (الفرس):

انتهز الشاه عباس الصفوي فرصة اضطراب الدولة العثمانية وباشر في تخليص عراق العجم واحتل تبريز ووان وغيرهما واستطاع أن يحتل بغداد والأماكن المقدسة الشيعية في النجف وكربلاء والكوفة، وقد زارها وسط مظاهر الإجلال والتقديس، وقد أورد بعض المؤرخين أنه قضى عشرة أيام في زيارته للنجف حيث قام بنفسه بخدمة الحجاج في ذلك المكان كما يذكرون أيضا أنه إمعانا في إعلان تمسكه بالمذهب الشيعي وولائه للرفض، وعلى الرغم من تعصبه الشديد للمذهب الشيعي إلا أنه رفع أيدي رجال الدين عن التدخل في شئون الحكم والسياسة ومارس نوعا من السلطة المطلقة في حكم البلاد.

وقد أنزل الشاه عباس الصفوي أقسى أنواع العقاب بأعداء الدولة من السنة فإما أن يقتلوا أو تسمل عيونهم، ولم يكن يتسامح مع أي منهم إلا إذا تخلى عن مذهبه السني وأعلن ولائه للمذهب الشيعي[1]، واضطرت الدولة العثمانية أن تترك للدولة الصفوية الرافضية الشيعية جميع الأقاليم والبلدان والقلاع والحصون التي فتحها العثمانيون في عهد السلطان الغازي سليمان الأول بما فيها مدينة بغداد. وهذه أول معاهدة تركت فيها الدولة بعض فتوحاتها[2] وكانت فاتحة الانحطاط والضعف وأول المعاهدات التي دلت على ضعف الدولة العثمانية .

(1) انظر: الإسلامي آسيا ، د. محمد نصر مهنا، ص249،250.
(2) انظر: تاريخ الدولة العلية العثمانية، ص272.

لقد بالغ الشاه عباس الصفوي في عداءه للمذهب السني واتصل بملوك المسيحيين، وإمعانا في ضرب الدولة العثمانية حامية المذهب السني فقد عقد اتفاقات تعاون مشترك معهم من أجل تقويض أركان الدولة العثمانية السنية، ولم يكن يعبأ حتى إذا قدم العديد من التنازلات للدول الأوروبية تأكيدا لتعاونه معهم انطلاقا من عدائه للدولة العثمانية.

وعامل الشاه عباس الصفوي المسيحيين في إيران معاملة حسنة على عكس معاملته للسنة، وقد كان لمعاملته المتميزة للمسيحيين أن نشطت الحركة التنصيرية المسيحية في إيران كما شجع التجار الأوروبيين في عقد صفقات تجارية كبيرة مع التجار في إيران وأصبحت إيران سوقا رائجا للتجارة الأوروبية، لقد توج تسامحه مع المسيحيين بأن أعلن في عام 1007هـ/1598م أوامره بعدم التعرض لهم والسماح لهم بحرية التجول في ربوع الدولة الصفوية وجاء بالمرسوم الذي أصدره شاه الدولة الصفوية مايلي: (... من اليوم يسمح لمواطني الدولة المسيحية ومن يدينون بدينهم بالحضور إلى أي بقعة من وطننا ولايسمح لأي شخص بأي حال من الأحوال إهانتهم، ونظرا لما بيننا وبين الملوك المسيحيين من علاقات ود ومحبة فيسمح للتجار المسيحيين بالتجول في جميع أنحاء إيران، ومزاولة نشاطهم التجاري في أي بقعة من الوطن، دون أن يتعرض لهم بالإيذاء من أي شخص سواء كان حاكما أو أميرا أو خانا أو موظفا أو تابعا للدولة كما تعفى جميع أموال تجارتهم التي يحضرونها معهم من ضرائب المال وليس لأي شخص مهما يحضرونها معهم من ضرائب المال وليس لأي شخص مهما بلغت مكانته أن يزاحمهم أو يكلفهم المشاق، وليس من حق رجال الدين مهما كانت طوائفهم التجرؤ على الإضرار بهم أو التحدث معهم بخصوص العقائد المذهبية)[1].

لقد جامل الشاه عباس الصفوي المسيحيين وشرب معهم الخمر احتفالا بأعيادهم كما أنه سمح لهم بالتبشير بالمسيحية في داخل إيران، وأعطاهم امتيازات ببناء الكنائس

(1) انظر: الإسلام في آسيا، ص251.

المسيحية في كبرى المدن الإيرانية وهذه المعاملة للمسيحيين كانت نكاية في الدولة العثمانية السنية [1].

إن تاريخ الشيعة الأثنى عشرية طافح بالعداوة والبغضاء لأهل السنة ودولتهم الميمونة أينما كانوا وحيثما وجدوا ولايزال هذا العداء مستمرا رغم الشعارات السياسية الرنانة التي يرفعها الروافض بين الحين والآخر.

رابعا: الحركات الانفصالية :

ظهرت إلى حيز الوجود في عصر السلطان أحمد الأول حركات داخلية تهدف إلى تقويض كيان الدولة وبنيانها مثل حركة " جان بولاد " الكردي، وحركة والي أنقرة " قلندر أوغلي "، وحركة فخر الدين الدرزي المعنى الثاني حفيد " فخر الدين المعنى الأول " الذي انضم إلى السلطان سليم الأول عندما دخل الشام عام 922هـ [2].

وسبب تلك الحركات اضطرابات داخلية حتى هيأ الله للدولة وزيرا محنكا أكسبه تقدم السن مزيدا من الخبرات والتجارب فعين صدرا أعظم فكان عونا للسلطان الفتى وانتصر على الثائرين وخاصة ثائر الأناضول قلندر أوغلي الذي كان قد عين واليا على أنقرة فقد نكلت به الدولة، وتمكن الصدر الأعظم قبوجي مراد باشا من تطهير الأناضول من أولئك الثائرين [3].

خامسا: حركة فخر الدين بن المعنى الثاني الدرزي:

اعتلى فخر الدين بن المعنى الثاني السلطة في لبنان عام 999هـ وكان درزيا وصوليا كبيرا واستطاع أن يجمع المعادين للإسلام من نصارى ونصيرية، ودروز، وأمثالهم [4].

---

(1) المصدر السابق نفسه، ص253.
(2) انظر: الدولة العثمانية ، د.جمال، ص70.
(3) انظر: تاريخ الدولة العثمانية، د.علي حسون، ص132.
(4) انظر: الدولة العثمانية، د.جمال عبد الهادي، ص71.

نبذة عن الدروز:

فرقة باطنية تؤله الخليفة الفاطمي الحاكم بأمر الله، أخذت جل عقائدها عن الإسماعيلية، وهي تنتسب إلى نشتكين الدرزي، نشأت في مصر ثم انتقلت إلى الشام، عقائدها خليط من عدة أديان وأفكار، كما أنها تؤمن بسرية أفكارها، فلا تنشرها على الناس [1].

من أهم معتقداتها وأفكارها:

- يعتقدون بألوهية الحاكم بأمر الله ولما مات قالوا بغيبته وأنه سيرجع.
- ينكرون الأنبياء والرسل جميعا ويلقبونهم بالأبالسة.
- يعتقدون بأن المسيح هو داعيتهم حمزة.
- يبغضون جميع أهل الديانات الأخرى والمسلمين منهم بخاصة ويستبيحون دماءهم وأموالهم وغشهم عند المقدرة.
- يعتقدون بأن ديانتهم نسخت ماقبلها وينكرون جميع أحكام وعبادات الإسلام وأصوله كلها.
- ولا يكون الإنسان درزيا إلا إذا كتب أو تلي الميثاق الخاص.
- يقولون بتناسخ الأرواح وأن الثواب والعقاب يكون بانتقال الروح من جسد صاحبها إلى جسد أسعد أو أشقى.
- ينكرون الجنة والنار والثواب والعقاب الأخرويين.
- ينكرون القرآن الكريم ويقولون أنه من وضع سلمان الفارسي ولهم مصحف خاص بهم يمس المنفرد بذاته.

---

(1) انظر: الموسوعة الميسرة في الأديان (400/1).

- يرجعون عقائدهم إلى عصور متقدمة جدا يفتخرون بالانتساب إلى الفرعونية القديمة والى حكماء الهند القدامى.

- يبدأ التاريخ عندهم من سنة 408هـ وهي السنة التي أعلن فيها حمزة ألوهية الحاكم.

- يعتقدون أن القيامة هي رجوع الحاكم الذي سيقودهم إلى هدم الكعبة وسحق المسلمين والنصارى في جميع أنحاء الأرض وأنهم سيحكمون العالم إلى الأبد ويفرضون الجزية والذل على المسلمين.

- يعتقدون أن الحاكم أرسل خمسة أنبياء هم حمزة وإسماعيل ومحمد الكلمة وأبو الخير وبهاء.

- يحرمون التزاوج مع غيرهم والصدقة عليهم ومساعدتهم كما يمنعون التعدد وإرجاع المطلقة.

- يحرمون البنات من الميراث.

- لا يعترفون بحرمة الأخ والأخت من الرضاعة.

- يقولون في الصحابة أقولا منكرة منها قولهم: الفحشاء والمنكر هما (أبو بكر وعمر) رضي الله عنهما.

- لايصومون في رمضان ولا يحجون إلى بيت الله الحرام، وإنما يحجون إلى خلوة البياضة في بلدة حاصبية في لبنان.

- إن الجذور الفكرية والعقائدية للدروز ترجع إلى المذهب الباطني ، وخاصة الباطنية اليونانية متمثلة في أرسطو وأفلاطون وأتباع فيثاغورس واعتبروهم أسيادهم الروحانيين، وأخذوا جل معتقداتهم عن الطائفة الإسماعيلية، وتأثروا بالدهريين في قولهم بالحياة الأبدية ، وبالبوذيين في كثير من الأفكار والمعتقدات ، كما تأثروا ببعض

الفلاسفة الفرس والهند والفراعنة القدامى[1].

هذه نبذة مهمة عن معتقدات الدروز حتى تتعلم الأجيال من هم أعدائهم، وكيف يتحينون الفرص للقضاء على الإسلام وأهله.

فهذا فخر الدين بن المعنى الثاني، أظهر تقربه من الخليفة العثماني وأعلن طاعته له حتى تمكن من جبال لبنان ، والسواحل وفلسطين ، وأجزاء من سورية، ولما قوي أمره فاوض الطليان فدعموه بالمال وبني القلاع والحصون ، وكون لنفسه جيشا زاد على الأربعين ألفا، ثم أعلن الخروج على الدولة العثمانية عام (1022م) ، غير أنه هزم وفر إلى "إيطاليا" ، وكان قد تلقى الدعم من إمارة "فلورنسا" الإيطالية ، ومن البابا، ورهبان جزيرة مالكة (فرسان القديس يوحنا)[2].

وقد عاد فخر الدين إلى لبنان عام 1618م بعد أن أصدر السلطان فرمانا بالعفو عنه واندفع لتغريب البلاد ثم أعلن التمرد من جديد مستغلا الحرب العثمانية الصفوية الشيعية ولكنه فشل وأسر وسيق إلى استانبول ثم اندلعت الثورة عام 1045هـ[3] ولكنه هذه المرة أسر وشنق، وفشلت الحركة المسلحة التي قادها ابن أخيه ملحم للأخذ بثأره .

سادسا: وفاة السلطان أحمد الأول:

كان رحمه الله في غاية التقوى، وكان رجلا مثابرا في الطاعات، ويباشر أمور الدولة بنفسه، وكان متواضعا في ملابسه، وكان كثير الاستشارة لأهل العلم والمعرفة، والقيادة وكان شديد الحب للنبي صلى الله عليه وسلم ، وفي عهده بدأ إرسال ستائر الكعبة الشريفة من استانبول ، وقبل ذلك كانت ترسل من مصر، توفي رحمه الله في 1617م ودفن عند

---

(1) انظر: الموسوعة الميسرة في الأديان (400/1 إلى 404).
(2) انظر: الدولة العثمانية، د.جمال عبد الهادي، ص71.
(3) انظر: تاريخ الدولة العثمانية ، ص133.

جامع سلطان أحمد [1].

وكان يعمل هذه الأبيات الشعرية واضعا إياها تحت عمامته:

أرغب دوما في حمل صورة
انطباع أقدام النبي عالي المقام
من هو سيد الأنبياء
فوردة الحديقة الأنبياء
ملكة هذه الأقدام الشريفة
فيا أحمدي لا تتردد ولو للحظة
ومرغ وجهك بأقدام
الوردة الرفيعية الشريفـــة [2]

(1) انظر: السلاطين العثمانيون، ص59.
(2) انظر: تاريخ الدولة العثمانية، ص133.

المبحث الخامس
بعض السلاطين الضعاف

أولا: السلطان مصطفى الأول:

تولى السلطة بعد وفاة أخيه عام (1026هـ) ، ومنذ عهده يظهر جليا أن يدا أجنبية كانت خلف تعيين وإزاحة الخلفاء، فهذا السلطان[1] عزل بعد ثلاثة أشهر ، وجيء بابن أخيه (عثمان الثاني) الذي لم يزد عمره على الثالثة عشر .

ثانيا: السلطان عثمان الثاني (1026-1031هـ/1617-1621م)

تولي الحكم بعد عزل عمه مصطفى الأول، وكان صغيرا لم يزد عمره على الثالثة عشرة، أعلن الجهاد على بولونيا لتدخلها شؤون إمارة البغدان، وتم الصلح بين الطرفين عام 1029هـ/1620م بناء[2] على طلب بولونيا، وطلب الانكشارية ، الذين تعبوا من مواصلة القتال، فغضب الخليفة عليهم من طلبهم الراحة وخلودهم إلى الكسل وإلزامه على الصلح مع بولونيا ، فعزم على التخلص من هذه الفئة الباغية ، ولأجل الاستعداد لتنفيذ هذا الأمر الخطير أمر بحشد جيوش جديدة في ولايات آسيا وأهتم بتدريبها وتنظيمها وشرع فعلا في تنفيذ هدفه ، وعلمت الانكشارية بذلك فهاجوا وماجوا وتذمروا واتفقوا على عزل السلطان وتم لهم ذلك في 9 رجب سنة 1031هـ (20 مايو سنة 1622م) وأعادوا مكانة السلطان مصطفى وقتلوا السلطان عثمان الثاني ترك لنا بعض الأشعار منها:

(1) انظر: الدولة العثمانية ، د.جمال ، ص72.

(2) انظر: الدولة العثمانية في التاريخ الإسلامي، ص106.

كانت نيتي الخدمة لحكومتي ودولتي وللعجب أن الحسود يعمل لنكبتي[1]

تولى السلطان مصطفى الحكم وللمرة الثانية إثر فتنة الانكشارية وصارت الحكومة ألعوبة بأيديهم، ينصبون الوزراء ويعزلونهم بحسب أهوائهم وأصبحت المناصب تباع جهارا وارتكبوا أنواع المظالم[2] وتغير الوزراء الصدور في مدته هذه سبع مرات خلال عام واحد وأربعة شهور، وكان الخلاف قد دب بين أمراء الأناضول وفرقة السباهية على استمرار الوزراء الصدور، حتى أن بعضهم لم يكمل شهرا واحدا. ونظرا لضعف السلطان وعجزه عن إدارة شؤون البلاد، تم عزله وتنصيب الأمير مراد الرابع ابن السلطان أحمد الأول[3].

ثالثا: مراد الرابع (1032-1049هـ/1622-1639م):

تولى أمر السلطنة بعد عزل عمه مصطفى عام 1032هـ/1622م وهو أخو عثمان الثاني ، ولصغر سنه فقد سيطر الانكشارية عليه. وكانت أحوال الدولة سيئة للغاية، فقام بإصلاح الأحوال الداخلية أولا حتى تسنى له التفرغ للأحوال الخارجية ولذلك بدأ بالقضاء على طغاة العسكر الذي قتلوا أخاه السلطان عثمان[4] وأعدم جميع المتأسدين في استانبول وفي جميع أنحاء الدولة، وأسس تشكيلات قوية للمخابرات وثبت من خلالها أسماء جميع المستبدين في الدولة، وكان إذا صادف بلدا في أسفاره كان يدعوا مستبديها باسمهم ويعدمهم[5].

منع في عهده الخمر والتدخين وأعدم كل مرتد عن الإسلام[6].

(1) انظر: السلاطين العثمانيون، ص61.
(2) انظر: تاريخ الدولة العلية العثمانية، ص279.
(3)انظر: الدولة العثمانية في التاريخ الإسلامي الحديث، ص107.
(4)انظر: الدولة العثمانية في التاريخ الإسلامي الحديث، ص107.
(5) انظر: السلاطين العثمانيون، ص63.
(6) انظر: تاريخ الدولة العثمانية ، ص136.

الحرب مع الشيعة الصفوية:

اندلعت الحرب مع الشيعة الصفوية في العراق عام 1044هـ/1634م، فقاد السلطان مراد الجيوش بنفسه واتجه إلى بغداد، وكان عباس شاه فارس قد استولى عليها وقتل واليها العثماني وأذل أهل السنة بها وعمل بهم الأفاعيل ، فحاصر مراد بغداد وهدم جزءا كبيرا من أسوارها بالمدفعية ودخلها عام 1048هـ وقتل من جنود الشيعة عشرين ألفا، ثم أقام بها مدة جدد عمارتها، وأصلح ماتهدم من أسوارها ، وعين لها وزيرا[1] وكان هذا السلطان يباشر الحروب بنفسه، ويخالط جنوده، وينام أحيانا في الغزوات على حصانه .

وفاته: مرض سنة 1640م[2] وكان يخشى عليه من الموت ولكن شفي ثم مرض من جديد وتوفي رحمه الله في 8 شباط 1640م بسبب مرض النقرس وامتد[3] حكمه 16 سنة و11 شهرا استلم الخزينة عند ارتقائه العرش فارغة وتركها مملوءة عند وفاته ، لقد كان هذا السلطان عاقلا شجاعا ثاقب الرأي ، استأصل[4] الفساد وقمع العصاة، ولقب بمؤسس الدولة الثاني لأنه أحياها بعد السقوط وأصلح حال ماليتها .

رابعا: السلطان إبراهيم بن أحمد (1049-1058هـ/1639-1648م):

تولى الحكم بعد أخيه مراد الذي لم يعقب ذكورا، ولم يبق بعد موت السلطان مراد الرابع من نسل آل عثمان سوى أخيه السلطان إبراهيم، الذي كان مسجونا مدة سلطنة أخيه ، ولما توفي أخيه أسرع كبار المملكة إلى مكان الحبس ليخبروه بذلك، فعندما

---

(1) انظر: السلاطين العثمانيون، ص63.
(2)انظر: السلاطين العثمانيون، ص63.
(3) المصدر السابق نفسه، ص63.
(4) انظر: تاريخ الدولة العثمانية، ص136.

قدموا ظن أنهم قادمون لقتلة، فخاف وذعر ولم يصدق ماقالوه له، ولذلك لم يفتح لهم باب السجن ، فكسروه ودخلوا عليه يهنئونه، فظن أنهم يحتالون عليه للاطلاع على ضميره، فرفض قبول الملك بقوله: إنه يفضل الوحدة التي هو بها على ملك الدنيا، ولما أن عجزوا عن إقناعه، حضرت إليه والدته وأحضرت له جثة أخيه دليلا على وفاته وحين ذلك جلس على سرير السلطنة، ثم أمر بدفن جثة أخيه باحتفال وافر ، وساق أمامها ثلاثة أفراس من جياد الخيل التي كان يركبها في حرب بغداد ثم مضى إلى جامع أيوب الأنصاري، وهناك قلدوه بالسيف، ونادوا له بالخلافة[1] .

كان يقول عند ارتقائه العرش: الحمد لله اللهم جعلت عبدا ضعيفا مثلي لائقا لهذا المقام اللهم أصلح وأحسن حال شعبي مدة حكمي واجعلنا راضيا بعضا عن بعض[2] .

ولقد دافع عنه صاحب كتاب السلاطين العثمانيون وقال إن الافتراءات الكاذبة التي قيلت في حقه أكاذيب مختلفة من قبل الذين أرادوا عزله ثم قتلوه بعد ذلك[3] .

كانت الأحوال الداخلية شبه مستقرة بسبب إصلاحات أخيه نحو الانكشارية، وتجديد الجيش ، فاتجه إلى الاقتصاد في نفقات الجيش والأسطول وإصلاح النقد وإقامة النظام الضرائبي على أسس جديدة[4] .

استطاع الصدر الأعظم قرة مصطفى باشا أن يوقف تدخل النساء في شؤون السلطنة وتمكن من القضاء على محاولات رجال البلاط السلطاني لإفساد الدولة وقضى على العابثين والمفسدين وقاطعي الطريق في مختلف الولايات[5] .

---

(1) انظر: تاريخ سلاطين آل عثمان ، يوسف آصاف، ص 105.

(2) انظر: السلاطين العثمانيون، ص64.

(3) المصدر السابق نفسه، ص64.

(4) انظر: الدولة العثمانية، د.إسماعيل ياغي، ص108.

(5) انظر: تاريخ الدولة العثمانية، إسماعيل سرهنك، ص150.

الحرب ضد البنادقة:

كانت جمهورية البنادقة تهيمن على جزيرة كريت وعلى الحركة التجارية في بحر إيجة مستغلين الصلح مع الدولة العثمانية، فعزم العثمانيون على تدمير نفوذ البنادقة في أشرق، فجهزت الجيوش والأسطول وأعلنت الحرب على البنادقة، واعتقل جميع البنادقة في طول البلاد وعرضها وأمر بمصادرة أموالهم وممتلكاتهم، ثم سير حملة إلى جزيرة كريت عام 1055هـ/1645م واستولت على أجزاء منها[1]، ولكن الجنود تمردوا في استانبول وأهاجوا وماجوا وقرروا عزل السلطان إبراهيم وتولية ابنه محمد الرابع الذي لم يتم السابعة من عمره وقتل السلطان إبراهيم وقد امتد حكمه 8 سنين و9 شهور وكان عمره 34 سنة[2].

خامسا: السلطان محمد الرابع (1051-1104هـ/1642-1692م):

ولد هذا السلطان عام 1051هـ وتولى المسؤولية وهو ابن سبع سنوات ورأت أوروبا أن الوقت حان للنيل من الدولة العثمانية؛ لذلك كونت أوروبا حلفا ضم : النمسا، وبولونيا، والبندقية، ورهبان مالطة، والبابا، وروسيا وسموه (الحلف المقدس) وذلك للوقوف في وجه المد الإسلامي الذي أصبح قريبا من كل بيت في أوروبا الشرقية بسبب جهاد العثمانيين الأبطال وبدأ الهجوم الصليبي على ديار الدولة العثمانية وقيض الله لهذه الفترة (آل كوبريلل) الذين ساهموا في رد هجمات الأعداء وتقوية الدولة، فالصدر الأعظم محمد كوبريللي المتوفى عام (1072هـ/661م) فأعاد للدولة هيبتها ، وسار على نهجه ابنه (احمد كوبريللي) الذي رفض الصلح مع النمسا والبندقية وسار على رأس جيش لقتال النمسا، وتمكن عام 1074هـ أن يفتح أعظم قلعة في

(1) انظر: الدولة العثمانية، د. إسماعيل ياغي، ص109.
(2) انظر: تاريخ الدولة العثمانية، ص137.

النمسا وهي قلعة نوهزل شرقي فينا في 25 صفر 1074هـ/28 سبتمبر 1663م وفي عهد هذا الصدر الأعظم حاولت فرنسا التقرب من الدولة العثمانية، وتجديد الامتيازات ، غير أن الصدر الأعظم رفض ذلك، ثم حاولت فرنسا التهديد حيث أرسل "لويس الرابع عشر" ملك فرنسا السفير الفرنسي مع أسطول حربي، وهذا مازاد الصدر الأعظم إلا ثباتا، وقال : (إن الامتيازات كانت منحة، وليست معاهدة واجبة التنفيذ)[1] .

لقد تراجعت فرنسا أمام تلك الإرادة الحديدية واستعملت سياسة اللين والخضوع للدولة العثمانية حتى جددت لها المعاهدات القديمة وأعادت لها امتياز حماية بيت المقدس عام 1084هـ[2] .

وبوفاة الصدر الأعظم "أحمد كوبريللي" ضعف النظام العثماني، وهاجمت النمسا بلاد المجر، واغتصبت قلعة نوهزل ومدينة بست ومدينة بودا، وأغار ملك بولونيا على ولاية البغدان، وأغارت سفن البندقية على سواحل المورة واليونان واحتلت أثينا وكورنثة عام 1097هـ وغيرها من المدن.

وتذكر كتب التاريخ أن العلماء ورجال الدولة قد[3] اتفقوا على عزل السلطان (محمد الرابع) فعزل عام 1099هـ وتولى مكانه أخوه سليمان الثاني .

سادسا: السلطان سليمان خان الثاني:

ولد عام 1052هـ وتولى الحكم بعد أخيه (محمد الرابع) عام 1099هـ واستمر التدهور في الدولة العثمانية في عهده، وازدادت شراسة الأعداء على عهده، فاغتصبت

---

(1) انظر: الدولة العثمانية، د.جمال عبد الهادي، ص73.

(2) المصدر السابق نفسه، ص74.

(3)انظر: الدولة العثمانية، د.جمال عبد الهادي، ص74.

النمسا كثير من المواقع والمدن ومنها بلجراد عام 1099هـ، كما احتلت البندقية وسواحل دالماسيا السواحل الشرقية لبحر الأدرياتيك وبعض الأماكن في اليونان وتوالت الهزائم على الدولة، وقيض الله لها رجلا لهذا الفترة هو الصدر الأعظم (مصطفى بن محمد كوبريللي)[1] الذي سار على نهج أبيه، وسمح للنصارى في استانبول ببناء ماتهدم من كنائسهم ، وأحسن إليهم وعاقب بأشد العقاب كل من عرض لهم في إقامة شعائر دينهم حتى استمال جميع مسيحي الدولة، وكانت نتيجة معاملة المسيحيين بالعدل أن ثار أهالي موره الأورام على البنادقة الكاثوليك، وطردوا جيشها من بلادهم بسبب اضطهادهم وإجبارهم على المذهب الكاثوليكي. ودخلوا في حماية الدولة العثمانية مختارين طائعين لعدم تعرضها لديانتهم مطلقا[3].

هذه شهادة من أبناء النصارى على سماحة الإسلام الذي مانعمت البشرية بنعمة الأمن والطمأنينة على الدين والعرض والمال والدم إلا في ظله؛ لأن القرآن الكريم وسنة سيد المرسلين علمتهم ذلك، قال تعالى: ﴿لا ينهاكم الله عن الذين لم يقاتلوكم في الدين ولم يخرجوكم من دياركم أن تبروهم وتقسطوا إليهم إن الله يحب المقسطين﴾ (سورة الممتحنة: آية 8).

وشاء الله تعالى أن يختار الصدر الأعظم شهيدا في ساحة الوغى وهو ينافح عن حرمات الدين في أحد المعارك ضد النمسا الصليبية عام 1102هـ[2].

وفاة السلطان سليمان الثاني:

في 26 رمضان سنة 1102هـ الموافق 23 يونيو 1691م توفي السلطان سليمان الثاني

(1)المصدر السابق نفسه، ص74.
(2) انظر: تاريخ الدولة العلية، ص306.
(3) انظر: الدولة العثمانية، د. جمال ، ص75.

عن غير عقب وعمره 50 سنة بعد أن حكم ثلاث سنوات وثمانية أشهر ودفن في تربة جده السلطان سليمان الأول وتولى بعده أخوه[1] .

سابعا: السلطان احمد الثاني (1102-1106هـ/1690-1694م):

تولى الحكم عام 1102هـ بعد وفاة أخيه سليمان الثاني، واستشهد في زمنه الصدر الأعظم مصطفى كوبريللي الذي كان عظيم النفع للدولة العثمانية، وتولى بعده الصدر الأعظم جي علي باشا عريجي وكان ضعيفا، واحتلت البندقية بعض جزر بحر إيجة، ولم تطل أيام السلطان وتوفي عام 1106هـ/1694م وكان القتال في أيامه[2] القصيرة عبارة عن مناوشات ، وتولى الحكم بعده ابن أخيه وهو مصطفى الثاني بن محمد الرابع .

ثامنا: السلطان مصطفى الثاني (1106-1115هـ/1694-1703م):

ولد عام 1074هـ وتولى الخلافة عام (1106هـ/1694م) وهو ابن السلطان محمد الرابع وفي عهده، بدأ تراجع المد الإسلامي عن ديار أوروبا الشرقية بسبب ضعف الإيمان، وضعف روح الجهاد، وتسرب أسباب الهزيمة في كيان الأمة، وقسوة الهجمات الصليبية على ديار الدولة العثمانية، وفي عهده تم توقيع معاهدة كار لوفتس جنوب غرب زغرب على نهر الدانوب عام 1110هـ/1699م، مع روسيا وطبقا لشروط هذه المعاهدة انسحب العثمانيون من بلاد المجر، وإقليم ترانسلفانيا، وهذا مؤشر سيء في تاريخ بعض حكام الدولة العثمانية[3]، وهو انسحابهم في المعارك تاركين المسلمين بين يدي عدو نزعت من قلبه الشفقة والرحمة ، وأصبحت كل الدول التي كانت تدفع الجزية عن يد وهي صاغرة ممتنعة من دفعها وكانت الدول النصرانية تقف في وجه

---

(1) انظر: تاريخ الدولة العلية العثمانية ، ص306.

(2) انظر: الدولة العثمانية في التاريخ الإسلامي ، ص115.

(3) انظر: الدولة العثمانية، د. جمال ، ص76.

العثمانيين ، وكانت متفقة فيما بينها للوقوف في وجه تقدم الدولة العثمانية، والعمل على تقسيمها وذلك خوفا من انتشار المد الإسلامي.

كان تنازل العثمانيين عن أراضيها بداية الانسحاب العثماني من أوروبا، كما أنه يسجل الانتقال إلى عصر التفكك والاضمحلال السريع. وعلى أثر تدخل الانكشارية ومطالبتهم بعزل الصدور ورفض السلطان لذلك فقد قرروا عزله وتوفي بعد أربعة أشهر وكان عند وفاته في التاسعة والثلاثون من عمره ودفن رحمه الله.

تاسعا: السلطان احمد الثالث (1115-1143هـ/1703-1730م):

في عهده ظلت راية الجهاد مرفوعة ، واستطاعت الدولة أن تعيد المورة وآزاق ، وواصلت جهادها ضد روسيا وأنزل بها ضربة كادت أن تكون قاصمة، حينما حاصر المجاهدون العثمانيون قيصر روسيا وخليلته ومعهما 200.000 مجاهد كادوا يقعون في الأسر ولكن الخيانة تحت فتنة المال والنساء دفعت الصدر الأعظم إلى رفع الحصار ، وخيانة الدولة، ووقع معاهدة (فلكزن) في جمادى الأخرى عام 1123هـ مع الروس، ترتب عليها إخلاء مدينة آزاق للصليبيين الروس وتعهد بعدم التدخل في شؤون القوزاق، ولهذا السبب عزل السلطان أحمد الثالث الصدر الأعظم بلطة جي باشا واستمر الجهاد ضد الروس، ورأت هولندا[1] وإنجلترا إن مصلحتها إيقاف الحرب ولذلك تدخلوا، ووقعت معاهدة أدرنة عام 1125هـ/1716م ، وتنازلت فيها روسيا عن كل ماستولت[2] عليه من سواحل البحر الأسود، ولكنها تخلت في الوقت نفسه عما كانت تدفعه إلى حكام القرم .

ومن ناحية الغرب انتصر العثمانيون على البنادقة، واستولوا على كريت وبعض الجزر الأخرى، فاستنجد البنادقة بالنمسا من الدولة العثمانية إعادة ماأخذ من البنادقة

(1) انظر: الدولة العثمانية، د.جمال عبد الهادي، ص76.
(2) انظر : الدولة العثمانية، د.إسماعيل باغي، ص117.

إليهم فرفضت الدولة، وقامت الحرب بين الطرفين وانتصرت النمسا وسقطت بلغراد عام 1129هـ/1717م ثم جرى الصلح بعد ذلك في عام 1130هـ/1718م وتوسطت بريطانيا وهولندا في الصلح. وعقد صلح بساروفتز، وبموجبه انتزع النمساويون بلغراد، وأكثر بلاد الصرب، وجزءا من الأفلاق وتبقى سواحل دالماسيا (شرق الأدرياتيك) للبندقية، وتعود بلاد المورة للعثمانيين كما أتاح الصلح لرجال الدين الكاثوليك في أن يستعيدوا مزاياهم القديمة في الأراضي العثمانية، مما أتاح لهم وللنمسا التدخل في شؤون الدولة العثمانية باسم حمايتهم، وقد نص اتفاق منفصل على حرية التجارة لصالح تجار الدول الموقعة على المعاهدة. وهكذا حصلت النمسا على حق حماية التجار الأجانب داخل الدولة العثمانية.(1) ولما رأى الروس ضعف العثمانيين طلبوا منهم السماح للتجار وزوار بيت المقدس بالمرور في أراضي الدولة العثمانية دون دفع أية رسوم فوافق العثمانيون على ذلك. واحتل العثمانيون بلاد أرمينيا بلاد الكرج، بينما احتل بطرس الأكبر بلاد داغستان وسواحل بحر الخزر الغربية بسبب ضعف الدولة الصفوية، وكادت الحرب أن تقع بين الطرفين لولا وساطة فرنسا بناء على طلب روسيا، وبقي كل فريق في المناطق التي دخلها دون معارضة الآخر. غير أن الصفويين هبوا وقاتلوا العثمانيين، ولكنهم هزموا وفقدوا تبريز وهمدان وعددا من القلاع، ثم جرى الصلح عام 1140هـ/1728م. وخلال هذه الفترة ثار الانكشاريون وعزلوا الخليفة ونصبوا مكانه ابن أخيه.(2)

الداماد إبراهيم باشا والحضارة الغربية:

كان عدد قليل من العثمانيين قد نادى بالإصلاح للوصول إلى الوسائل التي حققت بها أوروبا قوتها خاصة في التنظيم العسكري والأسلحة الحديثة. وكان الداماد إبراهيم

---

(1) انظر: في أصول التاريخ العثماني، ص156،157.
(2) انظر: تاريخ الدولة العثمانية، إسماعيل سرهنك، ص207،208.

باشا الذي تولى الصدارة العظمى في عهد السلطان احمد الثالث هو أول مسؤول عثماني يعترف بأهمية التعرف على أوروبا، لذا فإنه أقام اتصالات منتظمة بالسفراء الأوروبيين المقيمين بالآستانة، وأرسل السفراء العثمانيين إلى العواصم الأوروبية، وبخاصة فينا وباريس للمرة الأولى. وكانت مهمة هؤلاء السفراء لا تقتصر على توقيع الاتفاقات التجارية والدبلوماسية الخاصة بالمعاهدات التي سبق توقيعها ، بل أنه طلب منهم تزويد الدولة بمعلومات عن الدبلوماسية الأوروبية وقوة أوروبا العسكرية. وكان معنى ذلك فتح ثغرة في الستار الحديدي العثماني والاعتراف بالأمر الواقع الخاص بأنه لم يعد بإمكان العثمانيين تجاهل التطورات الداخلية التي كانت تحدث في أوروبا[1] .

وقد بدأ التأثر بأوروبا في مجال بناء القصور والإسراف والبذخ اللذين شارك فيهما السلطان أحمد ذاته بنصيب كبير، مما جعل الأغنياء وعلية القوم يسعون إلى اقتباس العادات الأوروبية الخاصة بالأثاث وتزيين الدور وبناء القصور وإنشاء الحدائق[2] .

لقد بدأ ظهور تقليد الغرب في شهواتهم وإسرافهم تظهر للعيان وطبيعي أن تمضي فيهم سنة الله تعالى قال تعالى: ﴿ولو أن أهل القرى آمنوا واتقوا لفتحنا عليهم بركات من السماء والأرض ولكن كذبوا فأخذناهم بما كانوا يكسبون﴾ (سورة الأعراف : آية 96).

وقال تعالى : ﴿وإذا أردنا أن نهلك قرية أمرنا مترفيها ففسقوا فيها فحق عليها القول فدمرنها تدميرا﴾ (سورة الإسراء: آية 76).

وسجلت هذه الفترة بداية الحركة الأدبية العثمانية الحديثة فنشطت حركة الترجمة إلى اللغة التركية ، كما أرسل السلطان أحمد مبعوثين إلى فرنسا للاطلاع على المصانع

(1) انظر: في أصول التاريخ الإسلامي، ص159.
(2) انظر: الدولة العثمانية، د. إسماعيل باغي ، ص119.

ومنجزات الحضارة الفرنسية. كما تم إنشاء مكتب للطباعة في استانبول[1].

عاشرا: السلطان محمود الأول (1143-1168هـ/1730-1758م):

تولى الحكم بعد أن هدأت الأحوال بسبب اضطرابات الانكشارية فقرر السلطان محمود الأول استقدام مستشار أوروبي فرنسي للشؤون العسكرية واسمه الكسندر الكونت دي بونفال، وقد عهد إليه بإحياء فرقة المدفعية، وأدخلت أنظمة جديدة للخدمة العسكرية على أسس فرنسية ونمساوية بهدف جعل الخدمة العسكرية من جديد مهنة حقيقية وذلك بتوفير المرتبات والمعونات. واقترح توزيع فرق الانكشارية إلى وحدات صغيرة يقودها ضابط شاب، غير أن الانكشارية عارضوا تنفيذ هذه الخطة وأوقفوها ، مما أدى إلى تركيز بونفال على فرقة المدفعية وأهتم كذلك بصناعة المدافع والبارود والبنادق والألغام وعربات المدافع، وافتتح مدرسة للهندسة العسكرية، إلا أن الانكشارية عارضوا كل المشروعات، وعلاوة على ذلك أنشأ مصنع للورق، لكن هذه الإصلاحات سرعان ماانذثرت[2].

اتجهت الدولة العثمانية إلى قتال الشيعة الصفوية، فتغلبت على طهماسب الذي طلب الصلح عام 1144هـ/1731م، وتخلى العثمانيين عن تبريز ، وهمدان ، ولورستان غير أن والي الشاه على خراسان وهو نادر شاه، لم يقبل بهذه المعاهدة. فسار إلى أصفهان ، وعزل الشاه طهماسب وولى مكانه أبنه عباس، وعين عليه مجلس وصاية ، سار لحرب العثمانيين فانتصر عليهم، وحاصر بغداد، طلبت الدولة الصلح، وجرى الاتفاق عام 1149هـ/1736م في مدينة تفليس حيث أعلن نادر خان نفسه ملكا على الفرس، واتفقوا على أن يرد العثمانيون كل ماأخذوه إلى الشيعة الإيرانية[3].

---

(1) انظر: الدولة العثمانية، د. إسماعيل باغي، ص119.

(2) انظر: في أصول التاريخ العثماني، ص162-163.

(3) انظر: التاريخ الإسلامي (8) ، محمود شاكر ، ص110-112.

الحرب مع الدول الأوروبية:

أعلنت روسيا والنمسا الحرب على بولندا، واحتلتها روسيا ، ورغبت فرنسا التحالف مع الدولة العثمانية لإنقاذ بولندا من كل من النمسا وروسيا وأرضت النمسا فرنسا بمعاهدة فينا واتفقت من جهة ثانية لقتال الدولة العثمانية، وبدأت روسيا القتال مع الدولة العثمانية، فتمكن العثمانيون من وقف تقدم الروس في إقليم البغدان، كما أوقفوا تقدم النمسا في البوسنة والصرب والأفلاق، وانتصرت على الصرب ، وعلى جيوش النمسا التي انسحبت من الحرب ، وطلبت الصلح عن طريق فرنسا، وتم توقيع معاهدة الصلح في بلغراد عام 1152هـ/1739م، تنازلت فيه النمسا عن مدينة بلغراد وعن بلاد الصرب الافلاق، وتعهدت روسيا بعدم بناء سفن في البحر الأسود وهدم قلاع ميناء آزوف[1] .

السلطان عثمان الثالث (1168-1171هـ/1758-1761م):

تولى الحكم وعمره 58 سنة، وبويع في جامع أبي أيوب الأنصاري، وهنأه سفراء أوروبا ، وحكم ثلاث سنوات فقط لم يحدث فيه حروب ولا نزاعات خارجية واهتم بالإصلاحات الداخلية، وأصدر أوامر بمنع كل ما يخالف الشرع الشريف[2] وقضى على الثورات والانتفاضات التي قامت في أنحاء الدولة وخاصة ثورات الأكراد[3] ويذكر عنه أنه كان يتحسس أحوال الرعية ليلا متنكرا .

الحادي عشر:السلطان مصطفى الثالث (1171-1187هـ/1757-1773)

تولى الحكم وعمره اثنتان وأربعون سنة، وكان على دراية واسعة بإدارة الدولة فعين الوزير قوجه راغب صدرا أعظم لسعة اطلاعه وخبرته بشؤون البلاد. وقد استطاع

---

(1) انظر: تاريخ الدولة العثمانية، إسماعيل سرهنك، ص208-212.

(2) انظر: الدولة العثمانية، د.إسماعيل ياغي، ص121.

(3) انظر: الدولة العثمانية، د. جمال عبد الهادي، ص79.

محمد راغب باشا من إخماد ثورة عرب الشام الذي اعتدوا على قوافل الحجاج [1].

كان السلطان مصطفى يرى أن الخطر الداهم على الدولة العثمانية يتمثل في ظهور القوة الروسية الجديدة ويبدوا أنه اطلع على المخطط الأسود الروسي لتفتيت الدولة العثمانية الذي وضعه بطرس الأكبر في وصيته [2] ولذلك أعد السلطان مصطفى الثالث لحرب روسيا ، فبدأ يعد التنظيمات المزمع تنفيذها بالجيش العثماني حتى يصبح قادرا على مواجهة الجيوش الأوروبية، لذا فقد تمكن الصدر الأعظم من عقد اتفاق مع حكومة بروسيا لمساعدة الدولة العثمانية عند الحاجة ضد النمسا وروسيا. وعملت على توسيع نطاق التجارة البحرية والبرية. وعمل على وضع مشروع فتح خليج لإيصال نهر دجلة بالآستانة وأن تستعمل الأنهار الطبيعية مجرى له ليسهل نقل الغلال من الولايات إلى دار الخلافة، ويساعد على نشر التجارة، إلا أن المنية عاجلته قبل البدء في مشروعه عام 1176هـ/1762م. وخلفه في الصدارة حامد حمزة باشا ثم خلفه مصطفى باهر باشا 1177هـ/1763م ثم بعد سنة تولى الصدارة محسن زاده محمد باشا 1178هـ/1764م [3].

خاضت الدولة العثمانية حربا مع روسيا بسبب اعتداءات القوزاق على مناطق الحدود، نجح ملك القرم في غارته وهدم عددا من الضياع وذلك عام 1182هـ/1768 كما سار الصدر الأعظم بفك الحصار عن بعض المواقع التي يحاصرها الروس، ولكنه فشل فكان جزاؤه القتل، وهزم الصدر الذي أتى بعده، واحتل الروس إقليمي الأفلاق والبغدان، وأخذ الروس يثيرون النصارى من الروم الأرثوذكس للقيام بثورات ضد الدولة [4]، فأثاروا نصارى شبه جزيرة المورة فقاموا بثورة، غير أن الثورة قد أخمدت [5].

---

(1) انظر: الدولة العثمانية، د. إسماعيل ياغي ، ص122.

(2) انظر: تاريخ الدولة العلية العثمانية، ص330،331،332.

(3) انظر: تاريخ الدولة العثمانية ، إسماعيل سرهنك، ص216.

(4) انظر: الدولة العثمانية في التاريخ الإسلامي، ص122.

كما هاجم الروس مدينة طرابزون وفشلوا في احتلالها، ولكنها (روسيا) نجحت في اقتحام بلاد القرم والسيطرة عليها وذلك عام 1185هـ/1771م. ثم جرت مفاوضات[1] الصلح ولكنها فشلت بسبب مطالب روسيا التعسفية، وعادت الحرب وانتصر العثمانيون .

الاهتمام بدعم الثورات الداخلية:

لقد ظهر التآمر الروسي الصليبي ضد ديار الدولة العثمانية واضحا وقاموا بمحاولة تمزيق الدولة من الداخل ، فقد دفعوا والي مصر من قبل دولة الخلافة، وهو "علي بك الكبير" الذي لقب بشيخ البلد إلى الخروج على الدولة العثمانية عام (1183هـ/1770م)، ففعل ، وأمر بأن يخطب باسمه على المنابر.

وفي جزيرة (باروس) تم لقاء بين الصليبيين الروس ومبعوثين من قبل (علي بك الكبير) وتم التخطيط الماكر لتدمير الدولة العثمانية من الداخل، يكون فيها علي بك الكبير هو مخلب القط ومعه طاهر العمر والي مدينة عكا من قبل العثمانيين وبناء عليه قاد علي بك أبناء مصر المسلمين لقتال القوات العثمانية في بلاد الشام ودخل "سورية" عنوة في عام 1185هـ، بل إنه دخل دمشق، وصيدا وحاصر "يافا" بمساعدة طاهر العمر، بل إن الروس حينما قامت قوات الدولة العثمانية بمحاصرة صيدا، عاونوا عميلهم في رفع الحصار ومده بالأسلحة واستولوا على بيروت عام 1186هـ.

وجاء الوقت الذي أسر فيه علي بك الكبير، وتوفي في أسره[2]، وقتل الخائن الآخر طاهر العمر بعد حصار عكا، وذلك على يد محمد بك الشهير بأبي الذهب .

إن الصليبية النصرانية عندما عجزت عن مقاتلة الدولة العثمانية في جبهات الوغى لجأت إلى تفجير الدولة من الداخل عبر ضعفاء النفوس ممن ينتسبون إلى الإسلام

---

(1) انظر: الدولة العثمانية ، د. إسماعيل ياغي، ص122.
(2) انظر: الدولة العثمانية، د.جمال عبد الهادي، ص80.

ويظهرون شعائره وأضاعوا مفهوم الولاء والبراء في بحر شهواتهم وأطماعهم وإلا كيف يكون ذلك و الله يقول : ﴿يا أيها الذين آمنوا لاتتخذوا عدوى وعدوكم أولياء تلقون إليهم بالمودة وقد كفروا بما جاءكم من الحق﴾ (سورة الممتحنة: آية 1).

وقوله تعالى :﴿لا يتخذ المؤمنون الكافرين أولياء من دون المؤمنين﴾ (سورة آل عمران : آية 21).

إن المسلم الصادق مع نفسه وربه وأمته لايقف مع الروس الأرثوذكس ضد المسلمين السنيين العثمانيين ويستحل دماءهم[1] . إن أعداء الأمة المسلمة يلجأون دوما إلى إشعال نار الفتنة داخل ديار الإسلام لتدمير قوة الأمة البشرية والاقتصادية والأخلاقية لتصبح الأمة مؤهلة للسقوط بيد الأعداء[2] ، لقد كان السلطان مصطفى الثالث من السلاطين المجاهدين وقد تصدى للهجمات الروسية الصليبية على الدولة، وأنزل بهم هزائم عدة وكان يرى بثاقب بصره وبعد نظره أن الدولة العثمانية بدأت في عصر التراجع والسقوط وظهرت تلك الرؤية في شعره:

إن الدنيا منهدمة لا تظن أنها تستقيم لنا

جميع مراتب الدولة بقيت في أيدي الأراذل

وان السعداء اليوم كلهم إدناء

ونحن متوكلون على الله جل جلاله

كان هذا السلطان مهتما بالتاريخ الإسلامي عموما وتاريخ الدولة العثمانية خصوصا.

---

(1)انظر: الدولة العثمانية، د.جمال عبد الهادي، ص80.

(2) المصدر السابق نفسه، ص80.

لقد استمرت الحرب مع روسيا فترة طويلة حيث بدأت في عام 1768م وانتهت في 1774م وفقدت الدولة العثمانية أراضي واسعة ومهمة وبدأ ظهور الضعف والتأخر والتخلف الحقيقي في الدولة[1]، ومرض السلطان مصطفى الثالث في حرب روسيا حزنا وتوفي[2] وعمره يناهز 57 عاما تقريبا . وتوفي الخليفة عام 1187هـ وتولى مكانه أخوه عبد الحميد الأول .

الثاني عشر:السلطان عبد الحميد الأول(1187-1203هـ/1773-1788م)

تولى الحكم عام 1187هـ/1773م بعد وفاة أخيه مصطفى الثالث، وكان محجوزا في قصره مدة حكم أخيه مصطفى الثالث استطاعت روسيا أن تحقق نصرا على العثمانيين في مدينة فارنا في بلغاريا على البحر الأسود، وطلب[3] الصدر الأعظم الصلح والمفاوضة، وتم ذلك في مدينة قينارجة في بلغاريا عام 1187هـ/1774م وأهم ماجاء فيها:

1. إزالة العداوة بين الدولة العثمانية وروسيا وحلول الصلح وصيانة الاتفاقات من التغيير والعفو عن الجرائم التي اقترفها رعايا الطرفين.
2. عدم حماية الرعايا الملتجئين أو الفارين أو الخونة ضمن شروط.
3. اعتراف الطرفين بحرية بلاد القرم بلا استثناء واستقلالها، ولهم الحرية التامة بانتخاب خان لهم دون تدخل ولايؤدون ضريبة. وباعتبارهم مسلمين فإن أمورهم المذهبية تنظم من قبل السلطان بمقتضى الشريعة الإسلامية.
4. سحب القوات العثمانية من القرم وتسليم القلاع وعدم إرسال جنود أو محافظ عسكري.

(1) انظر: السلاطين العثمانيون، ص72.
(2) انظر:الدولة العثمانية، إسماعيل ياغي، ص123.
(3) المصدر السابق نفسه، ص123.

5. حرية كل دولة في بناء القلاع والأبنية والتحصينات وإصلاح مايلزم منها.

6. تعيين سفير روسي في الآستانة من الدرجة الثانية، والاعتذار له رسميا عن مايحدث من خلل.

7. تعهد الدولة العثمانية بصيانة الحقوق والكنائس النصرانية في أراضيها ومنح الرخصة من الخلل.

8. حرية زيارة رهبان روسيا للقدس والأماكن الأخرى التي تستحق الزيارة مرخص بها دون دفع جزية أو خراج ويعطون التسهيلات والحماية أثناء ذلك[1] .

9. حرية الملاحة للروس في كافة الموانئ العثمانية في البحرين الأبيض المتوسط والأسود مضمونة وكذلك حرية اتجار الرعايا الروس في البلاد العثمانية برا وبحرا مكفولة وللتجار الروس حرية الاستيراد منها والتصدير إليها والإقامة فيها. ويحق لروسيا تعيين القناصل في كافة المواقع التي تراها مناسبة.

10. يجب على الدولة العثمانية التعهد ببذل جهدها في كفالة حكومات الولايات الأفريقية إذا مارغب الروس بعقد معاهدات تجارية فيها.

11. يحق للروس بناء كنيسة على الطريق العام في محلة بكل أوغلي في غلطة باستانبول غير الكنيسة المخصصة وتكون تحت صيانة سفير روسيا وتؤمن الصيانة الكاملة لها والحراسة التامة خوفا من التدخل.

12. إعادة بعض المناطق للدولة العثمانية من روسيا بشروط منها العفو العام عن أهاليها وحرية النصارى منهم من كافة الوجوه وبناء كنائس جديدة ومنح امتيازات للرهبان وحرية الهجرة للأعيان وعدم التعرض لهم وإعفائهم من تكاليف الحرب والجزية.

---

(1) انظر: العثمانيون والروس، د.علي حسن ،ص83.

13. يرد الروس جزائر البحر الأبيض المتوسط التي هي تحت حكمهم للدولة العثمانية التي يجب أن تعفو عن أهلها وتعفيهم من الرسوم السنوية وتمنحهم الحرية الدينية وترخص لمن يريد منهم ترك وطنهم.

كما ذكرت بنود أخرى تتعلق ببعض المناطق في القرم وبتدابير الانسحاب وإخلاء الافلاق والبوجاق والبغدان وبتسريح الأسرى وتعيين السفراء من أجل المصالحة وتعهدت الدولة العثمانية بتأدية خمسة عشر ألف كيسا لروسيا في مدة ثلاث سنين يدفع منها في كل سنة قسط وهو خمسة آلاف كيس[1].

وحين التمعن في هذه الشروط يمكن ملاحظة مايلي:

1. إنهاء السيطرة العثمانية على البحر الأسود وتهيئة الأسس الدبلوماسية المقبلة للتدخل الروسي في القضايا العثمانية الداخلية .
2. تمدد الحدود الروسية إلى نهر بوغ الجنوبي واشتمالها آزوف وسهوب كرش ونيكال في النهاية الشرقية من شبه نهري الدينيبر وبوغ وسهوب وكينبورن.
3. أصبحت بلاد القرم مستقلة ورعاياها لا يلحقون الدولة العثمانية إلا دينيا فقط.
4. أصبح لروسيا حق بناء قناصل في أي مكان في الدولة العثمانية والملاحة الحرة في مياها.
5. سمحت المعاهدة للروس بالحصول على الامتيازات ضمن البلاد العثمانية تشمل الأرثوذكس في الأفلاق والبغدان وجزر بحر إيجة وبالتالي تحولت روسيا إلى حماية الأرثوذكس في أي مكان في الدولة العثمانية[2].

ولم يكتف الروس الصليبيون بذلك ، بل واصلوا تآمرهم ، وفاجئوا الدولة

(1) انظر: العثمانيون والروس، ص84.
(2) انظر: العثمانيون والروس، ص85.

العثمانية بدخول قواتهم بلاد القرم وهي جزء من ولايات الدولة العثمانية بسبعين ألف جندي غير مبالين بمعاهدة (كينارجه)[1] .

وانبهرت ملكتهم كاترينا بهذا النصر وطافت ربوع القرم وأقيمت لها الزينات وأقواس النصر التي كتب عليها (الطريق بيزنطة). وأثارت الدولة العثمانية من جديد فأرسل الباب العالي مذكرة إلى السفير الروسي بالأستانة وذلك في صيف عام 1200هـ فيها عدة مطالب منها التنازل عن حماية بلاد الكرج التي تخضع للسيادة العثمانية وتسليم حاكم الفلاح العاصي للدولة ورفضت روسيا المذكرة فأعلن الباب العالي الحرب وسجن السفير الروسي[2] .

تحالف النمسا مع روسيا:

وكتبت كاترينا إلى القائد العسكري بوتمكين بعدم انتظار العثمانيين والتقدم باتجاه مدينتي بندر وأوزي وتمكن نتيجة لذلك من دخول (أوزي) وعندها أعلنت النمسا الحرب على الدولة العثمانية وحاول يوسف الثاني الإمبراطور النمساوي احتلال بلغراد ولكنه عاد يجر أذيال الخيبة منسحبا إلى مدينة تمسوار والجيش العثماني يتعقبه حتى هزمه شر هزيمة.

وفاة السلطان عبد الحميد الأول وأثرها على الأحداث:

في هذه الآونة توفي السلطان عبد الحميد الأول ووهنت عزيمة الجند ودخل اليأس قلوبهم واستغل الأعداء ماحدث وتضافرت جهودهم لإضعاف العثمانيين وتمكنوا من النصر في 31 تموز وفي 22 أيلول عام 1789م واستولى الروس على مدينة بندر الحصينة واحتلوا معظم الفلاخ والبغدان وبسارابيا ودخل النمساويون بلغراد وبلاد الصرب التي ردت بعد ذلك بمقتضى معاهدة زشتوي[3] .

---

(1) انظر: الدولة العثمانية، د.جمال ، ص82.

(2) انظر:العثمانيون والروس، ص86.

(3)انظر:العثمانيون والروس، ص87.

المبحث السادس
السلطان سليم الثالث

(1203-1222هـ/1788-1807م)

تولى السلطة بعد وفاة عمه عبد الحميد الأول عام 1203هـ/1788م وبدأت مرحلة جديدة من مراحل الحرب بين الدولة العثمانية وأعداءها شرع في إحياء الروح المعنوية في نفوس جنده واعتمد على تاريخ الدولة العثمانية وما قامت به من أعمال بطولية، ففي مراسيم تولية عرش الدولة قام السلطان بإلقاء خطبة حماسية أمام قادة الدولة أشاد فيها بما حققته الجيوش العثمانية من انتصارات في الماضي على أعدائها، وتكلم عن سبب هزائمهم المتأخرة أمام أعدائهم وبين بأنها بسبب ابتعادهم عن دينهم وعدم اتباع كتابهم وسنة نبيهم، وحثهم على ضرورة التضحية والجهاد ضد أعدائهم، والاعتماد على الله في كل تصرفاتهم وطاعة أولي الأمر، ومقاومة الأعداء الذين استولوا على أراضي المسلمين وقتلوا وسجنوا الآلاف منهم حتى تستعيد الدولة بلاد القرم منهم[1].

أولا: إصراره على الجهاد:

هذه الآمال عند السلطان سليم الثالث جعلته يرفض مساعي الصلح التي قام بها سفراء اسبانيا وفرنسا وبروسيا، وطلب من الصدر الأعظم يوسف باشا اتخاذ الترتيبات اللازمة للتصدي لأعداء الدولة.

لقد أدرك السلطان المأساة التي يعيشها شعبه من جراء الهزائم المتوالية على الدولة

(1) انظر: تاريخ سياسي، دولة علية عثمانية، كامل باشا (250/2).

العثمانية، ولكي يخفف من حدة الغضب والنفور، رفض السلطان مساعي الصلح وقرر التوجه بنفسه على رأس جيش نحو الدانوب.

وقام بزيادة مرتبات الجند وصرف مكافآت إضافية تزيد عما كانت عليه في عهد سلفه[1].

ورأى السلطان العثماني ضرورة تقوية مركزه بتعيين صديقه القديم حسين باشا الكريدلي قائدا للأسطول العثماني ونقل خدمات القائد السابق حسن باشا إلى قيادة الجيش البرية في مولدافيا وتعيينه حاكما على مدينة "إسماعيل" وتكليفه في نفس الوقت بإعادة أوزي والتوجه بطريق البر نحو القرم[2].

وكان هذا التغيير في مناصب قيادة الجيش له أسبابه، فمن جهة كان القائد حسن باشا على خلاف مع الصدر الأعظم يوسف باشا عندما رأى أن إعلان الحرب على روسيا لم يكن في وقته المناسب وأنهم بحاجة إلى الاستعداد التام قبل دخول الحرب، ومن جهة أخرى فإن إخفاق الجيش العثماني بقيادة حسن باشا في استعادة "أوزي" وعودته قبل الوقت المحدد قد أثر على نفسية السلطان فرأى ضرورة تغيير[3] القيادة ولكن السبب المعقول والأقرب إلى المنطق أن القائد الجديد كان من أصدقاء السلطان ، مما يجعل تعيينه[4] في منصب الصدارة العظمى سندا قويا وتقوية لمركزه أمام أعدائه في الداخل والخارج .

أصبح السلطان سليم في موقف يحتم عليه المواجهة مع أعدائه ومما قام به في هذا الشأن تكليفه لصدره الأعظم يوسف باشا بالاهتمام بإقليم ولاشيا وحماية بلغراد من أي هجوم في منطقة الكوبان بهدف إثارة تتار القوقاز ضد روسيا ومساعدة الدولة العثمانية لاستعادة بلاد القرم.

---

(1) انظر: تاريخ نوري في بيان أحوال دولت العلية ، ص110.
(2) انظر: موقف أوروبا من الدولة العثمانية، ص68،69.
(3) انظر: تاريخ الدولة العثمانية ، إسماعيل سرهنك، ص235.
(4) انظر: موقف أوروبا من الدولة العثمانية، ص69.

استبشر الصدر الأعظم بثقة السلطان[1] سليم الثالث فيه وظن كأن النصر قريب وكان يأمل أن يحقق أهداف الدولة المطلوبة منه .

ثانيا: هزيمة الجيوش العثمانية:

عززت القوات الروسية والنمساوية مواقعها ، واستنفرت جيوشها وأصبحت قواتهم قريبة من بلغراد مولدافيا ولم يستطيع الصدر الأعظم من إبعاد الأعداء عن بلغراد واضطر السلطان لعزله وعين حسن باشا بدله، لقد منى يوسف باشا بهزائم متتالية على يد القائدين الروسي "سواروف"، والنمساوي "كوبرق".

كان السلطان سليم الثالث حريص على استعادة القرم وتحقيق النصر على أعدائه، ورأى البدء بإعادة بناء الجيش وأصدر أوامره للصدر الأعظم باتخاذ اللازم نحو تطوير الجيش ومتابعة الجهود في سبيل الإصلاح وإرسال حملة عسكرية إلى ساحة القتال، ورأى السلطان دعم هذه التوجهات بعقد معاهدة صداقة مع السويد تلتزم فيها الدولة العثمانية بدفع مبالغ نقدية سنوية محددة لمدة عشر سنوات مقابل أن تقاوم السويد روسيا من الناحية الشمالية، واتفقتا أيضا على مواصلة الحرب[2] معا ضد روسيا وأن لايقوم أي منهما بعقد معاهدة سلام مع دولة أخرى دون علم الثانية .

ثالثا: موقف الدول الأوروبية من هذه المعاهدات:

كانت مواقف الدول الأوروبية من هذه المعاهدات متباينة فبروسيا رحبت بهذه المعاهدة وذلك لأنها كانت دائما تحث السلطان سليم الثالث على مواصلة الحرب خوفا من أن تكون هي الأخرى من فرائس روسيا، وفرنسا لم تؤيد عقد المعاهدة على هذا الوضع لاتخدم السياسة الفرنسية وأهدافها.

---

(1) المصدر السابق نفسه، ص69.
(2) انظر: موقف أوروبا من الدولة العثمانية، ص71.

أما بريطانيا فيه كما يقول الشاعر:

يعطيك من طرف اللسان حلاوة ويروغ منك كما يروغ الثعلب[1]

فهي وإن رضيت بالمعاهدة، ورغبت في بقاء الدولة العثمانية قوية، إلا أنها لاتفضل الوقوف جنبا إلى جنب مع الدولة العثمانية ضد روسيا أو النمسا، ولاتفضل تقديم أي نوع من الدعم.

هذه المواقف الأوروبية يجب أن لاتستغربها، فهي طبيعية، لأن علاقاتهم مع الدولة العثمانية علاقات مصالح ومطامع فقط، وإذا سعت بعض الدول الأوروبية إلى بقاء الدولة العثمانية قوية الجانب، فذلك ليس حبا فيها ولكنه هدف لخدمة أغراض سياسية تتعلق بتوازن القوى في القارة الأوروبية وتتعلق بالرغبة في الحفاظ على مصالحهم الاقتصادية سواء في داخل الدولة العثمانية أو خارجها.

على الرغم من تأثير هذه المواقف الأوروبية على الاتجاه العام لسياسة الدولة العثمانية وتقدمها في المناطق الأوروبية ، لم ييأس السلطان العثماني وكان يحدوه الأمل بنجاح المهمة في حال توجيه الجيش، فأصدر أمره بتحريك القوات العثمانية عبر البغدان والافلاق حتى وصلت مقدمات جيشه إلى نهر "رمينيك" عند حدود النمسا وهناك حدث مالم يكن في الحسبان حيث تمكن الجيشان الروسي والنمساوي من مباغته الجيش العثماني على غفلة وانتصر عليه وسميت تلك المواجهة بمعركة "يوزا" أو "رمينيك" نسبة إلى النهر الذي وقعت عنده المعركة[2].

كان لهذه المعركة آثارها السيئة على الدولة العثمانية فلم يعد هناك فرصة لتنظيم الجيش ، فتوالت الهزائم على الدولة العثمانية وتزحزحت إلى الوراء باتجاه شرق الدانوب، وأعطت النمساويين الفرصة لفك حصار بلغراد وفتح الطريق لقوات

---

(1) انظر: تاريخ دولت عثمانية، عبد الرحمن شرف، ص211،210.
(2) انظر: تاريخ دولت عثمانية، عبد الرحمن شرف ، ص211،210.

الحلفاء وطرد العثمانيين من أوروبا [1].

لقد كانت الحملات الصليبية على الأقاليم العثمانية خلال الشهور الأخير من عام 1789م من أفظع ما شهدته المناطق الحدودية بين الطرفين ، ولذلك تميزت الفترة التي أعقبت هذه الحملات بحالتين مختلفتين:

الأولى: وتتمثل في قيام نشاط دبلوماسي وحركات دينية وسياسية في الأوسط الأوروبية تنذر بالخطر، مما جعل الدول القوية تبحث عن السلام وتنادي بإيقاف الحرب بين الدولة العثمانية وعدوتها روسيا والنمسا.

ولاحت الثورة الفرنسية في الأفق وبدأت أخطارها تظهر على مختلف الأصعدة في أوروبا وأوجدت شعورا قويا عند الدول الأوروبية ومعها روسيا بأن الوقت قد حان للتعاطف مع الدولة العثمانية خوفا من استفحال الثورة النابليونية وهيمنة فرنسا على شؤون القارة الأوروبية [2].

والثانية: هي ماشهدته الفترة من تطورات واستعدادات عسكرية جديدة بسبب تلك الهزائم المتتابعة التي لحقت بالدولة العثمانية قبل وبعد معركة "بوزا" والتي أدت إلى إثارة السخط والغضب في أوساط الرعية حتى ارتفعت الأصوات بتصحيح الأوضاع وإقالة الصدر الأعظم من منصبه [3].

وتوالت الأحداث واستمرت الهزائم ، وضعفت الدولة العثمانية ، ومع ظهور الثورة الفرنسية رأت الدول الأوروبية ضرورة التوصل إلى معاهدة مع الدولة العثمانية لجمع الشمل الأوروبي أمام الحركة النابليونية التوسعية، والأطماع الفرنسية التي أنستهم أطماعهم في أراضي الدولة العثمانية كمرحلة أولى، ونجحت الدول الأوروبية

---

(1) انظر: موقف أوروبا من الدولة العثمانية، ص73.

(2)المصدر السابق نفسه، ص74.

(3)انظر: موقف أوروبا من الدولة العثمانية، ص74.

في وساطتها وتم عقد معاهدة "زشتوى المشهورة" في 22 من ذي الحجة عام 1205هـ الموافق 4 من أغسطس 1791م [1].

ولما تحقق لهم ذلك بقي عليهم المرحلة الثانية وهي وقف الحرب العثمانية الروسية التي بدون تحقيق ذلك سيكون موضوع المناطق في أوروبا معرضة للأخطار بسبب المغامرات النابليونية أو بسبب تفوق روسيا على الدولة العثمانية وبالتالي تهديدا لأوروبا [2].

وكان وضع الدولة العثمانية بسبب الأحداث التي تعرضت لها أثرت على قوتها وعلى سير حملاتها نحو أوروبا وجعلتها في موقف لايمانع من الموافقة على أي أمر يؤدي إلى السلام وبأي شروط، وكان تلك الأحداث مساعدة في مهمة الوسطاء، فتوصلوا بعد مفاوضات مع كل من روسيا والدولة العثمانية، إلى عقد معاهدة سلام بينها في مدينة ياش وذلك بتاريخ 15 جمادى الأولى عام 1206هـ الموافق التاسع من شهر يناير عام 1792م.

كان من أهم بنود هذه المعاهدة:

1- تبادل أسرى الحرب والسماح للرعايا الذين يعيشون خارج دولتهم بسبب الأزمات السياسية ، بالعودة إلى بلدانهم الأصلية أو البقاء حسب رغباتهم.

2- تتنازل الدولة العثمانية لروسيا عن ميناء أزوف وبلاد القرم وشبه جزيرة طمان وبلاد القويان وبساربيا والأقاليم الواقعة بين نهري بجد والدينستر، ويكون النهر الأخير حدا فاصلا بين الدولتين.

3- ترجع روسيا للدولة العثمانية مناطق: البغدان واكرمان وكيلي وإسماعيل مقابل أن تقوم الدولة بإعفاء رعايا البغدان من الضرائب وعدم مطالبة روسيا بتعويضات حرب أو ماشابه ذلك.

---

(1) انظر: موقف أوروبا من الدولة العثمانية، ص82.

(2) المصدر السابق نفسه، ص83.

4- يمنع الباب العالي رعايا دولته من الغارات على محافظتي تفليس وكاتالينا الروسيتين ، وعلى السفن الروسية في البحر المتوسط، وعليه القيام بدفع تعويضات لأي أضرار تحدث بعد ذلك من قبل رعايا الدولة العثمانية[1] .

وحققت بذلك المعاهدة وقف الحرب الروسية العثمانية، وحققت بذلك أهداف الدول الأوروبية وأهمها إيقاف الحرب في زمن كانت أوروبا تعيش فيه انطلاق الثورة النابليونية تخشى تطورها على أنظمة الحكم فيها، وهكذا ضاعت آمال الدولة العثمانية وضاعت معها تلك المناطق التي كانت تحت نفوذها حتى أصبح البحر الأسود تحت رحمة العلم الروسي وأصبحت موانئه العثمانية مثل أزوف وأوديسا وسيفاستبول قواعد للأسطول الروسي وأصبحت مصبات الأنهار العظيمة مثل الدانوب وبج والدنيستر وبروت وحركتها الملاحية تحت تصرف روسيا.

وهكذا قلصت هذه المعاهدة حدود الدولة العثمانية في أوروبا وأعطت في نفس الوقت الصفة التنازلية الشرعية من مكتسباتها لأعدائها.

وهكذا خطت الدول الأوروبية خطوات ساهمت في القضاء على الكيان العثماني في أوروبا وكأنها بذلك تحقق المشروعات الكثيرة[2] التي نادى بها الساسة والمفكرون الأوروبيون ضد الدولة العثمانية منذ قرون طويلة، وكانت القوى الصليبية والقوى الاستعمارية والقوى اليهودية تعمل في مثابرة وتنظيم نحو الهدف المنشود وكأنها: (شركة عالمية يتبادل فيها المؤسسون الأوروبيون النظرات الشراء ، وقد يختلفون معا ولكنهم متفقون على آل عثمان، وكل منهم متحفز للنهش والقضاء والابتلاع)[3] .

وإن كانت معاهدة ياش قد أنهت المواجهات الروسية العثمانية لفترة مؤقتة إلا أنها

---

(1) انظر: موقف أوروبا من الدولة العثمانية، ص83.

(2) المصدر السابق نفسه، ص86.

(3) المسألة الشرقية للشاذلي، ص122.

في حقيقة الأمر بداية لنهاية أكثر فاجعة من الأولى [1].

رابعا: الإصلاح الداخلي والمعارضة:

وبعد هدوء القتال انصرف سليم الثالث للإصلاحات الداخلية فبدأ بتنظيم الجيش للتخلص من الانكشارية الذين أصبحوا سبب كل فتنة واتجه نحو تقليد أوروبا التي تجاوزتهم كثيرا فأهتم بصناعة السفن والأسلحة خاصة المدافع على الطريقة الفرنسية، وشهد عهده بدايات التعليم العسكري الغربي.

ونظرا لإقدام السلطان سليم على الإصلاحات وإنشاء فرقة النظام الجديد، فقد ثار الجنود الانكشارية وساندهم الأعيان ضد النظام الجديد، ورغم أن السلطان أصدر أمرا بإلغاء النظام العسكري الجديد، إلا أن الثوار قرروا عزل الخليفة وخلعه من الحكم [2] وتولي بعده ابن عمه مصطفى الرابع الحكم مرشح المحافظين الذي أصبح دمية في أيدي من عينوه على السلطنة ثم صدرت مراسيم سلطانية ألغت النظام الجديد وكل المدارس والمؤسسات والإصلاحيات المرتبطة به، ورغم ذلك فقد حدثت مشاكل في عهده أدت إلى الإطاحة به [3].

خامسا: الغزو الفرنسي الصليبي على الدولة العثمانية في مصر (1213هـ/1798م):

انتهز أعداء الإسلام تدهور الدولة العثمانية فاستغلت فرنسا ذلك الضعف وأرسلت حملتها المشهورة بقيادة القائد المشهور نابليون بونابرت، كانت تلك الحملة صدى للثورة الفرنسية ومتأثرة بأفكارها الثورية. وقد أصطحب نابليون معه مجموعة كبيرة من العلماء الفرنسيين في حملته هذه بلغ عددهم (122) عالما وهو عدد يزيد عن

---

(1) انظر: موقف أوروبا من الدولة العثمانية، ص86.
(2) انظر: الدولة العثمانية ، د.إسماعيل ياغي، ص127.
(3) انظر: قراءة جديدة لسياسة محمد علي التوسعية، د. سليمان غانم، ص12.

أضعاف العدد الذي أعتاد أن يصحبه في حملاته الأوروبية، وقد تأثر فكر هؤلاء العلماء في الغالب بالدور الفرنسي- الذي يسعى لإصلاح الكنيسة الكاثوليكية ويعادي حركات الإصلاح البروتستانتية منذ بداية القرن السادس عشر- ثم تأثروا في الفترة السابقة لقدومهم إلى الشرق بأفكار روسو وفولتير ومونتسكيو أبرز مفكري الثورة الفرنسية والمعروفين بانتمائهم للمحافل الماسونية اليهودية من خلال مارفعوه من شعارات (الحرية ، الإخاء، المساواة)، وهي أفكار واتجاهات تعادي في مجموعها الدين والأفكار المستمدة منه بشكل عام وبالتالي فإنه من السذاجة أن نقبل مايروجه كتاب التاريخ من أن الهدف الرئيسي لهذه الحملة كان قاصرا على ضرب[1] المصالح البريطانية في الشرق فمثل هذا الهدف لا يحتاج إلى هذا الحشد الهائل من العلماء ، فكان إلى جانبه هدف إقامة إمبراطورية فرنسية في الشرق إرضاء لطموحات الطبقة البرجوازية فيها والتي تسللت إلى الحكم في أعقاب الثورة، وإرضاء للكنيسة التي وإن كانت الثورة قد وجهت لها بعض الضربات بشكل أضعف دورها داخل فرنسا عن ذي قبل إلا أنها ظلت لها تأثيرها الواسع والفعال على كثيرين من أبناء الشعب الفرنسي، فضلا عن الدور الذي كانت تقوم به في تدعيم النفوذ الفرنسي في المستعمرات وكذلك في الشرق الإسلامي. ومن هنا كانت أهداف الحملة خليطا من أهداف اقتصادية وتوسعية وسياسية ودينية ، أو بالأحرى[2] غزو عسكري وفكري، ولهذا اصطحب نابليون معه في حملته هذا الحشد الهائل من العلماء .

(1) انظر: قراءة جديدة في تاريخ الدولة العثمانية ص141، 142.
(2) المصدر السابق نفسه، ص141، 142.

المبحث السابع

جذور الحملة الفرنسية الصليبية

لاشك أن هؤلاء المستعمرين كانوا عاملين بطبيعة وأحوال المسلمين في مصر من خلال وسائلهم المتعددة، منها ماقام به الرحالة الفرنسي (الجواسيس) الذي أكثروا من رحلاتهم خلال القرنين السابع عشر والثامن عشر، وكانوا على صلة بالعناصر القبطية المسيحية واليهودية وبعض عناصر المماليك في مصر، ودرسوا كافة الجوانب السياسية، والاقتصادية والفكرية والعسكرية بأدق التفاصيل ومما يدلنا على ذلك حرصهم الشديد في ترويج أفكارهم فترة بقاء الحملة ، وحتى بعد رحيلها وزرعهم للمحافل الماسونية اليهودية في مصر التي أصبحت على صلة وثيقة بمحمد علي باشا فيما بعد، لقد كانت خطوات الحملة الفرنسية مدروسة بعناية شديدة قبل القدوم ولم تكن مفاجئة وحتى اكتشاف حجر الرشيد الأثري وفك رموز اللغة الهيروغليفية للمصريين القدماء فإنه إذا كان مفاجئة -وهو أمر مازال يحتاج إلى بحث- فإن العناية لهذا الحدث والترويج له وماتبعه من فك رموز لغة الفراعنة واستخدامه كان أمرا مدروسا بعناية كذلك، وكان يدور في إطار الأهداف الكلية لهذه الحملة المعلن منها وغير المعلن. ويشير المؤرخ المسلم عبد الرحمن الجبرتي الذي عاصر هذه الحملة إلى هذه الأمور في معرض حديثه عن المعهد العلمي الذي أنشأه الفرنسيون في حارة "الناصرية" فيقول: (وإذا حضر إليهم بعض المسلمين ممن يريدوا الفرجة لايمنعونه الدخول إلى أعز أماكنهم ويتلقونه بالبشاشة والضحك وإظهار السرور بمجيئه إليهم خصوصا إذا رأوا فيه قابلية أو معرفة أو تطلعا للنظر في المعارف والأقاليم والحيوانات والطيور والنباتات وتواريخ القدماء وسير الأمم وقصص الأنبياء وبتصاويرهم وآياتهم ومعجزاتهم وحوادث أممهم مما يحير الأفكار)[1] .

---

(1) انظر: عجائب الآثار في التراجم والأخبار (120/3).

أولا :سر قوة المسلمين:

كان الفرنسيون -والغربيون بصفة عامة- يدركون أن السر في قوة المسلمين يتمثل في جانبين هامين الأول هو تمسكه بالدين والثاني في وحدة بلادهم في ظل حكومة إسلامية مطاعة مهابة،[1] وقد أكد رجال الحملة الفرنسية إدراكهم لهذين العاملين حين أعلن نابليون وبعض رجاله اعتناقهم للإسلام واحترام تعاليمه وزواجهم من مسلمات كي يتخذوا من ذلك ذريعة للتقرب للعوام أملا في الاستقرار، وقد بدأ ذلك واضحا في المنشور الأول الذي أعلنه نابليون على شعب مصر حيث ذكر: (أيها المصريون قد قيل لكم أنني مانزلت لهذا الطرف إلا بقصد إزالة دينكم فذلك كذب صريح فلا تصدقوه وقولوا للمغترين أنني ماقصدت إليكم إلا لأخلص حقكم من يد الظالمين، وأنني أكثر من المماليك أعبد الله سبحانه وتعالى وأحترم نبيه والقرآن العظيم)[2] .

كما سعى رجال الحملة إلى زعزعة الدين في نفوس الشيوخ والعلماء المسلمين بعرض نماذج من الحضارة الغربية عليهم، أما العامل الثاني وهو الرامي إلى تمزيق وحدتهم فقد بدا واضحا في سعي الفرنسيين لتجنيد قوة مسلحة من مسيحي مصر قادها "المعلم يعقوب" لمساعدة الحملة في ضرب الثورة الشعبية التي قادها العلماء[3] ، والوقوف أمام قوات الخلافة العثمانية الإسلامية .

ثانيا: تفجير الجيوب الداخلية:

نجح الفرنسيون في استثارة العناصر القبطية المسيحية على معاونة الحملة بمختلف الوسائل ، واعتبر بعض الكتاب المسيحيين أن الفائدة التي جنتها مصر خلال سني

(1) انظر: قراءة جديدة في تاريخ الدولة العثمانية، ص143.
(2) انظر: الصراع الفكري بين أجيال العصور الوسطى والعصر الحديث للعدوي، ص83.
(3) انظر: قراءة جديدة في تاريخ الدولة العثمانية، ص144.

الحملة الثلاث أكثر من القرون الطويلة للحكم العثماني وقد أشاد البعض من هؤلاء العملاء بدور الخسة والنذالة الذي قام به المعلم يعقوب في تعاونه مع الفرنسيين ضد العثمانيين واعتبروه "تعاونا يستحق بموجبه أن يقام له تمثال من ذهب في أكبر ميادين القاهرة ويكتب عليه أنه أول من نادى باستقلال مصر في العصر الحديث"[1] . كان هذا الموقف من النصارى معاديا لرغبة الأغلبية المسلمة بنفس القدر مايمكن إدراكه من اتجاه أغلب المفكرين النصارى العدائي للأغلبية المسلمة في مصر المعاصرة والذي يبدو جليا في تأييدهم لخيانة بلادهم طالما هي ضد الوجود الإسلامي، وحتى بمفهوم الوحدة الوطنية الذين يسعون للتمسح به فإن "المعلم يعقوب" يعد من أبرز الذين خانوا بلادهم[2]. وعلى أية حال كانت هذه الحادثة بداية لما عرف في التاريخ المصري باسم الفتنة الطائفية .

لقد قامت الأقليات غير الإسلامية من النصارى واليونان بمعاونة الاحتلال الفرنسي وقد علق على ذلك الأستاذ الدكتور عبد العزيز الشناوي : (أسرفت بعض الطوائف غير الإسلامية في مصر في تأييد الفرنسيين إسرافا وصل إلى حد تكوين فرقة عسكرية من أبناء هذه الطوائف. وقام الضباط والجنود الفرنسيون بتدريبهم على النظم العسكرية الأوروبية وتزويدهم بالأسلحة الحديثة. ثم ألحقت هذه الفرق بجيش الاحتلال الفرنسي لسد النقص في عدده، نتيجة المعارك التي خاضها في مصر والشام وإخماد الثورات الشعبية، وفتك الطاعون وغيره من الأمراض الوبائية بالجنود الفرنسيين وقد نظر الشعب المصري إلى هذه الفرق على أنها أدوات لدعم الاحتلال الفرنسي لمصر، وتزعم هذه الفرق المعلم "يعقوب حنا" إذ كون فرقا عسكرية من الأقباط، وكانوا يرتدون زيا مشابها لزي الجنود الفرنسيين ، وقلده "كليبير" قيادة هذه الفرقة منحه رتبة أغا ثم رقى على عهد "مينو" إلى رتبة لواء (جنرال) ومنحه رسميا

---

(1) انظر: تاريخ الفكر المصري الحديث، د. لويس عوض (180/1-188).

(2) انظر: قراءة جديدة في تاريخ الدولة العثمانية، ص144.

لقب القائد العام للفيالق القبطية بالجيش الفرنسي[1] .

ورغم المقاومة الشديدة والحركة الجهادية بقيادة علماء الأزهر، فقد استطاعت القوات الفرنسية بمعاونة "المعلم يعقوب" المصري من احتلال مصر، وارتكبت من الفظائع ما يستلزم أن يفرد له صفحات من تاريخ هذه الفترة ، لترى الأجيال كم من القرى أحرقت، وكم الدور والأموال قد سرقت، وكم أعراض النساء الحرائر انتهكت وكم من الأسر قد شردت على يد فرنسا زعيمة الحرية والإخاء والمساواة والإنسانية.

وبعد احتلال القاهرة واصل نابليون احتلاله لبقية مدن مصر، "وغزة" والرملة ، ويافا وقد حاول احتلال عكا، ولكن يقظة أهلها بقيادة أحمد باشا الجزار حالت بين نابليون الصليبي وبين مايشتهي.

وحينما وصل نابليون الصليبي إلى عكا وأصدر بيانا إلى يهود العالم مطلقا عليهم اسم "الورثة الشرعيين لفلسطين" لإقامة دولة يهودية على ارض فلسطين. ألا يكشف ذلك عن علاقة[2] وثيقة بين نابليون الذي تستر بالإسلام، واليهود الذين خططوا وقاموا بما تسمى الثورة الفرنسية ؟؟

ثالثا: السلطان سليم الثالث يعلن الجهاد ضد فرنسا:

كان الهجوم الفرنسي على مصر يعتبر أول هجوم صليبي على ولاية عربية من ولايات الدولة العثمانية في التاريخ الحديث ، وعلى الفور أعلن السلطان سليم الثالث الجهاد على الفرنسيين الصليبيين (1213هـ/1798م) واستجاب لدعوته المسلمون في الحجاز، والشام، وشمال أفريقيا. فمن الحجاز خرجت جموع من المسلمين بقيادة محمد الكيلاني ، يقول الجبرتي في حوادث (شهر شعبان عام 1213هـ/8 يناير إلى 5 فبراير

(1) الدولة العثمانية دولة إسلامية (938/2) وما بعدها.

(2) انظر: الدولة العثمانية ، د.جمال عبد الهادي، ص86.

عام 1799م): (لما وردت أخبار الفرنسيين إلى الحجاز وأنهم ملكوا الديار المصرية، انزعج أهل الحجاز وضجوا بالحرم وأن هذا الشيخ الكيلاني صار يعظ الناس ويدعوهم إلى الجهاد، ويحرضهم على نصرة الحق والدين ، وفاتعظ جملة من الناس وبذلوا أموالهم وأنفسهم واجتمع نحو الستمائة من المجاهدين وركبوا البحر إلى القيصر مع ما أنظم إليهم من أهل ينبع وخلافه وكان مسلمو الحجاز خصوما أشد للجنرال "ديزيه" الذي عهد إليه "بونابرت" غزو الصعيد والقضاء على قوات الجهاد بقيادة "مراد بك" ، وقد صمموا على الظفر بإحدى الحسنيين: الاستشهاد أو الانتصار واتخذوا شعارا لهم الآية القرآنية: ﴿انفروا خفافا وثقالا وجاهدوا بأموالكم وأنفسكم في سبيل الله ذلكم خير لكم إن كنتم تعلمون﴾ (سورة البقرة: آية 41) وتكونت منهم ومن مسلمي الوجه القبلي في "مصر" وخاصة عرب "الهوارة"، وأهالي النوبة، وقوات "مراد بك" جبهة حربية إسلامية في مواجهة جبهة حربية نصرانية كانت تتألف من القوات[1] الفرنسية، النهرية والبرية، والفيالق القبطية بقيادة المعلم "يعقوب يوحنا" في الجيش الفرنسي .

رابعا: استجابة المهدي الدرناوي الليبي لنداء الجهاد ضد فرنسا:

حركته الغيرة الإسلامية والحمية الدينية فقام بدعوة مسلمي شرق ليبيا إلى الجهاد في سبيل الله تعالى، فأقبل عليه الناس أفواجا مثل قبائل أولاد علي، والهنادي وغيرهم، كما أنضم إليه سكان القرى التي مر بها وسار بهذه الجموع حتى بلغ دمنهور (1214هـ/ ابريل عام 1799م) وكانت تعسكر بها حامية فرنسية أبادها المهدي عن بكرة أبيها وكان لانتصار الدرناوي الليبي على الفرنسيين الكفار صدى كبير، مما دفع حاكم الإسكندرية العسكري الفرنسي الجنرال "مارمون" الذي أرسل نجدة مزودة

(1) انظر: الدولة العثمانية دولة إسلامية (39/2).

بالمدفعية لتعقب المهدي ولكنها هزمت أيضا؛ فأرسل قوات أخرى من رشيد، ودارت معركة "سنهور" ، وكان من أشد المعارك هولا، ومن أعنف الوقائع التي واجهها الفرنسيون في "مصر"[1]، واستمر القتال سبع ساعات، انتهت بانتصار المهدي الدرناوي وانسحاب الفرنسيين إلى الرحمانية . وقيل أن المهدي الدرناوي ادعى المهدية.

وقد علق على ذلك أحد المؤرخين بقوله:

"واعترف نابليون بأهمية العازل الديني بين الفرنسيين والشعب المسلم وخلص إلى رأي أن الحرب ضد المسلمين تعتبر حرب الاستنزاف ضد الفرنسيين ولم يمكن التغلب عليها. وقال آخر : إن المصريين وصفوا "بونابرت" بأنه نصراني ابن نصراني"[2] .

وبرغم كل وسائل التودد فقد أبدى المصريون عدم تقبلهم للفرنسيين ، وعبر الجبرتي عن هذه المشاعر حين اعتبر سني الاحتلال الفرنسي لمصر "أولي سني الملاحم العظيمة والحوادث الجسيمة والوقائع النازلة والنوازل الهائلة وتضاعف الشرور وترادف الأمور وتوالي المحن واختلاف الزمن وانعكاس المطبوع وانقلاب الموضوع وتتابع الأهوال واختلاف الأحوال وفساد التدبير[3] وعموم الخراب وتواتر الأسباب ﴿وما كان ربك ليهلك القرى بظلم وأهلها مصلحون﴾ (سورة هود، آية 11).

وقد ذكر الأستاذ الدكتور الشناوي جملة حقائق تتعلق بالحملة الفرنسية على مصر:

- أن الشعب المصري بقيادة علماء الأزهر ينظرون إلى الغزوة الفرنسية على أنها غزوة صليبية تستهدف دينهم، وتستهد الخلافة الإسلامية.

---

(1) انظر: الدولة العثمانية ، د.جمال عبد الهادي ، ص90.
(2) المصدر السابق نفسه، ص90.
(3) عجائب الآثار (1/3).

● أن ماتسمى بثورة القاهرة الأولى والثورة الثانية، لم تكن في الحقيقة إلا حركة جهادية تستهدف إنهاء الحكم الفرنسي النصراني لمصر وإعادة "مصر" إلى حظيرة الخلافة العثمانية الإسلامية.

● أن العثمانيين والمماليك كانوا مسلمين، وأن مصر حينما كان يحمها المماليك ، إنما كانوا يحكمونها باسم السلطان العثماني المسلم.

● أن سكان الولايات العربية لم ينظروا إلى السلطان العثماني على أنه سلطان المسلمين فحسب[1] بل نظروا إليه على انه خليفة المسلمين .

خامسا: الانجليز وأطماعهم في مصر:

كانت بريطانيا تتابع الأطماع الفرنسية في مصر وغيرها بدقة متناهية وعندما تحركت الحملة الفرنسية ووصلت إلى مصر أرسلت أسطولا بقيادة الأميرال نيسلون لتعقب الحملة الفرنسية، وفاجأ نيسلون الأسطول الفرنسي وهو رابض في خليج أبي قير بعد أن أنزل قوات الحملة في الإسكندرية، وأشتبك معه في معركة أدت إلى إغراقه في أول أغسطس 1718م ، وقد كان لمعركة أبي قير البحرية نتائج خطيرة من أهمها:

1. كبدت البحرية الفرنسية خسارة جسيمة قضت على كل أمل في إمكان إحيائها، فظل الانجليز أصحاب السيطرة في البحار.
2. فرض الإنجليز حصارا شديدا على الشواطئ المصرية المطلة على البحر المتوسط حتى أصبح من المتعذر تماما على فرنسا أن ترسل النجدات إلى جيشها في مصر.
3. اضطر الفرنسيون في مصر إلى الاعتماد اعتمادا كليا في تدبير شؤونهم وسد حاجاتهم في هذه البلاد على مواردها الداخلية وحدها، وكان لذلك أكبر الأثر في اتباع

(1) انظر: الدولة العثمانية دولة إسلامية مفترى عليها (943/2).

بونابرت لما عرف "بالسياسة الإسلامية الوطنية" التي كان هدفها توفير أسباب الحياة للفرنسيين وترويض المصريين بشتى الأساليب على قبول حكم أجنبي عنهم ولقد اعتمدت السياسة الفرنسية ثلاثة دعائم:

1- التظاهر باحترام الدين الإسلامي والمحافظة على تقاليد أهل البلاد وعاداتهم.

2- محاولة انتزاع المصريين من أحضان الخلافة العثمانية .

3- إنشاء حكومة وطنية من "عقلاء" وأفاضل المصريين (1) .

غير أن هذه السياسة فشلت فشلا ذريعا في تحقيق أهداف بونابرت، والدليل على ذلك تلك المقاومة الإسلامية الشديدة التي انطلقت تقاتل جنوده أينما ساروا أو حلوا في الدلتا والصعيد، ثم الثورة التي قام بها المسلمون في القاهرة الأولى (حركة الجهاد الأولى).

وكان بونابرت وقت اندلاع المعركة خارج القاهرة ، فعاد إليها مسرعا ونصب المدافع على تلال المقطم لتعاون مدافع القلعة في إطلاق القنابل على حي الأزهر مركز حركة الجهاد وشعلتها المتأججة.

ويؤخذ من رواية الجبرتي ومن رواية الفرنسيين أنفسهم أنه في اليوم الثاني للثورة (22 أكتوبر) حين شرع الثوار في مهاجمة مقر القيادة الفرنسية العامة بحي الأزبكية كان الجنود الفرنسيون يهاجمون الجامع الأزهر ثم دخلوه وهم راكبون الخيول وسلبوا ما كان فيه من الودائع وألقوا الكتب والمصاحف على الأرض وداسوها بأرجلهم ونعالهم، وظل الجنود الفرنسيون يحتلون الأزهر حتى ذهب وفد من مشايخه إلى بونابرت يطلبون منه الجلاء عنه فكان ذلك نهاية للثورة التي استمرت ثلاثة أيام (21-23 أكتوبر 1798م). وانتقم الفرنسيون من المسلمين في القاهرة وضواحيها أبشع

_____

(1) انظر: العالم العربي في التاريخ الحديث، د. إسماعيل ياغي ، ص209.

انتقام، فنهبوا ديار حي الأزهر والأحياء المجاورة وأعدموا صغار المشايخ الذين حرضوا على الثورة وصادروا ممتلكاتهم، وأحاطوا القاهرة وضواحيها بالحصون والقلاع والمعاقل، وهدموا في سبيل ذلك الشيء الكثير من المنازل والقصور[1].

سادسا: العثمانيون وسياستهم الدولية:

كانت هزيمة الأسطول الفرنسي في موقعة أبي قير البحرية قد شجعت الباب العالي على مهاجمة الحملة الفرنسية في مصر، فأعلن الحرب على فرنسا وأصدر أوامره بإلقاء القبض على القائم بأعمال السفارة الفرنسية وجميع رعايا فرنسا في العاصمة العثمانية وإلقائهم في السجون. ولم تلبث وزارة الخارجية العثمانية أن دخلت مع انجلترا من جهة ومع روسيا من جهة أخرى في مفاوضات أسفرت عن عقد محالفة دفاعية هجومية بين روسيا وتركيا (25 ديسمبر 1798م) وعن عقد محالفة أخرى بين إنجلترا وتركيا (5 يناير 1799م) ، وكان العثمانيون يقومون في بلاد الشام باستعدادات جهادية ضد الحملة الفرنسية في مصر، مما جعل بونابرت يتخذ قرارا بأن يسق أعداءه في شن هجوم عليهم قبل أن يهاجموه، فكانت حملته على بلاد الشام (فبراير - يونيو 1799م) التي تمكنت من ضرب القوات العثمانية المتجمعة هناك، إلا أنها لم تستطع أن تحطم قوات أحمد باشا الجزار بسبب فشلها في الاستيلاء على عكا. وبعد عودة الحملة إلى مصر انتصر بونابرت في معركة أبو قير البرية 25 يوليو 1799م على قوة عثمانية اتخذت طريقها في رودس إلى مصر، وكان من أهم نتائج هذه الموقعة حصول بونابرت من القائد العثماني مصطفى باشا الذي وقع في الأسر على معلومات تفيد بأن حربا عامة في أوروبا قد اندلعت ضد فرنسا، فغادر بونابرت مصر سرا إلى بلاده تاركا قيادة الحملة إلى الجنرال كليبير[2].

---

(1) عجائب الآثار (18/3).

(2) انظر: العالم العربي في التاريخ الحديث، د.إسماعيل ياغي، ص211.

وعلى العموم فبعد رحيل بونابرت إلى فرنسا أقبل كليبر على تصريف الأمور بكل همة، فأعد تنظيم الحكومة وقسم القطر المصري إلى ثمانية أقاليم إدارية، وأبقى الدواوين التي أنشأها بونابرت في الأقاليم، كما نظم شؤون تحصيل الضرائب وعني بضبط حسابات المديريات المختلفة إلى جانب عنايته بسائر فروع الإدارة والاهتمام بنشاط ديزيه العسكري في الصعيد إلا أن الضغوطات المطالبة بالعودة إلى فرنسا أثرت على كليبير وبادر بالكتابة إلى الصدر الأعظم في 17 سبتمبر 1799م ينفي رغبة فرنسا في انتزاع مصر من تركيا، ويذكر الأسباب التي جعلت فرنسا ترسل حملتها إلى مصر- وهي محاولة إلقاء الرعب في قلوب الانجليز وتهديد ممتلكاتهم في الهند وإرغامهم على قبول الصلح مع فرنسا، بالإضافة إلى الانتقام مما لحق بالفرنسيين من أذى على أيدي المماليك، وتخليص مصر من سيطرة البكوات وإرجاعها إلى تركيا[1]، ثم طلب كليبير من الصدر الأعظم فتح باب المفاوضات من أجل جلاء الفرنسيين عن مصر- . وقد جرت هذه المفاوضات بالفعل في مدينة العريش وأسفرت عما يسمى باتفاقية العريش (24 يناير 1800م) التي نصت على :

1. جلاء الفرنسيين عن مصر بكامل أسلحتهم وعتادهم ، وعودتهم إلى فرنسا.

2. هدنة ثلاثة شهور قد تطول مدتها إذا لزم الأمر، ويتم خلالها نقل الحملة.

3. الحصول من الباب العالي أو حلفائه - أي الإنجليز وروسيا- على بلاده على أن تتعهد تركيا وحلفاؤها بعدم التعرض لهذا الجيش بأي أذى.

غير أن الحكومة البريطانية عندما بلغتها أنباء مفاوضات العريش كانت قد اتخذت موقفا من شأنه تعطيل اتفاقية العريش عن إبرامها، إذ كانت تخشى من أن يعود جيش فرنسا المحاصر في مصر إلى ميادين القتال في أوروبا، فترجح كفة الجيوش الفرنسية ويختل ميزان الموقف العسكري في القارة. ولما كان من المعتقد في ضوء رسائل الضباط

(1) انظر: العالم العربي في التاريخ الحديث، د.إسماعيل ياغي ، ص212.

والجنود الفرنسيين إلى ذويهم في فرنسا، والتي وقعت في أيدي رجال البحرية البريطانية أن الحملة الفرنسية تمضي ببطء داخل الأراضي المصرية فقد فضلت حكومة لندن أن يبقى الفرنسيون في مصر أو يسلموا أنفسهم كأسرى حرب. ولذلك أصدرت في 15 ديسمبر 1799م أوامر صريحة إلى اللورد كيث القائد العام للأسطول البريطاني في البحر المتوسط برفض أي اتفاق أو معاهدة بشأن الجلاء عن مصر، طالما كان هذا الاتفاق لا ينص على ضرورة أن يسلم الفرنسيون أنفسهم كأسرى حرب تسليما مطلقا دون قيد أو شرط ، فأعد كيث رسالة بهذا المعنى إلى كليبير وصلته في أوائل مارس 1800م.

وأمام هذا التحول المفاجئ لم يجد كليبير مفرا من وقف عملية الجلاء التي كان قد بدأها تنفيذا لاتفاقية العريش، ثم أسرع في صبيحة يوم 20 مارس 1800م بالزحف على رأس جيشه لوقف تقدم العثمانيين الذين وصلت طلائعهم إلى المطرية على مسافة ساعتين من القاهرة، فوقعت معركة (عين شمس) التي امتد ميدانها من المطرية حتى جهات الصالحية، وهزم الفرنسيون فيها العثمانيون هزيمة شديدة. وفي أثناء معركة هليوبوليس كان فريق من جيش الصدر الأعظم وبعض عناصر المماليك قد تسللوا إلى داخل القاهرة وأثاروا أهلها على الفرنسيين، فكانت ثورة القاهرة الثانية التي استمرت مدة شهر تقريبا من 20 مارس إلى 20 أبريل سنة 1800م[1].

ولم يستطيع كليبر إخماد الثورة إلا بعد التجائه إلى العنف، فدك القاهرة بالمدافع من كل جانب، وشدد الضرب على حي بولاق حيث تركزت الثورة فاندلعت ألسنة النيران في كل مكان منه، والتهمت الحرائق عددا كبيرا من الوكائل والخانات، فلم يجد سكان بولاق مفرا من التسليم، وتلاهم سكان الأحياء الأخرى، وتولى مشايخ الأزهر الوساطة وأخذوا من كليبر العفو الشامل والأمان، ولكنه مالبث أن غدر بالمسلمين

(1) انظر: العالم العربي في التاريخ الحديث، ص214.

بعد أن خمدت الثورة، وكان اقتصاصه منهم رهيبا شديدا فأعدم بعضهم وفرض غرامات فادحة على كثير من العلماء والأعيان، كما فرض المغارم على أهل القاهرة جميعا، ولم يستثني منهم الطبقات الشعبية الكادحة[1]، وعهد كليبر إلى المعلم "يعقوب" أن يفعل بالمسلمين مايشاء، ومما يذكر أن بطريرك الأقباط لم يقر يعقوب على تصرفاته، وكثير مابذل له النصح بالعدول عن خطته، ولكن يعقوب كان يغلظ له القول وكان يدخل الكنيسة راكبا جواده ورافعا سلاحه، ولم يزدد إلا إمعانا في تأييد الفرنسيين[2].

ولم يمض على إخماد ثورة القاهرة إلا شهرين حتى اغتيل كليبر في 24 يوليو 1800م بطعنة قاتلة من أحد طلبة الأزهر الشاميين، وهو سليمان الحلبي، ومن المعتقد أن السلطات العثمانية كانت لها يد في مصرع كليبر وفي 17 يونيو أحتفل الجيش الفرنسي احتفالا رهيبا بتشييع رفات كليبر، وبعد دفن الجثة أعدم سليمان الحلبي وآلت القيادة العامة للحملة إلى الجنرال مينو باعتباره أكبر ضباط الحملة سنا[3]، وكان هذا القائد من أنصار البقاء في مصر وخط سياسته استهدفت توطين الفرنسيين فيها إلا أن الضغوطات الداخلية والخارجية اضطرته إلى مغادرة مصر بعد الهجوم المشترك الذي قام به الانجليز والعثمانيون على الفرنسيين في مصر لقد تضافرت عوامل عدة أرغمت المحتلين الفرنسيين على الخروج من مصر في النهاية، منها تحطيم أسطولهم في معركة أبي القير البحرية، وسيطرة الانجليز البحرية في البحر المتوسط، وتشديدهم الحصار على الشواطئ المصرية، مما أعجز الحكومة الفرنسية عن إرسال النجدات والإمدادات إلى فرنسا في مصر، وانضمام الدولة العثمانية إلى أعداء فرنسا، والانقسام الذي حدث في صفوف الحملة وبدأت بوادره منذ بدأ جيش بونابرت زحفه الشاق من الإسكندرية إلى القاهرة، ثم استفحل أمره بعد رحيل بونابرت وخصوصا عقب مصرع كليبر وإبان

---

(1) انظر: العالم العربي في التاريخ الحديث، ص214، 215.

(2) انظر: الدولة العثمانية، د.جمال عبد الهادي ، ص89.

(3) انظر: عجائب الآثار (30/3).

قيادة مينو للحملة، وجهاد الشعب المصري المسلم ضد الاحتلال الفرنسي ـ الصليبي، ذلك الجهاد الذي تمثل في ثورتي القاهرة الأولى والثانية، وفي العمليات الجهادية التي اشتعلت في الدلتا، وفي المقاومة التي اشتدت في الصعيد. ودون أدنى شك كان لجهاد مسلمي مصر ـ للحكم الفرنسي ـ بالغ الأثر في زعزعة أركانه، وفي عجز الفرنسيين عن بلوغ غايتهم وتنفيذ أهدافهم وانهيار آمالهم في تشييد تلك المستعمرة الجميلة التي كانوا يحلمون باتخاذها نواة لإمبراطوريتهم الاستعمارية الجديدة في مصر[1].

سابعا: آثار الحملة الفرنسية على الأمة الإسلامية:

لقد كان لهذه الحملة آثارا بالغة وسببا من أسباب هزيمة الأمة الداخلية ولقد صور هذه الآثار على الأمة الأستاذ محمد قطب فقال: ﴿ثم كانت الهزيمة الحربية التي وقعت بالمماليك على يد نابليون في إمبابة إيذانا بالهزيمة الداخلية؛ هزيمة العقيدة في داخل النفوس. لقد روع المسلمون بمدافع نابليون وبدت لهم سيوف المماليك هذرا فارغا إزاء تلك المدافع الجديدة التي لم يكونوا يعرفونها أو يتصورون وجودها، في يد الأعداء. وانقلب ميزان القوى انقلابا عنيفا في نفوسهم فتلك هي المرة الأولى التي تنهزم فيها جيوش المسلمين عن جدارة، وتتغلب جيوش الصليبيين لأنها تملك قوة حقيقية من العتاد والفن الحربي والمعرفة لايملكها المسلمون ولقد كان ممكنا مع ذلك كله ألا يتغير الميزان في داخل النفوس، كان ممكنا أن تصمد النفوس للهزيمة ريثما تتجمع للانقضاض من جديد كما حدث مرات كثيرة من قبل، ولكن الرصيد الداخلي للعقيدة في تلك الفترة لم يكن من القوة بحيث يصمد للصدمة ويتجمع من جديد. حقا لقد قام الشعب بمقاومة باسلة للحملة الفرنسية، وثارت القاهرة بزعامة العلماء وتأثيرهم الروحي وحدثت بطولات عجيبة. حقا لقد حدث كل ذلك، ولكنه كان أشبه بالأعمال الفردية الفدائية، أما الكيان الحقيقي للدولة المسلمة المقاتلة التي تنظم

---

(1) انظر: الحملة الفرنسية وخروج الفرنسيين من مصر، ص188.

القتال وتجيش الجيوش وتقف للغزاة بوصفها 'دولة الإسلام'، أما ذلك كله فكان قد ذاب في معركة إمبابة ولم يعد له وجود.

وأحس المسلمون بالهزيمة الحقيقية هي هزيمة الحرب، فقد وضع نابليون في فترة إقامته في مصر قانونا جديدا يحكم به المسلمون غير شريعة الله، قانونا مستمدا من التشريع الفرنسي، وحصر تشريع الله في أمور الأحوال الشخصية -من زواج وطلاق وميراث، وكانت تلك هي المرة الأولى في تاريخ المسلمين المرة الأولى التي يحكمهم فيها قانون غير قانون الله، يضعه وينفذه قوم غير مسلمين ، لقد كان الصليبيون يدخلون الأراضي الإسلامية أحيانا، ويبقون في بعض الأحيان سنوات، بل وصل بهم الأمر قبل قبيل صلاح الدين أن يقيموا لهم دويلات على شاطئ البحر الأبيض في بلاد الشام، ولكنهم لم يجرؤوا قط في أية مرة أن يضعوا قانونا من عندهم يحكمون به المسلمين؛ فقد كانوا في كل مرة غزاة انتهبوا قطعة من الأرض ولم يكونوا قط دولة حاكمة مسيطرة في الأرض، وفي هذه المرة كانوا لأول مرة -دولة حاكمة في ارض الإسلام بعد أن أطاحوا بالدولة المسلمة وذوبوها في ميدان القتال.

وكان هذا بدء الهزيمة الحقيقية؛ هزيمة العقيدة، وبدء انحسارها في عالم الواقع، وانحسارها - من ثم- في داخل النفوس، وفي ظل هذه الهزيمة وتلك كان الانبهار الذي أحدثته الحملة الفرنسية في نفوس المصريين؛ انبهار بقوة السلاح أولا، وانبهار بالعلم الغربي الذي حمله رجال البعثة المرافقة للحملة، وانبهار بالمطبعة التي جاء بها نابليون إلى مصر، وانبهار بالتنظيمات التي أحدثها، وفي كلمة واحدة انبهار بكل ماجاء من الغرب وكل ماليس بإسلام.

وكانت هذه هي الهزيمة الحقيقية الكاملة التي مهدت لكل ماأحدثه الاستعمار الصليبي بعد ذلك من تدمير مخرب في حياة المسلمين وعقيدتهم وأفكارهم ومشاعرهم وسلوكهم في واقع الحياة، لذلك لم يكن طرد الفرنسيين من مصر أو انسحابهم حدثا حقيقيا في عالم الواقع بعد هذه الهزيمة الداخلية التي خلفتها الحملة في نفوس المسلمين[1] .

---

(1) انظر: هل نحن مسلمون ، ص115-118.

لقد كانت للحملة الفرنسية أثر بالغ في مصر ـ خصوصا والشرق عموما وستعرف ذلك في المباحث القادمة بإذن الله تعالى وكيف استطاعت المحافل الماسونية اليهودية الفرنسية أن تشق طريقها لطعن الإسلام بخنجرها المسموم، لقد استطاع الفرنسيون أن يزرعوا أفكارهم ويجدوا لهم عملاء في المنطقة ، واستفادوا بعد خروجهم العسكري من الدور الخطير الذي قام به محمد علي باشا حاكم مصر فيما بعد. لقد كانت الحملة الفرنسية على مصر وخروجها وظهور شخصية محمد علي باشا في زمن السلطان سليم الثالث الذي تم عزله بسبب أنه أدخل أساليب الفرنجة وعوائدهم إلى الجيش ولم يقف عند الاستفادة بالتقنية الحديثة، مما يشكل خطرا على عقائد الأمة، وهذا ماورد في نص الفتوى التي أصدرها المفتي: (كل سلطان يدخل نظامات الإفرنج وعوائدهم ويجبر الرعية على اتباعها لا يكون صالحا للملك) لكن يظل الأمر محاط بالغموض، بل إن دراسة تاريخ السلطان سليم الثالث تظهر لنا إنه كان حريصا على إحياء فريضة الجهاد كما كانت على عهد أجداده وآبائه، فهل هذا هو السبب وراء المؤامرة التي أطاحت به في جمادى الأولى عام 1223هـ/28 يونيو 1808م)[1] .

(1) انظر: الدولة العثمانية، د. جمال عبد الهادي، ص91.

المبحث الثامن
السلطان محمود الثاني

(1223-1255هـ/1808-1839م)

تولى الحكم وعمره أربع وعشرون سنة، استفاد من إقامته الجبرية مع سليم الثالث حيث أطلعه الأخير على خطط الإصلاح. إلا أن السلطان الجديد أرغم في البداية على الانحناء أمام رغبات الانكشارية، فأمر بإلغاء كل الإصلاحات حتى يرضيهم إلى أن تحين الفرصة لتطبيق وتنفيذ خطط الإصلاح. وكان محمود يتذرع بالصبر انتظارا لساعة الخلاص من الانكشارية الذين هددوا كيان الدولة العثمانية ولكن الفرصة لم تتح له قبل مرور عدة سنوات، خاصة وأن عهده قد أمتلئ بالحروب والتطورات الهامة التي استنزفت معظم جهوده وكافة إمكانياته[1] .

أولا: الحرب مع روسيا:

عقد السلطان محمود الثاني صلحا مع انجلترا عام 1224هـ/1809م وحاول أيضا عقد اتفاق مماثل مع روسيا ولكنه فشل، واشتعلت نار الحرب بينهما، وهزم العثمانيون واستولى الروس على بعض المواقع وعزل الصدر الأعظم ضياء يوسف باشا وتولى مكانه أحمد باشا الذي انتصر على الروس، وأجلاهم عن المواقع التي دخلوها وساءت العلاقات بين فرنسا وروسيا، وكادت تقع الحرب بينهما، فطلبت روسيا الصلح مع الدولة العثمانية، وعقدت بين الطرفين معاهدة بخارست عام 1237هـ/1812م والتي

(1) انظر: الدولة العثمانية ، د. إسماعيل ياغي، ص127،128.

نصت على بقاء الأفلاق والبغدان وبلاد الصرب تابعة للدولة العثمانية. وقد مكن الصلح السلطان محمود من القيام ببعض الإصلاحات والقضاء على الثورات والتمردات في الدولة[1].

ولما علم الصربيون بمعاهدة بخارست، وإعادة خضوعهم للدولة العثمانية، قاموا بالثورة غير أن القوات العثمانية أخضعتهم بالقوة، وفر زعماء الحركة إلى النمسا، ولكن أحدهم وهو ثيودور فتش أظهر الولاء للعثمانيين وخضع للسلطة العثمانية وحصل على امتيازات خاصة من الدولة[2].

إلغاء الإنكشارية:

فسدت طبيعة الإنكشاريين وتغيرت أخلاقهم ، وتبدلت مهمتهم وأصبحوا مصدرا للبلاء للدولة والشعوب التابعة لها، وصاروا يتدخلون في شؤون الدولة وتعلقت أفئدتهم بشهوة السلطة وانغمسوا في الملذات والمحرمات وشق عليهم أن ينفروا في برودة الشتاء وفرضوا العطايا السلطانية ومالوا إلى النهب والسلب حين غزو البلاد وتركوا الغاية التي من أجلها وجدوا وغرقوا في شرب الخمور وأصبحت الهزائم تأتي من قبلهم بسبب تركهم للشريعة والعقيدة والمبادئ وبعدهم عن أسباب النصر الحقيقية، وقاموا بخلع وقتل السلاطين من أمثال عثمان الثاني، واستمر الإنكشاريون في عهد السلطان مراد الرابع سنوات عشر سائرين في طريق الظلال سادرين في غيهم وطغيانهم، فهم الذين نصبوه فأصبح الأمر والنهي لهم، وهم الذين قاموا بقتل السلطان إبراهيم الأول خنقا حينما حاول التخلص منهم، وهم الذين أربكوا الدولة إذ وضعوها في حالة من الفوضى بقتلهم السلاطين وتولية أولادهم الصغار السن من بعدهم كالسلطان محمد الرابع، فقام الإفرنج باحتلال أجزاء من

(1) تاريخ الدولة العثمانية، أحمد سرهنك، ص226-228.
(2) انظر: الدولة العثمانية، د.إسماعيل ياغي، ص128.

البلاد، فاضطر الصدر الأعظم والعلماء إلى عزله. ثم ثارت الانكشارية في عهد السلطان سليم الثاني ودخلت جيوش الأعداء بعضا من أراضي الدولة واحتلتها. وخلع الانكشارية السلاطين مصطفى الثاني، أحمد الثالث، مصطفى الرابع، إلى أن قيض الله للسلطان محمود الثاني عام 1241هـ للتخلص منهم(1).

فجمع السلطان مجموعة من أعيان الدولة وكبار ضباط الانكشارية في بيت المفتي، وقام الصدر الأعظم سليم أحمد باشا خطيبا فبين الحالة التي وصلت إليها الانكشارية من الضعف والانحطاط وبين ضرورة إدخال النظم العسكرية الحديثة، فأقتنع الحاضرون ثم أفتى المفتي بجواز العمل للقضاء على المتمردين. وقد أعلن الموافقة كل من حضر من ضباط الانكشارية من حيث الظاهر وأبطنوا خلاف ذلك ولما شعروا بقرب ضياع امتيازاتهم وبوضع حدا لتصرفاتهم أخذوا يستعدون للثورة واستجاب لهم بعض العوام. وفي 8 ذي القعدة عام 1241هـ بدأ بعض الانكشاريين بالتحرش بالجنود أثناء أدائهم تدريباتهم ثم بدأوا في عصيانهم فجمع السلطان العلماء وأخبرهم بنية المتمردين فشجعوه على استئصالهم فأصدر الأوامر للمدفعية حتى تستعد لقتالهم ملوحا باللين والتساهل في الوقت نفسه خوفا من تزايد لهيب شرورهم. وفي صباح 9 ذي القعدة تقدم السلطان ووراءه جنود المدفعية وتبعهم العلماء والطلبة إلى ساحة (آت ميداني) حيث اجتمع العصاة هناك يثيرون الشغب وقيل إن السلطان سار معه شيخ الإسلام قاضي زادة طاهر أفندي والصدر الأعظم سليم باشا أمام الجموع التي كانت تزيد على 60.000 نفس ثم أحاطت المدفعية بالميدان واحتلت المرتفعات ووجهت قذائفها على الانكشارية فحاولوا الهجوم على المدافع ولكنها صبت حممها فوق رؤوسهم فاحتموا بثكناتهم هروبا من الموت، فأحرقت وهدمت فوقهم وكذلك تكايا البكتاشية، وبذلك انتصر عليهم. وفي اليوم التالي صدر مرسوم سلطاني قضى بإلغاء فئتهم وملابسهم واصطلاحاتهم واسمهم من جميع بلاد الدولة وإعدام من بقي منهم

---

(1) انظر: تاريخ الدولة العثمانية ، د. علي حسون ، ص107،108.

هاربا إلى الولايات أو نفيه، ثم قلد حسين باشا[1] الذي كانت له اليد الطولى في إبادتهم قائدا عاما (سرعسكر) وبدأ بعدها نظام الجيش الجديد .

ثم أصبح السلطان محمود بعد ذلك حرا في تطوير جيشه، فترسم خطى الحضارة الغربية فأستبدل الطربوش الرومي بالعمامة ، وتزيا بالزي الأوروبي ، وأمر أن يكون هو[2] الزي الرسمي لكل موظفي الدولة العسكريين منهم[3] والمدنيين، وأسس وساما دعاه وسام الافتخار فكان أول من فعل ذلك من سلاطين آل عثمان .

وما قام به السلطان محمود من استبدال العمامة بالطربوش وفرض اللباس الأوروبي على كافة المجموعات العسكرية يدل على شعوره العميق بالهزيمة النفسية وسوف نتعرض لأسبابها إن شاء الله تعالى.

ثانيا: محمد باشا والي مصر:

كان محمد علي شخصية سيئة السمعة معروفا بالقسوة وغلظة الكبد ترسله الدولة العثمانية لتأديب القرى التي تتأخر في دفع مايفرض عليها من المال، فيعسكر هو وأفراد حملته التأديبية حول القرية ينهبون ويسلبون ويفزعون الآمنين، حتى يرى أهل القرية[4] أن الأفضل لهم أن يدفعوا الأموال المطلوبة وإن أبهظهم وكان محبا للعظمة إلى حد الجنون .

جاء محمد علي إلى مصر على رأس فرقة من الروملي لإخراج الفرنسيين منها، واستطاع بمكره ودهاءه أن يكسب ثقة العلماء في مصر وسعى في القضاء على منافسيه على ولاية مصر بطرق ملتوية وماكرة وخبيثة حتى أصبح واليا على مصر ابتداء من 20

(1) انظر: تاريخ الدولة العثمانية، د.علي حسون ،ص169.
(2) انظر: المسلمون وظاهرة الهزيمة النفسية، عبد الله بن حمد، ص73.
(3) انظر: تاريخ الدولة العثمانية ، د.علي حسون ،ص169.
(4) انظر: واقعنا المعاصر لمحمد قطب، ص205.

ربيع الأول سنة 1220هـ الموافق 18 يونيو سنة 1805م [1].

وعلى الرغم من أن محمد علي قد أبدى حماسا شديدا لكي يصبح خادما مطيعا للسلطان [2]، وأبد في سبيل ذلك كثيرا من عبارات التذلل والخضوع للسلطان ودولته [3]، إلا أن السلطان كان على وشك أن يدرك أبعاد هذه العبارات، مظهرا بذلك تخوفه من هذا الوالي الجديد، فأمر بنقله عن ولاية مصر، إلا أن تدخل العلماء مرة أخرى قد جعل السلطان يصدر فرمانا آخر بتثبيته على ولاية مصر في 24 شعبان سنة 1221هـ/ 6 نوفمبر 1806م [4].

ومن هنا بدأ محمد علي في تدعيم مركزه الشخصي وتثبيت الولاية في شخصه، وبالتالي في سلالته وهناك أسئلة كثيرة تحتاج إلى إجابة منها ماحقيقة الدور الذي قام به محمد علي من أجل المصالح الفرنسية والبريطانية؟ ومن الذي كان خلف القضاء على الدولة السعودية الأولى وعلى ضم الشام إلى مصر؟ هذه أسئلة نحاول حلها من خلال الدراسة التاريخية الواعية.

ثالثا: المؤرخ عبد الرحمن الجبرتي يصف محمد علي:

وصف المؤرخ الجبرتي محمد علي بأنه مخادع وكذاب يحلف الأيمان الكاذبة، ظالم لاعهد له ولا ذمة يضمر السوء واستخدم العسف والجور في نفس الوقت الذي يعد فيه بالعدل، لايخفف من عسفه وظلمه واستبداده استجداء شيخ [5]. ولقد دعت هذه الصفات البعض بأن يصور محمد علي بأنه ميكافللي ، أو أنه تعلم على فكر ميكافللي

(1) انظر: حروب محمد علي في الشام، د.عايض الروقي، ص32.
(2) انظر: قراءة جديدة لسياسة محمد علي باشا التوسعية، د. سليمان الغنام، ص17.
(3) وثيقة تركية رقم 50/1-248 في ربيع الأول 1230هـ الرياض .
(4) انظر : تاريخ الدولة العلية العثمانية، ص391.
(5) انظر: قراءة جديدة في تاريخ العثمانيين ، ص159.

(صاحب نظرية الغاية تبرر الوسيلة) ، فقيل له -أي محمد علي- : مرة أن ميكافللي ألف كتابا اسمه الأمير، فكلف أحد النصارى المحيطين به، وقد أعتاد أن يكون أغلب مرافقيه من النصارى واليهود، واسمه أرتين بترجمة هذا الكتاب وأن يوافيه كل يوم بصفحة مترجمة، فلما وصل إلى الصفحة العاشرة توقف عن المواصلة قائلا بأنه يمتلك من الحيل مالم يخطر لمكيافللي على بال[1] .

ولقد علق[2] بعض الكتاب على ذلك بأن هذه الصفات التي رشحت محمد علي لأن يصبح واليا على مصر وتلك الصفة القذرة من حب الزعامة والى حد الجنون، وقسوة القلب، والنظر إلى الذات وعدم المبالاة بالإسلام هي التي تبحث عنها المحافل الماسونية لصناعة الأبطال الذين يدمرون والإسلام ودولة الخلافة من داخلها.

رابعا: محمد علي والماسونية:

لم يكن من السهل على شاب قليل الخبرة وقليل المعرفة بمصر وطبيعتها أن يصل إلى ما وصل إليه محمد علي مهما كانت قدرته أو ذكاؤه إلا إذا كان يستند إلى قوة تخطط له وتعينه على تحقيق أهدافه وتسخره في نفس الوقت لتحقيق أهدافها ، وبخاصة[3] أنه كما ذكر عن نفسه (لا يصلح للولاية وليس من الوزراء ولا من الأمراء ولا من أكابر الدولة) وهذه الصفات حقيقية له مهما كان غرضه من قولها، ولهذا نجد أنفسنا أمام العديد من التساؤلات، لماذا ثارت الفرقة الألبانية بالذات التي يحتل فيها هو الرجل الثاني دون بقية الفرق العثمانية وأبعدت "خسرو باشا" عن الولاية تحت دعوى تأخر رواتبهم؟ ولماذا أندفع العلماء لتعيين قائد القوة الألبانية الثائرة طاهر باشا قائمقاما ينوب عن الوالي المطرود ثم يقتل بعد عشرين يوما؟ ولماذا يطرد الوالي الجديد أحمد

---

(1) انظر: مصر في مطلع القرن التاسع عشر، د.محمد فؤاد شكري (857/2).

(2) انظر: قراءة جديدة في التاريخ العثماني ، ص160.

(3) المصدر السابق نفسه، ص161.

باشا بعد توليه بيوم واحد فقط؟ ولماذا يساعد محمد علي خورشيد باشا في تولي الولاية ثم ينقلب عليه؟ وكيف استطاع محمد علي أن يفي برواتب الجند وبخاصة بعد استيلاء المماليك في الصعيد على مخصصات الأهالي هناك؟ ولماذا ولماذا؟ جوانب كثيرة يكتنفها الغموض!!!

وتشير كثير من الأدلة إلى أن هذه القوة -التي لم تكن ظاهرة- هي الحركة الماسونية التي انبعثت في مصر سنة 1798م علي يد رجال الحملة الفرنسية حيث مهد لها نابليون، ثم أسس خلفه كليبر ومعه مجموعة من ضباط الجيش الفرنسيين الماسونيين محفلا في القاهرة سمي محفل إيزيسي، وأوجدوا له طريقة خاصة به هي الطريقة الممفيسية أو الطريقة الشرقية القديمة[1]. وقد تمكن هذا المحفل من أن يضم إليه بعض الأعضاء من المصريين وإن كانوا قلة، ثم أنحل هذا المحفل رسميا في أعقاب اغتيال كليبر سنة 1800م، وظل أعضاؤه يعملون في الخفاء وبسرية.

ويشير المنشور الأول الذي وزعه نابليون على المصريين إلى أنه قد سعى لنشر هذه الأفكار منذ بداية وصول الحملة فيذكر فيه (قولوا لهم - أي المصريين- أن جميع الناس متساوون عند الله وأن الشيء الذي يفرقهم عن بعضهم هو العقل والفضائل والعلوم فقط)[2] ويبدو تزعم الحملة الفرنسية للفكر الماسوني واضحا منذ بدايتهم ولقد حاولوا فرض العادات الخبيثة التي استهجنها المسلمون في مصر كالبغاء والسفور وتشجيع النساء من الحرافيش ونساء الهوى على ارتكاب المحرمات بشكل علني واضح، حيث يعد هذا الأمر من بين أساليب انتشار الماسونية[3].

وتوحي بعض الدلائل على أنهم - أي الفرنسيين - قد نجحوا في ضم المصريين من المشايخ والعلماء من بينهم الشيخ حسن العطار إلى المحفل الماسوني الذي أسسه كليبر

---

(1) انظر: نهاية اليهود لمحمد عزت، ص132.
(2) انظر: قراءة جديدة في التاريخ العثماني، ص167.
(3) انظر: عجائب الآثار (161/3).

سنة 1800م ، فبعد أن هرب الشيخ حسن العطار إلى الصعيد في أعقاب قدوم الحملة كغيره من العلماء ثم عاد إلى القاهرة على أثر دعوة الفرنسيين للعلماء اتصل على الفور برجال الحملة[1] ونقل عنهم علومهم، وفي نفس الوقت تولى تعليمهم اللغة العربية[2] وقد اندمج إلى حد كبير في علومهم ، وكثيرا ما تغزل في أشعاره بأصدقائه منهم[3] . ولقد دعت هذه الأمور أن يوصف العطار بأنه من دعاة التجديد . وقد توثقت صلة الشيخ العطار بمحمد علي بعد توليه الولاية وأصبح من الركائز التي يعتمد عليها محمد علي في خطواته التجديدية في مصر وهو أمر[4] يشير إلى وجود صلة بين محمد علي والمحفل الماسوني المصري الذي تأسس إبان الحملة الفرنسية .

كما أن تطور الأحداث يشير إلى تشبع محمد علي بالأفكار الماسونية التي كان مهيأ لها بحكم تكوينه الطبيعي فينقل عنه قوله وهو يفاوض الفرنسيين على مسألة احتلال الجزائر : (ثقوا أن قراري ... لا ينبع من عاطفة دينية فأنتم تعرفونني وتعلمون أنني متحرر من[5] هذه الاعتبارات التي يتقيد بها قومي ... قد تقولون أن مواطني حمير وثيران وهذه حقيقة أعلمها) .

وقد شهد عصر محمد علي على تأسيس أكثر من محفل ماسوني في مصر. فقد[6] أنشأ الماسون الإيطاليون محفلا بالإسكندرية سنة 1830م، على الطريقة الاسكتلندية وغيرها كثير .

(إن الماسونية هي القنطرة التي عبرت عن طريقها الصهيونية العالمية، إذا أسسها تسعة من اليهود بغية الوصول إلى تحقيق الحلم الصهيوني المتمثل في إنشاء حكومة

---

(1) انظر: الصراع الفكري بين أجيال العصور، إبراهيم العدوي، ص85.
(2) انظر: الجبرتي والفرنسيس ، د.صلاح العقاد، ص316.
(3) انظر: قراءة جديدة في التاريخ العثماني، ص169.
(4) انظر: قراءة جديدة في التاريخ العثماني، ص169.
(5) المصدر السابق نفسه، ص170.
(6) المصدر السابق نفسه، ص170.

يهودية عالمية تسيطر على العالم، فأعدت خططها وبرامجها المحققة لأهدافها وأطلقت على نفسها اسم : (القوة الخفية) واتخذت في ذلك السرية والعهود والمواثيق التي كانت تأخذها على العضو المنضم إليها وسيلة ضغط عليه بحيث يصبح آلة توجهه كما تريد. وقد استشرى فساد الماسونية في المجتمعات الغربية واستطاعت أن تجذب الكثيرين من الأعضاء عن طريق شعارها الظاهري: (الحرية ، الإخاء، المساواة)[1] (الماسونيون هم أيدي اليهود التنفيذية لمخططات البطش ومؤامرات الاضطهاد والإعدام والسحق السارية المفعول على جميع شعوب العالم)[2] .

(الماسونية آلة صيد بيد اليهود، يصرعون بها كبار الساسة، ويخدعون الأمم الغافلة والشعوب الجاهلة. الماسونية خطر كامن وراء الرموز والألفاظ والطلاسم، وخنجر غمده اليهود في قلب الشعوب، وأقاموا لها عدوا من داخلها وعلة من وسطها. الماسونية عقرب لدغ الشعوب قرونا، متجليا رداء الحرية والمساواة والإخاء ....)[3] .

(فالماسونية ماهي إلا يهودية الأصل والمنبت ومادامت كذلك فهي تجيد المكر والخداع، وتتقن أساليب التشكيك في العقائد، والنيل من الأنبياء والرسل عليهم السلام، وتشيع الإلحاد والكفر في ربوع الأرض، وتدعو إلى الإباحية والفساد والرجس، واليهود تاريخهم معروف في تحريف الكتب السماوية، وقتل الأنبياء، وإطفاء كل باقة من نور، إنهم أتباع الشيفات، وعبدة الذهب وأصحاب الاحتكار وجمع الأموال وغير ذلك من الرذائل التي اتصفوا بها. ولم يعد اليوم خافيا على أحد أن الماسونية منظمة يهودية يراد منها تخريب العالم اجتماعيا وأخلاقيا، ودينيا ... وتمتد أذرعتها المسمومة إلى كل المبادئ والقيم بغية تدميرها والقضاء عليها)[4] .

---

(1) انظر: الماسونية وموقف الإسلام منها، د. حمود الرجيلي، ص4،3.
(2) انظر: اليهود الماسونية، عبد الرحمن الدوسري، ص42.
(3) انظر : حقيقة الماسونية لمحمد علي الزعبي، ص70.
(4) انظر: الماسونية وموقف الإسلام منها، د.حمود الرحيلي، ص18.

لقد انتشرت المحافل الماسونية في مصر والشام وتركيا وكانت تعمل ليلا ونهارا من أجل تفتيت وإضعاف الدولة العثمانية بمعاولها الفاسدة التي لاتكل ولا تمل ولقد استطاعت المحافل الماسونية الفرنسية في مصر أن تجعل فرنسا تحتضن محمد علي يقول الأستاذ محمد قطب: 'واحتضنته احتضانا كاملا لينفذ لها كل مخططاتها: ؛ فأنشأت له جيشا مدربا على أحدث الأساليب ومجهزا بأحدث الأسلحة المتاحة يومئذ بإشراف سليمان باش الفرنساوي:'[1] .

لقد كانت المصالح الفرنسية ترى دعم محمد علي ليتحقق لها أطماعه المستقبلية في حفظ وتقوية محافلها الماسونية ، وإضعاف الدولة العلية العثمانية، وزرع خنجرها المسموم في قلب الدولة العثمانية ولذلك أنشأت لمحمد علي أسطولا بحريا متقدما متطورا، وترسانة بحرية في دمياط، والقناطر الخيرية لتنظيم عملية الري في مصر، أو لمحمد علي، إنما كان لتنفيذ المخطط الصليبي الذي فشلت الحملة الفرنسية عن تنفيذه بسبب اضطرارها إلى الخروج.

لقد قام محمد علي بدور مشبوه في نقل مصر- من انتمائها الإسلامي الشامل إلى شيء آخر يؤدي بها في النهاية إلى الخروج عن شريعة الله وكانت تجربة محمد علي قدوة لمن بعده من أمثال مصطفى كمال أتاتورك وجمال عبد الناصر...الخ.

إن المسلم الحق لا يمكن أن يقوم بمثل هذا الدور لا واعيا ولا مستغفلا ، لأن إسلامه يمنعه أن يتلقى التوجيه من أعداء الإسلام.

لقد كان أعداء الإسلام يريدون القضاء على الدولة العثمانية، والقيام بتغريب العالم الإسلامي مع الاهتمام الخاص ببلد الأزهر ليقوم بتصدير أفكارهم إلى بقية الشعوب الإسلامية، فأما القضاء على الدولة العثمانية فقد ساهم في إضعافها وإهدار طاقاتها، وإسقاط هيبتها وتعدي على حرماتها وأما التقارب مع الأعداء والسير في فلكهم

---

(1) انظر: واقعنا المعاصر، ص205.

الفكري والحضاري والانسلاخ التدريجي عن الانتماء العقدي والفكري والأخلاقي فقط قطع فيه شوطا مدحه عليه حلفائه من الماسون الفرنسيين والبريطانيين وانهزم أمام الغزو الفكري المنظم وقام بتنفيذ سياسة الابتعاث بإرسال الطلاب الشبان إلى أوروبا ليتعلموا هناك، وكان هذا من الأمور الخطيرة المنافذ التي دخل التوجه العلماني من خلالها، فدخل ساحة التعليم ومن ثم في ساحة الحياة في مصر الإسلامية وأهمل الأزهر وشيوخه وعلمائه واهتم بإرسال الشبان الصغار بأعداد متزايدة إلى أوروبا وهم في سن المراهقة، غير محصنين بشيء لينغمسوا في الشهوات، ويتأثروا بالشبهات ثم يرجعوا إلى بلادهم ليكونوا رأس الحربة المتجهة إلى الغرب، لقد أرس معهم مع البعثات أئمة يؤموا الطلاب في الصلاة ولكن ماذا عملوا الأئمة؟ لقد كان رفاعة رافع الطهطاوي واحدا من أولئك الأئمة ولكنه عاد وهو واحد من دعاة التغريب ، وعندما استقبله أهله بالفرح يوم عاد من فرنسا بعد غيبة سنين؛ فأشاح عليهم في ازدراء ووسمهم بأنهم (فلاحون) لايستحقون شرف استقباله[1] .

ثم ألف كتابه الذي تحدث فيه عن أخبار (باريس) ودعا فيه إلى تحرير المرأة إلى السفور، والى الاختلاط ، وأزال عن الرقص المختلط وصمة الدنس، فقال إنه حركات رياضية موقعة على أنغام الموسيقى، فلا ينبغي النظر إليه على أنه عمل مذموم[2] .

لقد استغرقت عملية الانتقال التدريجي مايقرب من قرن من الزمان، ولكنها كانت عملية مستمرة لا تتوقف ، بل تتوسع على الدوام[3] .

لقد كان محمد علي ثعلبا ماكرا همه نفسه وأولاده من بعده ولذلك قام بأعمال شنيعة، وأفعال قبيحة في إضعاف الأمة، والقضاء على شوكتها وتنفيذ مخططات فرنسا

(1) انظر: واقعنا المعاصر، ص209.

(2) انظر: واقعنا المعاصر ، ص209.

(3) المصدر السابق نفسه، ص210.

وبريطانيا وحرص على أن يجمل صورته في أعين الغرب ويقفوا آثارهم في التحديث بل ويفكر كما قال عن نفسه (بعقل إفرنجي وهو يلبس القبعة العثمانية)[1] .

لقد قام محمد علي نيابة عن فرنسا وبريطانيا وروسيا والنمسا وغيرها من الدول الأوروبية بتوجيه ضربات موجعة للاتجاه الإسلامي في كل من مصر، والجزيرة العربية، والشام ، والخلافة العثمانية مما كان لها الأثر في تهيئة العالم الإسلامي للأطماع الغربية.

خامسا : محمد علي وضربه للإسلام في مصر:

بعد أن نجح محمد علي في توطيد نفسه في الحكم وأحاط نفسه ببطانة ومساعدين من نصارى الأروم والأرمن وكتبة من الأقباط واليهود، واستجلب لنفسه مماليك جعلهم حكاما للأقاليم، وكان في كل ذلك مستنفرا لجموع المسلمين المصريين ومعبرا عن عدم الاهتمام أو الاكتراث بهم وبخاصة أن هؤلاء المساعدين قد أعانوه على سياسته الاستبدادية بين الفلاحين وصف الجبرتي ذلك بقوله: (فتح بابه للنصارى من الأروام والأرمن فترأسوا بذلك وعلت أسافلهم، كما أنه كان يحب السيطرة والتسلط ولا يأنس لمن يعارضه)[2] .

وسلك محمد علي وأتباعه من غير المسلمين سياسة من أبرز علاماتها الظلم والقهر والاستعباد ضد جموع الشعب المصري ، فجمع حجج الأرض من الفلاحين وفرض عليهم السخرة، أو دفع ضريبة بديلة وحرم عليهم أن يأكلوا شيئا من كد أيديهم، وأبطل التجارة، وزاد في أسعار المعايش أضعافا مضاعفة، وفرض الضرائب التي لايطيقون دفعها، وجعل كل نشاط اقتصادي يؤول إليه،[3] ونقم على الناس ، وارجع الجبرتي ذلك إلى مايتسم به محمد علي من "داء الحسد والشره والطمع والتطلع لما في

---

(1) تجربة محمد علي الكبير، منير شفيق، ص38.

(2) عجائب الآثار (150/4).

(3) انظر: قراءة جديدة في تاريخ العثمانيين ، ص179.

أيدي الناس وأرزاقهم" [1] . وقد نتج عن هذه السياسة كره الفلاحين الشديد لمحمد علي وأعوانه، وهروبهم من الأراضي الزراعية، وترك قراهم فرارا من السياسة الظالمة، وأعرضوا عن الاشتراك في جيشه فقد بلغ عدد الفلاحين الفارين في عام واحد هو عام 1831م ستة آلاف فلاح [2] .

أما في المدن وبخاصة في القاهرة فيذكر الجبرتي أن محمد علي حين كلف الناس بتعميرها (اجتمع على الناس عشرة أشياء من الرذائل وهي السخرة والعونة وأجرة الفعلة والذل والمهانة وتقطيع الثياب ودفع الدراهم وشماتة الأعداء وتعطيل معاشهم وأجرة الحمام) [3] .

لقد كان الجبرتي معاصرا لسياسة الظلم التي مارسها محمد علي على الشعب المسلم في مصر الذي امتص حقوقه وخيراته وفتح للتجار الأوروبيين الباب على مصراعيه لدخول مصر والهيمنة على اقتصادها، وأصبحت مصر هي المزرعة التي تعتمد عليها أسواق أوربا من المنتجات الزراعية وارتبطت مصر بأوروبا ارتباطا حضاريا وتجاريا، وأصبح اعتماد طبقة التجار الناشئة في مصر على الأسواق الأوروبية من الناحية الاقتصادية وبالتالي السياسية ، إلى جانب تمكين دعاة الثقافة الأوروبية من السيطرة على الحياة الفكرية بعد أن شل دعاة الاتجاه الإسلامي [4] ، وأوقف مناهج التعليم القائمة على الدين تنفيذا لسياسة نابليون الماسونية، وهو أمر أكده المؤرخ الانجليزي أرنولد توينبي في قوله : (كان محمد علي ديكتاتورا أمكنه تحويل الآراء النابليونية إلى حقائق فعالة في مصر) [5] .

لقد حقق الاستعمار الأوروبي هدفه في الاستفادة من المنشآت والإصلاحات المادية

---

(1) عجائب الآثار (150/4).

(2) انظر: تاريخ الشرق العربي، د. عمر عبد العزيز، ص346.

(3) انظر: قراءة جديدة في التاريخ العثماني ، ص180.

(4) انظر: تاريخ الشرق العربي، د. عمر عبد العزيز، ص322،323 نقلا عن قراءة جديدة.

(5) انظر: أرنولد توينبي عبد الرحمن الجبروتي وعصره، ص14.

التي قام بها دميتهم محمد علي، أما شعب مصر المسلم فقد سيطر عليه اليأس ودفع ثمنا باهظا يفوق حجم كل إصلاح وهو تحطيم هويته الحضارية التي صقلها الإسلام والتي ميزت دروه خلال العصور الإسلامية [1].

وفتح باب الدعوة إلى الوطنية والقومية ومارس سياسة التضييق على دعاة الفكر الإسلامي من العلماء والمشايخ فكان هذا الاتجاه مسايرا لمساعيه الرامية إلى الاستقلال بمصر وبالتالي إبعادها عن الارتباط بدولة الخلافة الإسلامية [2]، وقد لقي في اتجاهه هذا عونا من المحافل الماسونية التي يعتبر هذا الاتجاه من صلب أهدافها.

ومن أبرز الذين عاونوه في هذا الاتجاه الشيخ حسن العطار سنة 776هـ/1835م الذي تشير الدلائل على انضمامه للمحفل الماسوني المصري، فقد كان العطار يري أن البلاد (لابد أن تتغير أحوالها ويتجدد بها من المعارف ماليس فيه)، وكانت وجهته في هذا التغيير هو الاتجاه الكامل إلى الثقافة الأوروبية بعد أن عجز - في رأيه- المشايخ والعلماء عن مواصلة جهود المسلمين الأوائل [3].

وتبع العطار في اتجاه تلميذه رفاعة الطهطاوي (1801-1873م) حيث ابتعثه محمد علي إلى فرنسا خمس سنوات (1826-1831م) عاد بعدها لنشر ما يزكي الفكرة الوطنية وغيرها من الأفكار الاجتماعية التي عايشتها فرنسا والتي لم تكن تتلاءم مع أوضاع المجتمع المرتبط بالفكر الإسلامي، وقد بدت هذه الأفكار في العديد من القصائد التي نظمها وكذلك الكتب التي ترجمها بعد توليه الإشراف على مدرسة الألسن [4]، لقد تأثر الطهطاوي بتيارات الفكر الأوروبي من أقصى اليمين إلى أقصى اليسار بشكل فاق تأثره بالفكر الإسلامي، حيث أبدى في عديد من جوانب فكره، وفي كافة مراحل حياته،

---

(1) انظر: قراءة جديدة في التاريخ العثماني، ص182.
(2) انظر: مصر في مطلع القرن التاسع عشر، محمد فؤاد (1232/3).
(3) انظر: التيارات السياسية بين المجددين والمحافظين ، بيومي ، ص2.
(4) انظر: التيارات السياسية بين المجددين والمحافظين ، ص23.

إعجابه بأفكار الحرية والمساواة وضرورة الاعتماد على العقل ، لقد تبني ما دعا إليه نابليون إبان حملته الشهيرة، ولقد أظهر طهطاوي تأثرا وإعجابا بآراء مونتسكيو، وتشبعه بالفكر الماسوني.

وتبع الطهطاوي كثيرون ممن وصلوا الدعوة إلى الوطنية والى ضرورة الاتجاه الكامل إلى الحضارة الغربية من أمثال (علي مبارك) و(إبراهيم أدهم) و(صالح مجدي) و(محمد عثمان جلال) و(عبد الله أبو السعود) و(عبد الله فكري) وغيرهم ، وواصل الجميع هجومهم على التيار الإسلامي من كافة الجوانب[1] .

سادسا: حركة الشيخ محمد بن عبد الوهاب وصراعها مع الدولة العثمانية:

ولد الشيخ محمد بن عبد الوهاب بن سليمان بن علي بن محمد بن أحمد بن راشد التميمي سنة 1115هـ/1703م في بلدة العيينة الواقعة شمال الرياض بينها وبين الرياض مسيرة سبعين كيلومترا، أو مايقارب ذلك من جهة الغرب[2] .

ونشأ على حب العلم، فطلبه منذ صغره وظهر منه نبوغا وتميزا، فحفظ القرآن الكريم ودرس الفقه الحنبلي والتفسير والحديث، وتتلمذ على كتب ابن تيمية في الفقه والعقائد والرأي وأعجب بها أيما إعجاب وتأثر بكتب ابن القيم ، وابن عروة الحنبلي وغيرهم من فحول هذا المنهل السلفي[3] .

ورحل في طلب العلم إلى مكة، والمدينة، والبصرة، والإحساء. وتعرض لفتن عديدة عندما جاهر بآرائه في العراق ثم رجع بعد ذلك إلى نجد.

وعندما رجع إلى حريملاء ببلاد نجد بدأ دعوته بالأمر بالمعروف والنهي عن المنكر

---

(1) انظر: قراءة جديدة في تاريخ العثمانيين، ص184.
(2) انظر: إمام التوحيد محمد عبد الوهاب، احمد القطان ، ص35.
(3) المصدر السابق نفسه، ص36.

والاشتغال بالعلم والتعليم، والدعوة إلى عقيدة التوحيد الصافية، وحذر من الشرك ومخاطره وأنواعه وأشكاله وتعرض لمحاولة اغتيال من بعض السفهاء في حريملاء وانتقل بعد ذلك إلى بلدته العيينة وتلقاه أميرها بالترحيب وشجعه على أمر الدعوة، فأقام الشرع ونفذ الحدود، وهدم القباب، ولم يستمر في حريملاء طويلا بسبب ضغط أمير الإحساء على أمير حريملاء لقتل الشيخ محمد بن عبد الوهاب ، فخرج ماشيا على الأقدام إلى الدرعية.

تحالفه مع محمد بن سعود:

استطاع محمد بن عبد الوهاب أن يتحالف مع الأمير محمد بن سعود الذي قام بماله ورجاله من أجل دعوة التوحيد وكان هذا التحالف على أسس متينة واستطاع الشيخ أن يواصل دعوته للناس بالتعليم والرسائل والوعظ واستمر على هذا الحال يعلم الناس ويكتب الرسائل ويدبجها بالحجج والبراهين والأدلة على صحة دعواه[1]، يدعو إلى إزالة المنكر وهدم قباب القبور ، وسد ذرائع الشرك، وتحقيق العبودية لله وحده وظلت الدعوة مسالمة متأنية تطرق القلوب برفق وأناة، وتدعوا إلى الله بالحكمة والموعظة الحسنة، واستمر يعلم من يحضر دروسه ويوضح عقيدته، ويشرح مبادئ دعوته للقاصي والداني ، ولكنه رأى أن اللين يقابل بالشدة، وأن الصدق يقابل بالكذب، والموعظة الحسنة يرد عليها بالمؤامرات فلم يكن بد من دخول مرحلة الجهاد وتغيير المنكر بالقوة.

إذا لم يكن إلا الأسنة مركبا فما حيلة المضطر إلا ركوبها[2]

وبدأ الشيخ يعاونه الأمير محمد بن سعود بإعداد العدة من الرجال والسلاح للخروج بجموع المجاهدين من الدرعية إلى خارج حدودها لنشر الدعوة وتثبيت أركانها

---

(1) انظر: إمام التوحيد الشيخ محمد بن عبد الوهاب ، ص45،46.
(2) انظر: استمرارية الدعوة، محمد السيد الوكيل (293/3).

في الجزيرة وخارجها، وكان الشيخ يشرف بنفسه على إعداد الرجال، وتجهيز الجيوش وبعث السرايا، ويستمر مع ذلك على الدرس والتدريس، ومكاتبة الناس، واستقبال الضيوف، وتوديع الوفود[1] فقد جمع الله له العلم والجاه، والعزة والتمكين بعد جهاد طويل[2] وقد كان له نظر سياسي ثاقب، وخبرة واسعة في أمور الحرب والسياسة .

واستمرت الحروب بين أنصار الدعوة وأعدائها سنين عديدة، وكان النصر حليف أصحاب الدعوة في أغلب المواقف وكانت القرى تسقط واحدة تلو الأخرى وفي عام 1178هـ/1773م فتحت الرياض بقيادة الأمير عبد العزيز ابن محمد بن سعود ، وفر منها حاكمها السابق دهام بن دواس، وكان حاكما ظالما غشوما، اعتدى على الدعاة مرارا، ونقض العهود التي أبرمها مع القائمين على الدعوة وبعد فتح الرياض اتسعت رقعة الأرض التي تخضع للدعوة ، ودخل كثير من الناس في الدعوة مختارين، فقد أزيلت العوائق التي كانت تصدهم عنها، وانفرجت الأمور بعد ضيق، وجاء اليسر بعد العسر، وكثرت الأموال، وهدأت الأحوال[3]، وأمن الناس في ظل الدولة الإسلامية الفتية، التي حرم الناس من نعمة الأمن مدة غيابها .

وبعد وفاة الشيخ محمد عبد الوهاب واصلت الدعوة مسيرها وساندها آل سعود بقوة السلطان وتحولوا إلى الحجاز، التي كان يسيطر عليها الشريف غالب بن مساعد والذي شرع في شن هجمات على السعوديين، دينيا وعسكريا. ودام الصراع بينهما حتى عام 1803م حين دخل السعوديون مكة من غير أن يتعرضوا لأية مقاومة[4] من جانب الشريف غالب، الذي آثر الهروب إلى جدة وبعد عامين ضم السعوديون المدينة المنورة .

وامتد نفوذ الحركة السلفية على معظم الجزيرة العربية وشعرت بريطانيا بخطورة هذا النفوذ على مصالحها. لقد أصبحت الدولة السعودية الأولى يمتد نفوذها على

---

(1) انظر: إمام التوحيد محمد بن عبد الوهاب، ص53.
(2) المصدر السابق نفسه، ص78.
(3) انظر: استمرارية الدعوة ، د. محمد الوكيل (294/3).
(4) انظر: العالم العربي في التاريخ الحديث، ص17.

الخليج العربي والبحر الأحمر، ودخل القواسم في الخليج العربي تحت نفوذها ووصل نفوذها إلى جنوب العراق وأصبحت تأثر على الطريق البري بين أوربا والشرق، وفوق هذا وذاك فإن الأسس الدينية التي ترتكز عليها هذه الدولة قد قطع على بريطانيا إمكانية تطويعها أو عقد الاتفاقيات معها حيث كان العداء للنفوذ الأجنبي في المنطقة من أهم أهداف هذه الدولة[1]، لقد استطاع القواسم ومن خلفهم القوة السعودية من توجيه ضربات موجعة لأسطول الإنجليز في عام 1806م وأصبحت مياه الخليج تحت سيطرتهم[2] لقد بلغت الدولة في زمن سعود بن عبد العزيز الأوج من الناحية السياسية إذ وصلت كربلاء في العراق، وإلى حوران في بلاد الشام، وخضعت لها الجزيرة كاملة باستثناء اليمن[3].

سابعا: المؤامرة ضد حركة الشيخ محمد بن عبد الوهاب:

فكر شياطين الإنس من أبناء أوربا في النتائج التي يصلون إليها لو استمرت الدولة السعودية الأولى ورأوا أن ذلك يقضي على مصالحهم في الشرق عموما ولذلك لابد من تدمير هذه الدولة، فسلكوا مسالك شتى للقضاء على نفوذ الدعوة السلفية منها:

أولا: تأليب الرأي العام داخل ديار الإسلام ضد دعوة الشيخ محمد بن عبد الوهاب فقام الذين اعتقدوا بالبدع والخرافات على أنها من دين الإسلام بالتصدي لدعوة الشيخ ومقاومتها، وليست هذه المقاومة من جهة واحدة أو من طرف معين بل من كل الجهات ومن كل الأطراف، أتت من قبل المشايخ الذين يتمسكون بالنفوذ الذي يعطيهم إياه العامة وأهل الجهالة، ويبغون المحافظة على ماهم عليه من البدع والخرافات ظانين أنها من الدين، أتت من سدنة القبور، أتت من المستفيدين من

(1) انظر: قراءة جديدة في تاريخ العثمانيين، ص156.
(2) المصدر السابق نفسه، ص158.
(3) انظر: الدولة العثمانية، د. جمال ، ص94.

صناديق النذور، أتت من الذين يعيشون على الأطعمة والأموال التي تقدم لهم في موالد الأموات والزيارات، وأتت أيضا من الذين يعتقدون أن الشيخ محمد بن عبد الوهاب قد أتى بدين جديد يخالف ما اعتادوا عليه، وأولئك كانوا منتشرين بأنحاء الدولة العثمانية كلها بل وفي العالم الإسلامي أجمع، حدث كل ذلك بعد أن شاع الإنجليز والفرنسيون وأعداء الإسلام الفتاوى التي استصدروها من علماء السوء بفساد مايدعو إليه اتباع محمد بن عبد الوهاب[1].

ثانيا: الدس والوقيعة بين حركة الشيخ محمد بن عبد الوهاب وقيادة الدولة العثمانية لقد ألقى الإنجليز والفرنسيون وغيرهم في روع السلطان محمود الثاني أن حركة الشيخ محمد بن عبد الوهاب، تهدف إلى الاستقلال بجزيرة العرب، والانفصال عن الخلافة العثمانية، ثم توحيد العالم العربي، وانتزاع لواء الخلافة والقيادة من الدولة العثمانية، وإقامة خلافة عربية، واستجاب السلطان محمود الثاني لوشايات الأعداء وما كان له أن يفعل ذلك وكان اللائق به أن يشك في هذا النصح الكاذب ويرسل من أمناء الدولة من يتحقق في الأمر ولم ينتبه سلطان المسلمين إلى خطورة تصديق هذا الخبر المدسوس على حركة إسلامية صادقة وتجاوب مع اقتراحات الأعداء بوجوب القضاء عليها قبل أن يستفحل أمرها، وتكلف الدولة الكثير من الأموال والرجال للقضاء عليها[2].

وضعت الدولة العثمانية خطتها لمحاربة الدولة السعودية الأولى ورأت أن تلقي عبء هذه المهمة على كاهل الولاة في الأقطار المجاورة، هادفة بذلك إلى غرضين: الأول القضاء على التوسع السعودي في المشرق العربي، والآخر: إضعاف هؤلاء الولاة واستنزاف مواردهم حتى يظلوا ضعافا خاضعين للدولة خضوعا تاما، فاتجهت أول الأمر إلى والي بغداد، إذ كان أقرب الولاة إلى نجد، إلا أن ذلك الوالي كان مشغولا بالارتباكات المحلية في ولايته، وكان جيشه من الضعف بحيث لايقوى على مجابهة

---

(1) انظر: الدولة العثمانية، د. جمال عبد الهادي، ص94.

(2) انظر: الدولة العثمانية، د. جمال عبد الهادي، ص95.

السعوديين، وفشل عدة مرات في صد هجماتهم على حدود العراق، فاتجهت الدولة إلى والي الشام لعله ينجح فيما فشل فيه والي العراق، فكان نصيبه من الفشل أفدح من زميله[1] ولما يئست الدولة من قدرة ولاتها في بغداد والشام ولت وجهها شطر مصر فطلبت من واليها محمد علي عام 1807م أن يقوم بحملة على بلاد العرب "لتصفية الحرمين الشريفين واستخلاصهما" من أيدي السعوديين، واسترداد سلطة الدولة المشرفة على الزوال في جزيرة العرب.[2] ولكن محمد علي لم يلب طلب الدولة إلا في عام 1811م بعد تخلصه من بكوات المماليك في مذبحة القلعة.

إن اتباع الدعوة السلفية لم يطلبوا الخلافة ولم يبدوا اعتراضهم على التبعية لها، ولكن الخلاف قد انحصر في أمرين أساسيين، الأول هو مطالبة السلفيين بضرورة التزام وفود الحجيج بمنهج الإسلام والإقلاع عن كل مافيه خروج عليه، والأمر الثاني هو شعور الدولة العثمانية بالحرج والضعف أمام سيطرة الوهابيين[3] على المدن المقدسة في الحجاز حيث أدركوا أن في ذلك إسقاطا لهيبتهم ومكانتهم السياسية.

وقد بين الجبرتي أن موقف الوهابيين من وفود حجيج الشام " بألا يأتوا إلا على الشرط الذي اشترطوه عليهم وهو " أن يأتي بدون المحمل وما يصحبهم من الطبل والزمر[4] والأسلحة وكل ما كان مخالفا للشرع. فلما سمعوا[5] ذلك رجعوا من غير حج ولم يتركوا مناكيرهم " كما ذكر موقفا مماثلا من موكب الحج المصري.

واقتصر مرسوم السلطان العثماني القاضي بطلب الحرب مع السعوديين من محمد علي، وبدافع من رسائل شريف جدة وكذلك بوحي وتشجيع من الإنجليز، على "

---

(1) انظر: العالم العربي في التاريخ الحديث ، د. إسماعيل ياغي، ص171.
(2) المصدر السابق نفسه، ص172.
(3) انظر: قراءة جديدة في التاريخ العثماني، ص185.
(4) انظر: من أخبار نجد والحجاز، محمد أديب صالح، ص111.
(5) المصدر السابق نفسه، ص111، 112.

استخلاص الحرمين والوصية بالرعية والتجار "[1] ، وتكرر نفس الطلب بعد ذلك مجددا الاقتصار على تخليص الحرمين الشريفين. وفي أعقاب نجاح القوات العسكرية في الاستيلاء على بلاد الحجاز، بعد أن هزمت وأخفقت عدة مرات أمام أتباع الشيخ محمد بن عبد الوهاب[2] أرسل السلطان محمود الثاني مرسوما إلى مصر يقرأ في المساجد باستعادته للحرمين الشريفين ، وهو أمر يوحي بأن السلطان العثماني ليس له هدف آخر سوى عودة الحجاز للسيادة العثمانية.

كان من الممكن أن تنتهي هذه الحرب إلى هذا الحد فقد سيطرت قوات محمد علي على مدن الحجاز، وعين محمد علي شريفا جديدا على منطقة الحجاز التي[3] اضطر للسفر إليها وقام بطرد الشريف غالب الذي ساند قواته وساعدها على دخول الحجاز ، كما أن قادة الدعوة السلفية السعوديين قد عرضوا عليه الصلح، ولكن محمد علي وضع شروطا صعبة التحقيق لقبول الصلح وكذلك ضمن رده على طلب الصلح تهديدا يرويه الجبرتي فيقول: (وأما الصلح فلا نأباه بشروط وهو أن يدفع لنا كل ماصرفناه على العساكر من أول ابتداء الحرب إلى وقت تاريخه، وان يأتي بكل ماأخذه واستلمه من الجواهر والذخائر التي كانت بالحجرة الشريفة ، وكذلك ثمن ماستهلك منها وأن يأتي بعد ذلك ويتلاقى معي وأتعاهد معه ويتم صلحنا بعد ذلك وإن أبى ذلك ولم يأت ... فنحن ذاهبون إليه)[4] .

ثامنا: حقيقة حملة محمد علي على الحجاز ونجد:

(1) قراءة جديدة في التاريخ العثماني، ص186.

(2) انظر: من أخبار الحجاز ونجد، محمد أديب غالب، ص110.

(3) المصدر السابق نفسه، ص110.

(4) عجائب الآثار أخبار يوم آخر القعدة سنة 1328هـ أديب غالب ، ص149.

إن الحرب بين محمد علي وأتباع الشيخ محمد بن عبد الوهاب لم تكن بين قوات يدين طرفاها بالإسلام، كما لم تكن حربا عربية عربية كما يحاول البعض أن يصفها، بل إن هذه الحرب كانت بين قوة إسلامية ليست لها أية أطماع سياسة ولكنها أبدت غيرة وحرصا على العودة إلى المبادئ الأساسية للدين الإسلامي وهي القوة السعودية، كما أظهرت حماسا في دفع خطر المستعمرين الكفار[1] عن الديار الإسلامية، أما القوة التي حاربتها والمرسلة من قبل والي مصر -والتي لم تكن مصرية بأي صورة من الصور؛ فأغلبها من الأرناؤوط وبعض الأتراك والنصارى وبعض الضباط الفرنسيين ، ولا يحمل أغلب قادتها من الإسلام سوى الاسم، ويصور لنا المؤرخ الجبرتي طبيعة هذه القوة من خلال تعليق من وصفه بالصلاح والورع، وهو شاهد عيان ، على هزيمة هذه القوات في البداية أمام أتباع الدعوة السلفية فيقول: (أين لنا النصر.. وأكثر عساكرنا على غير الملة! وفيهم من لايتدين بدين، ولا ينتحل مذهبنا، وصحبتنا صناديق المسكرات ولايسمع في عرضينا آذان ولاتقام به فريضة، لايخطر في بالهم ولا خاطرهم شعائر الدين. والقوم (يقصد الوهابيون) إذا دخل الوقت أذن المؤذنون وينتظمون صفوفا خلف أمام واحد بخشوع وخضوع، وإذا حان وقت الصلاة والحرب قائم، أذن المؤذن وصلوا صلاة الخوف فتتقدم طائفة الحرب وتتأخر الأخرى للصلاة وعسكرنا يتعجبون من ذلك لأنهم لم يسمعوا به فضلا عن رؤيته. وينادون في معسكرهم هلموا إلى حرب المشركين، المحلقين الذقون المستبيحين الزنا واللواط الشاربين الخمور، وكشفوا عن كثير من قتلى العسكر فوجدوهم غلفا غير مختونين، ولما وصلوا بدرا واستولوا عليها وعلى القرى والخيوف وبها خيار الناس وبها أهل العلم الصلحاء نهبوهم وأخذوا نساؤهم وبناتهم وأولادهم وكتبهم)[2] .

إن محمد علي لم يكن متقيدا بشرع الله في حربه بل كان مخالفا للشرع متعديا على حدود الله تعالى غير مبالي بأحكام الإسلام فهذا جيشه يقتل ويدمر ويأخذ الأموال

(1) انظر: الدولة العثمانية، د.محمد أنيس، ص233.

(2) انظر:قراءة جديدة في التاريخ العثماني، ص188.

ويهتك الأعراض من هم المسلمين الموحدين.

فهذا علي رضي اللـه عنه في موقعة الجمل يقول لأصحابه: "لاتتبعوا مدبرا، ولا تجهزوا على جريح، ومن ألقي سلاحه فهو آمن"[1].

وقال: "..وإياكم والنساء وإن شتمن أعراضكم وسبن أمراكم وإن الرجل ليتناول المرأة بالجريدة أو الهراوة فيعير بها هو وعقبه من بعده..."[2].

وعن أبي أمامة الباهلي رضي اللـه عنه قال: "شهدت صفين وكانوا لايجهزون على جريح، ولايقتلون موليا، ولايسلبون قتيلا ..."[3].

إن السلطان العثماني كان يكفيه خضوع الحجاز لحكمه ومهاجمة الدرعية لم تكن مطلبا ملحا أو ضروريا للدولة العثمانية، وكان محمد علي متشددا في شروط الصلح مما يدل على حرصه على استمرار الحرب، لأن هدفه من هذه الحرب خدمة أطماعه التوسعية في إطار ما تسمح به أهداف السياسة البريطانية في المنطقة، بعد أن أصبحت الدولة السعودية تشكل خطرا بالغا على الوجود البريطاني في المنطقة بأسرها سواء في البحر الأحمر أم في الخليج العربي أم في وصولها إلى الطريق البري عبر العراق، وأصبحت بريطانيا تحس بتهديد حقيقي لمصالحها في الشرق، ولهذا فإن وصف هذه الحملة بأنها حملة صليبية في ثوب إسلامي يعد وصفا حقيقيا[4].

عندما انهزم طوسون بن محمد علي أمام الأمير عبد اللـه بن سعود وتحطم نصف جيشه، خرج محمد علي بنفسه إلى الحجاز عام 1813م وقبض على شريف مكة "غالب بن مساعد واتهمه بالتآمر مع السعوديين، وصادر كل مايملك من أموال وأثاث ومتاع، وبذلك أصبح شريف مكة من موظفي محمد علي في الحجاز. ولم يلبث أن

(1) رواه ابن أبي شيبة كتاب الجمل (263/15).
(2) نصب الراية للزيلعي (463/3).
(3) الحاكم بسند صحيح ووقفه الذهبي في المستدرك (155/2).
(4) انظر: قراءة جديدة في التاريخ العثماني ، ص189.

انتصر محمد علي في يناير 1815م على القوات السعودية في موقعة بسل[1]، وهي الموقعة التي يعتبرها البعض " من أكبر وقائع الحرب الوهابية، بل من أهم المعارك في تاريخ مصر الحربي "[2].

ولم يمكث محمد علي في الجزيرة العربية ليتابع النصر الذي أحرزه، بل عاد إلى مصر تاركا ابنه طوسون بالحجاز[3]، وسرعان ماتمكن طوسون من هزيمة السعوديين هزيمة جديدة لأول مرة، وأسرع بالزحف على القسم الشمالي من نجد فبلغ في زحفه مدينة الرس، ثم احتل الشبية وأصبح الطريق إلى الدرعية مفتوحا أمامه وأسرع الأمير عبد الله بطلب فتح باب المفاوضات حقنا للدماء وحماية للمدن والقرى، ودارت المفاوضات بين الطرفين على مشروع الصلح بالشروط التالية:

1- احتلال القوات المصرية الدرعية.

2- أن يضع الأمير عبد الله نفسه تحت تصرف طوسون باشا، فيسافر إلى الجهة التي يريده أن يسافر إليها.

3- أن يؤمن الأمير عبد الله سبل الحج، وأن يكون خاضعا لحكم المدينة من قبل محمد علي إلى حين الموافقة على الصلح.

4- ألا تصبح هذه الشروط - في حالة الاتفاق عليها - نافذة المفعول إلا بعد إقرارها من محمد علي.

غير أن هذه القوات لم تقبل من جانب الأمير عبد الله، وقرر إرسال وفد إلى مصر للتفاوض مع محمد علي مباشرة حول شروط الصلح، إلا أن الوفد فشل في مسعاه بسبب تشدد الباشا. وتأهب السعوديون للحرب والقتال، فأرسل محمد علي حملة

---

(1) انظر: الدولة السعودية الأولى، د.عبد الرحيم عبد الرحمن ، ص199-235.

(2) انظر: قراءة جديدة في التاريخ العثماني ، ص172.

(3) المصدر السابق نفسه، ص172.

جديدة عام 1816م بقيادة ابنه إبراهيم باشا [1].

وزحف إبراهيم باشا بقواته من الحجاز صوب نجد، ونجح في الاستيلاء على مدن عنيزة وبريدة وشقراء، وإخضاع كل منطقة القصيم وابتع إبراهيم في زحفه سياسة الملاينة مع القبائل وهي سياسة كان من شأنها استمالة عدد كبير من أهل نجد، إذ كان يعقد دائما المجالس ويمنح الهبات للناس، واتخذ في بداية الأمر أسلوبا استعطف به القبائل فمنع النهب والسلب، واستطاع بخبرائه العسكريين الفرنسيين أن يواصل زحفه حتى الدرعية التي ضرب الحصار عليها لمناعتها، وكان حصارا طويلا استمر من 6 إبريل إلى 9 سبتمبر 1818م، وانتهى باستسلام الأمير عبد الله بن سعود ودخول إبراهيم الدرعية، حيث أرسل من هناك الأمير السعودي في حراسة مشددة إلى مصر، ثم أرسل من القاهرة إلى استانبول [2]، لقد شهر بالأمير عبد الله في شوارع استانبول ثلاثة أيام كاملة ثم أمر بإعدامه شنقا فرحمة الله على ذلك المظلوم [3] وستظهر حقيقة مقتله يوم الأشهاد. إن الذي دعا إلى الصلح صلح أهل الجزيرة من خلال رسالة وجهها الشيخ أحمد الحنبلي إلى طوسون لقد بينوا أنهم يعترفون بإمارة السلطان العثماني وأنهم لايخرجون عن دولة الخلافة فلما إذن كان الإصرار على توجيه القوات إلى جزيرة العرب؟ وهكذا أزهقت أرواح المسلمين بأيدي بعضهم البعض، نتيجة كيد الأعداء. لقد قام أهل الجزيرة بمساندة مسلمي مصر عندما احتلها الفرنسيون فلماذا هذا الاعتداء المتعمد؟ إن محمد علي استطاع بواسطة الزعماء الذين ينسبون إلى الإسلام أن يقنع كثير من عوام الناس بأنهم يفعلون ذلك امتثالا لأمر خليفة رسول الله، الذي له عليهم حق السمع والطاعة وأن الهدف من ذلك منع جزيرة العرب من الانفصال عن

---

(1) انظر: الدولة السعودية الأولى ، ص339-345.
(2) انظر: العالم العربي في التاريخ الحديث، ص174.
(3) المصدر السابق نفسه، ص174 .

جسد دولة الخلافة [1].

إن قضية الولاء والبراء كانت غائبة تماما عن محمد علي، بدليل أنه أعطى ولاءه لأعداء الإسلام وسمح لهم بأن يقودوه ويقودوا الأمة معه إلى حتفها[2]، وهذه نتيجة عملية لوصول تاجر دخان ظل غير معروف النسب إلى سدة الحكم في بلاد المسلمين.

لقد كانت سعادة بريطانيا كبيرة[3] عندما علمت بسقوط الدرعية، عاصمة الدولة السعودية الأولى، في أيدي قوات إبراهيم باشا، فقد كانت هي الدولة السلفية التي دعمت القواسم[4] في جهادهم ضد بريطانيا في الخليج العربي، مما يعني تهديد المصالح البريطانية في الهند كما أسلفنا، وهنا يجدر بنا أن نسأل، خاصة في تلك الأحداث التي عاشها العالم الإسلامي في تاريخه الحديث، لنقول: لو أن جيوش محمد علي وجيوش الدولة العثمانية تعاونت مع الدولة السعودية الأولى بدلا أن تحاربها، لتقفا معا في وجه الأطماع الأوروبية بشكل عام، وبريطانيا بوجه خاص، أنه لو تم ذلك لتغير وجه التاريخ، خاصة وأن الدولة السعودية دولة مسلمة أقامت دعائمها على المبدأ السلفي الصحيح، والعالم الإسلامي في تلك الفترة في أمس الحاجة إليها، وعلى أية حال فلقد أدركت بريطانيا مدى الاستفادة من هذه الظروف، فأسرعت بزف التهاني إلى إبراهيم[5] باشا، من مبدأ الاحتواء في ضوء المصالح الذاتية لها، وبعثت بالكابتن جورج فورستر سادلير لتقديم التهنئة لإبراهيم باشا لاستيلائه على الدرعية، ولمحاولة إيجاد قاعدة يمكن من خلالها التنسيق بين قوات الباشا البرية، والقوات البريطانية البحرية للقيام

---

(1) انظر: الدولة العثمانية، د.جمال عبد الهادي، ص96.

(2)انظر: الدولة العثمانية، د.جمال عبد الهادي، ص97.

(3) انظر : دراسات في تاريخ الخليج العربي الحديث والمعاصر (198/1).

(4) انظر: تاريخ الإحساء السياسي، د.محمد عرابي، ص42-43.

(5) ج ج لوريمر: دليل الخليج التاريخي (1009/2-1010).

بعمل حربي مشترك ضد القواسم، أتباع الدولة السعودية الأولى[1] .

إن العلاقة بين بريطانيا ومحمد علي قديمة وفي بداية حكمه دخل في مفاوضات معهم استمرت أربعة أشهر أكد فيها محمد علي جديته ورغبته المخلصة في الارتباط بهم بل وطلب وضع نفسه تحت حمايتهم وهو مايؤكد تقرير فريزر الذي تولى التفاوض معه، الأمر الذي أدى - بعد اقتناعهم بذلك- إلى تخليهم عن أصدقائهم من المماليك. وقد تضمن التقرير الذي أعده قائد الحملة فريزر الذي تفاوض مع رسل مع محمد علي والذي أرسله إلى الجنرال مور في 16 أكتوبر سنة 1807م أهم جوانب هذه المفاوضات فقد جاء فيه : (أرجو أن تسمحوا لي بأن أبسط لكم ليكون ... موضع نظركم فحوى محادثة جرت بين باشا مصر والميجر جنرال "شريروك" والكابتن "فيلوز" أثناء قيامهما بمهمتهما لدى سموه. ولدي مايجعلني أعتقد أن هذه المحادثة ، ومن اتصالات خاصة كثيرة أخرى كانت لي معه، بأنه جاد وصادق فيما يقترحه. لقد أبدى محمد علي باشا والي مصر رغبته في أن يضع نفسه تحت الحماية البريطانية، ووعدناه بإبلاغ مقترحاته إلى الرؤساء في قيادة القوات البريطانية كي يقوم هؤلاء بإبلاغها إلى الحكومة الإنجليزية للنظر فيها. ويتعهد محمد علي من جانبه بمنع الفرنسيين والأتراك أو أي جيش تابع لدولة أخرى من الدخول إلى الإسكندرية من طريق البحر وبعد الاحتفاظ بالإسكندرية كصديق وحليف لبريطانيا العظمى ولكنه لامناص له من الانتظار أن تعاونه انجلترا بقواتها البحرية إذا وقع هجوم عليه من جهة البحر لأنه لايملك سفنا حربية. ويوافق محمد علي باشا في الوقت نفسه على تزويد كل السفن البريطانية التي تقف على بعد من الإسكندرية بما قد تحتاج إليه من ماء النيل عند إعطائها إشارة يصير الاتفاق عليها)[2] .

وقد علق القنصل الفرنسي دروفتي على مابلغه من معلومات حول الاتفاق بين

---

(1) انظر: حروب محمد علي في الشام، د.عايض الروقي، ص112.

(2) انظر: مصر في مطلع القرن التاسع عشر، د.محمد فؤادي شكري (857،856/2).

محمد علي والانجليز الذي هو من نوع معاهدة بأن (مثل هذه المعاهدة عند إبرامها سوف تحقق الأغراض التي توخاها الانجليز من إرسال حملتهم على مصر- إن لم يفق أثرها من هذه الناحية كل ما كان يتوقعه هؤلاء من إرسال هذه الحملة)[1].

ولم يشأ الانجليز الإعلان عن كل ماحتوته بنود هذه الاتفاقية في أعقاب توقيعها وإخلائهم الإسكندرية وتسليمها إلى باشا مصر حيث رأت بريطانيا ضرورة التريث في ذلك لما تحتويه من إعلان العداء الواضح للدولة العثمانية، لمساندتها لحاكم يريد الاستقلال عنها في وقت كانت الدبلوماسية الانجليزية لها مصالحها الكبرى مع دولة الخلافة والاستفادة منها ومن عميلها الجديد لبسط نفوذها على المنطقة إن أمكن[2].

تاسعا: ثورة اليونان:

كانت أوروبا حريصة على تمزيق الدولة العثمانية واتخذت لذلك الهدف وسائل متعددة منها؛ أثارت الفتن الطائفية والدينية وتفجير الثورات الداخلية بدعمها المادي والمعنوي كانت بلاد اليونان تشكل جزءا من ديار الإسلام، ويؤذن في مدنها وأريافها للصلوات الخمس في اليوم والليلة لقرون عديدة وكانت تحكم بشريعة الإسلام، وكان ذلك لايروق لزعماء النصارى سواء من اليونان أو غيرهم من الدول الأوروبية ولذلك شرعوا في تأسيس جمعيات سرية في داخل بلاد اليونان وفي روسيا وغيرها هدفها إحياء الإمبراطورية البيزنطية القديمة على أن نكون تحت إدارة البطريركية الأرثوذكسية الرومية في استانبول ولو أصبح كثير من البطارقة والقساوسة ورجال الدين أعضاء أصليين في هذه الجمعيات السرية المناهضة للدولة العثمانية[3] وقام رجال الدين باستخدام نفوذهم على الشعب وتحريكهم للثورة ضد الدولة العثمانية وكان

(1) المصدر السابق نفسه (826/2).
(2) انظر: قراءة جديدة في التاريخ العثماني ، ص174.
(3) انظر: دور الكنيسة في هدم الدولة العثمانية، ثريا شاهين، ص56،57.

القساوسة ورجال الدين على صلات وثيقة بزعماء الدول الأوروبية وخصوصا روسيا ونجد وثيقة تاريخية هامة تدل على هذا الاتصال من أجل التنسيق والتعاون على تدمير الدولة العثمانية وشعبها ومقوماتها:

(وهذا نص رسالة البطريرك "جريجو ريوس" إلى قيصر روسيا يبين له فيه كيفية هدم الدولة العثمانية من الداخل):

(من المستحيل سحق ، وتدمير الأتراك العثمانيين بالمواجهة العسكرية؛ لأن الأتراك العثمانيون ثوريون جدا ومقاومون، وواثقون من أنفسهم، وهم أصحاب عزة نفس واضحة، وهذه الخصال التي يتمتعون بها إنما تنبع من ارتباطهم بدينهم، ورضائهم بقضاء الله وقدره وتشبعهم بهذه العقيدة، وأيضا من قوة تراثهم وتاريخهم، وطاعتهم ومؤازرتهم لسلطانهم وقادتهم واحترامهم لكبارهم.

الأتراك العثمانيون أذكياء، وهم مجدون مجتهدون متجاوبون مع رؤسائهم الذين يوجهونهم ويقودونهم في الطريق الايجابي الصحيح مما يجعلهم قوة هائلة تخشى منها؛ فهي تتميز بالقناعة والتصميم وشدة المراس والثبات عند المواجهة.

إن كل مزايا الأتراك العثمانيين هذه ، بل، وبطولاتهم وشجاعتهم إنما تأتي من قوة تماسكهم بدينهم وارتباطهم بأعرافهم وتقاليدهم وصلابة أخلاقهم ، ولذا:

أولا: لابد من كسر شعور الطاعة عندهم تجاه سلطانهم وقادتهم وتحطيم روحهم المعنوية وروابطهم الدينية؛ وأقصر طريق لتنفيذ هذا ، تعويدهم التعايش مع أفكار وسلوكيات غريبة لاتتوائم مع تراثهم الوطني والمعنوي.

ثانيا: لابد من إغراء الأتراك العثمانيين لقبول المساعدات الخارجية التي يرفضونها من إحساسهم بعزتهم - وتعويدهم عليها؛ حتى لو أدى ذلك إلى إعطائهم قوة وقدرة ظاهرتين فقط لمدة محدودة.

وفي اليوم الذي تهتز فيه معنوياتهم ، ستهتز قدراتهم الذاتية، فهذه المعنويات

والروابط هي التي تدفعهم نحو النصر، إضافة إلى قدراتهم الأخرى وكثرتهم العددية -التي تبدو في الشكل أكبر مما هي عليه في الواقع في السيطرة والحكم، ووجودهم في المجتمع الدولي.

كذلك يمكن هدمهم وتدميرهم بإعلاء أهمية وقيمة الأمور المادية في تصوراتهم وأذهانهم - أي إفسادهم بالإغراءات المادية، فإنه ليس بكاف إحراز انتصارات عليهم في ميدان الحرب العسكرية فقط، ولكن العكس هو الصحيح؛ لأن إذا اتبع طريق الحرب -وحده- لتصفية الدولة العثمانية ، ويكون سببا في تنبههم وسرعة إيقاظهم ووصولهم لمعرفة حقيقة مايخطط ويبيت في الخفاء لهم ولوطنهم من تخريب وتدمير.

إن مايجب علينا عمله هو إكمال هذه التخريبات في بنيتهم الذاتية والاجتماعية ومكانتهم الدولية دون أن يشعروا بشيء[1] .

لقد كان البطريك "جريجو ريوس" بطريك استانبول عضوا فعالا في خدمة الجمعية، وكان يستخدم كل موظفيه وكل نفوذه لتنفيذ أوامر الجمعية السرية التي تسعى لقيام دولة اليونان الكبرى وكان خطوات الجمعية كالتالي:

1- إنشاء جمعيات سرية في كل مكان في الدولة العثمانية، والقيام بتسجيل أغنياء الروم - وأكثرهم نفوذا- في هذه الجمعيات، كان هذا من أجل ضمان المساعدات المادية والمعنوية.

2- تعيين المشهورين من الهيلينيين من رجال الكنيسة ، رؤساء للجمعية.

3- تأسيس شركات تجارية لتأمين مصدر مالي للجمعية السرية.

4- الإفادة من الشباب الهيليني الذي يدرس في أوروبا.

---

(1) دور الكنيسة في هدم الدولة العثمانية، ترجمة محمد حرب تأليف ثريا شاهين، ص70 إلى 72.

5- العمل على تأمين مساعدة الدول الكبرى ⁽¹⁾ .

وامتدت شبكات الجمعية السرية في بلاد الموره وخارجها وعملت المكائد للتخلص من العوائق الداخلية وأعلنت تمردها عام 1821م وفي هذا التمرد ، قام جرمانوس أسقف باتراس -رئيس تنظيم الجمعية السرية في الموره- بحمل علم عليه صورة مريم بزعمه وأخذ يصيح 'يا أيتها الأمة اليونانية! هيا أفيقي وأقتلي الأتراك' و...يدعو كل الروم للحرب ضد العثمانيين ، وفي هذا الوقت أيضا كان التمرد قد بدأ يتسع نطاقه وانتشاره.

بدأ هذا التمرد عام 1821م ، مكتسبا شخصية وطنية ودينية وقاده رجال الدين.

وقد صرح مكاريوس رئيس جمهورية قبرص السابق في حوار أجراه معه الصحفي والمحامي التركي 'نوزاد قراكيل' عام 1951م بقوله: '.. ربما تعلمون أن الكنيسة قادت تمرد اليونان -ضد العثمانيين- عام 1821م . وكان القساوسة هم الذين أخذوا بزمام المبادرة؛ أي أنهم أول من رفع راية التمرد، وعن طريقهم حصلت اليونان على استقلالها من الدولة العثمانية'⁽²⁾ ثم قال: إن الحرية هي الفكرة المثلى للمسيحية'⁽³⁾ . والحق أن هذا هو الواقع لقد كلف القساوسة بإبلاغ القرى والقصبات بأن الهجوم على الأتراك -للقضاء عليهم- سيحدث ليلة عيد الفصح، وأخذوا يقسمون بعدم إفشاء هذا السر لأحد قبل موعده المحدد. علم العثمانيون من بعض أصدقائهم بهذا الموقف فانسحبوا -من قبيل الاحتياط- إلى القلاع. ولكن لم تجد هذه القلاع مددا فلم تقو على الصمود فسقطت واحدة تلو الأخرى في أيدي العصاة المتمردين.

وفي مدة قليلة - حوالي ثلاثة أسابيع- استطاع المتمردون خلالها السيطرة على

---

(1) المصدر السابق نفسه، ص60.
(2) دور الكنيسة في هدم الدولة العثمانية، ص64.
(3) المصدر السابق نفسه، ص65.

المورة كلها، باستثناء المقاومة الشديدة التي أبداها العثمانيون في قلعة (تريبوليجة) -وهي مركز ولاية الموره-، وحيث استمرت هذه المقاومة شهورا عديدة. وقد قتل الروم -بوحشية منقطعة النظير- العثمانيين الذين وقعوا في الأسر -أثناء هذا التمرد- وسلبوا أموالهم.

كان رجال الدين على صلة مستمرة وقوية بكبار رجال جمعية (الفكرة العظمى) ودائما في تعاون وثيق معهم. وساعد القساوسة في الأديرة القوات الرومية في الأفلاق والبغدان، ودفعت لهم الكنيسة الأموال من صناديقها . كذلك سمح القساوسة للمتمردين باستخدام الأديرة مخازن للمدافع والبارود، كما سمحوا لهم باستخدامها (أي الأديرة) ملاجئ لهم.

وقد أرسل المطران باليابادرا رسالة إلى القنصل الروسي قال له فيها: (من أجل التخلص من الأتراك تماما يجب أن تقوم روسيا بمساعدة الشعب المتمرد)[1] .

لعب بطريرك جريجوريوس دورا كبيرا في تمرد الروم ضد الحكم العثماني كما ذكرنا سابقا، ولكن لابد أن نوضح هنا أن هذا البطريرك رغم أنه كان عضوا في جمعية مبدأ إقامة اليونان الكبرى أو مايسميه الروم باسم الفكرة العظمى، فقد خاف عندما أعلنت روسيا -حسب مقتضيات السياسة الروسية وقتها- أنها تستنكر عصيان الأرثوذكس.فأضطر البطريرك جريجوريوس إلى إصدار مرسوم سماه باسم (بيان الحرمان) ضد المتمردين[2] .

استطاعت المخابرات العثمانية أن تأتي بمعلومات مؤكدة وموثقة مفادها (أن خطة إقامة دولة اليونان الأرثوذكسية الكبرى، قد أعدها البطريرك بنفسه)[3] .

---

(1) دور الكنيسة في هدم الدولة العثمانية، ص65.
(2) المصدر السابق نفسه، ص66.
(3)دور الكنيسة في هدم الدولة العثمانية، ص67.

وعندما وصلت الأخبار للسلطان محمود الثاني أصابته الدهشة وأصدر أوامره لتفتيش مقر البطريرك، واستطاع علي باشا أن يقوم بإعداد خطة مداهمة البطريركية بإحكام بالغ، أدت عند تنفيذها إلى وقوع الوثائق المشار إليها في أيدي المسؤولين ورجال الحكومة.

كان من بين هذه الوثائق؛ تلك الخطابات الموجهة إلى القساوسة الذين قادوا العصيان في الموره، والمعلومات الصادرة لاتخاذ التدابير اللازمة -للعصيان- في استانبول، والاستعدادات ، الترتيبات السرية التي تتكتم الدولة العثمانية عن أخبارها ثم سر بها أمراء الروم التابعين للكنيسة، والمراسلات والمعلومات التي وصلت إلى البطريركية من سفارتي إنجلترا وفرنسا -خاصة معلومات مراحل الاستعداد الرومية في روسيا وأخبار الأسلحة المرسلة من مركز الجمعية السرية في مدينة أوديسا، وبيانات ونداءات طلب المعونة الموجهة إلى كل الأرثوذكس في جميع أنحاء العالم، وإيصالات دفع نقود المساعدات المالية، للبطريركية من أجل العصيان.

وقع كل هذا في أيدي الحكومة العثمانية ولم ينكر البطريرك أي شيء من هذا، حيث قال: إنه هو الذي قام بعمل كل شيء ، وقبل التهم الموجهة إليه، وكان له شركاء في الجريمة، وقد عرفتهم الحكومة.

وأصدر السلطان محمود الثاني فرمانا بعزل البطريرك جريجوريوس من منصبه، ثم إعدامه[1] . وقد نفذ حكم الإعدام يوم عيد الفصح عند الروم الأرثوذكس ثم أصدر السلطان فرمانا آخر لانتخاب شخص يحل محل البطريرك السابق وسلم الفرمان إلى استافراكي بك ترجمان الديوان الهمايوني، فارتعدت جماعته هلعا بعد توجيه استافراكي إلى البطريركية ، وقرأ على المسؤولين ذلك الفرمان، ثم انتخبوا (أويانيوس) بطريركا[2] .

(1) انظر: دور الكنيسة في هدم الدولة العثمانية، ص73.

(2) المصدر السابق نفسه، ص74.

وشرعت الحكومة العثمانية في إعدام بعض قادة التمرد، وقد أثر ذلك تأثيرا كبيرا في إعادة السكون حتى أن البطريرك أصبح واسطة بين المتمردين -في الموره- وبين الحكومة العثمانية. ووصل به الأمر إلى أن يرسل مايسمى بـ"عرض حال" يطلب فيه الإذن بالدعوة إلى الاستئمان "طلب الأمان". ولقد استجابت السلطات العثمانية لمساعي البطريرك الجديد، وتم العفو على كل من أظهر الندم على مافعله ، فاستردوا أموالهم وأملاكهم؛ وأما الموتى فقد أخذ وارثوهم مايستحقونه، واستمرت الكنائس في أداء أدوارها ، كما سارت الطقوس الدينية النصرانية كما هي عليه، كذلك تعهدت الحكومة براحة هؤلاء الناس واستقرارهم، وتم إبلاغ سفراء الدول الأجنبية بذلك[1]؛ وبرغم كل هذا فقد استمرت الأحداث ولم تتوقف واضطرت الحكومة إلى التدخل .

عاشرا : محمد علي باشا واليونان:

قام محمد علي بدوره في القضاء على الدعوة السلفية في الجزيرة وحان الوقت لإضعافه وتقليم أظافره ولذلك دفعت الدول الأوروبية السلطان محمود الثاني بالاستعانة بجيشه لإخماده فتنة التمرد في اليونان وأثارت الدول الأوروبية على محمد علي بقبوله المهمة وأوهمته بأنه سيكون أكبر زعيم في المنطقة ويمكن أن يؤدي به الأمر ليكون خليفة المسلمين بعد أن يضعف سلطان الخلافة وقبل محمد علي باشا عرض السلطان محمود الثاني بشرط أن يحصل على ولاية كل من كريت واليونان[2] وبمجرد تلقيه خبر القبول -لهذا الشرط- أمر أبنه إبراهيم باشا بتولي مسألة الحرب الموره وتحركت جيوش مصر بقيادة إبراهيم باشا ومستشاره سليمان باشا الفرنساوي بحرا من الإسكندرية عام 1239هـ/1823م باتجاه كريت وشبه جزيرة المورة مركز التمرد الصليبي ، وفتح نافرين عام 1240هـ/1824م، ودخل أثينا عام 1241هـ/1823م

(1) المصدر السابق نفسه، ص74.

(2) الدولة العثمانية، د. جمال عبد الهادي، ص98.

رغم معاونة القائد الانجليزي البحري اللورد كوشران الصليبيين اليونان؛ وبعد أن أجهضت القوة الإسلامية التمرد اليوناني الصليبي أبانت الصليبية الأوروبية عن وجهها الكالح، فأعلنت بسط حمايتها على بلاد اليونان. بل إن روسيا كانت تدعم التمرد اليوناني علنا، ورأت أن الفرصة سانحة لدخول استانبول وإعادتها إلى عهدها السابق مركزا للصليبية والوثنية، ووقف الانجليز إلى جانب روسيا[1].

وأجبرت الدولة العثمانية معاهدة (آق كرمان) في 28 صفر عام 1248هـ/ 1832م وأهم بنودها:

يحق لروسيا الملاحة في البحر الأسود ومرور سفنها من المضائق العثمانية دون تفتيش، ورغم أن المعاهدة قد عقدت بسبب التمرد اليوناني الصليبي، إلا أنها لم تذكر شيئا عنه، وبعد قليل تقدمت انجلترا بطلب إلى الدولة العثمانية في 8 رجب 1244هـ/ 1828م : (أن تتوسط الدولة العثمانية[2] لأن هذا تدخل صريح في شؤونها الداخلية، فكان هذا الرفض حجة تذرعت بها أوروبا لإعلان الحرب مرة أخرى.

اتفقت روسيا، وفرنسا، وانجلترا في 11 ذي الحجة على إجبار الدولة العثمانية لإعطاء اليونان استقلالها، بمعنى فصلها عن جسد الدولة الأم (الدولة العثمانية) ورفض السلطان العثماني، فأمرت الدول الأوروبية أساطيلها بالتوجه إلى سواحل اليونان، وطلبت من إبراهيم باشا التوقف عن القتال فكان جوابه طبيعيا بأن يتلقى الأوامر من خليفة المسلمين أو من أبيه لا من غيرها، ومع ذلك توقف القتال عشرين يوما ريثما تصل إليه التعليمات[3].

ودخلت الجيوش الأوروبية المتحالفة إلى مرفأ "نوارين" دون أن ترفع أعلام

(1) المصدر السابق نفسه، ص99.
(2) الدولة العثمانية، د. جمال، ص100.
(3) المصدر السابق نفسه، ص100

الحرب؛ لذا فقد كان دخولها دخول خديعة وقامت هذه الأساطيل بمباغتت الأسطول العثماني المصري المشترك وغدرت به وأطلقت عليه النيران فهزمته هزيمة نكراء وأغرقت السفن - وهي مفاجأة لم يكن يتوقعها وبالتالي لم يعمل لها أي حساب- وبسبب هذه المعركة الغادرة انقلب الحال، فأصبحت القوات العثمانية في موضع الضعف والانهزام بعد أن كانت في موقع القوة والنصر.[1] واستقبلت الشعوب الأوروبية هذه الحادثة بمظاهر الفرح والسرور . لقد قتل من جيش محمد علي أكثر من ثلاثين ألف جندي وهكذا تحقق مخطط الأعداء فأضعفوا قوات محمد علي وفصلوا جزء من ديار الإسلام عن الدولة العثمانية، لقد قامت فرنسا وانجلترا بعمل مزدوج حيث شجعوا السلطان على إرسال جيش للقضاء على التمرد في بلاد اليونان ثم قضوا على ذلك الجيش.

ولما رأى محمد علي باشا والي مصر ماحل به أمر ولده بالانسحاب وقامت القوات الفرنسية بأخذ أماكن جيش محمد علي المنسحب وقامت فرنسا وانجلترا بعقد مؤتمر قرروا[2] فيه فصل بلاد اليونان عن الدولة العثمانية على أن يحكمها حاكم نصراني تختاره الدول الثلاثة وصدق الله حيث يقول: ﴿وإن كان مكرهم لتزول منه الجبال﴾.

وقال تعالى : ﴿ولا يزالون يقاتلونكم حتى يردوكم عن دينكم إن استطاعوا﴾ وقوله تعالى: ﴿لا يرقبون في مؤمن إلا ولا ذمة﴾ لقد تآمر الأعداء بالإتفاق[3] مع من ينتسبون إلى الإسلام لاغتصاب واحتلال ديار الإسلام في عهد السلطان محمود الثاني .

---

(1) دور الكنيسة في هدم الدولة العثمانية، ص77.

(2) انظر: الدولة العثمانية، ص101.

(3) المصدر السابق نفسه، د.جمال ، ص101.

الحادي عشر : محمد علي باشا يحتل الشام ويحارب الدولة العثمانية:

رأى الساسة البريطانيون والفرنسيون أن السماح لمحمد علي بتوجيه جيوشه إلى الشام ثم الأناضول يخدم مصالحهم للتصدي للنفوذ الروسي المتزايد في أملاك الدولة الخلافة العثمانية وقد لقي هذا التوجه ترحيبا من محمد علي لخدمة أهداف أسياده البريطانيين خصوصا ومما يدعم وجهة النظر هذه أن انجلترا عارضت بشدة شروع محمد علي في تنفيذ العرض الفرنسي- بغزوه للجزائر لحسابهم قبل هجومه على الشام بعام واحد، وهددوه بالهجوم على أسطوله وجيشه إذا هو أقدم على مثل هذه العملية الأمر الذي دعاه إلى التراجع عن التنفيذ على الرغم من أنه كان قد عقد اتفاقية بهذا الخصوص مع الفرنسيين، وهو أمر يؤكد على أن محمد علي ترك احتلال الجزائر بسبب ضغط بريطانيا ومخططاتها وكان ذلك يساعد بريطانيا في عرقلت النفوذ الروسي المتزايد في المنطقة وعلى أية حال فقد حاول محمد علي أن يخفي حقيقة دوره وأن يتذرع بأسباب سطحية يبرر بها هجومه على الشام مثل إيواء "عبد الله باشا" والي عكا لستة آلاف من المصريين الفارين هربا من التجنيد في جيش محمد علي خلال سنة 1831م فقط ورفضه إعادتهم، وكذلك قيام "عبد الله باشا" بعمليات ابتزاز للتجار التابعين للباشا. وكتب محمد علي إلى الباب العالي يبلغه بقيامه بمهاجمة "عبد الله باشا" لهذا السبب ، ورد عليه الصدر الأعظم ما يدل الباحث على مدى الضعف الذي كانت عليه الدولة العلية وعدم قدرتها على التصدي لمحمد علي فقال : (إن شكوى بعض التجار لايمكن أن تسوغ تحكيم الحسام وإشعال النار والحرب، وأن ما ينشب من نزاع بين الباشوات المتجاورين لايمكن أن يسوى بإشهار السيف بل بتدخل الباب العالي)[1] . ولم يقتنع محمد علي بما قاله الصدر الأعظم ودفع جيوشه بقيادة ابنه إبراهيم باشا وقام الموارنة بدعم جيش محمد علي والوقوف معه وكان الفرنسيون يشجعون الموارنة المسيحيين بالوقوف مع إبراهيم باشا وأمدوهم بالسلاح، وأعلن نصارى بلاد

(1) انظر: قراءة جديدة في تاريخ العثمانيين، ص192.

الشام، بأن إبراهيم باشا صديق لهم، وأبدوا استعدادا تاما لمساعدته، كما أن إبراهيم باشا، قد ألغى كافة القيود المفروضة على النصارى واليهود فقط في كل بلد سيطر عليه تحت دعوى المساواة والحرية[1] وهي دلائل قوية في تأثر إبراهيم باشا بالمحفل الماسوني عليه ودور هذا المحفل -التابع لفرنسا- في دعم أطماعه وأطماع أبيه[2].

وعلى الرغم من أن جيش إبراهيم باشا قد تمكن من هزيمة الجيش العثماني واستطاع أن يستكمل سيطرته على الشام إلا أن العثمانيين قد تمكنوا من إثارة الأهالي ضد إبراهيم باشا مستغلين العديد من الأسباب سواء كانت دينية، أو اقتصادية خصوصا بعد أن ضيق "إبراهيم باشا" الخناق على المسلمين في حين منح حريات واسعة للنصارى واليهود، وانتهى الأمر بعقد اتفاقية لندن سنة 1840م التي حددت الوجود المصري -لوالي مصر- في الشام بحياة محمد علي[3].

إن مراحل احتلال قوات محمد علي للشام أكدت اتجاهه المعادي للمسلمين والمساند للنصارى واليهود، وأكدت أيضا أنه كان منفذا للأهداف البريطانية على الصعيد السياسي وكان منفذا للأهداف الفرنسية على الصعيد الثقافي في بلاد الشام.

لقد فتح إبراهيم باشا الباب على مصراعيه لدخول البعثات التبشيرية الفرنسية والأمريكية، وألغى كافة القوانين الاستثنائية وجميع ماكان يسري على النصارى وحدهم، ويعتبر بعض الكتاب أن عام 1834م عام تحول تاريخي حيث عاد اليسوعيون، وتوسعت البعثات الأمريكية ، وتم نقل مطبعة الإرسالية الأمريكية من مالطة إلى بيروت، وأسست مدرسة للبنات في بيروت على يد "إيلي سميث" وزوجته[4]، وزودت بعض الأديرة بمطابع أخرى في إطار حرص الدول الأوروبية

(1) انظر: قراءة جديدة في تاريخ العثمانيين، ص192.
(2) انظر: الجامعة الإسلامية ، احمد الشوبكة ، ص101.
(3) انظر: قراءة جديدة في التاريخ العثماني، ص193.
(4) انظر: قراءة جديدة في التاريخ العثماني، ص193.

على حصر المطابع في يد المسيحيين فقط[1] حتى تتمكن من تحقيق أهدافها في ظل عجز المسلمين عن امتلاك وسيلة التعبير عن آرائهم أو نشر أفكارهم في هذا المجال[2].

لقد كان دخول جيوش محمد علي باشا إلى الشام نقطة انطلاق لدور المبشرين ، وأنه لولا وقوف ابنه معهم لبقيت عقولهم مشلولة وأفكارهم آسنة، فقد تمكنت كلية "عين طورة" التي أعيد افتتاحها -والتي مازالت قائمة لحد الآن- من القيام بدور كبير في تكوين كوادر من الكتاب والمفكرين. وفي نفس الوقت طبق سياسة تعليمية بين المسلمين كان الهدف منها الدعوة إلى القومية بين أهالي الشام[3] وجلب أحد الفرنسيين من مصر وهو 'كلوت بك' ليشرف على تطبيق هذه السياسة بعد أن اكتسب خبرة تطبيقها في مصر، ووضع تحت يده مطبعة كاملة لنشر الكتب العربية لتعينه في تحقيق هدفه، وتمكن بكل هذه الأساليب -تشاركه الإرساليات التنصيرية ورجال الكهنوت في الأديرة من أن يقلب أساليب التربية والتعليم في مدى سنوات قليلة، ويحقق أهداف المحافل الماسونية الفرنسية في حربها للإسلام والمسلمين[4].

بينما كانت جيوش محمد علي تمكن النصارى في بلاد الشام، وتضعف شوكة المسلمين بها، كانت جيوش فرنسا في عام 1830م تغتصب الجزائر بعد ماضعفت الخلافة العثمانية ودخلت القوات الفرنسية بما يعادل 28 ألف مقاتل، وأسطولا يضم مائة سفينة ، وثلاث سفن تحمل 27 ألف جندي بحري، وكانت الدول الأوروبية مؤيدة لهذا الاغتصاب السافر فقد حان توزيع تركت الرجل المريض وحل المسألة الشرقية بالطريقة الأوروبية.

وهنا نتساءل أين محمد علي باشا والي مصر عندما قام الفرنسيون باحتلال الجزائر؟

(1) المصدر السابق نفسه، ص195.
(2) المصدر السابق نفسه، ص196.
(3)انظر: قراءة جديدة في التاريخ العثماني، ص196.
(4)المصدر السابق نفسه، ص196.

لماذا سكت ؟ هل لأن إمكانياته لاتسمح بدعم جهاد شعب الجزائر المسلم أو أنها بعيدة عنه؟ أو لأن السكوت ثمن ووعد من دول أوروبا ومنها فرنسا لمحمد علي بأن يظل واليا على مصر، ويتركوا له الفرصة لضم بلاد الشام، أو غير ذلك من الوعود الظلامية التي تحبك خلف الكواليس؟

لقد كان محمد علي مخلبا وخنجرا مسموما استعمله الأعداء في تنفيذ مخططاتهم ولذلك وقفوا معه في نهضته العلمية، والاقتصادية والعسكرية بعد أن أيقنوا بضعف الجانب العقدي والإسلامي لديه ولدى أعوانه وجنوده[1].

لقد ترتب على دور محمد علي في المنطقة بأسرها أن تنبهت الدول الأوروبية إلى مدى الضعف الذي أصبحت عليه الدولة العثمانية، وبالتالي استعدادها لتقسيم أراضيها حينما تتهيأ الظروف السياسية[2].

وفي أعقاب هزيمة الجيوش العثمانية أمام جيوش محمد علي في الشام والأناضول اضطرت الدولة العثمانية للاستنجاد بروسيا بعد أن لمست أن " محمد علي " يحظى بتأييد بريطانيا وفرنسا، وعقدت معاهدة " انكيار اسكله سي" سنة 1833م في أعقاب هدنة كوتاهيه، وكانت المعاهدة بمثابة تحالف دفاعي بين روسيا والعثمانيين، مما أدى إلى مسارعة كل من بريطانيا وفرنسا بالتصدي لمحمد علي خشية المزيد من التدخل الروسي، وفرضت عليه اتفاقية لندن سنة 1840م. وقد ترتب على هذه الأحداث إجهاض محاولة الإصلاح التي حاول السلطان محمود الثاني أن يقوم بها في الدولة العثمانية[3] واضطرت الدولة العثمانية لقبول وصاية الدول الأوروبية في مقابل حمايتها من أطماع محمد علي . وهكذا كانت سياسة محمد علي خطوة مدروسة من قبل أعداء

---

(1) انظر: الدولة العثمانية ، د. جمال عبد الهادي ، ص102،103.
(2) انظر: قراءة جديدة في التاريخ العثماني، ص197.
(3) المصدر السابق نفسه، ص198.

الإسلام لتهيئة المنطقة بأكملها لمرحلة استعمارية مازالت آثارها تعاني منها الأمة حتى اليوم. لقد استطاعت السياسة النصرانية الأوروبية أن تحقق أهدافها الآتية بواسطة عميلها المخلص محمد علي:

1- تحطيم الدولة السعودية الأولى التي كادت أن تكون خنجرا مسموما في ظهر الأطماع البريطانية في الخليج العربي خصوصا والمشرق عموما.

2- فتح الأبواب على مصراعيها لإقامة مؤسسات معادية للدين الإسلامي والمسلمين في محافل ماسونية وإرساليات تبشيرية وأديرة وكنائس ومدارس في بذر بذور التيارات القومية المعادية للإسلام، وبث الأفكار المعادية لمصالح الأمة الإسلامية.

3- إتاحة الفرصة لشركات تجارية أوروبية تتحكم في الاقتصاد.

4- منح امتيازات واسعة للأوروبيين، ومنع أهالي مصر والشام من تلك الامتيازات.

5- خنق التيار الإسلامي الأصيل، وضيق على العلماء والفقهاء ولم يسمح للمسلمين أن يتكتلوا من أجل أهدافهم النبيلة.

6- أصبح محمد علي نموذجا تحتذي به الدولة الأوروبية في صنع عملائها في داخل ديار المسلمين، كمصطفى كمال، وغيره.

وبعد أن حققت الدول الأوروبية أهدافها بواسطة عميلها محمد علي حان الوقت لإضعاف قوات محمد علي وتحجيمها، فقد تحققت أهدافهم، ووصلوا إلى مقاصدهم، فلابد من إضعاف قوات محمد علي، ودخل الانجليز في صراع سافر مع قوات محمد علي واستطاعت بمساندة أهل الشام من هزيمة قوات محمد علي، والاستحواذ على الثغور الشامية وقتل في هذه المعارك ثلاثة أرباع قوات محمد علي .. من شعب مصر وبلاد الشام وأجبر محمد علي تحت ضغوط الإنجليز على توقيع المعاهدة:

1- يتنازل فيها عن حكم بلاد الشام، وأن يظل حكم مصر وراثيا له ولأبنائه.

2- أن يحدد الجيش المصري بثمانية عشر ألفا.

3- أن لاتصنع مصر سفنا للأسطول.

4- أن لايعين والي مصر في الجيش ضابطا أعلى من رتبة ملازم وأن يدفع للدولة العثمانية ثمانين ألف كيس سنويا [1].

وشرعت فرنسا وانجلترا تثير الفتن الطائفية (من عام 1841م إلى 1860م) بين الأقليات غير المسلمة في لبنان، الهدف هو إنهاك قوة الدولة العثمانية التي أرسلت قوات لإنهاء الفتنة وكذلك إيجاد المبرر للتدخل الفرنسي والبريطاني في لبنان تمهيدا لتمزيقه واحتلاله [2].

واحتلت روسيا الأفلاق والبغدان وتم اتفاق عثماني روسي بلطه ليمان قرب استانبول عام 1265 يونيو عام 1848م يبقى في الإقليمين جيشا عثمانيا روسيا حتى يستقر الوضع، وما دخله الكفار الروس في ذلك؟

وبهذا المكر أصبح للنصارى وجود عسكري في ديار الإسلام ﴿وإن كان مكرهم لتزول منه الجبال﴾.

واشتد صراع الدول الأوروبية على تقسيم ولايات الدولة العثمانية تركة الرجل المريض [3] وكانت الدول الأكثر اهتماما بمصير الدولة العثمانية ومصير أملاكها، هي:

1- بريطانيا التي أرادت تأمين طرق مواصلاتها إلى الشرق الأقصى- والهند خصوصا، وتأمين تجارتها معها، سواء عن طريق السويس والبحر الأحمر، أو عن طريق الخليج العربي ونهري دجلة والفرات.

---

(1) انظر: الدولة العثمانية، د. جمال ، ص108.

(2) المصدر السابق نفسه، ص108.

(3)انظر: الدولة العثمانية، د. جمال، ص108.

2- روسيا القيصرية التي أرادت أن تجد لها منفذا من البحر الأسود إلى المياه الدافئة بالبحر المتوسط، وذلك بالاستيلاء على القسطنطينية ومضايق البوسفور والدردنيل، والتي أرادت كذلك أن يكون لها النفوذ الأكبر في شبه جزيرة البلقان لتؤسس بها دولة سلافية كبرى.

3- فرنسا التي أخذت على عاتقها من زمن مبكر حماية مصالح رعايا النصارى الكاثوليك في بلاد الشام بصفة عامة والمارونيين على الأخص في لبنان، والتي أرادت رعاية مصالحها في هذه المنطقة، ثم استعلاء نفوذها في أملاك الدول الأخرى في الساحل الشمالي الإفريقي، وبالتحديد في تونس والجزائر.

4- وفيما عدا الدول الثلاثة الرئيسية التي ذكرناها، فإن دولا أخرى مثل النمسا وبروسيا، اهتمت بمصير الدولة العثمانية، التي بات من المتوقع هلاكها وزوالها، فسميت لذلك برجل أوروبا المريض(1) لقد تضافرت عدة عوامل ساهمت في إبراز المسألة الشرقية إلى عالم الوجود منها:

1- أن الطريق الذي تستطيع روسيا بواسطته الوصول إلى المياه الدافئة، هو الطريق الذي يصل البحر الأسود ببحر مرمرة، ثم بحر إيجة، وأخيرا بالبحر المتوسط، أي بالمرور من مضيقي البوسفور والدردنيل، وهما في حوزة الإمبراطورية العثمانية.

2- إن الدولة العظمى التي يكون لها قواعد قوية في البحر الأسود، ويتسنى لها السيطرة على المضايق، تصبح ذات مركز ممتاز تتمكن بفضله من بسط سلطانها على بلاد الحوض الشرقي للبحر المتوسط، وعلى طريق المواصلات والتجارة من البحر المتوسط إلى الهند والشرق الأقصى.

3- إن الدولة التي تمد نفوذها إلى البلقان، تفرض سيطرتها على الشعوب البلقانية بعد تقلص سلطان العثمانيين على هذه المنطقة، وتصبح كذلك ذات مركز ممتاز يمكنها

_____

(1) انظر: الدولة العثمانية، د. إسماعيل ياغي، ص141.

من الاستيلاء على القسطنطينية نفسها، ويهدد باختلال التوازن الدولي في أوروبا[1].

وفي خلال الربع الأول من القرن التاسع عشر، كانت سياسة الدول -باستثناء روسيا وفرنسا- تدور حول المحافظة على كيان الإمبراطورية العثمانية لأسباب ناشئة من وجود العوامل التي ذكرناها.

وكانت بريطانيا في مقدمة الدول المتمسكة بمبدأ المحافظة على كيان الإمبراطورية العثمانية وقتئذ[2] وعندما بات ممكنا ملئ الفراغ الذي ينجم من تقلص النفوذ العثماني عن البلقان تخلت بريطانيا وسائر الدول عن مبدأ المحافظة على الدولة العثمانية وسعت الدول الأوروبية بالفعل لتصفية القسم الأكبر من هذه المسألة باستقلال دول البلقان. وكان من بين الدول البلقانية المستقلة حتى نهاية القرن التاسع عشر : اليونان ، ورومانيا، وبلغاريا والصرب[3].

(1) انظر: الدولة العثمانية ، د. عبد العزيز الشناوي (1/194-232).

(2) انظر: الدولة العثمانية، د. إسماعيل ياغي، ص143.

(3)انظر: الدولة العثمانية، د. إسماعيل ياغي، ص144.

المبحث التاسع
السلطان عبد المجيد الأول

(1255–1277هـ/1839–1860م)

كان السلطان عبد المجيد الأول ، ضعيف البنية شديد الذكاء، واقعيا ورحيما، وهو من أجل سلاطين آل عثمان قدرا، أحب الإصلاح، وأدخل التنظيمات الحديثة، ورغب في تطبيقها في الحال. كما أدخل إصلاحات جمة في الجيوش العثمانية . وترقت في أيامه العلوم والمعارف، واتسعت دائرة التجارة ، وشيدت الكثير من المباني الفاخرة، ومدت في عهده أسلاك الهاتف وقضبان السكك الحديدية .(1)

تولى الحكم بعد وفاة والده السلطان محمود الثاني سنة 1839م وكان عمره السادسة عشرة من عمره، فكان صغر سنه هذا فرصة لبعض الوزراء التغريبيين لإكمال مابدأه والده الراحل من إصلاحات على الطريقة الأوروبية ، والتمادي في استحداث الوسائل الغربية، ومن هؤلاء الوزراء الذين ظهروا في ثياب المصلحين ومسوح الصادقين (مصطفى رشيد باشا) الذي كان سفيرا للدولة في (لندن) و (باريس)، ووصل إلى منصب وزير الخارجية في أواخر عهد السلطان (محمود الثاني)، وكانت باكورة إصلاحاته استصدار مرسوم من السلطان عرف (بخط شريف جلخانة) أي المرسوم المتوج بخط السلطان الذي صدر عن سراي الزهر عام 1839م وجاء فيه: (... لايخفى على عموم الناس أن دولتنا العلية من مبدأ ظهورها وهي جارية على رعاية الأحكام القرآنية الجليلة والقوانين الشرعية المنيفة بتمامها ولذا كانت قوة سلطتنا السنية ورفاهية

---

(1) انظر: تاريخ الدولة العثمانية، د. علي حسون ، ص198.

وعمارية أهاليها وصلت حد الغاية، وقد انعكس الأمر منذ مائة وخمسين سنة بسبب عدم الانقياد والامتثال للشرع الشريف ولا للقوانين المنيفة بناء على طروء الكوارث المتعاقبة والأسباب المتنوعة فتبدلت قوتها بالضعف وثروتها بالفقر....(1) ثم جاءت بيانات يمكن تلخيص بعضها فيما يلي:

1- صيانة حياة وشرف وممتلكات الرعايا بصورة كلية بغض النظر عن المعتقدات الدينية.

2- ضمان طريقة صحيحة لتوزيع وجباية الضرائب.

3- توخي العدل والإنصاف في فرض الجندية وتحديد أمدها .

4- المساواة في الحقوق والواجبات بين المسلم وغير المسلم(2) .

وبدأ عهد جديد يسمى عهد التنظيمات الخيرية العثمانية التي كان من بينها احترام الحريات العامة والممتلكات والأشخاص بصرف النظر عن معتقداتهم الدينية، ونص فيه على مساواة جميع الأديان أمام القانون(3) .

وفي جزيرة متلين اجتمع نفر من رجال الدين اليونانيين والأرمن واليهود، وهناك خطبهم "رضا باشا" -وهو من المنسوبين إلى الإصلاح- باسم السلطان ، فقال : أيها المسلمون والنصارى واليهود، إنكم رعية إمبراطور واحد وأبناء أب واحد ، إن السلطان يسوي بينكم جميعا(4) .

ولم يلق الخط الشريف أو الدستور الذي سانده "مصطفى رشيد" وقلة من المحيطين به ترحيبا أو تأييدا من الرأي العام العثماني المسلم؛ فأعلن العلماء استنكارهم

---

(1) انظر: الدولة العثمانية، د. علي حسون ، ص185.
(2) المصدر السابق نفسه، ص186.
(3) انظر: الانحرافات العقدية والعلمية، د. علي الزهراني (266/2).
(4) انظر: الدولة العثمانية دولة إسلامية مفترى عليها (253/1).

وتكفيرهم لـ"رشيد باشا" ، واعتبروا الخط الشريف منافيا للقرآن الكريم في مجمله وبخاصة في مساواته المسيحيين بالمسلمين، ورأوا أن ذلك -وبغض النظر عن النواحي الدينية- سيؤدي إلى إثارة القلاقل بين رعايا السلطان.

وكان الهدف بالفعل هو ما خططت له الحركة الماسونية، وهو إثارة الشعور القومي لدى الشعوب المسيحية ضد الدولة[1] .

وبهذا المرسوم طعنت عقيدة الولاء والبراء في الصميم، ونحيت جملة هامة من أحكام الشريعة الإسلامية فيما يتعلق بأهل الذمة وعلاقات المسلمين مع غيرهم[2] .

ومما يستلفت النظر أن استصدار خط شريف كلخانة كان "الثمن" الذي حصلت عليه بريطانيا والدول الأوروبية من السلطان العثماني في مقابل تسوية النزاع بينه وبين والي مصر "محمد علي باشا" الذي كان يريد الاستقلال والانفصال عن الدولة، أثناء أزمة العلاقات المصرية العثمانية المعروفة (1255-1257هـ/1839-1841م) وينبغي ألا يفهم من ذلك أن الضغط الأوروبي بوجه عام والبريطاني بوجه خاص، كان وحده منشأ حركة التنظيمات أو حركة التجديد والإصلاح العثمانية، خلال القرن التاسع عشر، فقد أسهم في هذه الحركة عامل آخر، هو اقتناع الدولة والمتأثرين بالثقافة والحضارة الأوروبية بضرورة إصلاح جهاز الدولة وتجديده على أساس اقتباس النظم الأوروبية أو استلها منها من غير مساس بالأحكام الشرعية[3] .

(وبهذا التصريح الخطير الذي أصدرته الدولة لتتقرب من دول أوروبا ... مس السلطان التقاليد العثمانية في الشغاف، وتناول الشريعة الإسلامية بالتحريف، فإن التقاليد والشريعة كلاهما لايبيحان أن يتمتع المسلمون وغير المسلمين بنفس الحقوق

---

(1) انظر: قراءة جديدة في التاريخ العثماني ، ص208.
(2) انظر: الانحرافات العقدية والعلمية (267/2).
(3) انظر: الدولة العثمانية، د. إسماعيل ياغي ، ص154.

في رعاية خليفة المسلمين ، لابد أن يكون تمييز بين المسلمين بنفس الحقوق في ذمة المسلمين ، فأما هذا التصريح الخطير فله دلالته، فهو ينطق بأن رجال الدولة اعترفوا بأن التقاليد القديمة لم تعد ميزانا صالحا للحكم ، ولابد من الأخذ بأساليب الغرب ولو تعارض مع الشرائع والسنن[1] .

وقد أنشأ رشيد باشا مجلسا للنواب ، ووضع للدولة قانونا للعقوبات وفق الشرائع الحديثة واستقدام رجلا فرنسيا ليضع قانونا مدنيا حديثا للدولة، واشتد في تطبيق قوانينه شدة حازمة ضمنت احترام الناس لها، وأعقب ذلك بإنشاء بنك جديد للدولة وأصدر أوراقا مالية[2] ثم صدر مرسوم آخر عام 1856م أكد فيه السلطان عبد المجيد الأول المبادئ التي سبق له أن أعلنها على لسان رشيد باشا، وزاد فيه عدة امتيازات وحصانات لرعايا الدولة غير المسلمين[3] ، وعرف في التاريخ العثماني بالخط الهمايوني الذي كان أكثر جرأة من الأول وأكثر اندفاعا نحو الاقتباس من الغرب وقد تضمن الخط الهمايوني مايلي:

1. إلغاء نظام الالتزام والقضاء على الرشوة والفساد.
2. المساواة في التجنيد بين المسلمين وغير المسلمين.
3. معاملة جميع رعايا الدولة معاملة متساوية مهما كانت أديانهم ومذاهبهم[4] .
4. المحافظة على الحقوق والامتيازات التي تمتع بها رؤساء الملل غير الإسلامية.
5. القضاء على حواجز نظام الملل، ليتمتع كل مواطني الإمبراطورية بمواطنة عثمانية متساوية.

---

(1) انظر: الشرق الإسلامي ، حسين مؤنس ، ص256.
(2) صدرت بدون رصيد معدني وبالتالي فقدت قيمتها ولم ينصهم المستشارون الأجانب.
(3) انظر: الانحرافات العقدية والعلمية (268/2).
(4) انظر: تاريخ العرب الحديث مجموعة علماء ، ص140.

6. أن تصبح المسائل المدنية الخاصة بالرعايا المسيحيين من اختصاص مجلس مختلط من الأهالي ورجال الدين المسيحيين يقوم الشعب بانتخابه بنفسه.

7. فتح معاهد التعليم أمام المسيحيين، لتفتح أمامهم وظائف الدولة .

8. السماح للأجانب بامتلاك الأراضي في الدولة كما وعد السلطان بالاستعانة برأس المال والخبرات الأوروبية بهدف تطوير اقتصاد الدولة[1] .

ويعتبر السلطان عبد المجيد أول سلطان عثماني يضفي على حركة تغريب الدولة العثمانية صفة الرسمية، إذ إنه أمر بتبني الدولة لهذه الحركة وأمر بإصدار فرماني التنظيمات عامي 1854م،1856م وبهما بدأ في الدولة العثمانية ماسمي بعهد التنظيمات وهو اصطلاح يعني تنظيم شؤون الدولة وفق المنهج الغربي، وبهذين الفرمانين تم استبعاد العمل بالشريعة الإسلامية ، وبدأت الدولة في التقنين وإقامة المؤسسات[2] .

والحق أن السلطان عبد المجيد كان خاضعا لتأثير وزيره "رشيد باشا" الذي وجد في الغرب مثله وفي الماسونية فلسفته، ورشيد باشا هو الذي أعد الجيل التالي له من الوزراء ورجال الدولة، وبمساعدته أسهم هؤلاء في دفع عجلة التغريب التي بدأها هو[3] .

وحينما رأى المسلمون أن الدولة تساوي بهم النصارى واليهود، وتستبدل بالشريعة الحنيفة قوانين النصارى، وتخلع الأزياء القديمة الشريفة لتتخذ زي النصارى، وأحسوا كذلك أن حكومة رشيد لاتكاد تأتي أمرا إلا راعت فيه خاطر النصارى وحرصت أن لاتمسهم بأذى أو تنالهم بضيم - نفروا من ذلك نفورا عظيما، ولم يجد السلطان ورجال دولته من بد في إسقاطه وعزله أمام مظاهر السخط الشعبي،

(1) انظر: تاريخ العرب الحديث، ص140.
(2) انظر: الانحرافات العقدية والعلمية (268/2).
(3) انظر: مذكرات السلطان عبد الحميد، ترجمة محمد حرب، ص3.

وخوفهم من وثوب المسلمين وثورتهم[1] .

غير أن عزل رشيد باشا لم يؤد إلى وقف حركة التغريب من استقدام المزيد من الأنظمة والقوانين من الغرب بعد أن مهد لها الطريق ، وفتحت لها الأبواب، ومع أن هذه المعارضة لرشيد باشا ودستوره قد نجحت في إقصائه سنة 1841م، إلا أنه عاد بعد أربع سنوات في عام 1845م[2] تسانده مجموعة من أعضاء المحافل الماسونية الذين ركزوا السير في طريق التحول العلماني ... ، وعاد بعد ذلك ليتولى الصدارة العظمى سنة 1846م وعزل منها سنة 1858م[3] .

وازدادت الأحوال سوءا وانحطاطا ، مما جعل رجال الدولة يفكرون حقيقة في التغيير والإصلاح فلا يجدون أمامهم غير الطريقة الأوروبية في الإصلاح، والوجهة التغريبية في التغيير التي بدء في اتخاذها، خصوصا إذا علمنا أن كثيرا من رجال الدولة هؤلاء ممن بعثتهم الدولة للعمل في التمثيل السياسي الخارجي أو للدراسة العسكرية في الخارج، بعد أن خلت الساحة من ظهور مصلح إسلامي يعيد الأمور إلى نصابها، ويقطع الطريق على أنصار الغزو الفكري بتبني إصلاح جاد يعتمد على المنهج الإسلامي[4] .

وكما قال الكاتب التركي الأستاذ "نجيب فاضل": ولخلو الإمبراطورية العثمانية طيلة ثلاثة قرون أو أربعة قرون من زعيم فكري أو مصلح اجتماعي كبير وأصيل، فقد ترك المجال للدبلوماسيين السطحيين المنبهرين بالغرب والمقلدين له... وكانت النتيجة فقدان الروح، وضمور العقل، وذبول الإرادة ، وعموم الشلل[5] .

---

(1) انظر: الشرق الإسلامي ، حسين مؤنس، ص256.
(2) انظر: قراءة جديدة في تاريخ العثمانيين، ص209.
(3) انظر: الدولة العثمانية دولة إسلامية مفترى عليها (181/1).
(4) انظر: الانحرافات العقدية العلمية (270/2).
(5) انظر: السلطان عبد الحميد حياته وأحداث عصره، ص43.

وقد انتشرت أفكار الغزو الفكري بين الجمهور الأعظم من ساسة الترك وولاتهم، وركبوا متن التفرنج والتحلل من الدين ، حتى إن العلامة العراقي الآلوسي لما زار والي كركوك علي باشا عام 1267هـ أثنى عليه وامتدحه بحب العلماء وإكرامهم، وبالأخلاق الفاضلة ، ثم قال بعد ذلك : (والظاهر أنه غير منحل العقيدة، ولا منتحل شيئا من الآراء الإفرنجية الجديدة، حيث إنه لم يسمع منه جليس حديث لوندرة وباريس! ويكفي أهل البلد اليوم رحمة أن واليها سالم من تلك الوصمة، وقلما تنال هذه الرحمة في هذا الزمن الذميم!)[1] .

وقد استمر التيار التغريبي في محاولة إحكام السيطرة على جميع المجالات والأجهزة في الدولة العثمانية .

وعلى كل حال لقد كانت المعالم الرئيسة لحركة الإصلاح والتجديد العثمانية تدور حول نقاط ثلاثة هامة:

1- الاقتباس من الغرب فيما يتعلق بتنظيم الجيش وتسليمه في نظم الحكم والإدارة.

2- الاتجاه بالمجتمع العثماني نحو التشكيل العلماني .

3- الاتجاه نحو مركزية السلطة في استانبول والولايات[2] .

كانت سنة صدور خط كلخانة حدثا في الأوساط الأوروبية يسجله أحد المنصرين الفرنسيين بقوله: (كان عام 1839م عاما عظيما بالنسبة للتوغل الفرنسي في تركية ... لقد كان بداية التنظيمات والسنة الأولى في الإصلاح ... ونحن رجال الدين سنبدأ بالاستفادة من هذه الليبرالية الخجولة، ونبدأ بإرسالية تبشيرية للتعليم الكاثوليكي)[3]

(1) انظر: نشوة المدام في العودة إلى مدينة السلام، ص103.

(2) انظر: الدولة العثمانية ، د.إسماعيل ياغي ، ص152.

(3) انظر: الدولة العثمانية قراءة جديدة لعوامل الانحطاط، د. قيس العزاوي، ص60.

وقال السيد إيتيان الذي ترأس هذه الإرسالية : (هذه أول إمكانية لتعزيز انتصار الإيمان الذي سنعلمه ، ذلك لأن القرآن يحرم حتى ذلك الوقت التعليم[1] . لقد سافرت أول إرسالية مكونة من سبعة رجال دين في 1839/11/21م إلى استانبول .. الأخوات يفتحن دارا لليتامى[2] وفصولا للتدريس في نهاية 1840م يصل عدد التلاميذ إلى 230، وعام 1842م يصل العدد إلى 500) .

وهكذا لم تضيع أوروبة المسيحية وكنيستها وقتا طويلا للاستفادة من ظروف التحديث والتنظيمات؛ فبعد سبعة عشر يوما من صدور الخط، كانت الإرساليات التبشيرية الأولى تغادر مارسيلية باتجاه العاصمة العثمانية، وهي تحمل أفكارها العدائية للمسلمين ولقرآنهم الكريم الذي تتهمه بتحريم التعليم انتقلت عدوى التنظيمات إلى الولايات العثمانية العربية شبه المستقلة وبسرعة ففي تونس أصدر محمد باي (عهد الأمان) عام 1857م ، وبناه على القواعد التالية:

أولا: الحرية:

إذ أن الإنسان لايستطيع بلوغ الفلاح إلا إذا كانت الحرية مضمونة له، وكان العدل سياجا له ضد العدوان .

ثانيا: الأمان التام.

ثالثا: المساواة التامة بين المسلمين وغير المسلمين أمام القانون:

وهذا متضمن في النقطة الثانية، لأن هذا الحق إنما هو ملك لجميع الناس، ويجب أن يكون[3] للأجانب حقوق التونسيين، وأن يمارسوا الأعمال التجارية على أنواعها، وأن يكون لهم حق التملك وسارت مصر على هذا المنوال ، وبصدور هذه القوانين في

(1) المصدر السابق نفسه، ص61.

(2) المصدر السابق نفسه، ص61.

(3) انظر: الدولة العثمانية قراءة جديدة لعوامل الانحطاط، ص61.

استانبول وتونس ومصر، تحول التحديث الذي كان رغبة أوروبة تدعمها بعض فئات نخبوية - إلى قوانين رسمية يتعهد فيها السلطان بإجراء التنظيمات اللازمة لتغريب المجتمع الإسلامي . وتحول الصراع من كونه ضغطا خارجيا على الدولة العثمانية إلى الداخل أي إلى صراع داخلي عنيف بين سلطة اختارت أو أجبرت على تغريب المؤسسات ومجتمع يرفض هذه المؤسسات مستعينا بالعلماء والفقهاء والدعاة الذين واجهوا بقوة تيار التحديث من منطلق أنه مخالف للشريعة الإسلامية[1] . إن من ابرز خصائص التنظيمات أنها:

1- كانت أولى الوثائق الرسمية التي لم تستمد مصدريتها من الشريعة الإسلامية ، بل اعتمدت مصدرا وضعيا للتشريع مستوحى من التجربة الدستورية الأوروبية، وقد احتوت على مفاهيم غربية مثل "وطن" التي تضمنها خط كلخانة بدلا من "الأمة" فكانت والحالة هي أولى الخطوات نحو فصل الدين عن الدولة.

2- إن "إقرار الأمنية الكاملة" و "عهد الأمان" و"مجلس شورى النواب" أو المظاهر الأخرى المستوحاة من التجربة الغربية قد سمحت بإضفاء نوع من الشرعية على استمرار الحيف على العامة من ناحية، وفتحت الطريق لطبقة التجار الغربيين والمبشرين لإلحاق المجتمع العثماني بقوانين السوق وبمعايير الفكر التبشيري من ناحية ثانية.

3- لقد تكلل خطا كلخانة وهمايون بدستور مدحت باشا عام 1876م. ولأول مرة في تاريخ الإسلام ودوله يجري العمل بدستور مأخوذ عن الدستور الفرنسي- والبلجيكي والسويسري وهي دساتير وضعية علمانية.

لقد وضعت التنظيمات الدولة العثمانية رسميا على طريق نهايتها كدولة إسلامية، فعلمنة القوانين، ووضع مؤسسات تعمل بقوانين وضعية، والابتعاد عن التشريع

---

(1) المصدر السابق نفسه، ص62.

الإسلامي في مجالات التجارة والسياسة والاقتصاد، قد سحب من الدولة العثمانية شرعيتها في أنظار المسلمين ناهيك أن عدو الدولة أصبح داخليا، فالتوغل الأوروبي في مستوياته الثقافية والاقتصادية والسياسية من ناحية، والمسلمون وعلماء الدين الذين يرتابون بمسلك الدولة من الناحية الثانية، سيبدأون صراعا لن ينتهي حتى بعد نهاية الدولة العثمانية، بل استمر إلى يومنا هذا [1].

إن من الأهمية بمكان أن نقوم ماحدث ولقد ترك السلطان عبد الحميد الثاني في مذكراته شهادته التاريخية، لقد حاول إنقاذ الدولة العثمانية، بعد أن دارت عليها الدوائر وأحكم عليها الحصار، لقد كان سلطانا واعيا لحقيقة الدعوات التحديثية التي اتخذت لها تسمية "الحركة الإصلاحية" تغطية لنواياها الحقيقية في ربط الدولة العثمانية بالغرب، وعن ذلك فحاربه الدستوريون ويهود الدونمة وعزلوه. وفي أواخر عهده كتب وهو سلطان مسلوب الإرادة يكشف حقيقة التجديد والإصلاح يقول:

(التجديد الذي يطالبون به تحت اسم الإصلاح سيكون سببا في اضمحلالنا. ترى لماذا يوصي أعداؤنا الذين عاهدوا الشيطان بهذه الوصية بالذات. لاشك أنهم يعلمون علم اليقين أن الإصلاح هو الداء وليس الدواء ، وأنه كفيل بالقضاء على هذه الإمبراطورية إذا أردنا أن نتبنى بعض الإصلاحات، فعلينا أن نأخذ بالحسبان الظروف السائدة في البلاد،وأن لانقيس الأوضاع على أساس المستوى الفكري لحفنة قليلة من الموظفين، ويجب أن يكون في الحسبان شكوك طبقة العلماء في كل ماهو أوروبي. الأوروبيون يتوهمون أن السبيل الوحيد في الخلاص هو الأخذ بحاضرتهم جملة وتفصيلا. لاشك أن طراز التطور عندنا هو غير ماعند الأوروبيين، علينا أن نتطور تحت ظروف طبيعية ومن تلقاء أنفسنا، وأن نستفيد من الظروف الخارجية في حالات خاصة. ومن الظلم الفادح أن نتهم بمعاداة كل شيء يأتي من الغرب) [2].

(1) انظر: الدولة العثمانية قراءة جديدة لعوامل الانحطاط، ص63.
(2) انظر: الدولة العثمانية قراءة جديدة لعوامل الانحطاط، ص76.

لقد أصاب ميزان العدل في تقويمه لحركة الإصلاح العثمانية وبين كيفية الاستفادة من حضارة الغرب وأرى من الفائدة للقارئ الكريم أن يتعرف على موقف الإسلام من الحضارة الغربية وغيرها من الحضارات الجاهلية الأخرى وكيف تكون الاستفادة من هذه الحضارات؟

إن الاستفادة من الحضارة الغربية الكافرة وغيرها على ثلاثة أنواع:

1- الاستفادة من الصناعات وأصولها والاكتشافات العلمية ، والعلوم التجريبية والعسكرية والطبيعية، كالرياضيات والكيمياء والفيزياء ، والهندسة والإحياء والفلك بعد أن تمحص وتصفى[1] من شوائب المؤثرات الجاهلية، وتصاغ بقوالب إسلامية صافية، فهذه الأمور مابين: واجب أخذه واقتباسه ، وهو مايحتاجه المسلمون حاجة ماسة، أو لاتقوم بعض الواجبات إلا به، كالسلاح، والنظم العسكرية، في مجالات الدعوة إلى الله ، والجهاد في سبيله ... فكل مايحتاجه المسلمون - من المباحات- في هذا المجال فيجب أخذه والاستفادة منه ، والمسلمون أحق به.

كذلك مايتحقق به قيام الدول الإسلامية -من الوسائل المباحة- مع التحفظ الكامل والوعي التام، يجب الأخذ به، وإلا فتركه أولى. أو مباح[2] وهذا قليل لأن الله أوجب على المسلمين الأخذ بالأسباب والحيطة لاكتفاء والاستغناء عما في أيدي الكفار أيا كان .

الثاني: التقليد في العبادات والعقائد والمبادئ والمفاهيم والتصورات والآراء الفلسفية ، حول الكون والحياة والإنسان،والتي تتصل بالعقيدة، فهذه الأمور لاتفصيل فيها، فهي محرمة قطعا، والاستمداد فيها من الكفار ردة أو كفر إذا اعتقد المقلد صحتها ودان بها، وعلى الأقل تكون حراما مع جهل حقيقتها.

---

(1) انظر: مجلة المنار لمحمد رشيد (553،551/1).

(2) انظر: مجلة المنار لمحمد رشيد رضا (ج553/551/1).

الثالث: التقليد في الأخلاق وأنماط السلوك والآداب والثقافة والفكر، والإنتاج الفني ، ونحو ذلك ، فهذه الأمور لاتخلو إما أن تتعارض مع أصول الإسلام وقواعده أو توقع فيما نهى الشارع عن تقليد الكفار فيه، فهذا أمر محرم، أو تكون مم يجهل أمره وحكمه فهو على الأقل مكروه، أما الشيء الذي يعتبر فضيلة -في تلك الحضارة- وما أقله -فقد يكون مباحا[1] - و الله أعلم.

ولقد تحدث بعض العلماء والمفكرين المسلمين والمعاصرين حول التقليد وكيفية الاستفادة من الحضارة الغربية.

مصطفى صادق الرافعي يقول : (وإني أرى أنه لاينبغي لأهل الأقطار العربية أن يقتبسوا من عناصر المدنية الغربية اقتباس التقليد، بل اقتباس التحقيق، بعد أن يعطوا كل شيء حقه من التمحيص. فإن التقليد لايكون طبيعة إلا في الطبقات المنحطة!! على أننا لانريد من ذلك إلا نأخذ من القوم شيئا ، فإن الفرق بعيد بين الأخذ من زخرف المدينة وأهواء النفس، وفنون الخيال ورونق الخبيث)[2] .

حسن البنا يقول: (من الحق أن نعرف أننا بعدنا عن هدى الإسلام وأصوله، وقواعده، والإسلام لايأبى أن نقتبس النافع ، وأن نأخذ الحكمة أنى وجدناها ولكنه يأبى كل الإباء أن نتشبه في كل شيء بمن ليسوا من دين الله على شيء، وأن نطرح عقائده وفرائضه وحدوده وأحكامه، لنجري وراء قوم فتنتهم الدنيا واستهوتهم الشياطين)[3] .

أبو الأعلى المودودي يقول: إن كان هناك شيء ينبغي ويستحق أن تأخذه أمة من الأمم الأخرى فإنما هو نتاج أبحاثها العلمية، وثمرات قواها الفكرية ، ومعطياتها الاكتشافية ومناهجها العلمية التي تكون قد بلغت بها معارج الرقي في الدنيا . إن أي

---

(1) انظر: التقليد والتبعية ، د. ناصر عبد الكريم الغفل، ص38.

(2) انظر: وحي القلم (203/3).

(3) رسائل الإمام الشهيد حسن البنا، ص307، طبعة دار الأندلس.

أمـة في الأرض إذا كـان في تاريخهـا أو في نظمهـا الاجتماعيـة أو في أخلاقهـا درس نـافع، فمـن الواجب أن نأخذه منها، ومن الواجب أن نستقصي أسـباب رقيهـا وازدهارهـا بكـل دقـة وتمحـيص، ونأخذ منها مانراه ملائما لحاجتنا وظروفنا.

ولكننا إذا أعرضنا عن هذه الأمور الجوهرية ورحنـا نأخـذ مـن أمـم الغـرب ملابسـها وطرقهـا للمعيشة وأدواتها للأكل والشرب، برغم أن فيها السر لنجاح تلك الأمم ورقيهـا فـلا يكـون ذلـك إلا دليلا على غباوتنا وبلادتنا وحماقتنا ، فهل لأحد عنده العقل أن يعتقد أن كل ما أحرزه الغـرب مـن التقدم والرقي في مختلف حقول الحياة، إنما أحرزه بالجاكيـت والبنطلـون وربطـة العنـق والقبعـة والحذاء؟!

أو أن من أسباب رقيه وتقدمـه أنـه يتنـاول طعامـه بالسـكين والشـوكة؟ أو أن أدواتـه للزينـة والرفاهية والمساحيق والمعاجين والأصباغ هي التي قد رسمت به إلى أوج الرقي والكمال؟!!

فإن لم يكن الأمر كذلك - والظاهر انه ليس كذلك- فما للتقـدميين المتشـدقين بالإصـلاح عنـدنا لايندفعون أو مايندفعون إلا بهذه المظاهر [1] ؟!

الشيخ محمد الأمين الشنقيطي قال في (أضـواء البيـان) عارضـا موقـف المسـلمين مـن الحضـارة الغربية:

(الاستقراء التام القطعي دل على أن الحضارة الغربية تشتمل على نافع وضار، أمـا النـافع فيهـا فهو من الناحية المادية ، وتقدمها في جميع الميادين المادية أوضح من أن أبينـه، ومـا تضـمنته مـن المنافع للإنسان أعظم مما يدخل تحت التصور، فقد خدمت الإنسان خدمات هائلة من حيث إنـه جسد حيواني، وأما الضار منها فهو الإهمال بالكلية الناحية التي هي رأس كل خير ولاخـير البتـة في الدنيا بدونها، وهي التربية الروحية

---

(1) انظر: الإسلام في مواجهة التحديات المعاصرة للمودودي ، ص163-164.

للإنسان وتهذيب أخلاقه[1].

ثم قال بعد أن ذكر حكم الانتفاع من النافع منها:

وقد انتفع الرسول صلى الله عليه وسلم بدلالة "أبي الأريقط الدؤلي" له في سفر الهجرة على الطريق مع أنه كافر، فاتضح من هذا الدليل أن الموقف الطبيعي للإسلام والمسلمين من الحضارة الغربية هو أن يجتهدوا في تحصيل ما أنتجته من النواحي المادية ويحذروا مما جنته من التمرد على خالق الكون جلا وعلا، فتصلح لهم الدنيا والآخرة. والمؤسف أن أغلبهم يعكسون القضية فيأخذون منها الانحطاط الخلقي، والانسلاخ من الدين والتباعد من طاعة خالق الكون، ولا يحصلون على نتيجة مما فيها من النفع المادي، فخسروا الدنيا والآخرة، وذلك هو الخسران المبين[2].

سيد قطب يقول: ولقد كان رسول الله صلى الله عليه وسلم يتشدد مع أصحابه -رضوان الله عليهم- في أمر التلقي في شأن العقيدة والمنهج بقدر ما يفسح لهم في الرأي والتجربة في شؤون الحياة العلمية المتروكة للتجربة والمعرفة كشؤون الزرع وخطط القتال وأمثالها من المسائل العلمية البحتة التي لا علاقة لها بالتصور الاعتقادي، ولا بالنظام الاجتماعي، ولا بالارتباطات الخاصة بتنظيم حياة الإنسان وفرق بين هذا وذلك بين، فمنهج الحياة شيء، والعلوم البحتة والتجريبية والتطبيقية شيء آخر، والإسلام الذي جاء ليقود الحياة بمنهج الله، هو الإسلام الذي وجه العقل للمعرفة والانتفاع بكل إبداع مادي في نطاق منهجه للحياة ....[3].

ثم أورد قصة عمر، حين رأى معه النبي صلى الله عليه وسلم، شيئا من التوراة وغضب عليه حتى رجع، الحديث وقوله صلى الله عليه وسلم: لا تسألوا أهل الكتاب عن شيء فإنهم لن يهدوكم وقد

---

(1) انظر: أضواء البيان في إيضاح القرآن بالقرآن (412/4).
(2) انظر: التقليد والتبعية، د. ناصر العقل، ص41.
(3) انظر: في ظلال القرآن، سيد قطب (21/20/4).

ضلوا ...) الحديث.

فقال : (هؤلاء هم أهل الكتاب .. وهذا هو هدي رسول الله صلى الله عليه وسلم ، في التلقي عنهم في أمور تختص بالعقيدة والتصور ، أو بالشريعة والمنهج، ولا ضير وفق روح الإسلام وتوجيهه -من الانتفاع بجهود البشر كلهم في غير هذا من العلوم البحتة علما وتطبيقا، مع ربطها بالمنهج الإيماني: من ناحية الشعور بها وكونها من تسخير الله للإنسان، ومن ناحية توجيهها والانتفاع بها في خير البشرية، وتوفير الأمن له والرخاء ، وشكر لله على نعمة المعرفة ونعمة تسخير القوى والطاقات الكونية، شكره بالعبادة، وشكره بتوجيه هذه المعرفة وهذا التسخير لخير البشرية.

فأما التلقي عنهم في التصور الإيماني ، وفي تفسير الوجود ، وغاية الوجود الإنساني، وفي منهج الحياة وأنظمتها وشرائعها ، وفي منهج الأخلاق والسلوك -أيضا- أما التلقي في شيء من هذا كله فهو الذي تغير وجه رسول الله صلى الله عليه وسلم ، لأيسر شيء منه، وهو الذي حذر الله الأمة المسلمة عاقبته، وهو الكفر الصراح) .[1]

إن موجة تقليد الغرب بدأت عارمة حين دب الضعف والوهن في الخلافة العثمانية وتكالبت قوى الهدم بتقويضها -في الداخل والخارج- وحين شعرت هذه الدولة الضعيفة بالنقص أمام الدول النصرانية الفتية، فاتجهت الدولة العثمانية إلى تقليد تلك الدول وأخذت من إنتاجها الجديد؛ وقد وافق هذا -شلل- في التفكير لدى المسلمين وبعد عن منهج الله الأصيل ، فاستمدت من الكفار ، دون وعي أو إدراك أو تفكير في أسباب تقدم تلك الدول الكافرة ودون أن تجد في اللحاق بها بالجد والاعتماد على القوة الذاتية، والجهود المسلمة....![2]

وبدأت موجة التقليد الأعمى قوية عارمة تدفعها -بحمق وعنف - الأهواء والانحرافات في الداخل، والجهود الماكرة المخططة من الخارج، فأخذت البلاد

---

(1) انظر: التقليد والتبعية ، ص42.
(2) المصدر السابق نفسه، ص20.

الإسلامية تسلك هذا الطريق واحدة تلو الأخرى، ابتداء مـن تركيـا فمصرـ والشـام ثـم تـونس وإيران والهند.

والعجيب أن كل اتجاهات التقليد في العـالم الإسـلامي بـدأت بالإحسـاس بالضـعف العسـكري والحاجة إلى تنظيم الجيـوش في البلـدان الإسـلامية ومـن ثـم نشـأت عقـدة الاعـتماد عـلى الغـرب والإعجاب بكل ماهو غربي وافد من بلاد الكفار مهما كان فاسدا وتافها، واحتقار كـل مـاهو شرقـي مهما كان صالحا وعظيما .

لقد نهى اللـه - سبحانه وتعالى - في كتابـه الكـريم عـن التقليـد الأعمـى، فمقتـه وحـذر مـن مغبته، في آيات كثيرة، ومناسبات عديدة، وأساليب متنوعة، ولاسيما تقليد الكفار، فتارة بالنهي عن تبعيتهم وطاعتهم، وتارة بالتحذير منهم، ومن الاغترار بمكرهم والانصياع لآرائهم والتـأثر بـأعمالهم وسلوكهم وأخلاقهم.

وتارة بذكر بعض خصالهم التي تنفر المؤمنين منهم، ومن تقليدهم.

وأكثر مايرد التحذير في القرآن من - اليهود - والمنافقين، ثم من عموم أهل الكتاب والمشركين.

وقد بين اللـه - سبحانه وتعالى - في القرآن أن تقليد الكفـار وطـاعتهم منـه مـاهو ردة فقـال: ﴿إن الذين ارتدوا على أدبارهم من بعد ما تبين لهم الهدى الشيطان سول لهـم وأمـلى لهم. ذلك بأنهم قالوا للذين كرهوا ما نزل اللــه سـنطيعكم في بعـض الأمـر﴾ (سـورة محمد الآيتان 25-26).

وحيث جعل اللـه في شريعته الكمال فقد نهى عن اتباع غيرها من الأهـواء والـنظم البشرـية، ونهى عن اتباع الكفار والذين لايعلمون فقال: ﴿ثم جعلناك على شريعة من

---

(1) انظر: التقليد والتبعية ، ص21.

الأمر فاتبعها ولاتتبع أهواء الذين لايعلمون. إنهم لن يغنوا عنك من اللـه شيئا وإن الظالمين بعضهم أولياء بعض و اللـه ولي المتقين ﴾ (سورة الجاثية: 18-19).

وقال تعالى في معرض التحذير من أهل الكتاب: ﴿ود كثير من أهل الكتاب لو يردونكم من بعد إيمانكم كفارا حسدا من عند أنفسهم من بعد ماتبين لهم الحق﴾ (البقرة، آية: 109).

وقال: ﴿ما يود الذين كفروا من أهل الكتاب ولا المشركين أن ينزل عليكم من خير من ربكم ﴾ (البقرة: 105).

وقال: ﴿يا أيها الذين آمنوا لاتتخذوا اليهود والنصارى أولياء ﴾ (المائدة، آية: 51).

وكذلك نهى عن طاعتهم واتباع أهوائهم وخصالهم السيئة فقال: ﴿ولن ترضى عنك اليهود ولا النصارى حتى تتبع ملتهم ﴾ (البقرة، آية: 120).

وقال: ﴿يا أيها الذين آمنوا إن تطيعوا فريقا من الذين أوتوا الكتاب يردوكم بعد إيمانكم كافرين ﴾ (آل عمران، آية: 100).

وقال: ﴿ولا تتبع أهواءهم واحذرهم أن يفتنوك ﴾ (المائدة، آية: 49).

وبين خطر موالاتهم واتخاذهم بطانة، وأن ذلك فيه خطر عام يهدد مصالح الأمة وكيانها، فقال تعالى: ﴿يا أيها الذين آمنوا لاتتخذوا بطانة من دونكم لا يألونكم خبالا ودوا ما عنتم قد بدت البغضاء من أفواههم وما تخفي صدورهم أكبر ﴾ (سورة آل عمران، آية: 18).

كما جاء النهي عن التقليد والتحذير منه بأسلوب القصة فإن اللـه سبحانه وتعالى -

ذكر في القرآن الكريم الأمم الكافرة الغابرة وأخبارها ومواقفها العدائية ضد دعوة التوحيد ومسيرة الإيمان على مدار التاريخ، وما حصل لها من أنواع العقوبات والعذاب جزاء ضلالها وانحرافها، وهو بذلك يأمرنا بأخذ[1] العبرة والعظة، وبالاعتبار بهم والاتعاظ بقصصهم والابتعاد عن تقليدهم، وتجنب سلوك نهجهم .

وذلك مثل قوله تعالى لما ذكر مافعله بأهل الكتاب من المثلات ﴿فاعتبروا يا أولي الأبصار ﴾ (الحشر، آية: 9).

وقال تعالى: ﴿لقد كان في قصصهم عبرة لأولي الألباب ﴾ (سورة يوسف، آية: 111).

وقسم العلماء الآيات التي نهت عن تقليد الكفار في القرآن على قسمين:

قسم بين أن مخالفتهم في عامة الأمور أصلح للمسلمين، وهذا تدل عليه جميع[2] الآيات.

وقسم بين أن مخالفتهم مطلوبة وواجبة شرعا، وهذا تدل عليه بعض الآيات .

ووردت في السنة - عن رسول الله صلى الله عليه وسلم - أحاديث عامة تنهى عن التقليد الأعمى، والتشبه الممقوت، وتحذر من مغبة ذلك فقال صلى الله عليه وسلم في معرض النهي عن التشبه بكل مالم يشرعه أو يقره الإسلام، والنهي عن تقليد كل ماهو[3] على غير سلوك المسلمين، مثل قوله صلى الله عليه وسلم :" من تشبه بقوم فهو منهم " كما وردت أحاديث كثيرة وصحيحة في النهي عن تقليد الكفار - عموما - وأهل الكتاب، والمشركين، والمجوس، وأهل الجاهلية، فقال صلى الله عليه وسلم في مناسبات عديدة:

---

(1) انظر: التقليد والتبعية، ص51.

(2) انظر: اقتضاء الصراط المستقيم مخالفة أصحاب الجحيم لابن تيمية، ص17.

(3) سنن أبي داود، كتاب لباس الشهرة (367/2).

" خالفوا اليهود "[1]

" خالفوا المشركين"[2]

" ولا تتشبهوا باليهود"[3]

وحين حذر صلى الله عليه وسلم من تقليد الكفار وما ينتج عنه من خطر على عقيدة المسلمين وكيانهم، علل ذلك بما هم عليه من انحراف وضلال، فعن جابر رضي الله عنه قال : قال رسول الله صلى الله عليه وسلم :

(لا تسألوا أهل الكتاب عن شيء فإنهم لن يهدوكم وقد ضلوا، وإنكم إما أن تصدقوا بباطل وإما أن تكذبوا بحق ، وإنه و الله لو كان موسى حيا بين أظهركم، ماحل له إلا أن يتبعني)[4] .

كما بين صلى الله عليه وسلم -محذرا- ومشيرا إلى ماسيحصل للمسلمين بتخليهم عن منهج الله واقتفائهم آثار اليهود والنصارى والأمم المنحرفة، وذلك فيما رواه أبو سعيد الخدري رضي الله عنه قال: قال رسول الله صلى الله عليه وسلم : (لتتبعن سنن من كان قبلكم شبرا بشبر وذراعا بذراع، حتى لو دخلوا جحر ضب تبعتموهم قلنا يارسول الله: اليهود والنصارى؟ قال: فمن؟؟)[5] .

إن من مقاصد الشريعة منع المسلمين من التقليد الأعمى، إذ أن الله أرسل رسوله بالهدى ودين الحق ليظهره على الدين كله، وقد أكمل الله الشريعة للناس ﴿اليوم

---

(1) وردت في عدة أحاديث منها قوله صلى الله عليه وسلم : (خالفوا اليهود فإنهم لايصلون في نعالهم).
(2) في صحيح البخاري.
(3) سنن أبو داود أبواب الاستئذان.
(4) مسند الإمام أحمد (338/2).
(5) البخاري ، كتاب الاعتصام بالكتاب والسنة، باب لتتبعن سنن من كان قبلكم ، المجلد الثالث، الجزء التاسع، ص83.

أكملت لكم دينكم وأتممت عليكم نعمتي ورضيت لكم الإسلام دينا﴾ (سورة المائدة:30).

لقد جعل الله الشريعة مشتملة على كل المصالح في كل الأزمان والأمكنة ولكل الناس، فلا حاجة للاستمداد من الكفار أو تقليدهم وواضح مايحدثه التقليد من خلل في شخصية المسلم، من الشعور بالنقص والصغار، والضعف والانهزامية، ثم البعد والعزوف عن منهج الله وشرعه، فقد أثبتت التجربة أن الإعجاب بالكفار وتقليدهم سبب لحبهم والثقة المطلقة بهم والولاء لهم والتنكر للإسلام ورجاله وإبطاله وتراثه وقيمه وجهل ذلك كله وهذا ماحدث للدولة العثمانية وولاياتها التابعة لها في القرنين الماضيين، حين تخلوا عن رسالتهم وحين استسلموا لسلطان الغرب ونهلوا من سمه الزعاف[1].

إن الحكم الشرعي للتقليد يختلف باختلاف نوعه وكيفيته ومدى خطورته وأثره، كما يختلف باختلاف المقلد والمقلد، والعلاقة الشرعية بينهما، واعتقاد المقلد في تقليده لغير المسلمين. فيكون التقليد كفرا إذا كان في العقائد لأصول الإيمان وأصول العقيدة، أو الأحكام القطعية في الشريعة، أو مسائل الغيب الثابتة بالنص، وذلك كتقليد النصارى في عقيدة التثليث وتقليد الشيوعيين في إنكار النبوات والأديان.

وكتقليد الدول الكافرة في تعطيل حدود الله واعتقاد عدم صلاحية الشريعة الإسلامية للتطبيق، وغير ذلك.

ويكون التقليد فسقا حين يكون في الأخلاق الفاسدة وارتكاب المنكرات والمعاصي كشرب المسكرات ونحوه.

ويكون حراما مطلقا، كموافقة الكفار في أعيادهم واحتفالاتهم وتقليدهم في ذلك.

ويكون مكروها كالتقليد غير المقصود ولا المتعمد في أمور الحياة العامة - إذا لم

---

(1) انظر: التقليد والتبعية، ص81.

يمس العقيدة ولم يكن من خصائصهم وسماتهم.

وإذا خيف أن يؤدي التقليد إلى شيء من الأمور السابقة، - الكفر أو الفسوق أو الحرمة أو الكراهة - اتخذ الحكم ذاته، سدا للذريعة.

ويكون التقليد مباحا بشروط وقيود، كالتقليد في الإنتاج المادي والعلوم الإنسانية والتجريبية البحتة، والتجارب العسكرية ونحوها، وذلك بعد صياغتها صياغة إسلامية وتنقيتها من شوائب الجاهلية وتجريدها من مصالح الكفار وبألا تتعارض مع المصالح الشرعية الدينية والدنيوية [1].

إن النظرة الفاحصة في تاريخ الأمم واستقراء أحوالها تبين لنا أن التقليد بين أمة وأمة، وبين قوم وقوم، يحدث بينهما من التشابه والتفاعل والانصهار، مايضعف التمايز والاستقلال في الأمة المقلدة ويجعلها مهتزة الشخصية، واقتضت سنة الله في خلقه أن الأمة الضعيفة المغلوبة تعجب بالأمة القوية المهيمنة الغالبة [2] ومن ثم تقليدها فتكسب من أخلاقها وسلوكها وأساليب حياتها، إلى أن يصل الأمر إلى تقليدها في عقائدها وأفكارها وثقافتها وأدبها وفنونها، وبهذا تفقد الأمة المقلدة مقوماتها الذاتية وحضاراتها - إن كانت ذات حضارة - وتعيش عالة على غيرها.

وإذا لم تستدرك الأمة المغلوبة أمرها، وتتخلص بجهودها الذاتية وجهادها من وطأة التقليد الأعمى فإنه - ولابد - أن ينتهي بها الأمر إلى الاضمحلال والاستعباد وزوال الشخصية تماما، فتصاب بأمراض اجتماعية خطيرة من الذل والاستصغار والشعور بالنقص وعدم الثقة بالنفس، أضف إلى ذلك كله التبعية السياسية والاقتصادية والانهزامية في كل شيء وبالنسبة للأمم الربانية ذات الرسالة الإلهية - كالأمة الإسلامية - فإن تقليدها لغيرها يصرفها عن رسالتها ويصرف جهدها

---

(1) انظر: التقليد والتبعية، ص83.

(2) انظر: مقدمة ابن خلدون، فصل اقتداء المغلوب بالغالب، ص147.

وطاقاتها عن دين الله ويرهقها بالبدع والخرافات ومالم يشرعه الله من النظم والقوانين، والأمراض الخلقية مما يؤدي بها في النهاية إلى التخلي عن رسالتها ومن ثم الولاء للكفار والطواغيت وهذا إيذان ببطش الله وعقابه، كما ورد في قصص القرآن عن أمم كثيرة من هذا النوع، والأمة اليوم واقعة بما وقعت فيه تلك الأمم من التقليد الأعمى للكفار والتخلي عن رسالة الله والتبعية والولاء للكافرين في كل شئون الحياة، والحكم بغير ما أنزل الله واستباحة الزنى والربا والفجور، ومع هذا مازالت تمن على الله بإسلامها [1] .

---

(1) انظر: التقليد والتبعية ، ص114،115.

المبحث العاشر
السلطان عبد العزيز

(1277-1293/1861-1876م)

تولى الحكم بعد أخيه في أواخر عام 1277هـ وفي عهده تفجرت ثورة في جزيرة كريت وأخمدت عام 1283هـ/1863م. وتم فتح قناة السويس عام 1285هـ/1869م، وصدرت مجلة الأحكام العدلية وقانون التجارة البحرية في أوائل عهده، وزار أوربا وفكر في الاستفادة من خلاف الدول الأوربية فيما بينها، لكنه وجد أنها تتفق جميعها ضد الدولة لأنها دولة إسلامية، ولم يستطع الأوربيون أن ينسوا الحقد الصليبي المغروس في نفوسهم، غير أنهم كانوا يختلفون فيما بينهم حسب مصالحهم الخاصة [1].

وكانت الدول الأوربية عازمة على الضغط على الحكومة العثمانية للاستمرار في خطوات الإصلاح والنهوض المزعوم على النهج الغربي، والفكر الأوربي، والمبادئ العلمانية وأكد السلطان عبد العزيز عزمه على مواصلة السير في الطريق الذي سلكه أبوه محمود الثاني وأخوه عبد المجيد، فأبقى على كل أصحاب المناصب من المتكلفين بتنفيذ الإصلاحات. وكان من أهم الإصلاحات الإدارية في عهده صدور قانون الولايات عام (1281هـ/1864م)، وفي مجال الإدارة أيضا أنشئت محكمة عليا قضائية (ديوان الأحكام العدلية). كما أنشئ عام (1285هـ/1868م) مجلس للدولة على النسق الفرنسي سمي "شواري دولت" أي مجلس شورى الدولة، وكان من أهم

---

(1) انظر: تاريخ الشعوب الإسلامية، ص490-492.

اختصاصاته مناقشة الميزانية [1].

أما في مجال التعليم، فقد أسست مدرسة ثانوية عام 1285هـ/1868م هي مدرسة " غلطة سراي "، كان برنامج الدراسة فيها خيرا من برامج المدارس الثانوية الأخرى، وكانت كل المواد التي تدرس فيها باللغة الفرنسية فيما عدا اللغة التركية. وكانت الغاية من إنشائها هي تخريج طائفة من الشباب القادر على حمل عبء الوظائف العامة وكان هؤلاء الشباب من مختلف الديانات، فالأغلبية من المسلمين، ولكن كان بها اليونان والأرمن، وهم نصارى، كما كان بها أعداد من اليهود. والواقع أن الطلاب قد أقبلوا على هذه المدرسة حتى بلغ عددهم عام 1869م ستمائة طالب مسلمين ونصارى ويهود [2].

ورغم هذه الخطوات الإصلاحية التي تمت في عهد السلطان عبد العزيز، إلا أن الدول الأوروبية لم تعتبرها كافية لتنهض دليلا على أن الدولة العثمانية إنما تريد الإصلاح، وتعمل لتحسين رعاياها النصارى، ولإزالة المفاسد التي استشرت في نظام الإدارة والحكومة، وهي مفاسد كانت في نظر الكثير من المعاصرين الأوروبيين تهدد بانهيار الدولة في النهاية [3].

وكان رأي فريق كبير من الإنجليز وغيرهم من المعاصرين، أن زوال الدولة العثمانية قد بات ضروريا، حيث إنها قد فشلت في الأخذ بأسباب الإصلاح الأوروبي، فقال لورد كلارندون وزير الخارجية البريطانية في عام 1865م: "إن الطريقة الوحيدة لإصلاح أحوال العثمانيين هي بإزالتهم من على سطح الأرض كلية " [4]. وهذا يؤكد حقد النصارى على الدولة العثمانية المجاهدة لأنها هزمتهم منذ فتح القسطنطينية.

---

(1) انظر: الدولة العثمانية، د. إسماعيل ياغي، ص159.
(2) المصدر السابق نفسه، ص159.
(3) المصدر السابق نفسه، ص159.
(4)انظر: الدولة العثمانية، د. إسماعيل ياغي، ص159.

لقد فشلت الدولة العثمانية في الأخذ بأسباب الإصلاح الأوروبي لانعدام كل صلة بين المبادئ الأوروبية وبين مبادئ الدولة العثمانية المستمدة من كتاب الله وسنة رسوله صلى الله عليه وسلم[1] .

عزل السلطان عبد العزيز:

كان السلطان عبد العزيز قد زار أوروبا، ورأى اتفاق وتآمر الدول الأوروبية على الدولة العثمانية، فحاول أن يستفيد من الخلاف القائم على المصالح بين دول أوربا الغربية وروسيا لمصلحة الدولة العثمانية، فبدأ يكثر من دعوة السفير الروسي[2]، إلى استانبول فخافت الدول الأوروبية، وبدأت تشيع الشائعات عنه في التبذير والإسراف[3] واستطاع مدحت باشا أن يعزله ثم قام مع عصابته بقتله في عام (1293هـ/1876م) .

إن مدحت باشا كان من يهود الدونمة روجت له الدعاية الماسونية في أنحاء الشرق العربي والغربي على أنه البطل العظيم حامل لواء الإصلاح والحرية في السلطنة العثمانية، وسمته (أبو الدستور). وسخر له أبواب دعايتها من صحف ومجلات وإذاعات، فوصل بذلك إلى أعلى الرتب منها باشوية سوريا والعراق، ومنصب الصدر الأعظم الذي يعتبر أكبر الرتب في السلطنة العثمانية. ثم بدأ بعد ذلك يدس ويخرب كما تملي عليه يهوديته وماسونيته، ويغمز دائما بالتعاون مع الماسونية إلى مساوئ الحكم وخاصة حكم السلطان عبد الحميد عدو الماسونية الأكبر - الذي لم يترك ثقبا من بصيص أمل لليهود في فلسطين إلا وسده، ثم أسس " مدحت باشا " ويهود الدونمة الماسونية العالمية حوله " جمعية الاتحاد والترقي " التي حملت نفس شعار الماسونية

(1) انظر: الدولة العثمانية، د.جمال عبد الهادي، ص110.
(2) المصدر السابق نفسه، ص110
(3)المصدر السابق نفسه،ص110.

وجعلت مقرها بسلانيك وانكشفت جوانب من هذا اليهودي للسلطان عبد الحميد فألقى القبض عليه وعزله ونفاه فيما بعد .(1)

<u>كان سبب مقتل السلطان عبد العزيز :</u>

- رفضه للدساتير الغربية برمتها، وكذلك العادات الغربية البعيدة عن البيئة الإسلامية، وتمكنه من إصلاح أحوال الدولة العثمانية إلى درجة كبيرة، وخاصة في المجال العسكري، حيث قوى الجيش، واستبدل الأسلحة القديمة بأخرى حديثة، واستورد مايلزم من السلاح من أفضل مصانع السلاح في أوربا، ووضع التنسيقات العسكرية على الطراز الحديث، وشكل الفرق العسكرية لأبناء العشائر والقبائل من كافة الولايات، وسلح القلاع والحصون بأضخم وأحدث المدافع، فأصبحت مدفعية الدولة العثمانية يضرب بها المثل في التقدم، وأصلح دار المدفعية " الطوبخانة " وأدخل فيها المعدات والآلات الحديثة، حتى صار بإمكانها صنع كافة الأسلحة على الطراز الجديد، كما قام بإصلاحات في مجال البحرية وأحل الخبراء العثمانيين محل الخبراء الأجانب رغم اعتراض هؤلاء ودولهم، وأصبحت في عهده الدولة العثمانية من الدول البحرية الأولى في العالم، وعمل على إرسال البعثات البحرية إلى الخارج، واشترى المدرعات، وشيد عدة معامل لصنعها ولصنع الآلات والمراجل، وعادت دار صناعة " إزميت " إلى ما كان لها من مجد، كما أصلح الكثير من أحواض السفن، وأسس مجلة الأحكام العدلية، وعمل على إحقاق الحق، وحوكم كبار الحكام، أمثال " خسرو باشا " و " عاكف باشا " و " طاهر باشا " وبذلك ظهر للعموم حبه للعدل والإصلاح وهذا لايرضي الدول الأوروبية ولاتقبل به لأنها تريد أن يسود الظلم حتى تنهار الدولة بسرعة وقام بإصلاحات مالية، وأمر بوضع ميزانية منضبطة وألغيت القوائم المالية، وسوت بذلك الدولة جميع ديونها، وأصبحت المعاملة بالنفوذ وانتظمت

---

(1) انظر: اليهود والماسونية لعبد الرحمن الدوسري، ص70،71.

الأحوال المالية، لقد هال الدول الأوروبية رؤية ماحدث على يد هذا السلطان في وقت قصير،[1] فتعرقلت مخططاتهم في القضاء على الرجل المريض، لذا رأوا تدبير مؤامرة خلعه ثم قتله إن جذور المؤامرة في مقتل السلطان عبد العزيز ترجع إلى تخطيط مدروس من قبل القناصل وممثلي الدول الأوروبية في العاصمة العثمانية وقاموا بتنفيذها عن طريق عملائهم[2] ممن تشربوا بأفكارهم من رجال الدولة وعلى رأسهم صنيعة الماسونية المدعو مدحت باشا الذي اعترف أثناء محاكمته[3] باشتراكه في عزل وقتل السلطان عبد العزيز، وهذا أمر معروف تاريخيا ومدون في الوثائق .

(1) انظر: تاريخ الدولة العثمانية، د. علي حسون، ص205،206.
(2) انظر: تاريخ الدولة العثمانية، د. علي حسون، ص205.
(3) المصدر السابق نفسه، ص208.

المبحث الحادي عشر
السلطان مراد الخامس
(1293هـ) ومدة ولايته 93 يوما

هو ابن السلطان عبد المجيد ولد في 25 رجب من عام 1256هـ الموافق 1840م وارتقى منصب الخلافة في 7 جمادي الأولى من عام 1293هـ[1].

كان على جانب كبير من الذكاء والثقافة التركية والغربية، كما أبدى اهتماما بالأدب والعلوم والشؤون الأوروبية، وزار أوروبا والتقى ببعض الأوروبيين، وانخرط في سلك الماسونية، وكان على اتصال بنامق كامل أحد أعضاء الحركة وغيره، وكان ميالا إلى الدستور والليبرالية والعلمانية[2] وكانت الحركة الماسونية هي التي دفعت به إلى السلطنة ولكنه أصيب باضطراب عقلي بعد أن أصابته الدهشة والفزع عند إيقاظه بعد منتصف الليل عند خلع السلطان عبد العزيز ولما بلغه مقتل حسن الجركسي ظهرت عليه اضطرابات عصبية أثرت على جهازه الهضمي. وكانت صحته في تدهور مستمر في الوقت الذي كان مدحت باشا يحاول إعلان الدستور الوضعي بدلا من الشرع أثناء مرضه ويدرس القوانين والنظم الغربية ويتصل بأعوانه حتى استطاع إعداده بشكل جاهز وقد قيل إن جنون السلطان ظهر للناس بشكل واضح فكان لابد من خلعه وأعلن ذلك من قبل شيخ الإسلام عام 1876م وكان نص الفتوى : " إذا جن إمام المسلمين جنونا مطبقا ففات المقصود من الإمامة فهل يصح حل الإمامة من عهدته؟

---

(1) انظر: تاريخ الدولة العثمانية، د. علي حسون، ص209.
(2) انظر: الدولة العثمانية، د. إسماعيل ياغي، ص177،178.

الجواب: يصح و الـلـه أعلم: كتبه الفقير حسن خير الـلـه عفي عنه "[1] وبعد عزله تعافى من مرضه العقلي، وأمضى باقي حياته في قصر "جراغان " حتى توفي عن عمر يناهز الرابعة والستين[2] لقد أثر الشباب من أعضاء جمعية الاتحاد والترقي على مراد الخامس، فانتسب إلى المحفل الماسوني، وأدمن شرب الخمر وتشبع بالأفكار العلمانية والفلسفية الغربية[3] وقد قال عنه السلطان عبد الحميد : " كان من طبيعته أن ينخدع لمن يبتسمون في وجهه، دون أن يفكر في المعقول وغير المعقول، حتى أنه بسبب ذلك لم يكن يخطر على باله، عدم لياقة اشتراكه، وهو خليفة المستقبل، في المحفل الماسوني، وتقدير المصيبة التي ستنجم عن ذلك، وقد استطاع بعض الأشخاص، ممن يدعون أنهم أنصار التجديد أن يحرضوه على إدمان الخمر، وزينوا له جوانب نستخف بها في الحياة الأوروبية "[4] .

---

(1) انظر: تاريخ الدولة العثمانية، د. علي حسون ، ص209.
(2) المصدر السابق نفسه، ص210.
(3) المصدر السابق نفسه، ص210.
(4) انظر: والدي السلطان عبد الحميد ، ص178.

الفصل السادس

عصر السلطان عبد الحميد

المبحث الأول

السلطان عبد الحميد

(1293-1326هـ/1876-1909م)

السلطان عبد الحميد هو السلطان الرابع والثلاثون من سلاطين الدولة العثمانية. تولى عرش الدولة وهو في الرابعة والثلاثين من عمره. إذ ولد في 16 شعبان عام 1258هـ (1842م).

ماتت والدة السلطان عبد الحميد وهو في العاشرة من عمره فاعتنت به الزوجة الثانية لأبيه وكانت عقيما. فأحسنت تربيته وحاولت أن تكون له أم، فبذلت له من حنانها كما أوصت بميراثها له. وقد تأثر السلطان عبد الحميد بهذه التربية وأعجب بوقارها وتدينها وصوتها الخفيض الهادئ، وكان لهذا انعكاس على شخصيته طوال عمره.

تلقى عبد الحميد تعليما منتظما في القصر السلطاني على أيدي نخبة مختارة من أشهر رجالات زمنه علما وخلقا. وقد تعلم من اللغات العربية والفارسية ، ودرس التاريخ وأحب الأدب، وتعمق في علم التصوف، ونظم بعض الأشعار باللغة التركية العثمانية[1].

(1) انظر: السلطان عبد الحميد الثاني، محمد حرب، ص31.

وتدرب على استخدام الأسلحة وكان يتقن استخدام السيف، وإصابة الهدف بالمسدس، ومحافظ على الرياضة البدنية، وكان مهتما بالسياسية العالمية ويتابع الأخبار عن موقع بلاده منها بعناية فائقة ودقة نادرة.

أولا : زيارته إلى أوروبا مع عمه السلطان عبد العزيز:

قام السلطان عبد العزيز بزيارة أوروبا يرفقه وفد عثماني رفيع المستوى وكان من ضمنه الأمير عبد الحميد الذي ظهر أمام الأوروبيين بملابسه البسيطة وسيرته الحميدة في العفة(1) وقد استعد الأمير عبد الحميد لهذه الرحلة بمطالعات واسعة، فإنه كان دقيقا في رؤيته، وفي حكمه على الأشياء التي رآها في الغرب، ولقد التقى الوفد العثماني بساسة ذلك العصر في أوروبا مثل؛ نابليون الثالث في فرنسا، والملكة فيكتوريا في إنجلترا، وليوبلد في الثاني في بلجيكا، وغليوم الأول في ألمانيا، وفرنسوا جوزيف في النمسا(2) وقد سبقت تلك الرحلة زيارته مع السلطان عبد العزيز إلى مصر وانتبه أثناء وجوده في مصر إلى الزيف الكاذب للبريق الأوروبي والأخذ هناك بالشكليات الأوروبية ، مما جعل مصر تستدين وتغرق في الديون، نتيجة انطلاق الوالي الخديوي إسماعيل باشا في إسرافه ومحاولته جعل مصر قطعة من أوروبا ، وأما رحلته إلى أوروبا فقد استغرقت من 21 يونيو إلى 7 أغسطس من عام 1867م. زار الوفد العثماني: فرنسا وإنكلترا وبلجيكا والدولة النمساوية المجرية.

وفي هذه الرحلة الأوروبية ، تفتح ذهن عبد الحميد إلى أمور كثيرة، انعكست على فترة حكمه كلها بعد ذلك. وهذه الأمور هي :

1- الحياة الأوروبية بكل مافيها من طرق معيشة غريبة وأخلاقيات مختلفة وشكليات.

---

(1) المصدر السابق نفسه، ص33.
(2) المصدر السابق نفسه، ص33.

2- التطور الصناعي والعسكري وبخاصة في القوات البرية الفرنسية والألمانية وفي القوات البحرية البريطانية.

3- ألاعيب السياسة العالمية.

4- تأثير القوى الأوروبية على سياسة الدولة العثمانية، وبخاصة تأثير نابليون الثالث على عمه السلطان عبد العزيز، وضغط نابليون عليه، ليلتزم بمساندة الوزير علي باشا. رغم أن السلطان عبد العزيز لم يكن يشعر أحدا أنه تحت تأثير أي قوة غريبة[1].

اقتنع الأمير عبد الحميد في هذه الرحلة : أن فرنسا دولة لهو، وإنكلترا دولة ثروة وزراعة وصناعة. أما ألمانيا فيه دولة نظام وعسكرية وإدارة وكان إعجابه بألمانيا كثيرا، لذلك عهد بتدريب الجيش العثماني إليها -عندما أصبح سلطانا- ولقد تأثر الأمير عبد الحميد بهذه الرحلة ودفعه ذلك التأثر إلى الاهتمام بإدخال المخترعات الحديثة في دولته في مختلف نواحي الحياة: تعليمية وصناعية ووسائل اتصالات وعسكرية، والأمثلة على ذلك كثيرة منها: شراؤه غواصتين وكان سلاح الغواصات جديدا. وأدخل التلغراف إلى بلاده من ماله الخاص، وأنشأ المدارس الحديثة، وأدخل فيها العلوم العصرية، وأدخل إلى البلاد أول سيارة وأول دراجة، وأخذ بنظام القياس المتري. لكنه وقف بحزم ضد سريان الفكر الغربي في البلاد[2].

أثرت رحلة عبد الحميد إلى أوروبا أيضا في اتباعه سياسة استقلالية تجاه أوروبا. ولم يعرف عن عبد الحميد تأثير أي حاكم أوروبي عليه، مهما كانت صداقته ومهما كانت درجة التقارب بين بلده وبين الدولة العثمانية.

ولفت انتباه عبد الحميد أثناء هذه الرحلة الحوار الذي كان يجريه فؤاد باشا الصدر الأعظم العثماني مع بعض الزعماء الأوروبيين:

(1) انظر: السلطان عبد الحميد الثاني، ص56.
(2) انظر: السلطان عبد الحميد الثاني،ص 57.

سئل فؤاد باشا أثناء هذه الرحلة : بكم تبيعون جزيرة كريت؟

فرد الباشا قائلا: (بالثمن الذي اشتريناها به). وكان يعني بذلك : أن العثمانيين حاربوا في سبيل الحفاظ على جزيرة كريت 27 عاما كلها حروب.

وسئل فؤاد باشا أيضا: (ماهي أقوى دولة في العالم الآن؟).

فرد قائلا: (أقوى دولة الآن هي الدولة العثمانية. ذلك لأنكم تهدمونها من الخارج ونحن نهدمها من الداخل. ولم يستطع كلانا هدمها)[1].

تعلم عبد الحميد من هذا درس القدرة على إسكات القوى التي تود تحطيم الدولة العثمانية. وتعلم ذكاء الحوار السياسي وهو مابرع فيه بعد ذلك.

وكان عمر عبد الحميد أثناء هذه الرحلة 25 عاما[2].

ثانيا: بيعته للخلافة وإعلان الدستور:

بويع بالخلافة بعد أخيه مراد ، يوم الخميس 11 شعبان 1293هـ 31 أغسطس 1876م. وكان عمره آنذاك أربعا وثلاثين سنة، وحضر لمبايعته الوزراء والأعيان وكبار الموظفين من مدنيين وعسكريين في سراي طوبقبو. وهنأه بالخلافة كذلك رؤساء الطوائف المختلفة، وأطلقت المدافع بسائر أطراف السلطنة احتفالا بهذه المناسبة. وأقيمت الزينات بجميع جهات استانبول ثلاثة أيام وأرسل الصدر الأعظم برقيات إلى دول العالم لإعلامها بذلك[3].

وكان السلطان عبد الحميد قد عين مدحت باشا صدرا أعظم، ثم أعلن في 23

(1) المصدر السابق نفسه، ص58.
(2) انظر: السلطان عبد الحميد ، ص58.
(3)انظر: الدولة العثمانية في التاريخ الإسلامي الحديث، ص183.

ديسمبر (1293هـ/1876م) الدستور الذي يضمن الحريات المدنية وينص على مبدأ الحكومة البرلمانية.

هذا الدستور ، كان البرلمان يتكون من مجلسين: مجلس النواب أو المبعوثان ثم مجلس الأعيان أو الشيوخ[1].

وقد تعرض السلطان عبد الحميد في بداية حكمه إلى استبداد الوزراء واشتداد سياستهم التغريبية بقيادة جمعية العثمانيين الجدد والتي كانت تضم النخبة المثقفة التي تأثرت بالغرب والتي استطاعت الأيدي الماسونية تجندهم لخدمة أهدافها، وقد بلغ من استبداد الوزراء بالحكم، أن كتب مدحت باشا، وهو في مقام الرئاسة لنخبة العثمانيين الجدد، إلى السلطان عبد الحميد في أول عهده بالعرش (1877م): (لم يكن غرضنا من إعلان الدستور إلا قطع دابر الاستبداد، وتعيين مالجلالتكم من الحقوق وما عليها من الواجبات، وتعيين وظائف الوزراء، وتأمين جميع الناس على حريتهم وحقوقهم، حتى تنهض البلاد إلى مدارج الارتقاء، وإني أطيع أوامركم إذا لم تكن مخالفة لمنافع الأمة...)[2].

ويقول السلطان عبد الحميد في هذا: (ولقد وجدت مدحت باشا ينصب نفسه آمرا ووصيا علي. وكان في معاملته بعيدا عن المشروطية (الديمقراطية) وأقرب إلى الاستبداد)[3].

وكان مدحت باشا وأصحابه من الماسون يدمنون الخمر قال السلطان عبد الحميد في مذكراته: (...ومن المعروف أن أحرار ذلك العهد من شعراء وأدباء اجتمعوا مساء يوم صدور مرسوم القانون الأساسي في قصر مدحت باشا، لا ليتحدثوا في أمور

---

(1) المصدر السابق نفسه، ص178.
(2) انظر: السلطان عبد الحميد الثاني، ص59.
(3) المصدر السابق نفسه، ص60.

الدولة ، بل في أمور السكر والعربدة، وهم يحتسون الخمر، ومدحت باشا يدمن الخمـر منـذ شبابه ومشهور عنه هذا والتقت نشوة الخمر بالنشوة التي بعثها إعلان القانون الأساسي وعندما نهض مدحت باشا من على مائدة الأكل خرج مستندا على أذرع الآخرين حتى لا يقع علـى الأرض. وبينما كان يغسل يديه قال لزوج أخته طوسون باشا وهو يؤرجح لسانه في فمه (بتأثير الخمر).

- ياباشا! من يستطيع الآن، وبعد كل ما وصلت إليه أن يبعدني عن منصبي؟! من ؟! قل لي كم عاما سأبقي في الصدارة العظمى؟

رد عليه طوسون باشا قائلا:

- إذا بقيتم على هذا الحال، فليس أكثر من أسبوع[1]!

لقد كان مدحت باشا في مجالس الخمر الخاص به يفشي أدق أسرار الدولة وكانت هذه الأسرار تنتشر في اليوم التالي بين أهالي استانبول. وفي إحدى الليالي تحـدث مـدحت باشا عـن عزمـه عـلى إعلان الجمهورية في الدولة العثمانيـة وأنـه سيصبح رئيسا للجمهوريـة العثمانيـة الجديـدة ثـم إمبراطورا لها. تماما مثلما حدث مع نابليون الثالث بفرنسا[2].

وكان مدحت باشا متهما بقتل السلطان عبد العزيز وشكل السلطان عبد الحميد لجنـة للتحقيق في ذلك ثم قدم المتهمون إلى المحكمة التي أدانـتهم وحكـم عـلى مـدحت باشا بالإعدام وتدخل السلطان عبد الحميد وخفض الحكم إلى السجن ثم نفي إلى الحجـاز حيث مقر السجن العسكري هناك.

كان الدستور ينص على فصل السلطات من حيث الشكل لا المضمون، كما أن

(1) انظر: مذكرات السلطان عبد الحميد ، محمد حرب ، ص77.
(2) المصدر السابق نفسه ، ص77.

التغييرات التي طرأت على نظام الحكم طبقا له كانت من قبيل التطور، فلم يفكر أحد في تقليص حق السلطان في السيادة، كما نص الدستور على أن شخص السلطان مصون لا تمس، وأنه لايسأل أمام أحد عن أعماله، ومن ثم كان الدستور مرتهنا بشخصه[1]. فله وحده حق تعيين وإقالة الوزراء، كما أنه هو الذي يعقد المعاهدات ويعلن الحرب ومعاهدات الصلح، وهو القائد العام للقوات المسلحة ومن حقه كذلك إصدار كافة القوانين في شتى المجالات دون الرجوع إلى البرلمان. وهكذا ظل السلطان عبد الحميد الثاني (1293-1327هـ/1876-1909م) يتمتع بالسلطة التي سبق لأسلافه أن تمتعوا بها، بحيث إن مدحت باشا ذاته كان أول الضحايا. كما أن الصلاحيات الواسعة التي منحها الدستور للسلطان حدت من سلطة رئيس الوزراء بحيث لم يتيح له أن يلعب سوى دور ثانوي في تسيير دفة الحكم[2].

ونص الدستور على حرية أعضاء البرلمان في إبداء آرائهم وفي التصويت، وكان لايمكن محاكمتهم إلا إذا تجاوزوا حدود قوانين المجلس، وحدد الدستور اللغة التركية العثمانية باعتبارها اللغة الرسمية للدولة التي يجري بها الحديث في كل الجلسات، كما نص أن يكون التصويت سريا أو علنيا بحسب الظروف، وعلى أن يقر مجلس النواب الميزانية دون تدخل من جانب السلطان بعكس الحال فيما يتعلق بالقوانين العادية.

وأما بالنسبة لحقوق الأفراد فقد أعلن الدستور أن العثمنة هي السياسة الرسمية للدولة في إطار مبدأ المساواة الذي نصت عليه التنظيمات فقد خلع الدستور صفة العثمانية على كل رعايا الدولة أيا كان دينهم، ونص على تمتعهم بالحرية الشخصية، وعلى تساوي كل العثمانيين أمام القانون وعلى منحهم نفس الحقوق مع إلزامهم بنفس الواجبات. ونص الدستور كذلك على استقلال القضاء وأبقى على المحاكم الشرعية

(1) انظر: في أصول التاريخ العثماني، ص234.
(2) انظر: في أصول التاريخ العثماني، ص234.

على أن يلجأ غير المسلمين لمحاكم الملل في المسائل المتعلقة بشؤونهم الدينية[1].

وقد أمر السلطان عبد الحميد بأن يوضع الدستور موضع التنفيذ، وبأن تجرى انتخابات عامة، كانت الأولى من نوعها في التاريخ العثماني ، وقد أسفرت تلك الانتخابات على تمثيل المسلمين بـ(71) مقعدا والنصارى بـ(44) مقعدا واليهود بـ(4) مقاعد واجتمع أول برلمان عثماني في 29 مارس عام 1877م (1294هـ) وكان مجلس الأعيان والشيوخ يتكون من 26 عضوا بالتعيين من بينهم 21 مسلما، في حين كان مجلس النواب يتكون من مائة وعشرين عضوا. وقد قام بعض نواب العرب بدور هام خلال المناقشات، غير أن مجلس المبعوثان كانت مدته قصيرة؛ فقبل أن يتم المجلس دورة انعقاده الثانية، طلب النواب في 13 فبراير عام 1878م (1296هـ) أن يمثل ثلاثة من الوزراء أمام المجلس للدفاع عن أنفسهم من الاتهامات الموجهة إليهم، فما كان من السلطان عبد الحميد إلا أن عطل المجلس وأمر بعودة النواب إلى بلادهم، وقام بنفي وإبعاد البارزين منهم[2].

وبذلك بلغت مدة انعقاد المجلس خلال دورته الأولى والثانية عشرة شهور وخمسة وعشرين يوما ولم يدع هذا المجلس للاجتماع ثانية لمدة ثلاثين عاما، لم تفتح خلالها قاعة المجلس ولا مرة واحدة[3].

لقد كان السلطان عبد الحميد مضطرا في إعلان الدستور بسبب الضغوط التي مارسها عليه الماسون بقيادة مدحت باشا ولذلك عندما أتيحت له الفرصة قام بتعطيل المجلس.

إن عبد الحميد الثاني كان ضد الديمقراطية والحكم بالدستور الذي يعرف في

---

(1) انظر: الدولة العثمانية ، د. إسماعيل ياغي ، ص180.
(2) المصدر السابق نفسه، ص181.
(3) انظر: البلاد العربية والدولة العثمانية، ساطع الحصري ، ص99-100.

المصطلح العثماني باسم "المشروطية" أي الاشتراط على الحاكم بتحديد سلطاته، على اعتبار أن هذا فكر وافد من الغرب ولذلك كان ضد المنادين به ورائدهم مدحت باشا وانتقد وزيره هذا بقوله: (لم ير غير فوائد الحكم المشروطي في أوروبا، لكنه لم يدرس أسباب هذه المشروطية ولا تأثيراتها الأخرى. أقراص السلفات لاتصلح لكل مرض ولكل بنية. وأظن أن أصول المشروطية لا تصلح لكل شعب ولكل بيئة قومية. كنت أظن أنها مفيدة أما الآن : فإني مقتنع بضررها"[1].

كان للسلطان حججه في هذا، منها سوء تصرف المنادين بالدستور في أول استجابة للسلطان لأفكارهم. من ذلك:

أن طلبت الحكومة من السلطان في وقت إعلان السلطان للدستور ، أن يوقع على بعض قرارات منها تعيين ولاة نصارى في ولايات، أغلب السكان من المسلمين ، وعلى قرار، بقبول طلبة من النصارى في الكلية الحربية العثمانية التي هي عماد الجيش العثماني ، فرفض السلطان التوقيع فما كان من مدحت باشا -وهو الوزير- إلا أن قال للسلطان: (إن مقصدنا من إعلان الدستور أن ننهي استبداد القصر، ويجب على جلالتكم أن تعرف واجباتكم)[2].

ومن الأسباب التي يسوقها السلطان عبد الحميد في رفضه للفكر الدستوري قوله: (إن الدولة العثمانية دولة تجمع شعوبا شتى، والمشروطية في دولة كهذه موت العنصر الأصلي في البلاد، وهل في البرلمان الانكليزي نائب هندي واحد؟ وهل في البرلمان الفرنسي نائب جزائري واحد؟)[3].

ولم يغير السلطان عبد الحميد موقفه تجاه الحكم الدستوري ، في دولته حتى بعد أن

---

(1) انظر: مذكرات السلطان عبد الحميد، محمد حرب، ص80.
(2) انظر: السلطان عبد الحميد الثاني، ص95.
(3) انظر: السلطان عبد الحميد الثاني، ص95.

عزل عن العرش، وأخذ الناس يمارسون الحكم الدستوري، فيقول : (ماذا حدث عندما أعلنت المشروطية؟ هل قلت الديون؟ هل كثرت الطرق والموانئ والمدارس؟ هل أصبحت القوانين الآن أكثر تعقلا ومنطقا؟ وهل ساد الأمن الشخصي؟! هل الأهالي الآن أكثر رفاهية؟ هل تناقصت الوفيات وزاد المواليد؟ هل أصبح الرأي العام العالمي الآن بجانبنا أكثر من ذي قبل؟ الدواء النافع يصبح سما زعافا إذا كان في يد غير الأطباء. أو في أيدي من لا يعرفون أصول استعماله، وإني لجد آسف فالأحداث قد أظهرت صدق كلامي)⁽¹⁾.

ويبين السلطان عبد الحميد بأن موقفه ليس دائما تجاه الحكم الدستوري، فالظروف التي كان يحكم فيها، إذا اختلفت، فستختلف وجهة نظره في الحكم الدستوري.

وفي هذا يقول : (ينبغي ألا يظن أن فكري واقتناعي دائما ضد الحكم الذي يعتمد على أصول المشروطية)⁽²⁾.

إن السلطان عبد الحميد مر عصره بظروف عصيبة، وأزمات شديدة، وتآمر عالمي على الدولة العثمانية من الداخل والخارج فشرع في إصلاح الدولة وفق التعاليم الإسلامية لمنع التدخل الأوروبي في شؤون الدولة وحرص على تطبيق الشريعة الإسلامية وقام بإبعاد الكتاب والصحفيين عن العاصمة وقاوم كافة الاتجاهات الغربية المخالفة للحضارة الإسلامية المجيدة في ولايات الدولة واستطاع أن يشكل جهاز استخباراتي قوي لحماية الدولة من الداخل وجمع معلومات عن أعدائه في الخارج واهتم بفكرة الجامعة الإسلامية وحقق بها نتائج عظيمة واهتز الأوروبيون من هذا التفكير الاستراتيجي العميق وعملوا على تفتيتها.

لقد تكلم السلطان عبد الحميد عن جهاز مخابراته وبين الغرض منه فقال : (حسب

---

(1) المصدر السابق نفسه، ص96

(2) المصدر السابق نفسه، ص96.

العرف العثماني، يتعرف السلطان على تفكير الرعية وشكواها عن طريق جهاز الحكم، ومن ولاته وقضاته من جانب ، وعن طريق التكايا المنتشرة في ربوع البلاد بمشايخها ودراويشها من جانب آخر، فيجمع كل هذه الأخبار ويدير البناء عليها.

جدي السلطان محمود الثاني وسع دائرة مخابراته بإضافة الدراويش الرحل إليها. كان ذلك عندما ارتقيت العرش، وعلى ذلك استمر.

علمت ذات يوم من موسوروس باشا، سفيرنا في لندن، أن الصدر الأعظم السابق، السر- عسكر حسين عوني باشا، تسلم نقودا من الانكليز. إذا كان الصدر الأعظم وهو يحكم البلاد باسم السلطان يخون دولته، فإن مخابراته لابد أن تبلغ القصر على أنه يؤدي عمله على الوجه الأكمل ، لذلك تكدرت وتأثرت في أثناء تلك الأيام قابلني محمود باشا، وأدلى إلي ببعض معلومات عن بعض أعضاء "تركيا الفتاة" ، وكانت الأخبار التي قدمها لي هامة. سألته عن طريق حصوله عليها، فعرفت أنه أنشأ مخابرات خاصة، واحتوى -بالنقود- أقاربا لبعض الأشخاص من "تركيا الفتاة" ، وهؤلاء كانوا يقابلون أقاربهم ويسمعون منهم ثم يخبرونه، فيدفع لهم.

صحيح أنه زوج أختي، إلا أنه لايصح أن يقيم أحد باشوات الدولة مخابرات مستقلة عن مخابرات الدولة. قلت له أن يحل جهازه هذا فورا، وألا يعاود العمل بمثل هذا الأمر مرة أخرى، أحال إلي جهازه هذا، وهو متضايق كثيرا.

لايمكن للدولة أن تكون آمنة، إذا تمكنت الدول الكبرى أن تجند لخدمة أهدافها أشخاصا في درجة وزير أعظم.

بناء على هذا قررت إنشاء جهاز مخابرات يرتبط بشخصي- مباشرة، وهذا هو الجهاز الذي يسميه أعدائي بالجورنالجية (الشرطة السرية = المخابرات).

وكان ضروريا أن أعرف أن بين أعضاء جهاز الجورنالجية (المخابرات) المخلصين الحقيقيين أشخاصا مفترين، لكني لم أصدق ولم آخذ بأي شيء يأتي من هذا الجهاز

مطلقا دون تحقق دقيق.

كان جدي السلطان سليم (سليم الثالث) يصيح قائلا: (إن أيدي الأجانب تتجول فوق كبدي، وعلينا أن نرسل السفراء إلى الدول الأجنبية لنقل أساليب التقدم الأوروبي وعلينا إرسال الرسل إلى الخارج، ولنعمل سريعا على تعلم ماوصلوا إليه.

كنت أحس أنا أيضا بأيدي هؤلاء الأجانب، ليست فوق كبدي، وإنما في داخله. إنهم يشترون صدوري العظام ووزرائي ويستخدمونهم ضد بلادي. كيف يحدث هذا وهم الذين أنفقت عليهم من خزانة الدولة ولا أستطيع معرفة ما يعملونه وما يديرون ويعدون؟ نعم ، أنا أسست جهاز الجورنالجيه (المخابرات). وأنا أدرته.

متى حدث هذا؟

بعد أن رأيت صدروي العظام يرتشون من الدول الأجنبية مقابل هدم دولتهم والتآمر على سلطانهم أسست هذا الجهاز لا ليكون أداة ضد المواطن، ولكن لكي يعرف ويتعقب هؤلاء الذين خانوا دولتي في الوقت الذي كانوا يتسلمون فيه رواتبهم من خزانتها، وفي الوقت الذي كانت النعمة العثمانية تملؤهم حتى حلوقهم[1]!!

لقد وجهت للسلطان عبد الحميد انتقادات عنيفة من قبل جمعية الاتحاد والترقي بسبب جهاز الاستخبارات الذي شكلته وفي الحقيقة إن ذلك الجهاز استطاع أن يحقق ايجابيات كبيرة للدولة العثمانية فعندما (... كان مثيرو الشغب والإرهابيون يثيرون الأرمن للتمرد ضد الدولة العثمانية كان الجنود يتصدون لهم وتراق دماء كثيرة ... كان جهاز السلطان عبد الحميد -خلال ثلاثين سنة- يخبر السلطان فور ظهور كل حركة ولذلك تمكن السلطان من إخماد كل تمرد داخلي في حينه[2].

---

(1) انظر : مذكرات السلطان عبد الحميد ، ص160.

(2) انظر: الدولة العثمانية، د. إسماعيل ياغي، ص189.

ثالثا: تمردات وثورات في البلقان:

قام سكان الجبل الأسود والصرب بتحريض بلاد الهرسك للخروج عـن الدولـة العثمانيـة وكـان ذلك في عام (1293هـ/1876م) واستطاع العثمانيون إخمادها، ورغب السلطان عبد الحميـد في منع الدول الأوروبية من التدخل، فأصدر قرارا بفصل القضاء عن السلطة التنفيذية ، وتعيـين القضاة بالانتخاب عن طريق الأهالي، والمساواة في الضرائب بين المسلمين والنصارى ... ولم يـرض ذلـك السكان، فعادوا إلى الثورة التي قمعت أيضا، ولكن النمسا التي كانت وراء الثورة وترغـب في ضم البوسنة والهرسك إليها استمرت في تحريض السكان ضد الدولة العثمانية، فعملت النمسا مـع روسيا وألمانيا وفرنسا وانكلترا على الطلب من السلطان بالقيام بإصلاحات فوافق عليها السلطان، ولكن نصارى البوسنة لم يتقبلوا بذلك. وهذا يدل على المطالبة بالإصلاحات ليست سوى مـبررات واهية، وحقيقة الأمر أنهم يريدون التدخل في شؤون الدولة بشكل مباشر وغـير مباشر لإضعافها والإطاحة بها[1].

كما قامت ثورة البلغار في نفس الوقت الذي قام فيه نصارى البوسنة والهرسك بثورتهم بـدعم من النمسا والدول الأوروبية وخاصة روسيا، فقد تأسست جمعيات في بلاد البلغار لنشرـ النفوذ الروسي بين النصارى الأرثوذكس والصقالبة، وكانت تدعمها روسيا وتمدها بالسلاح، وتبـذل هـذه الجمعيات بدورها جهدها لإثارة سكان الصرب والبوسنة والهرسك، وتحرضهم عـلى الثورة ضـد العثمانيين. وعندما أنزلت الدولة العثمانية بعض الأسر الشركسية احتج البلغار على ذلك، فقامـوا بثورة وساعدتهم روسيا والنمسا بالسلاح والأموال؛ فتمكنت الدولة العثمانيـة مـن القضاء عـلى الثورة، فأخذت الدول الأوروبية تثير الشائعات عن المجازر التي ارتكبها العثمانيون ضد النصارى والعكس هو الصحيح وبهذه الشائعات أثير الرأي العام الأوروبي ضـد الدولة العثمانية، وطالبـت الحكومات الأوروبية باتخاذ إجراءات صارمة

(1)انظر: الدولة العثمانية، د. إسماعيل ياغي، ص189.

ضد العثمانيين ومنها الحصول البلغار على استقلال ذاتي وتعيين حاكم نصراني لهم[1].

وقام الروس والألمان والنمساويون بدفع الصرب والجبل الأسود للقيام بحرب ضد العثمانيين، وكانت روسيا ترغب في توسيع حدودها من جهة بلغاريا، والنمسا تريد توسعة حدودها من جهة البوسنة والهرسك، ووعدت هذه الدول أمير الصرب والجبل الأسود بالدعم. وشرع الجنود الروس بالتدفق سرا على بلاد الصرب، والجبل الأسود، وتمكنت الدولة العثمانية من الانتصار على الصرب وحلفائهم، فتدخلت الدول الأوروبية وطلبت وقف القتال وإلا فالحرب الواسعة[2].

واجتمع مندوبو الدول الأوروبية في استانبول وقدموا اقتراحات للدولة من أهمها: تقسيم بلاد البلغار إلى ولايتين ويكون ولاتها من النصارى، وأن تشكل لجنة دولية لتنفيذ القرارات، وأن تعطى هذه الامتيازات لإماراتي البوسنة والهرسك أيضا، وأن تتنازل الدولة عن بعض الأراضي للصرب والجبل الأسود.

ولكن الدولة العثمانية رفضت هذه القرارات، وعقدت صلحا منفردا مع الصرب سحبت نتيجته جيوشها من بلاد الصرب، وأن يرفع العلم العثماني والصربي دليلا على السيادة العثمانية[3].

لقد كان السلطان عبد الحميد الثاني على يقين من أن هدف الدول الغربية هو السعي لسقوط الدولة العثمانية حيث قال في مذكراته: (رأيت أثناء مؤتمر الدول الكبرى الذي عقد في استانبول ماعزمت عليه هذه الدول، وهي ليست كما يقولون تأمين حقوق الرعايا المسيحيين بل تأمين الاستقلال الذاتي لهؤلاء الرعايا. ثم العمل على استقلالهم التام، وبذلك يتم تقسيم الدولة العثمانية.

---

(1) انظر: الدولة العثمانية، د. إسماعيل ياغي، ص189.
(2) المصدر السابق نفسه، ص190.
(3) انظر: الدولة العثمانية، ص190.

كانوا يعملون على تقسيم هذا الهدف على صورتين: الأولى: إثارة الأهالي المسيحيين، وتعكير صفاء الجو، وبهذا تتصدى هذه الدول لحمايتهم.

والثانية: القول بالمشروطية، لإحداث الفرقة بيننا أنفسنا واستطاعوا أن يجدوا من بيننا أنصارا يستخدمونهم في كلا الغايتين، وبكل أسف كان على خبز العدو شيء من السمن. فلم يستطع بعض الشباب العثماني المثقف أن يفرق بين التطبيق السهل والحكم الدستوري في بلاد تتمتع بوحدة قومية، وبين تعذر هذا الحكم في الدول التي لاتتمتع بوحدة قومية[1].

رابعا: الحرب الروسية العثمانية:

كانت روسيا ترغب في الوصول إلى المياه الدافئة بسبب عوامل دينية واقتصادية وجغرافية وقد نص (بطرس الأكبر) (1627-1725م) في وصيته للروس (في الفقرات التاسعة والحادية عشرة والثالثة عشرة) على ضرورة الصراع الحضاري ضد العثمانيين ، إلى أن تنتهي الدولة العثمانية من الوجود.

يقول (بطرس الأكبر) في الفقرة التاسعة من وصيته:

(نقترب من القسطنطينية والهند بقدر الإمكان فمن يملك القسطنطينية فقد ملك العالم. بناء على ذلك ينبغي ملازمة الحرب مع العثمانيين).

وفي الفقرة الحادية عشرة يقول: (نشارك النمسا فيما قصدناه من إخراج العثمانيين من أوروبا).

وفي الفقرة الثالثة عشرة يقول: (وبعد التسلط على الممالك العثمانية، نجمع جيوشنا وتدخل أساطيلنا بحر البلطيق والبحر الأسود ونشرع في التفاوض مع فرنسا ودولة النمسا في قسمة العالم بيننا)[2].

(1) انظر: مذكرات السلطان عبد الحميد ، ص145.
(2) انظر: التحفة الحليمية ، إبراهيم حلمي بك، ص241.

إن روسيا اهتمت بتلك الوصية وفي عصر السلطان عبد الحميد الثاني كثرت الثورات بدعم من روسيا والدول الأوروبية في البلقان واليونان وغيرها من الأقاليم العثمانية ولم تكتفي بذلك بل عملت على قيام دول نصرانية مستقلة مثل رومانيا، وبلغاريا والصرب واليونان وبعد أن حقق العثمانيون انتصارات رائعة في البلقان استعدت روسيا للحرب ثم أعلنتها حرب لاهوادة فيها ضد الدولة العثمانية وانضمت رومانيا إلى روسيا ودخل العثمانيون في حرب طاحنة مع الروس، وعبرت الجيوش الروسية نهر الدانوب واستولت على بعض المدن التابعة للعثمانيين ومنها "تيرنوه" و"نيقولبلي بل" التي تقع في بلغاريا حاليا كما استولى الروس على بعض النقاط المهمة والمعابر المؤدية إلى البلقان، وقام السلطان عبد الحميد بتغيير كبير في قيادات الجيوش العثمانية للتصدي للغزو الروسي، وقد حاول الروس الاستيلاء على مدينة (بلفنه) التي تقع في بلغاريا حاليا وهي من أهم المعابر إلى البلقان، ولكن القائد العثماني الشجاع الغازي (عثمان باشا) تصدى لهم بكل شجاعة ، فردهم على أعقابهم منهزمين، فأعادوا الهجوم مرة أخرى بقوات أكثر كثافة ومع ذلك نجح ذلك القائد العثماني الفذ في التصدي للروس مرة أخرى، مما جعل السلطان العثماني يصدر مرسوما خاصا في الثناء على ذلك القائد[1].

وأمام هذا الصمود حاول الروس التغيير من سياستهم في الاستيلاء على هذه المدينة واتبعوا سياسة الحصار لها، وحاولوا منع الإمدادات من الوصول إلى الجيوش العثمانية فيها، وفي الوقت نفسه عززوا قواتهم وحضر القيصر الروسي بنفسه على المعركة القادمة وانضم أمير رومانيا إلى روسيا وكان معه 100 ألف مقاتل، فأصبحت الكفة العسكرية في صالح الروس، حيث تجاوز عددهم 150 ألف مقاتل ففرضوا حصارا على ثلاثة خطوط على القوات العثمانية، ومع هذا فإن العثمانيين المحاصرين بقيادة عثمان باشا صمدوا صمود الأبطال، ورغم أن عددهم كان قرابة 50 ألف

(1) انظر: الفتوح الإسلامية عبر العصور، ص418.

مقاتل، فإنهم لم يكتفوا بذلك الصمود، بل أعدوا خطة رائعة لهجوم معاكس على خطوط العدو المحاصر لهم طالبين بذلك إما النصر وفك الحصار عنهم أو الشهادة.

وقاد عثمان باشا قواته التي انحدرت على الأعداء وهم يهللون ويكبرون ، فسقطت أعداد منهم شهداء على أيدي قوات الروس، ومع ذلك فقد تمكنوا من اختراق الخط الأول للمحاصرين والخط الثاني، واستولوا على المدافع فيه، وأصيب القائد عثمان باشا ببعض الجراح عند الخط الثالث فسرت إشاعة قوية بين جنده باستشهاده ففت ذلك في عضدهم، وحاولوا الرجوع إلى المدينة، ولكن بعض قوات الروس أصبحت بداخلها، وبذلك أصبح الجند العثمانيون في العراء بين نيران العدو المختلفة، فاضطروا إلى الاستسلام للقوات الروسية. وكان ذلك في عام 1294هـ أواخر سنة 1877م، وقد سلم القائد العثماني نفسه وهو جريح إلى الروس الذين كانوا معجبين به ويشيدون بشجاعته وإقدامه[1]، حتى أن القائد العام للقوات الروسية قام بتهنئة عثمان باشا على دفاعه الرائع وأعاد له سيفه احتراما لقدرته القتالية وصبره. وأرسل عثمان باشا إلى روسيا في شهر ديسمبر من نفس العام 1877م، واستقبله القيصر بكل مراسم الاحترام ولم يعامل "عثمان باشا" معاملة الأسير[2].

وقد شجعت تلك الانتصارات الروسية الصرب في البلقان على التحرك ضد العثمانيين وقامت جيوشهم بالهجوم على المواقع العثمانية هناك، فأشغلتهم عن الروس، الذين كانوا في الوقت نفسه يسعون لاحتلال مناطق جديدة. وبالفعل تمكن الروس من الاستيلاء على صوفيا (عاصمة رومانيا حاليا) ولم يكتف الروس بهذا ، بل توجهوا جنوبا ناحية العاصمة العثمانية القديمة، ووصلوا إلى مواقع لاتبعد سوى خمسين كيلومترا عن استانبول ، وأصبح الموقف داخل الدولة العثمانية سيئا إلى أبعد الحدود.

---

(1) انظر: الفتوح الإسلامية عبر العصور، ص419.
(2) انظر: السلطان عبد الحميد الثاني، ص141.

وفي الوقت نفسه كانت تجري العديد من المعارك بين العثمانيين والروس في الجانب الآسيوي حيث وصل الروس إلى الأناضول ، ومع ذلك تمكن العثمانيون مـن هـزيمتهم ومطاردتهم داخـل الأراضي الروسية، وانتصر العثمانيون بقيادة احمد مختار باشا على الروس في أكثر من ست معارك، مما جعل السلطان عبد الحميد يصدر مرسوما في الثناء عليه، وقد عـاود الـروس الهجـوم في تلـك المناطق مرة أخرى وتمكنوا سنة 1295هـ من إنزال الهزائم بالقوات العثمانية والاستيلاء عـلى بعـض المناطق في الأناضول نفسها[1].

وأمام تلك الهزائم العثمانية في أوروبا وفي آسيا اضطرت الدولة العثمانية للدخول في هدنة مـع الروس وقبول المفاوضات معهم، حيث وقعت بين الطرفين معاهدة سان ستيفاس عام 1878م.

عقدت هذه المعاهدة في 3 مارس عام 1878م. ووقعها "صفوت باشا" عن الدولة العثمانية وهو يبكي. وكان لابد بالضرورة أن تحتوي هذه المعاهدة على شروط مجحفة بالدولة العثمانية[2].

---

(1) انظر: الفتوح الإسلامية عبر العصور، ص418.
(2) انظر: السلطان عبد الحميد الثاني، ص144.

معاهدة سان ستفانو 15 **فبراير** 1878م (1295هـ):

قدم المندوب الروسي شروطا مسبقة، وطلب التوقيع عليها مباشرة وإلا تتقدم الجيوش الروسية وتحتل استانبول ، ولم يكن للعثمانيين من خيار سوى التوقيع. وتنص المعاهدة :

تعيين حدود للجبل الأسود لإنهاء النزاع، وتحصل هذه الإمارة على الاستقلال.

تستقل إمارة الصرب وتصاف إليها أراضي جديدة.

تستقل بلغاريا استقلالا ذاتيا إداريا، وتدفع مبلغا محددا إلى الدولة العثمانية ويكون موظفو الدولة والجند من النصارى فقط. وتعيين الحدود بمعرفة العثمانيين والروس. وينتخب الأمير من قبل السكان ويخلي العثمانيون جنودهم نهائيا من بلغاريا.

تحصل دولة رومانيا على استقلالها التام.

يتعهد الباب العالي بحماية الأرمن والنصارى من الأكراد والشركس.

يقوم الباب العالي بإصلاح أوضاع النصارى في جزيرة كريت.

تدفع الدولة العثمانية غرامة حربية قدرها 245 مليون ليرة ذهبية، ويمكن لروسيا أن تتسلم أراضي مقابل هذا المبلغ.

تبقى المضائق (البوسفور والدردنيل) مفتوحة للسفن الروسية في السلم والحرب.

يمكن للمسلمين في بلغاريا أن يهاجروا إلى حيث يريدون من أجزاء الدولة العثمانية[1].

وهكذا جرى تفتيت أملاك الدولة في أوروبا، وإن يكن تكبير بلغاريا قد أثار سخط الدول البلقانية الأخرى: النمسا، اليونان، والصرب، كما استاءت بريطانيا لازدياد النفوذ

---

(1) انظر: الدولة العثمانية، د. إسماعيل ياغي، ص193،192.

الروسي في البلقان واستعدت لمحاربة روسيا وحصلت من الدولة العثمانية على حق احتلال جزيرة قبرص (يونيو 1878م) وإدارتها على أن تبقى تابعة للدولة العثمانية، وذلك في مقابل تعهدها بالدفاع عن أملاك الدولة في آسيا في وجه أي مزيد من التهديدات الروسية، بشرط أن يتعهد السلطان من جانبه بإدخال الإصلاحات اللازمة في أملاكه الآسيوية بالتشاور مع بريطانيا ، وقد تعاهدت بريطانيا بالجلاء عن قبرص في حالة جلاء الروس عن المناطق التي احتلوها في آسيا[1].

لم يكن السلطان عبد الحميد راضيا في الأصل بدخول هذه الحرب لذلك لم يصدق على المعاهدة وقام بجهود سياسية ودبلوماسية مكثفة، حتى أقنع بريطانيا في الوقوف بجانبه، وبذلك ضمن عقد مؤتمر آخر (مؤتمر برلين) لتخفيف آثار معاهدة سان ستفانوه من ناحية، وإخافة روسيا بمنافستها بريطانيا، لكي تصرف روسيا النظر عن الحرب، واستطاع تحقيق مكاسب للدولة، وقللت البنود الخسائر في المعاهدة الأولى.

ودلت أحداث المعاهدتين على عبقرية السلطان عبد الحميد السياسية، التي تمثلت في إحداث النفور بين دولة روسيا ودولة ألمانيا أيضا[2].

يقول الإمبراطور الألماني "غليوم الثاني" في مذكراته:

(جرى لي حديث مع أحد كبار القواد الذين ألحقوا بخدمة البلاط القيصري في عهد "الكسندر الثاني" قيصر روسيا، عن العلاقات بين البلاطين الروسي والألماني وبين الجيشين والبلدين فقلت لهذا القائد: إني أرى انقلابا محسوسا في هذه العلاقات. فقال لي : (الذنب في ذلك على مؤتمر برلين ! تلك غلطة كبرى ارتكبها "بسمارك" فقد قضى على الصداقة القديمة التي كانت بيننا، وأزال الثقة بألمانيا من البلاط الروسي ومن الحكومة الروسية. وجعل الجيش يشعر بأنه جنى عليه جناية عظمى بعد الحرب الدموية التي خاض غمارها عام 1877م)[3].

---

(1) انظر: الدولة العثمانية، د. إسماعيل ياغي، ص193.

(2) انظر: السلطان عبد الحميد الثاني، ص145.

(3) انظر: مذكرات غليوم الثاني، ص18-19.

<u>مؤتمر برلين (1305هـ/1887م):</u>

حضر ذلك المؤتمر الدول الكبرى (انكلترا، فرنسا، ألمانيا والنمسا) ، وجرى البحث في هذا المؤتمر تعديل معاهدة سان ستفانو التي عقدت بين روسيا والدولة العثمانية، وذلك لمعارضة الدول المعنية لهذه المعاهدة لأنها لاتتفق مع مصالحها الاستراتيجية ... واتفق المؤتمرون على تعديل معاهدة سان استفانو وعقدت معاهدة برلين والتي تناولت الشروط التالية:

1- استقلال بلغاريا وتعديل في حدودها، وتتشكل في جنوب البلقان ولاية باسم الروملي الشرقي تكون تحت سيادة الدولة العثمانية سياسيا وعسكريا، ويحكمها نصراني، يعين لمدة خمس سنوات باتفاق الدولة وتبقى قوة لروسيا في بلغاريا والروميللي الشرقي وتحدد بخمسين ألف جندي.

2- تقدمت حدود اليونان قليلا إلى الشمال مع العلم بأن اليونان لم تدخل في موضوع القتال، ولم تشمل معاهدة سان استفانو أي جزء منها.

3- ضم البوسنة والهرسك للنمسا.

4- ضم بسارابيا إلى روسيا بعد اقتلاعها من رومانيا، وتضم مقاطعة دوبرجيه وبعض الجزر إلى رومانيا ومنحها الاستقلال التام.

5- استقلال الصرب والجبل الأسود.

6- ضم مدن قارص وردهان وباطوم لروسيا.

7- قرر المؤتمر الإبقاء على الغرامة الحربية التي قررتها معاهدة سان استفانو على الدولة العثمانية ومقدارها 2.5 مليار ليرة ذهبية.

8- تعهد الباب العالي بأن يقبل بلا تمييز في الدين شهادة جميع رعاياه أمام المحاكم.

9- الموافقة على تحسين أوضاع النصارى في جزيرة كريت [1].

---

(1) انظر: الدولة العثمانية، د. إسماعيل ياغي، ص195.

وكان المستشار الألماني بسمارك هو الذي دعا إلى عقد المؤتمر خشية أن يؤدي تصدي بريطانيا إلى روسيا إلى نشوب حرب أوروبية عامة وتهديد الاتحاد الألماني الذي جاهد كثيرا من أجل قيامه، فإنه دعا الدول العظمى إلى المؤتمر في برلين لمراجعة صلح سان استفانو وتسوية نتائج الحرب التركية الروسية[1].

وقد ذكر بعض المؤرخين[2] أن في كواليس مؤتمر برلين عرض بسمارك تقسيم الإمبراطورية العثمانية على مذبح السلام الأوروبي، فعرض على بريطانيا مصر وعلى فرنسا تونس والشام وعلى النمسا البوسنة والهرسك وعلى روسيا البوغازين (البوسفور والدردنيل) وغير ذلك من أملاك السلطان. غير أن هذه العروض لم تدرج في مقررات المؤتمر[3].

وهكذا فإن مؤتمر برلين من المعالم البارزة لتدهور الإمبراطورية العثمانية التي أرغمت على التنازل عن مساحات واسعة من أملاكها. كما أنه يسجل تعهد بريطانيا وفرنسا بالمحافظة على ممتلكات الدولة العثمانية. غير أن بريطانيا وفرنسا قد كشفتا عن نواياهما الاستعمارية، فقد احتلت فرنسا تونس عام (1299هـ/1881م) نظير احتلال بريطانيا لقبرص واحتلت بريطانيا مصر- عام (1300هـ/1882م) معلنة أن احتلالها مؤقت[4].

وهكذا كانت النتيجة من الحرب بين الدولة العثمانية وروسيا ولمواجهة هذه الأوضاع المتردية كان على السلطان أن يتخذ لقب الخلافة لمواجهة التحديات الجديدة، وعمل على إنشاء الجامعة الإسلامية لكي يعمل على تكتل كافة المسلمين من حوله في الداخل والخارج.

---

(1) المصدر السابق نفسه، ص195.
(2) الدكتور إسماعيل ياغي، وأحمد مصطفى عبد الرحيم.
(3) انظر: في أصول التاريخ العثماني، ص195.
(4) انظر: الدولة العثمانية، د. إسماعيل ياغي، ص195.

ولاشك أن حركة الجامعة الإسلامية قد لاقت استحسانا وقبولا لدى المسلمين الذين اعتقدوا أن ضعف الدولة العثمانية مرجعه ضعف الشعور الديني عند المسلمين، الأمر الذي دفع فيه أعداء الإسلام للزحف على دار الإسلام ونهبها بلدا تلو الآخر [1].

---

(1) المصدر السابق نفسه، ص196.

المبحث الثاني
الجامعة الإسلامية

لم تظهر فكرة الجامعة الإسلامية، في معترك السياسة الدولية إلا في عهد السلطان عبد الحميد، وبالضبط بعد ارتقاء السلطان عبد الحميد عرش الدولة العثمانية عام 1876م. فبعد أن ألتقط السلطان عبد الحميد أنفاسه وجرد المتأثرين بالفكر الأوروبي من سلطاتهم، وتولى هو قيادة البلاد، قيادة حازمة اهتم السلطان عبد الحميد بفكرة الجامعة الإسلامية وقد تكلم في مذكراته عن ضرورة العمل على تدعيم أواصر الأخوة الإسلامية بين كل مسلمي العالم في الصين والهند وأواسط أفريقيا وغيرها، وحتى إيران وفي هذا يقول: (عدم وجود تفاهم مع إيران أمر جدير بالتأسف عليه وإذا أردنا أن نفوت الفرصة على الانجليز وعلى الروس فإنا نرى فائدة تقارب إسلامي في هذا الأمر)[1] وتحدث عن علاقة الدولة العثمانية بإنجلترا التي تضع العراقيل أمام الوحدة العثمانية يقول عبد الحميد الثاني: (الإسلام والمسيحية نظرتان مختلفتان ولا يمكن الجمع بينهما في حضارة واحدة) لذلك يرى أن (الإنجليز قد أفسدوا عقول المصريين، لأن البعض أصبح يقدم القومية على الدين. ويظن أنه يمكن مزج حضارة مصر بالحضارة الأوروبية، وإنجلترا تهدف من نشر ـ الفكر القومي في البلاد الإسلامية إلى هز عرشي ... وأن الفكر القومي قد تقدم تقدما ملموسا في مصر ـ والمثقفون المصريون أصبحوا من حيث لا يشعرون ألعوبة في يد الانجليز إنهم بذلك يهزون اقتدار الدولة الإسلامية ويهزون معها اعتبار الخلافة)[2].

---

(1) انظر: مذكرات السلطان عبد الحميد ، ص23.
(2) انظر: مذكرات السلطان عبد الحميد ، ص23.

ويقول عن السياسة الانجليزية تجاه الخلافة: (قالت صحيفة ستاندرد الانكليزية ما نصه:
(يجب أن تصبح الجزيرة العربية تحت الحماية الانكليزية، ويجب على انكلترا أن تسيطر على
مدن المسلمين المقدسة) ... إن إنجلترا تعمل لهدفين : إضعاف تأثير الإسلام وتقوية نفوذها وبالتالي
.. لذلك أراد الانجليز أن يكون الخديوي في مصر خليفة للمسلمين ولكن ليس هناك مسلم صادق
واحد يقبل أن يكون الخديوي أميرا للمؤمنين لأنه بدأ دراسته في جنيف وأكملها في فيينا وتطبع
بطابع الكفار)[1].

وعندما ظهر اقتراح انكلترا (لإعلان الشريف حسين أمير مكة خليفة المسلمين)[2] ويعترف
السلطان عبد الحميد الثاني بأنه لم يكن لدية الطاقة ولا القوة لمحاربة الدول الأوروبية .. ولكن
الدول الكبرى كانت ترتعد من سلاح الخلافة، وخوفهم من الخلافة جعلهم يتفقون على إنهاء
الدولة العثمانية[3]، و(أن الدولة العثمانية تضم أجناسا متعددة من أتراك وعرب وألبان وبلغار
ويونانيين وزنوج وعناصر أخرى، ورغم هذا فوحدة الإسلام تجعلنا أفراد أسرة واحدة)[4].

ويعبر عبد الحميد الثاني عن ثقته في وحدة العالم الإسلامي بقوله: (يجب تقوية روابطنا ببقية
المسلمين في كل مكان، يجب أن نقترب من بعضنا البعض أكثر وأكثر، فلا أمل في المستقبل إلا بهذه
الوحدة. ووقتها لم يحن بعد لكنه سيأتي. سيأتي اليوم الذي يتحد فيه كل المؤمنين وينهضون فيه
نهضة واحدة ويقومون قومة رجل واحد وفيه يحطمون رقبة الكفار)[5].

(1) المصدر السابق نفسه، ص24.
(2) المصدر السابق نفسه، ص24.
(3) المصدر السابق نفسه، ص24.
(4) مذكرات السلطان عبد الحميد، ص24.
(5) المصدر السابق نفسه، ص24.

كانت فكرة الجامعة الإسلامية في نظر السلطان عبد الحميد يمكن بها أن يحقق أهدافا منها:

- مواجهة أعداء الإسلام المثقفين بالثقافة الغربية، والذين توغلوا في المراكز الإدارية والسياسية الحساسة، في أجهزة الدول الإسلامية عموما، وفي أجهزة الدولة العثمانية خصوصا، عند حدهم، عندما يجدون أن هناك سدا إسلاميا ضخما وقويا يقف أمامهم.

- محاولة إيقاف الدول الاستعمارية الأوروبية وروسيا، عند حدها عندما تجد أن المسلمين ، قد تكتلوا في صف واحد، وقد فطنوا إلى أطماعهم الاستعمارية ووقفوا ضدها بالوحدة الإسلامية.

- إثبات أن المسلمين يمكن أن يكونوا قوة سياسية عالمية، يحسب له حسابها في مواجهة الغزو الثقافي والفكري والعقدي الروسي -الأوروبي النصراني.

- تأخذ الوحدة الإسلامية الجديدة دورها في التأثير على السياسة العالمية[1].

- تستعبد الدولة العثمانية بوصفها دولة الخلافة قوتها وبذلك يمكن إعادة تقويتها، وتجهيزها بالأجهزة العلمية الحديثة، في الميادين كافة وبذلك تستعيد هيبتها وتكون درسا تاريخيا. يقول : (إن العمل على تقوية الكيان السياسي والاجتماعي الإسلامي، أفضل من إلقائه أرضا، وتكوين كيان غريب فكريا واجتماعيا على نفس الأرض)[2].

- إحياء منصب الخلافة، ليكون أداة قوية، وليس صوريا كما حدث لفترة . وبذلك لا يكون السلطان وحده فقط هو الذي يقف في مواجهة أطماع الغرب وعملائه في الداخل، وإنما هي وحدة شعورية بين شعوب المسلمين جميعا. يكون هو الرمز والموجه والموحد.

(1) انظر: السلطان عبد الحميد الثاني، ص168.

(2) المصدر السابق نفسه، ص169.

والى هذا أشار المؤرخ البريطاني (أرنولد توينبي) في قوله: (إن السلطان عبد الحميد، كان يهدف من سياسته الإسلامية، تجميع مسلمي العالم تحت راية واحدة، وهذا لايعني إلا هجمة مضادة، يقوم بها المسلمون ضد هجمة العالم الغربي التي استهدفت عالم المسلمين)[1].

ولذلك استخدم السلطان عبد الحميد، كل الإمكانيات المتاحة في ذلك الوقت، من اتخاذ الدعاة من مختلف جنسيات العالم الإسلامي، من العلماء والمبرزين، في مجالات السياسة، والدعاة الذين يمكن أن يذهبوا إلى أرجاء العالم الإسلامي المختلفة، للالتقاء بالشعوب الإسلامية وفهم ماعندهم وإبلاغهم بآراء وتوجيهات السلطان الخليفة ونشر العلوم الإسلامية، ومراكز الدراسات الإسلامية، في الداخل والخارج، وطبع الكتب الإسلامية الأساسية، ومحاولة اتخاذ اللغة العربية لأول مرة في تاريخ الدولة العثمانية، لغة للدولة أو مايسمى بالتعبير المعاصر "تعريب" الدولة العثمانية، والعناية بالمساجد والجوامع من تجديد وترميم وبناء الجديد منها، والقيام بحملات تبرع لإحياء المساجد في العالم، والاهتمام بالمواصلات لربط أجزاء الدولة العثمانية، واستمالة زعماء القبائل العربية، وإنشاء مدرسة في عاصمة الخلافة، لتعليم أولاد رؤساء العشائر والقبائل، وتدريبهم على الإدارة، واستمالة شيوخ الطرق الصوفية، والاستفادة من الصحافة الإسلامية في الدعاية للجامعة الإسلامية، واتخاذ بعض الصحف وسيلة للدعاية لهذه الجامعة، والعمل على تطوير النهضة العلمية والتقنية في الدولة العثمانية، وتحديث الدولة فيما هو ضروري[2].

ولقد ألتفت مجموعة من العلماء ودعاة الأمة الإسلامية إلى دعوة الجامعة الإسلامية من أمثال جمال الدين الأفغاني، ومصطفى كامل من مصر، وأبي الهدى الصيادي من سوريا، وعبد الرشيد إبراهيم من سيبريا، والحركة السنوسية في ليبيا وغيرها.

(1) المصدر السابق نفسه، ص169.
(2) انظر: السلطان عبد الحميد الثاني، ص172.

أولا: جمال الدين الأفغاني والسلطان عبد الحميد:

أيد جمال الدين الأفغاني ، دعوة السلطان عبد الحميد إلى الجامعة الإسلامية وقدم مشروعات أكبر بكثير من طموح السلطان. ولم يكن السلطان يأمل في أكثر من وحدة هدف بين الشعوب الإسلامية ، ووحدة حركة بينهما. وهي وحدة شعورية عملية، في نفس الوقت، تكون الخلافة فيها ذات هيبة وقوة لكن الأفغاني عرض على السلطان مشروعا، يرمي إلى توحيد أهل السنة مع الشيعة وكانت نظرة السلطان عبد الحميد لا ترمي في هذا الصدد أكثر من توحيد الحركة السياسية بين الفريقين لمواجهة الاستعمار العالمي [1].

واستفاد السلطان عبد الحميد كثيرا من الأفغاني، في الدعاية إلى الجامعة الإسلامية، رغم الاختلاف بين فكر السلطان وفكر الأفغاني ، ومن أسباب الاختلاف:

1. إيمان الأفغاني بقضية وحدة المسلمين، وتأييده في نفس الوقت للثوار ضد السلطان عبد الحميد ، من القوميين الأتراك والعثمانيين عامة.

2. دعوة الأفغاني لوحدة الشعوب الإسلامية، بحيث تكون كالبنيان الواحد، وبقلب واحد ، في مواجهة الدول الأوروبية الرامية إلى تقسيم الدولة العثمانية العاملة على انهيارها ، وفي نفس الوقت، لم يتعرض الأفغاني للاستعمار الفرنسي، ولو بكلمة تنديد. في وقت احتاج فيه السلطان عبد الحميد إلى مقاومة الفرنسيين في شمال أفريقيا [2].

3. تنديد جمال الدين بالاستعمار الإنكليزي في حين يذكر السلطان عبد الحميد أن المخابرات العثمانية، حصلت على خطة أعدت في وزارة الخارجية الانكليزية، واشترك

(1) انظر: السلطان عبد الحميد الثاني، ص181.

(2) المصدر السابق نفسه، ص182.

فيها جمال الدين الأفغاني وبلنت الانكليزي وتقضي هذه الخطة بإقصاء الخلافة عن السلطان عبد الحميد وعن العثمانيين عموما. وبلنت هذا سياسي إنكليـز ي يعمل في وزارة الخارجية الانكليزية، ومؤلف كتاب "مستقبل الإسلام" ودعا فيه صراحة إلى العمل على نزع الخلافة من العثمانيين، وتقليدها للعرب وقد رد مصطفى كامل باشا زعيم الحركة الوطنية في مصر على "بلنت" في كتاب مصطفى كامل باشا المشهور (المسألة الشرقية) قائلا: (وبالجملة فإن حضرة مؤلف كتاب مستقبل الإسلام يرى -وماهو إلا مترجم عن آمال بني جنسه- أن الأليق بالإسلام أن ينصب انكلترا دولة له بل إن الخليفة يجب أن يكون إنكليزيا)[1].

4. رغم الأطماع الروسية والحروب الروسية ، ضد الدولة العثمانية واقتطاع الروس لأجزاء من الأراضي العثمانية، فقد كان موقف السيد جمال الدين الأفغاني من مبدأ التوسع الروسي غريبا على مفهوم الجامعة الإسلامية، لأنه يعترف بما للروس من مصالح حيوية وإستراتيجية في الهند، تدفعهم لاحتلالها. وأن ليس لدى الأفغاني اعتراض على هذا الاحتلال إذا حدث، بل ينصح الروس باتباع أسلم السبل وأسهلها لتنفيذه، وذلك بأن يستعينوا بدولة فارس، وبلاد الأفغان ، لفتح أبواب الهند، شريطة أن تسهمهما في الغنيمة وتشركهما في المنفعة.

5. الخلاف العقدي الذي ظهر بين العلماء في استانبول وبين جمال الدين الأفغاني وظهور كتاب الشيخ (خليل فوزي الفيليباوي) المعنون (السيوف القواطع) للرد على عقيدة الأفغاني وسكوت الأفغاني عن هذا ، وعدم دفاعه عن نفسه. والكتاب باللغة العربية، ومترجم وقتها إلى اللغة التركية.

مال السلطان عبد الحميد، إلى تركيز كل السلطات في يده بعد أن ذاق الأمرين من وزرائه وضباط جيشه وصدروه العظام المتأثرين بالفكر الغربي ، والذين هدفوا إلى

(1) انظر: السلطان عبد الحميد الثاني، ص183.

إقامة ديمقراطية أوروبية، تضم مجلسا منتخبا يمثل كل شعوب الدولة العثمانية، ومعارضة السلطان عبد الحميد لهذا بحجة أن عدد النواب المسلمين سيكون حوالي نصف العدد الكلي للبرلمان. في حين أن جمال الدين الأفغاني يميل إلى الديمقراطية، وعدم تركيز السلطات في يد شخص واحد بعينه، وميل الأفغاني إلى الحرية في التعبير عن الرأي[1].

ولقد ذكر السلطان عبد الحميد في مذكراته بأن جمال الدين الأفغاني مهرج وله علاقة بالمخابرات الإنكليزية: (وقعت في يدي خطة أعدها في وزارة الخارجية الإنكليزية مهرج اسمه جمال الدين الأفغاني وإنكليزي يدعى بلنت قالا فيها بإقصاء الخلافة عن الأتراك. واقترحا على الانكليز إعلان الشريف حسين أمير مكة خليفة على المسلمين.

كنت أعرف جمال الدين الأفغاني عن قرب. كان في مصر، وكان رجلا خطيرا. اقترح علي ذات مرة -وهو يدعي المهدية- أن يشير جميع مسلمي آسيا الوسطى. وكنت أعرف أنه غير قادر على هذا. وكان رجل الانكليز ، ومن المحتمل جدا أن يكون الانكليز قد أعدوا هذا الرجل لاختباري فرفضت فورا ، فاتحد مع بلنت.

استدعيته إلى استانبول عن طريق أبي الهدى الصيادي الحلبي ، الذي كان يلقي الاحترام في كل البلاد العربية.

قام بالتوسط في هذا كل من منيف باشا، حامي الأفغان القديم ، والأديب الشاعر عبد الحق حامد. جاء جمال الدين الأفغاني إلى استانبول، ولم أسمح له مرة أخرى بالخروج منها...)[2].

أما رأي جمال الدين الأفغاني في السلطان عبد الحميد فإنه يقول : (إن السلطان عبد

(1) انظر: السلطان عبد الحميد الثاني، ص184.
(2) انظر: مذكرات السلطان عبد الحميد، ص 148.

الحميد لو وزن مع أربعة من نوابغ رجال العصر لرجحهم ذكاء ودهاء وسياسة، خصوصا في تسخير جليسه، ولا عجب إذا رأيناه يذلل لك مايقام لملكه من الصعاب من دول الغرب، ويخرج المناوئ له من حضرته راضيا عنه وعن سيرته وسيره، مقتنعا بحجته سواء من ذلك الملك والأمير والوزير والسفير...)[1].

وقال : (ورأيته يعلم دقائق الأمور السياسية ومرامي الدول الغربية وهو معد لكل هوة تطرأ على الملك، مخرجا وسلما، وأعظم ماأدهشني ، ماأعده من خفي الوسائل وأمضى العوامل ، كي لاتتفق أوروبا على عمل خطير في الممالك العثمانية، ويريها عيانا محسوسا أن تجزئة السلطنة العثمانية لايمكن إلا بخراب يعم الممالك الأوروبية بأسرها)[2].

ويقول: (أما مارأيته من يقظة السلطان ورشده وحذره وإعداده العدة اللازمة لإبطال مكائد أوروبا وحسن نواياه واستعداده للنهوض بالدولة الذي فيه نهضة المسلمين عموما، فقد دفعني إلى مد يدي له فبايعته بالخلافة والملك، عالما علم اليقين ، أن الممالك الإسلامية في الشرق لاتسلم من شراك أوروبا، ولا من السعي وراء إضعافها وتجزئتها ، وفي الأخير ازدرائها واحدة بعد أخرى، إلا بيقظة وانتباه عمومي وانضواء تحت راية الخليفة الأعظم...)[3].

إن جمال الدين الأفغاني أمره محير فهناك من يدافع عنه وهناك من يتهمه بالعمالة والانضمام إلى المحافل الماسونية فمثلا، كتاب دعوة جمال الدين الأفغاني في ميزان الإسلام للمؤلف مصطفى فوزي عبد اللطيف غزال يرى أنه كان من عوامل الهدم في الأمة في تاريخها الحديث، إما كتاب جمال الدين الأفغاني المصلح المفترى عليه للدكتور محسن عبد الحميد فيراه من المصلحين.

---

(1) انظر: جمال الدين الأفغاني المصلح المفترى عليه، د. محسن عبد الحميد، ص137.

(2) المصدر السابق نفسه، ص137.

(3) انظر: جمال الدين الأفغاني المصلح المفترى عليه، ص137.

ثانيا : الطرق الصوفية:

استهدف السلطان عبد الحميد الطرق الصوفية في كسب ولائها للدولة العثمانية، والدعوة إلى فكرة الجامعة الإسلامية، واستطاع أن يكون رابطة بين مقر الخلافة -استانبول- وبين تكايا ومراكز تجمع الطرق الصوفية في كل أنحاء العالم الإسلامي واتخذ من حركة التصوف في العالم الإسلامي وسيلة للدعاية للجامعة الإسلامية، كما اتخذ من الزهاد من غير المتصوفة وسيلة أيضا للدعوة لفكر التجمع الإسلامي ، وتكونت في عاصمة الخلافة لجنة مركزية ، مكونة من العلماء وشيوخ الطرق الصوفية حيث عملوا مستشارين للسلطان في شؤون الجامعة الإسلامية: الشيخ (أحمد أسعد) وكيل الفراشة الشريفة في الحجاز، والشيخ (أبو الهدى الصيادي) شيخ الطريقة الرفاعية، والشيخ (محمد ظافر الطرابلسي) شيخ الطريقة المدنية، والشيخ -رحمه الله- أحد علماء الحرم المكي، كانوا أبرز أعضاء هذه اللجنة المركزية للجامعة الإسلامية، وكان معهم غيرهم، وكانت الدولة العثمانية تنتشر فيها هيئات فرعية في كافة الأقاليم خاضعة لهذه اللجنة ، ومن أهمها التي كانت في مكة تحت إشراف شريف مكة ومهمتها نشر مفهوم الجامعة الإسلامية في موسم الحج بين الحجاج، وأخرى في بغداد، وتقوم بنفس المهمة بين اتباع الطريقة القادرية، الذين يأتون بكثرة من الشمال الأفريقي لزيارة الشيخ عبد القادر الكيلاني مؤسس الطريقة، وقد قدرت أعداد هؤلاء في إحدى السنوات بحوالي (25.000) نسمة. وكانت لجنة بغداد تمل على تهيئة القادمين لحمل فكرة الجامعة الإسلامية ، ولمقاومة الاستعمار الفرنسي في شمال أفريقيا ووصفت المخابرات الفرنسية ما قام به هؤلاء القادمون من أهل الشمال الأفريقي من بغداد، من أعمال ضد الفرنسيين وضد الاستعمار الفرنسي بأنها: (استفزازات بعض رجال الدين التابعين للطريقة القادرية)[1].

---

(1) انظر: السلطان عبد الحميد الثاني، ص196.

وللجنة المركزية للجامعة الإسلامية في استانبول، فرع أفريقي يعمل في شمال أفريقيا، وهو يعمل في سرية تامة، مهمته تنسيق العمل بين الجماعات الدينية هناك، لمقاومة الاحتلال الفرنسي، وهذه الجماعات هي : (الشاذلية والقادرية والمدنية) [1].

وبلغ من نفوذ هذه الحركة وهيبتها: أن وصفتها إدارة المخابرات الفرنسية في شمال أفريقيا بقولها: (ويمكن للسلطان عبد الحميد -بصفته رئيسا للجامعة الإسلامية- أن يجمع من خلال ارتباطاته الوثيقة بالجماعات الدينية في شمال أفريقيا- جيشا محليا منظما، يتمكن -إذا لزم الأمر- أن يقاوم به أي قوة أجنبية) [2].

ولم تستطع المخابرات الفرنسية أن تكشف وسائل التنظيم للطرق الصوفية التابعة للخلافة الإسلامية في شمال أفريقيا وكل ما استطاعت عمله، هو محاولتها إضعاف هيبة السلطان عبد الحميد في نفوس مسلمي شمال أفريقيا، ومحاولة هذه السلطات ضرب سياسة الجامعة الإسلامية. وذلك باتباع سياسة فرنسية تقوم على:

إغراء بعض شيوخ الطرق الصوفية بالمال وبالمركز، للوقوف مع فرنسا وسياستها في شمال أفريقيا.

منع الحجيج من الحج، حتى لايلتقوا بدعاة الجامعة الإسلامية بالسبل المناسبة. بمعنى : عدم إعلان منع الحج، واتخاذ أسباب صحية لتخويف الناس منه، مثل نشر أخبار عن وجود الكوليرا [3] وأرسل السلطان عبد الحميد مجموعة من الزهاد والمتصوفة إلى الهند، لتعمل على القضاء على المحاولات الانكليزية الداعية إلى سلب الخلافة من العثمانيين، لإعطائها إلى العرب. واتصلت هذه القافلة أيضا ببعض حكام الجزيرة العربية لاسيما الحجاز [4].

(1) المصدر السابق نفسه، ص197.
(2) انظر: السلطان عبد الحميد الثاني، ص197.
(3) المصدر السابق نفسه، ص198.
(4) المصدر السابق نفسه، ص198.

وهناك اتصالات بين السلطان عبد الحميد بوصفه رئيسا للجامعة الإسلامية ، وخليفة المسلمين ، وسلطان الدولة العثمانية ، وبين تجمعات الطرق الصوفية وشيوخها في تركستان، وفي جنوب أفريقيا، وفي الصين. بعضها كشف عنها النقاب ، وأكثرها لم تكشف عنه الوثائق بشكل كاف بعد[1].

لقد نجح السلطان عبد الحميد الثاني في جمع الطرق الصوفية إلا أنه فضل السكوت عن كثير من انحرافاتها العقدية بحيث أن الطرق الصوفية في تلك المرحلة انحرفت عن كتاب الله وسنة رسول الله صلى الله عليه وسلم إلا مارحم الله ولذلك أضعفت الأمة وساهمت في سقوط الخلافة الإسلامية العثمانية السنية سنبين ذلك بإذن الله تعالى في أسباب السقوط.

ثالثا: تعريب الدولة:

كان السلطان عبد الحميد يرى -منذ أن تولى الحكم- ضرورة اتخاذ اللغة العربية لغة رسمية للدولة العثمانية. وفي هذا يقول: (اللغة العربية لغة جميلة. ليتنا كنا اتخذناها لغة رسمية للدولة من قبل. لقد اقترحت على (خير الدين باشا -التونسي- عندما كان صدرا أعظم أن تكون اللغة العربية هي اللغة الرسمية، لكن سعيد باشا كبير أمناء القصر أعترض على اقتراحي هذا. وقال : (إذا عربنا الدولة فلن يبقى -للعنصر التركي- شيء بعد ذلك.

كان (سعيد باشا) رجلا فارغا، وكلامه فارغا. مادخل هذه المسألة بالعنصر التركي؟! المسألة غير هذه تماما. هذه مسألة ، وتلك مسألة أخرى اتخاذنا للغة العربية لغة رسمية للدولة من شأنه -على الأقل- أن يزيد ارتباطنا بالعرب)[2].

---

(1) انظر: السلطان عبد الحميد الثاني، ص198.

(2) انظر:السلطان عبد الحميد الثاني، ص199.

إن السلطان عبد الحميد الثاني كان يشكو وخصوصا في بداية حكمه من أن الوزراء وأمناء القصر السلطاني ، كانوا يختلفون عنه في التفكير، وأنهم متأثرون بالغرب وبالأفكار القومية والغربية وكانوا يشكلون ضغط على القصر ، سواء في عهد والده السلطان عبد المجيد، وفي عهد عمه السلطان عبد العزيز، أو في عهده هو. لم يقتصر الأمر في معارضة اقتراح السلطان عبد الحميد بتعريب الدولة العثمانية على الوزراء المتأثرين بالغرب فقط: بل تعداه إلى معارضة من بعض علماء الدين[1].

إن من الأخطاء التي وقعت فيها الدولة العثمانية عدم تعريب الدولة وشعبها بلغة القرآن الكريم والشرع الحكيم.

يقول الأستاذ محمد قطب: (ولو تصورنا أن دولة الخلافة قد استعربت ، وتكلمت اللغة العربية التي نزل بها هذا الدين فلا شك أن عوامل الوحدة داخل الدولة كانت تصبح أقوى وأقدر على مقاومة عبث العابثين، فضلا عما يتيحه تعلم العربية من المعرفة الصحيحة بحقائق هذا الدين من مصادره المباشرة: كتاب الله وسنة رسوله صلى الله عليه وسلم ، مما كان الحكام والعامة كلاهما في حاجة إليه، على الرغم من كل ماترجم إلى التركية وما ألف أصلا بالتركية حول هذا الدين)[2].

رابعا: مراقبته للمدارس ونظرته للمرأة وسفور المرأة:

عندما تولى السلطان عبد الحميد السلطنة رأى أن المدارس، ونظام التعليم، أصبح متأثرا بالفكر الغربي، وأن التيار القومي: هو التيار السائد في هذه المدارس، فتدخل في شؤونها ووجهها -من خلال نظرته السياسية- إلى الدراسات الإسلامية. فأمر بالآتي:

- استبعاد مادة الأدب والتاريخ العام من البرامج الدراسية لكونها وسيلة من

---

(1) المصدر السابق نفسه، ص200.
(2) انظر: واقعنا المعاصر، ص153.

وسائل الأدب الغربي، والتاريخ القومي للشعوب الأخرى مما يؤثر على أجيال المسلمين سلبا.

● وضع دروس الفقه والتفسير والأخلاق في برامج الدراسة.

● الاقتصار فقط على تدريس التاريخ الإسلامي بما فيه العثماني.

وجعل السلطان عبد الحميد مدارس الدولة تحت رقابته الشخصية ووجهها لخدمة الجامعة الإسلامية[1].

وأهتم بالمرأة وجعل للفتيات دارا للمعلمات ومنع اختلاطهن بالرجال وفي هذا يذكر السلطان في معرض الدفاع عن نفسه أمام اتهام جمعية الاتحاد والترقي له بأنه عدو العقل والعلم بأنه : (لو كنت عدوا للعقل والعلم فهل كنت أفتح الجامعة؟ لو كنت هكذا عدوا للعلم ، فهل كنت أنشئ لفتياتنا اللواتي لا يختلطن بالرجال ، دارا للمعلمات؟!)[2].

وقام بمحاربة سفور المرأة في الدولة العثمانية، وهاجم تسرب أخلاق الغرب، إلى بعض النساء العثمانيات، ففي صحف استانبول في 3 أكتوبر 1883م ظهر بيان حكومي موجه إلى الشعب يعكس وجهة نظر السلطان شخصيا في رداء المرأة.

يقول هذا البيان: (إن بعض النساء العثمانيات اللائي يخرجن إلى الشوارع في الأوقات الأخيرة، يرتدين ملابس مخالفة للشرع. وإن السلطان قد ابلغ الحكومة بضرورة اتخاذ التدابير اللازمة للقضاء على هذه الظاهرة. كما أبلغ السلطان الحكومة أيضا بضرورة عودة النساء إلى ارتداء الحجاب الشرعي الكامل بالنقاب إذا خرجن إلى الشوارع). وبناء على هذا فقد اجتمع مجلس الوزراء واتخذ القرارات التالية:

(1) انظر: السلطان عبد الحميد الثاني، ص201.
(2) المصدر السابق نفسه، ص99.

● (تعطى مهلة شهر واحد يمنع بعده سير النساء في الشوارع إلا إذا ارتدين الحجاب الإسلامي القديم. وينبغي أن يكون هذا الحجاب خاليا من كل زينة ومن كل تطريز.

● يلغى ارتداء النساء النقاب المصنوع من القماش الخفيف أو الشفاف. وبالتالي ضرورة العودة إلى النقاب الشرعي الذي لايبين خطوط الوجه.

● على الشرطة -بعد مضي شهر على نشر هذا البيان- ضمان تطبيق ماجاء فيه من قرارات بشكل حاسم، وعلى قوات الضبطية التعاون مع الشرطة في هذا.

● صدق السلطان على هذا البيان بقراراته الحكومية.

● ينشر هذا البيان في الصحف ويعلق في الشوارع)[1].

وفي اليوم التالي لنشر هذا البيان ، أي في 4 أكتوبر قالت جريدة (وقت) الصادرة في استانبول : (إن المجتمع العثماني عموما يصوب هذا القرار ويراه نافعا)[2].

وكان السلطان عبد الحميد يرى : (أن المرأة لا تتساوى مع الرجل من حيث القوامة) ويقول: (مادام القرآن يقول بهذا، فالمسألة منتهية ولا داعي للتحدث عن مساواة المرأة بالرجل).

ويرى : (إن فكرة هذه المساواة إنما جاءت من الغرب)[3].

كما كان يدافع عن تعدد الزوجات، في وقت كان الإعلام العثماني يثير هذه القضية معترضا عليها. ويقول السلطان: (لماذا يعترض بعض المثقفين على هذا الأمر، ولماذا لايعترضون على وجوده في أماكن أخرى غير الدولة العثمانية، في بعض أماكن أوروبا

---

(1) انظر: السلطان عبد الحميد الثاني، ص100.
(2) انظر: موسوعة أتاتورك (60،59/1).
(3) انظر: السلطان عبد الحميد الثاني، ص100.

وأمريكا؟) ويؤكد السلطان : إن مبدأ تعدد الزوجات مباح في الإسلام فماذا يعني الاعتراض عليه؟)[1].

لقد كان السلطان عبد الحميد مع تعليم المرأة ولذلك أنشأ دارا للمعلمات، لتخريج معلمات للبنات كما كان ضد الاختلاط بين الرجل والمرأة وضد سفور المرأة ولم يكن في عهده للمرأة رأي في شؤون الدولة مهما كانت هذه الشؤون وإنما دور المرأة في البيت وتربية الأجيال وكان يعامل المرأة معاملة كريمة نادرة فهذه زوجة أبيه التي احتضنته وقامت بتربيته، عندما تولى السلطان العرش ، أعلن زوجة أبيه التي ربته (والدة السلطان) بمعنى الملكة في المفهوم الحديث. وكانت الملكة في القصر العثماني ، هي أم السلطان وليست زوجته كما في الدول الأخرى. ومع كل هذا، ففي اليوم التالي لتنصيب السلطان عبد الحميد على عرش الدولة العثمانية، قابل زوجة أبيه وهي التي أحبها حبا بالغا، وقبل يدها وقال لها:

(بحنانك لم اشعر بفقد أمي . وأنت في نظري أمي لاتفترقين عنها. ولقد جعلتك السلطنة الوالدة.. يعني أن الكلمة في هذا القصر لك. لكني أرجوك -وأنا مصر على هذا الرجاء- ألا تتدخلي بأي شكل من الأشكال في أي عمل من أعمال الدولة، كبر أم صغر)[2].

خامسا: مدرسة العشائر:

أنشأ السلطان عبد الحميد في استانبول ، باعتبارها مقر الخلافة ومركز السلطنة (مدرسة العشائر العربية) من أجل تعليم وإعداد أولا العشائر العربية، من ولايات حلب، وسورية ، وبغداد، والبصرة، والموصل، وديار بكر، وطرابلس الغرب واليمن، والحجاز، وبنغازي والقدس، ودير الزور.

---

(1) المصدر السابق نفسه، ص101.

(2) انظر: السلطان عبد الحميد الثاني، ص98.

وكانت مدة الدراسة في مدرسة العشائر العربية في استانبول خمس سنوات، وهي داخلية، تتكفل الدولة العثمانية بكل مصاريف الطلاب، ولكل طالب "إجازة صلة الرحم" وهي إجازة مرة كل سنتين. وسفر الطالب فيها على نفقة الدولة:

وبرنامج مدرسة العشائر العربية، في استانبول كان كالآتي:

<u>السنة الأولى</u>: القرآن الكريم - الأبجدية - العلوم الدينية- القراءة التركية- إملاء - تدريب عسكري.

<u>السنة الثانية</u>: القرآن الكريم - التجويد - العلوم الدينية- الإملاء - الحساب - القراءة التركية - تحسين الخط، تدريب عسكري .

<u>السنة الثالثة</u>: القرآن الكريم - التجويد - العلوم الدينية - الإملاء - حسن الخط- الحساب - الجغرافيا - الفرنسية - التدريب .

<u>السنة الرابعة</u>: القرآن الكريم - التجويد - العلوم الدينية - الصرف العربي- اللغة الفارسية - الكتابة والنحو التركي - الجغرافيا - الحساب - حسن الخط الفرنساوي - التدريب.

<u>السنة الخامسة</u>: القرآن الكريم - التجويد - العلوم الدينية - النحو العربي- اللغة الفارسية - التاريخ العثماني - القواعد العثمانية - الكتابة والقراءة التركية - المكالمة التركية - الجغرافيا - الحساب - الهندسة - حسن الخط - المعلومات المتنوعة - حفظ الصحة - أصول إمساك الدفاتر - اللغة الفرنسية - حسن الخط الفرنساوي - الرسم - التدريب [1].

وكان المتخرجون من هذه المدرسة ، يدخلون المدارس العسكرية العالية. ويحصلون بعد ذلك على رتب عالية. كما يمكنهم كذلك أن يدخلوا المدرسة الملكية -وهي مدنية- يدرسون فيها سنة ويحصلون بعدها على رتبة قائمقام، ثم يعودون إلى بلادهم [2].

---

(1) انظر: تاريخ التربية التركية، عثمان أركين ،ص614-615،84، 1180،1182 على التوالي.

(2)انظر: السلطان عبد الحميد الثاني، ص202.

كما أنشأ السلطان عبد الحميد (معهد تدريب الوعاظ والمرشدين) أقيم لإعداد الدعاة للدعوة الإسلامية، وللجامعة الإسلامية ثم يتخرجون فينطلقون إلى مختلف أرجاء العالم الإسلامي يدعون للإسلام، ويدعون للخلافة، ويدعون للجامعة الإسلامية[1].

ولقد كانت نظرة السلطان عبد الحميد بعيدة وثاقبة ولذلك اهتم بمسلمين الصين.

خرجت الصحافة في استانبول ، بخبر مفاده أن عدد من مسلمي الصين متحمسون ، يحبون العلم ويرغبون الاستفادة من المعارف الإسلامية، وأن لديهم مؤسسات تعليمية ومدارس، وأن في بكين وحدها ثمانية وثلاثين مسجدا وجامعا، يؤدي المسلمون فيها الصلاة، ويدعون فيها للخليفة المسلمين السلطان عبد الحميد الثاني ، وأن خطبة الجمعة في مساجد وجوامع بكين تقرأ باللغة العربية، ثم تترجم إلى اللغة الصينية، وأن الدعاء للسلطان عبد الحميد بصفته خليفة المسلمين لا يقتصر على بكين فقط، بل ويمتد إلى كل مساجد الصين وجوامعها[2].

تأسست في بكين - عاصمة الصين- جامعة أطلق عليها المسلمون الصينيون اسم (دار العلوم الحميدية) نسبة إلى السلطان الخليفة عبد الحميد الثاني، أو بتعبير السفير الفرنسي- في استانبول اسم (الجامعة الحميدية في بكين) وذلك في تقرير له إلى وزارة خارجيته في باريس.

وقد حضر افتتاح هذه الجامعة ، الآلاف من المسلمين الصينيين. وحضره أيضا مفتي المسلمين في بكين ، والكثير من علماء المسلمين هناك.

وفي مراسم الافتتاح ، ألقيت الخطبة باللغة العربية، ودعا الخطيب للسلطان الخليفة عبد الحميد. وقام مفتي بكين بترجمة الخطبة والدعاء إلى اللغة الصينية. و(بكى أغلب

(1) انظر: الانقلاب العثماني، مصطفى طوران، ص37.

(2) انظر: جريدة ترجمان حقيقت رسالة من الصين 1325/12/26هـ

المسلمين الحاضرين بكاء حارا بدافع فرحتهم) و(إن مسلمي الصين مترابطون فيما بينهم ترابطا واضحا برباط الدين المتين. وإن إيراد الخطبة باللغة العربية لغة المسلمين الدينية، ورفع علم الدولة العثمانية على باب هذه الجامعة، قد أثر تأثيرا بالغا في هؤلاء الناس الطيبي القلب، وحرك الدموع في أعينهم)[1].

سادسا: خط سكة حديد الحجاز:

عمل السلطان عبد الحميد على كسب الشعوب الإسلامية عن طريق الاهتمام بكل مؤسساتها الدينية والعلمية والتبرع لها بالأموال والمنح ورصد المبالغ الطائلة لإصلاح الحرمين وترميم المساجد وزخرفتها وأخذ السلطان يستميل إليه مسلمين العرب بكل الوسائل فكون له من العرب حرسا خاصا وعين بعض الموالين له منهم في وظائف كبرى منهم (عزت باشا العابد) -من أهل الشام- الذي نجح في أن ينال أكبر حظوة عند السلطان عبد الحميد وأصبح مستشاره في الشؤون العربية. وقد لعب دورا هاما في مشروع سكة حديد الحجاز الممتدة من دمشق إلى المدينة المنورة وهو بهذا المشروع الذي اعتبره السلطان عبد الحميد وسيلة من والسائل التي أدت لإعلاء شأن الخلافة ونشر فكرة الجامعة الإسلامية.

وأبدى السلطان عبد الحميد اهتماما بالغا بإنشاء الخطوط الحديدية في مختلف أنحاء الدولة العثمانية مستهدفا من ورائها تحقيق ثلاثة أغراض هي:

1. ربط أجزاء الدولة المتباعدة مما ساعد على نجاح فكرة الوحدة العثمانية والجامعة الإسلامية والسيطرة الكاملة على الولايات التي تتطلب تقوية قبضة الدولة عليها.
2. إجبار تلك الولايات على الاندماج في الدولة والخضوع للقوانين العسكرية التي تنص على وجوب الاشتراك في الدفاع عن الخلافة بتقديم المال والرجال.

(1) انظر: السلطان عبد الحميد الثاني، ص205.

3. تسهيل مهمة الدفاع عن الدولة في أية جبهة من الجبهات التي تتعرض للعدوان لأن مد الخطوط الحديدية ساعد على سرعة توزيع القوات العثمانية وإيصالها إلى الجبهات[1].

وكانت سكك حديد الحجاز من أهم الخطوط الحديدية التي أنشأت في عهد السلطان عبد الحميد ففي سنة 1900م بدأ بتشييد خط حديدي من دمشق إلى المدينة للاستعاضة به عن طريق القوافل الذي كان يستغرق من المسافرين حوالي أربعين يوما، وطريق البحر الذي يستغرق حوالي أثنى عشر يوما من ساحل الشام إلى الحجاز، وكان يستغرق من المسافرين أربعة أو خمسة أيام على الأكثر ولم يكن الغرض من إنشاء هذا الخط مجرد خدمة حجاج بيت الله الحرام وتسهيل وصولهم إلى مكة والمدينة وإنما كان السلطان عبد الحميد يرمي من ورائه أيضا إلى أهداف سياسية وعسكرية فمن الناحية السياسية خلق المشروع في أنحاء العالم الإسلامي حماسة دينية كبيرة إذ نشر السلطان على المسلمين في كافة أنحاء الأرض بيانا يناشدهم فيه المساهمة بالتبرع لإنشاء هذا الخط[2]، وقد افتتح السلطان عبد الحميد قائمة التبرعات بمبلغ (خمسين ألف ذهبا عثمانيا من جيبه الخاص) وتقرر دفع (مائة ألف) ذهب عثماني من صندوق المنافع، وأسست الجمعيات الخيرية وتسابق المسلمون من كل جهة للإعانة على إنشائها بالأنفس والأموال[3].

وتبرع للمشروع الشخصيات الهامة في الدولة ، مثل الصدر الأعظم ووزير الحربية (حسين باشا) ووزير التجارة والأشغال (ذهني باشا)، ورئيس لجنة المشروعات (عزت باشا).

وتبارى موظفو الشركات في التبرع، مثل موظفي شركة البواخر العثمانية. وكذلك

---

(1) انظر: صحوة الرجل المريض، د. موفق بني المرجة، ص113.
(2) انظر: صحوة الرجل المريض، ص113.
(3) انظر: السلطان عبد الحميد الثاني، ص222.

موظفو الدولة العموميين، والولايات مثل ولاية بيروت ودمشق وحلب وبورصة وغيرها.

وشارك القصر الحاكم في مصر، في حملة التبرعات، وشكلت في مصر لجنة الدعاية للمشروع وجمع التبرعات له برئاسة (أحمد باشا المنشاوي). كما شاركت الصحافة المصرية في حملة سكة حديد الحجاز بحماس ومثال على ذلك جريدة المؤيد. وجمعت جريدة (اللواء) المصرية تبرعات للمشروع بلغت -حتى عام 1904م- ثلاثة آلاف ليرة عثمانية. وكان يرأسها مصطفى كامل باشا، كما جمع (علي كامل) مبلغ (2000) ليرة عثمانية للمشروع حتى عام 1901م.

وأسهم في هذه الحملة ، جريدة (المنار) وجريدة (الرائد المصري) وشكلت لجان تبرع للمشروع في كل من القاهرة والإسكندرية وغيرهما من مدن مصر.

وكان مسلمو الهند أكثر مسلمي العالم حماسا وعاطفة وتبرعا للمشروع. وقد تبرع أمير حيدر أباد بالهند بإنشاء محطة المدينة المنورة في المشروع كما تبرع شاه إيران بمبلغ (50.000) ليرة عثمانية.

ورغم احتياج المشروع لبعض الفنيين الأجانب في إقامة الجسور والأنفاق، فإنهم لم يستخدموا إلا إذا اشتدت الحاجة إليهم، مع العلم بأن الأجانب لم يشتركوا إطلاقا في المشروع، ابتداء من محطة الأخضر -على بعد 760 كليومترا جنوب دمشق- وحتى نهاية المشروع. ذلك لأن لجنة المشروع استغنت عنهم واستبدلتهم بفنيين مصريين.

وبلغ عدد العمال غير المهرة عام 1907م (7500) عاملا. وبلغ إجمالي تكاليف المشروع (4.283.000) ليرة عثمانية. وتم إنشاء المشروع في زمن وتكاليف أقل مما لو تعمله الشركات الأجنبية في أراضي الدولة العثمانية[1] وفي أغسطس سنة 1908م وصل الخط الحديدي إلى المدينة المنورة وكان مفروضا أن يتم مده بعد ذلك إلى مكة

(1) انظر: السلطان عبد الحميد الثاني، ص224.

لكن حدث أن توقف العمل فيه لأن شريف مكة -وهو الحسين بن علي- خشي على سلطاته في الحجاز من بطش الدولة العثمانية فنهض لعرقلة مد المشروع إلى مكة وكانت مقر إمارته وقوته. فبقيت نهاية الخط عند المدينة المنورة حتى إذا قامت الحرب الكبرى الأولى عمل الانكليز بالتحالف مع القوات العربية التي انضمت إليهم بقيادة فيصل بن الحسين بن علي على تخريب سكة حديد الحجاز ولا تزال هذه السكة معطلة حتى اليوم والمأمول أن تبذل الجهود لإصلاحها حتى تعود إلى العمل في تيسير سفر حجاج بيت اللـه الحرام(1).

وقد وصف السفير البريطاني في القسطنطينية في تقريره السنوي (1) العام 1907م أهمية الخط الحجازي فقال: (إن بين حوادث السنوات العشر الأخيرة عناصر بارزة في الموقف السياسي العام، أهمها خطة السلطان الماهرة التي استطاع أن يظهر بها أمام ثلاثمائة مليون من المسلمين في ثوب الخليفة الذي هو الرئيس الوحي للمسلمين ، وأن يقيم لهم البرهان على قوة شعوره الديني وغيرته الدينية، ببناء سكة حديد الحجاز التي ستمهد الطريق في القريب العاجل أمام كل مسلم للقيام بفريضة الحج إلى الأماكن المقدسة في مكة والمدينة). فلا غرو إذا ما لمسنا حنق الانكليز على ذلك الخط الحديدي وافتعالهم الأزمات لإعاقته، وانتهازهم أول فرصة لتعطيله ونسفه. لقطع الطريق على القوات العثمانية(2).

وكان أول قطار قد وصل إلى محطة سكة الحديد في المدينة المنورة من دمشق الشام يوم 22 آب (أغسطس) 1908م وكان بمثابة تحقيق حلم من الأحلام بالنسبة لمئات الملايين من المسلمين في أنحاء العالم كافة، فقد اختصر القطار في رحلته التي استغرقت ثلاثة أيام وقطع فيها 814 ميلا مشقات رحلة كانت تستغرق في السابق أكثر من خمسة أسابيع كما خفقت في ذلك اليوم التاريخي قلوب أولئك الذين كانوا مشتاقين إلى القيام

---

(1) انظر: صحوة الرجل المريض، ص114.

(2)

بأداء فريضة الحج المقدسة[1].

كانت سياسة عبد الحميد الإسلامية محضة، فأراد أن يجمع قلوب المسلمين حواليه باعتباره خليفة المسلمين جميعا فكان مد خط السكة الحديدي بين الشام والحجاز من الوسائل الجميلة في تحقيق هدفه المنشود[2].

كان كرومر المعتمد البريطاني في مصر (1301-1325هـ/1883-1907م) من أوائل من ألب أوروبا على الجامعة الإسلامية، وحرص على أن يتحدث في تقاريره السنوية عن الجامعة الإسلامية ببغض شديد وفي الوقت نفسه نشرت جريدة الأهرام (المصرية) تصريحات مثيرة لوزير فرنسي- هو (هانوتو) هاجم فيها الجامعة الإسلامية . وكانت مهاجمة الجامعة الإسلامية تستتبع بالتالي بمهاجمة الدولة العثمانية حتى تتفرق الوحدة التي تجمع من حولها الدول الإسلامية لتواجه النفوذ الاستعماري الزاحف الذي قد رسم مخططه على أساس التهام هذه الوحدات والحيلولة دون التقائها مرة أخرى في أي نوع من الوحدة ليستديم سيطرته عليها[3]؛ فاتخذوا لذلك عدة أعمال أساسية :

1. تعميق الدعوات الإقليمية والخاصة بالوطنية والأرض والأمة والعرق.
2. خلف جو فكري عام لمحاربة الوحدة الإسلامية وتصفيتها.

وكل هذا مقدمة لإلغاء الخلافة العثمانية نهائيا وبالتعاون مع الصهيونية العالمية[4] ويهود الدونمة وأذنابهم من جمعيات تركيا الفتاة، والاتحاد والترقي،... سياسة التودد والاستمالة!

---

(1) انظر: صحوة الرجل المريض، ص114.
(2) المصدر السابق نفسه، ص114.
(3) انظر: حاضر العالم الإسلامي، د.جميل المصري (101/1).
(4) المصدر السابق نفسه (101/1).

انتهج السلطان عبد الحميد الثاني سياسة التودد إلى الشخصيات ذات النفوذ في الأوساط الشعبية في مختلف البقاع، فهو من ناحية كان يظهر احترامه لأهل العلم، ويعلي من قدرهم، ومن أجل ذلك جعل مجلس المشايخ، ورتب رواتب أعضائه ، وكان حسن النية مع مرشديهم، وكان أرباب العلم ذوي رتب عالية عنده، وكان يتودد إلى الشخصيات المهمة والتي تشجع وتقف مع فكرة الجامعة الإسلامية، مثل (مصطفى كامل باش) في مصر، ويعفو عن أخطاء البارزين -إذا كانوا يحسنون النية معه، ماداموا مقتنعين ومساندين لفكرة الجامعة الإسلامية- مثل (نامق كمال).

وكان يختار بعض طلاب مدرسة العشائر العربية من أبناء العائلات الأصيلة العريقة ذات النفوذ والسطوة والسمعة الطيبة من أبناء زعماء العرب. وقد توسعت هذه المدرسة فيما بعد وأخذت من أبناء الأكراد والألبان وحرص على الاتصال بزعماء وشيوخ وأمراء قبائل العرب بواسطة الرسائل والرسل لتقوية روابط الود والمحبة والأخوة الإسلامية ، وكان على معرفة تامة بعمل الانجليز الذين اتصلوا بالشيوخ مثل (شريف مكة) و(الشيخ حميد الدين) في اليمن، وشيخ عسير وبعض شيوخ من أجل تحريضهم على الدولة العثمانية وتشجيعهم بالخروج على طاعة الخليفة، والانفصال عن الدولة العثمانية.

وعمل على إبطال مخططات الانكليز ومؤامراتهم الخبيثة، ولم يتوان عن حجز من يشك في ولائهم للدولة العثمانية ويلزمهم بالبقاء تحت رقابة الدولة في استانبول تحت مسميات المناصب والمرتبات، حتى تأمن الدولة مؤامراتهم ، كما فعل مع شريف مكة عندما عينه عضوا في مجلس شورى الدولة في استانبول ، ليمنعه من العودة إلى مكة وقد عبر السلطان عبد الحميد عن رأيه في الشريف حسين، أثناء حديثه مع الصدر الأعظم فريد باشا. قال السلطان عبد الحميد: (إن الشريف حسين لايحبنا. إنه الآن هادئ وساكن، لكن الله وحده يعلم ماذا يمكن أن يفعله الشريف غدا). لذلك تأخر قيام الثورة العربية بقيادة الشريف حسين إلى مابعد خلع الاتحاديين للسلطان عبد الحميد.

فلما حكم حزب الاتحاد والترقي الماسوني، أعاد الشريف حسين إلى مكة واستطاع بعد ذلك أن يتحالف مع الانكليز ويحدث فجوة كبيرة بين مسلمي العرب والأتراك[1].

سابعا: إبطاله مخططات الأعداء:

شرعت بريطانيا منذ الربع الأول من القرن التاسع عشر في تحريض الأكراد ضد الدولة العثمانية، بهدف إيجاد عداء عثماني كردي من ناحية، وانفصال الأكراد بدولة تقتطع من الدولة العثمانية من ناحية أخرى.

وعندما قامت شركة الهند البريطانية زاد اهتمام الانكليز بالعراق، وقامت على العمل لإيجاد حركة قومية بين الأكراد وتجول مندوبون بريطانيون بين عشائر الأكراد في العراق في محاولة لتوحيد العشائر الكردية ضد الدولة العثمانية وكانت المخابرات العثمانية تتابع الأمور بدقة متناهية ووضع السلطان عبد الحميد خطة مضادة للعمل التدميري الانكليزي فقام بالتالي:

- قامت الدولة العثمانية بحماية المواطنين الأكراد من هجمات الأرمن الدموية ضدهم.
- أرسل إلى عشائر الأكراد وفودا من علماء المسلمين للنصح والإرشاد والدعوة إلى الاجتماع تحت دعوة الجامعة الإسلامية ، وأدت هذه الوفود دورها في إيقاظ الأكراد تجاه الأطماع الغربية.
- اتخذ السلطان عبد الحميد إجراءات يضمن بها ارتباط أمراء الأكراد به وبالدولة.
- أسس الوحدات العسكرية الحميدية في شرق الأناضول من الأكراد، للوقوف أمام الاعتداءات الأرمنية .
- كان موقف الدولة قويا ضد أطماع الأرمن في إقامة دولة تقطع من أراضيها،

(1) انظر: السلطان عبد الحميد الثاني، ص227.

وبذلك شعر الأكراد المقيمون في نفس المنطقة بالأمان[1].

● عملت الدولة على كشف مخططات الانكليز الهادفة إلى تفتيت الدولة العثمانية تحت مسمى حرية القوميات في تأسيس كل قومية دولة مختصة بها.

استطاع السلطان عبد الحميد أن يضيق على النفوذ البريطاني في اليمن ويحقق نجاحا ظاهرا في صراعه مع الانكليز في تلك المنطقة، فقد أنشأ فرقة عسكرية في اليمن قوامها ثمانية آلاف جندي، لإعادة اليمن إلى الدولة العثمانية مرة أخرى ووصل اهتمامه باليمن إلى إرسال مشاهير قادته ليقودوا هذه الفرقة مثل (أحمد مختار باشا) و(أحمد فوزي باشا) و(حسين حلمي باشا) و(توفيق باشا) والمشير(عثمان باشا)، و(إسماعيل حقي باشا) وقد حاول الانكليز إذكاء نيران التمرد في اليمن ضد الدولة العثمانية ولكن السياسة الحكيمة التي سار عليها السلطان عبد الحميد كفلت له النجاح في اليمن[2].

وكانت العقلية العثمانية تسعى لمد خط سكة الحديد من الحجاز إلى اليمن وهذا ماتثبته الوثائق العثمانية التي دلت على وجود تخطيط ودراسة عميقة لهذا المشروع الكبير[3].

ثامنا: الأطماع الإيطالية في ليبيا:

كانت إيطاليا تحلم بضم شمال أفريقيا، لأنها تراه ميراث إيطالي هكذا صرح رئيس وزرائها (ماتريني)[4]. لكن فرنسا احتلت تونس وانكلترا احتلت مصر، ولم يبق أمام إيطاليا إلا ليبيا.

رسمت إيطاليا سياستها في ليبيا على ثلاث مراحل:

---

(1) انظر: السلطان عبد الحميد الثاني، ص131،132.
(2) انظر: السلطان عبد الحميد الثاني، ص224.
(3)
(4) انظر: السلطان عبد الحميد الثاني، ص138.

الأولى: الحلول السلمية، بإنشاء المدارس والبنوك وغيرها من "مؤسسات خدمية".
الثانية: العمل على أن تعترف الدول بآمال إيطاليا في احتلال ليبيا ، بالطرق الدبلوماسية.
الثالثة: إعلان الحرب على الدولة العثمانية والاحتلال الفعلي .

وكانت السياسة الإيطالية لاتلفت النظر إلى تحركاتها، بعكس السياسة البريطانية أو الفرنسية في ذلك الوقت وكان الإيطاليون يتحركون "بحكمة" و"هدوء" شديدين دون إثارة حساسية العثمانيين.

وكان السلطان عبد الحميد متيقظا لتلك الأطماع الإيطالية وطلب معلومات من مصادر مختلفة عن نشاط الإيطاليين في "ليبيا" وأهدافهم، فجاءته المعلومات تقول: (إن للإيطاليين بمدارسهم وبنوكهم ومؤسساتهم الخيرية التي يقيمونها في الولايات العثمانية، سواء في ليبيا أو في ألبانيا، هدفا أخيرا هو تحقيق أطماع إيطاليا في الاستيلاء على كل من :

1- طرابلس الغرب.

2- ألبانيا.

3- مناطق الأناضول الواقعة على البحر الأبيض المتوسط: أزمير - الاسكندرون - أنطاكيا).

قام السلطان عبد الحميد الثاني باتخاذ التدابير اللازمة أمام الأطماع الإيطالية ولما شعر أنه سيواجه اعتداء إيطاليا مسلحا على ليبيا، قام بإمداد القوات العثمانية في ليبيا بـ (15.000) جندي لتقويتها وظل يقظا حساسا تجاه التحركات الايطالية، ويتابعها شخصيا وبدقة، ويطالع كل مايتعلق بالشؤون الليبية بنفسه بواسطة سفير الدولة العثمانية في روما، ووالي طرابلس مما جعل الايطاليون يضطرون إلى تأجيل احتلال ليبيا وتم لهم

ذلك في عهد جمعية الاتحاد والترقي [1] وسنأتي على ذلك بالتفصيل بإذن اللـه في الكتـاب السـابع الذي يتحدث عن الحركة السنوسية وأثرها الدعوي والجهادي في إفريقيا.

إن فكرة الجامعة الإسلامية كان لها صدى بعيد في العالم الإسلامي لعدة أسباب منها:

كانت الدول الأوروبية في النصف الثاني مـن القـرن التاسـع عشرـ تتنافـس علـى الاسـتعمار في الشرق وحدث سلسلة اعتداءات على الشعوب الإسلامية فاحتلت فرنسا تـونس (1881م) واحتلـت انكلترا مصر (1882م)، وتدخلت فرنسا في شؤون مراكش حتى اسـتطاعت أن تعلـن عليهـا الحمايـة (1912م) مقتسمة أراضيها مع اسبانيا وكـذلك توغـل الاسـتعمار الأوروبي في بـلاد أفريقيـة إسـلامية كالسودان ونيجريا وزنجبار وغيرها.

تقدمت وسائل النقل والاتصالات بـين العـالم الإسلامي وانتشرت الحركـة الصحافية في مصرـ وتركيا والجزائر والهند وفارس وأواسط آسيا وجاوة (اندونيسـيا) وكانت الصـحف تعـالج موضـوع الاستعمار وأطماع الدول الأوروبية في العالم الإسلامي وتنشر أخبـار الأوروبيـين المتكـررة في الهجـوم على ديار الإسلام، فتتأثر القلوب ، وتهيج النفوس، وتتفاعل مشاعر وعواطف المسلمين مع إخوانهم المنكوبين.

كانت جهود العلماء ودعواتهم في وجوب إحياء مجـد الإسـلام فقـد انتشرت في ربـوع العـالم الإسلامي الدعوة إلى وحدة الصف وازداد الشعور بأن العدوان، الغربي بغير انقطـاع علـى الشـعوب الإسلامية مما يزيدها ارتباطا وتماسكا وبأن الوقت قد حـان لتلتحـم الشـعوب الإسلامية وتنضوي تحت راية الخلافة العثمانية وغير ذلك من الأسباب [2].

_____

(1) انظر: السلطان عبد الحميد الثاني، ص139.
(2) انظر: صحوة الرجل المريض، ص112.

إن السلطان عبد الحميد الثاني نجح في إحياء شعور المسلمين بأهمية التمسك والسعي لتوحيد صفوف الأمة تحت راية الخلافة العثمانية وبذلك يستطيع أن يحقق هدفين:

الأول: تثبيت دولة الخلافة في الداخل ضد الحملات القومية التغريبية الماسونية اليهودية الاستعمارية النصرانية.

الثانية: وفي الخارج تلتف حول راية الخلافة جموع المسلمين الخاضعين للدول الأوروبية كروسيا وبريطانيا وفرنسا. وبذلك يستطيع أن يجابه تلك الدول ويهددها بإثارة المسلمين وإعلانه الجهاد عليها في جميع أنحاء العالم الإسلامي [1].

---

(1) المصدر السابق نفسه، ص113.

المبحث الثالث

السلطان عبد الحميد واليهود

إن حقيقة الصراع بين السلطان عبد الحميد الثاني واليهود من أهم الأحداث في تاريخ السلطان المسلم الغيور عبد الحميد الثاني.

إن أمر اليهود وعداؤهم للإسلام يعود جذوره إلى ظهور الإسلام منذ أن أنتصر الإسلام وأجلاهم رسول الله صلى الله عليه وسلم عن المدينة المنورة لخيانتهم المتكررة وعداواتهم الدائمة ومن ثم عن سائر الجزيرة العربية في عهد الخليفة الراشد عمر بن الخطاب وهم يكيدون له وقد تظاهر بعضهم بالإسلام وبث السموم في جسم الأمة الإسلامية عبر تاريخها الطويل وما عبد الله ابن سبأ والقرامطة والحشاشين والراوندية والدعوات الهدامة التي ظهرت في تاريخ المسلمين عنهم ببعيد.

لقد أهدى تتار بلاد القرم للسلطان سليمان القانوني في القرن الخامس عشر الميلادي فتاة يهودية روسية كانوا قد سبوها في إحدى غزواتهم فتزوجها السلطان سليمان القانوني وأنجبت له بنتا فما إن كبرت تلك البنت حتى سعت أمها اليهودية من اللقيط الكرواتي رستم باشا ثم إمعانا منها في الغدر تمكنت من قتل الصدر الأعظم إبراهيم باشا ونصبت صهرها اللقيط بدلا عنه ثم قامت بتدبير مؤامرة أخرى استطاعت بها أن تتخلص من ولي العهد مصطفى ابن السلطان سليمان من زوجته الأولى ونصبت ابنها سليم الثاني وليا للعهد.

في ذلك الزمن كان اليهود قد تعرضوا للاضطهاد في الأندلس وروسيا وتشرد الكثير منهم هربا من محاكم التفتيش فتقدمت تلك اليهودية من السلطان وسعت لديه بالحصول على إذن لهم بالهجرة إلى البلاد، وبالفعل فقد استقر قسم منهم في إزمير [1]

---

(1) انظر: تاريخ الدولة العثمانية، د. علي حسون،ص241.

219

ومنطقة أدرنة، ومدينة بورصه والمناطق الشمالية والغربية من الأناضول ، وبعد استقرارهم في الدولة العثمانية، طبقت الحكومة عليهم أحكام الشريعة الإسلامية حيث تمتعوا في ظلها بقدر كبير من الاستقلال الذاتي، وفي الواقع أن يهود إسبانيا لم يجدوا المأوى فقط في تركيا العثمانية بل وجدوا الرفاهية والحرية التامة بحيث أصبح لهم التسلسل الهرمي في الدولة، إذ تغلغلوا في المراكز الحساسة منها مثل دون جوزيف ناسي، وغيرهم وتمتع يهود إسبانيا بشيء كبير من الاستقلال وأصبح رئيس الحاخامين مخول له السلطة في الشؤون الدينية والحقوق المدنية بحيث أن مراسم وقرارات هذا الحاخام كانت تصدق من قبل الحكومة إلى درجة تحولت إلى قانون يخص اليهود⁽¹⁾ .

وتجدر الإشارة في هذا المجال ، أن علي باشا وزير الخارجية (أصبح فيما بعد الصدر الأعظم ، قد شارك في بعثته الدبلوماسية عدد من اليهود في عام 1865م المرسلة إلى الأقطار الأوروبية المسيحية)⁽²⁾ .

إن اليهود تمتعوا بكافة الامتيازات والحصانات بموجب قوانين رعايا الدولة⁽³⁾ ووجدوا السلم والأمان وحرية الوجود الكامل في الدولة العثمانية⁽⁴⁾ .

أولا: يهود الدونمة:

هناك مفاهيم عديدة لكلمة الدونمة، إذ إن الكلمة من الناحية اللغوية مشتقة من الكلمة التركية (دونمك) التي تعني الرجوع أو العودة أو الارتداد. أما المفهوم الاجتماعي لهذه الكلمة فإنه يعني المرتد أو المتذبذب، بينما تعني هذه الكلمة من الناحية الدينية مذهبا دينيا جديدا، دعا إليه الحاخام ساباتاي زيفي، أما المفهوم السياسي لهذه الكلمة فإنه يعني اليهود المسلمين الذين لهم كيانهم الخاص⁽⁵⁾ ، وقد أطلق المعنى

---

(1) انظر: اليهود والدولة العثمانية، د.احمد النعيمي، ص37.

(2) المصدر السابق نفسه، ص37.

(3) المصدر السابق نفسه، ص38.

(4) انظر: اليهود والدولة العثمانية، ص39.

(5) انظر: يهود الدونمة، د. احمد النعيمي، ص8.

الخاص بالدونمة منذ القرن السابع عشر على اليهود الذين يعيشون في المدن الإسلامية وخاصة في ولاية سلانيك وأطلق العثمانيون اسم الدونمة على اليهود لغرض بيان وتوضيح العودة من اليهودية إلى الإسلام ثم أصبح علما على فئة من يهود الأندلس الذين لجأوا إلى الدولة العثمانية وتظاهروا باعتناق العقيدة الإسلامية[1].

إن مؤسس فرقة الدونمة هو شبتاي زيفي الذي أدعى بأنه المسيح المنتظر في القرن السابع عشر، حيث انتشرت في تلك الأيام شائعة تقول أن المسيح سيظهر في عام 1648م كي يقود اليهود في صورة المسيح وأنه سوف يحكم العالم في فلسطين، ويجعل القدس عاصمة الدولة اليهودية المزعومة[2] وكانت فكرة المسيح المنتظر ذائعة عندئذ في المجتمع اليهودي، وكانت الأوساط اليهودية القديمة تؤمن بقرب ظهور هذا المسيح. ولذلك صادفت دعوة شبتاي تأييدا كبيرا بين يهود فلسطين ومصرـ وشرق أوروبا، بل أيدها كثير من اليهود وأصحاب الأموال لأغراض سياسية ومالية[3].

وذاع أمر شبتاي في أوروبا وبولندا وألمانيا وهولندا وإنكلترا وإيطاليا وشمال أفريقيا وغيرها.

وفي أزمير أخذ يلتقي بالوفود اليهودية التي جاءت من أدرنة وصوفيا واليونان وألمانيا، حيث قلدته هذه الوفود تاج "ملك الملوك" ثم قام شبتاي بتقسيم العالم إلى ثمانية وثلاثين جزءا، وعين لكل منها ملكا، اعتقادا منه بأنه سيحكم العالم كله من فلسطين، حيث كان يقول في هذا المجال: (أنا سليل سليمان بن داود حاكم البشر وأعتبر القدس قصرا لي)[4].

وقام شبتاي بشطب اسم السلطان محمد الرابع من الخطب التي كانت تلقى في

---

(1) انظر: صحوة الرجل المريض، ص242.
(2) انظر: يهود الدونمة، ص16.
(3) انظر: يهود الدونمة، ص21.
(4) المصدر السابق نفسه، ص27.

كنيس اليهود وجعل أسمه محل اسم السلطان، وسمى نفسه (سلطان السلاطين) و(سليمان بن داود) مما لفت انتباه الحكومة العثمانية[1].

وأصبح شبتاي مصدر قلق لكثير من حاخامين اليهود ورفعوا ضده شكوى إلى السلطان ، أكدوا فيها أن شبتاي ينوي القيام بحركة تمردية في سبيل تأسيس دولة يهودية في فلسطين[2].

ونتيجة لاشتداد فتنة شبتاي زيفي، أصدر الوزير القوي أحمد كوبرولو أوامره بإلقاء القبض عليه، وأودعه الوزير في السجن، وظل فيه لمدة شهرين ثم نقل إلى قلعة جزيرة غاليبولي على الدردنيل ، وسمح لزوجته وكاتبه الخاص أن يتخذا لهما سكنا معه وأصبح له مجلس كمجلس الأمراء، لايدخل عليه إلا بإذن مسبق وينتظر الذين يريدون أن يتمتعوا برؤيته أياما من أجل ذلك وأخذت زوجته تسلك سلوك الأميرات مع القادمين عليها والقادمات حيث كانت وفود يهودية من أنحاء العالم قادمين لزيارته[3].

حوكم شبتاي في سراي أدرنة، حيث شكل السلطان هيئة علمية إدارية برئاسة نائب الصدر الأعظم وعضوية كل من (شيخ الإسلام) يحيى أفندي منقري زادة وواحد من كبار العلماء وهو إمام القصر محمد أفندي وانلي، وقام بدور المترجم من الإسبانية إلى التركية الطبيب مصطفى حياتي[4].

أكد قاضي المحكمة، أن المسألة تعد بالنسبة للدولة العثمانية، وعلى مسمع من السلطان الذي جلس في غرفة مجاورة (وبواسطة الترجمان قيل لسبتاي تدعي أنك المسيح فأرنا معجزتك سنجردك من ثيابك ونجعلك هدفا لسهام المهرة من رجالنا فأن لم تغرز

(1) المصدر السابق نفسه، ص27.
(2) المصدر السابق نفسه، ص34.
(3) انظر: يهود الدونمة، ص36.
(4) المصدر السابق نفسه،ص36.

السهام في جسمك فسيقبل السلطان ادعاءك. فهم شبتاي ما قيل له فـأنكر مـا أسـند إليـه وقـال إنهم تقولوا عليه)[1]، فعرض عليه الإسلام فدخل فيه تحت اسم محمد عزيز أفنـدي [2] وطلـب مـن السلطات العثمانية أن تسمح له بدعوة اليهود إلى الإسلام، فأذنت له وانتهزها فرصـة فـأنطلق بـين اليهود يواصل دعوته إلى الإيمان به ويحثهم على ضرورة تجمعهم معلنين في ظاهرهم الإسلام مبطنين يهوديتهم المنحرفة [3].

وظل شبتاي وأنصاره يتبعـون ديـنهم الموسـوي سرا، ويمارسـون العمـل للصـهيونية في الخفـاء، ويظهرون الإخلاص للإسلام في العلن والصلاح والتقوى أمام الأتـراك، وكـان يقـول لأتبـاعـه إنـه كـالنبي موسى الذي اضطر أن يبقى مدة من الزمن في قصور الفراعنة [4] وفي ظل هذه الظروف ألقي القبـض على شبتاي مع مجموعة من أتباعه في كنيس (قوري جشمه) الكائنة في داخل المعبد بسبب أنه كان مرتديا زيا يهوديا وهو محاط بالنساء يشربون الخمر وينشدون الأناشيد اليهوديـة، وقراءة المزامير مـع عدد من اليهود فضلا عن اتهامه بدعوته المسلمين إلى تـرك ديـنهم والإيمان بـه، ولـولا تـدخل شيخ الإسلام لقطع رأسه، حيث اعترض على إعدامه قائلا: (لو أعـدم هـذا المحتـال سـيكون سـببا لحـدوث خرافـة في الإنسانية ، حيث يدعي مريدوه بعروجه إلى السماء كعيسى عليه السلام)[5]. فاكتفى بنفيـه إلى مدينة دولسجنو في ألبانيا وذلك في صيف عام 1673م، وتوفي بعد خمس سنوات من نفيه وظلـت عقيدة الشاباتائية موجودة لدى فرق سالونيك، وتفنن أتباعه في ممارسة المكر والتعصب والتجرد مـن المبادئ، والأخلاق [6].

(1) يهود الدونمة، مصطفى طوران ، ترجمة كمال خوجة نقل منه د.علي حسون ، ص243.
(2) انظر: تاريخ الدولة العثمانية ،د.علي حسون ، ص243.
(3) انظر: يهود الدونمة، ص36.
(4) المصدر السابق نفسه، ص41.
(5) المصدر السابق نفسه، ص42.
(6) المصدر السابق نفسه، ص43.

وقد نظم شبتاي زيفي عقيدة الدونمة في ثماني عشرة مادة وفي الحقيقة تعد المادة السادسة عشرة والسابعة عشرة أهم سمات الدونمة، إذ تشير المادة (16): (يجب أن تطبق عادات الأتراك بدقة لصرف أنظارهم عنكم ويجب ألا يظهر أحد من الأتباع تضايقه من صيام رمضان ومن الأضحية ولمن ينفذ كل شيء يجب تنفيذه أمام الملأ)[1]. أما المادة (17) فإنها تشير إلى الآتي: (إن مناكحتهم (يعني المسلمين) ممنوعة قطعا)[2].

إن شبتاي يعد أول يهودي بشر بعودة بني إسرائيل إلى فلسطين ، وفي حقيقة الأمر، عدت حركة زيفي حركة سياسية ضد سلطة الدولة العثمانية أكبر من كونها حركة دينية[3].

لقد أسهمت هذه الطائفة في هدم القيم الإسلامية في المجتمع العثماني وعملت على نشر الإلحاد والأفكار الغربية وانتشار الماسونية والدعوة لهتك حجاب المرأة المسلمة واختلاطها مع الرجال وخاصة في المدارس وكان الكثير من رجال الاتحاد والترقي يساهم في بعض نشاطاتها وأفراحها.

وقام يهود الدونما بدور فعال في نصرة القوى المعادية للسلطان عبد الحميد والتي تحركت من سلانيك لعزله وهم الذين سمموا أفكار الضباط الشباب ولا يزالون حتى وقتنا الحاضر يسعون لذلك ولهم صحف ودور نشر وتغلغلوا في الاقتصاد العثماني وكل مناحي الحياة في الدولة العثمانية[4].

وقد استطاعوا أن يأثروا في جمعية الاتحاد والترقي، وكان السلطان عبد الحميد الثاني عارفا بحقيقة الدونمة ويؤكد هذه الحقيقة الجنرال جواد رفعت أتلخان، حيث يقول في هذا الصدد: (إن الشخص الوحيد في تاريخ الترك جمعيه، الذي عرف حقيقة

(1) انظر: يهود الدونمة، ص45.
(2) المصدر السابق نفسه، ص45.
(3) المصدر السابق نفسه، ص46.
(4) انظر: تاريخ الدولة العثمانية ، د. علي حسون، ص46.

الصهيونية والشبتائية وأضرارهما على الترك والإسلام وخطرها تماما، وكافح معهما مـدة طويلـة بصورة جدية لتحديد شرورهم هو السلطان التركي العظيم كافح هذه المنظمات الخطيرة لمدة ثلاث وثلاثين سنة بذكاء وعزم وبإرادة مدهشة جدا كالأبطال)[1].

وفي حقيقة الأمر، أهتم عبـد الحميـد بإبقـاء الدونمـة في ولايـة سـالونيك ، وعـدم وصـولهم إلى الأستانة، بغية عدم السيطرة عليهـا والتجنـب مـن تحركـاتهم ، ونتيجـة للموقـف الجاد مـن عبـد الحميد إزاء فرقة الدونمة اتبعوا إستراتيجية مضادة له، حيث تحركوا ضده على مستوى الرأي العام العثماني والجيش[2].

ونتيجة لموقف عبد الحميد من الدونمة، قـام يهـود الدونمـة بالتعـاون مـع المحافـل الماسـونية للإطاحة به، وقد اسـتخدم هـؤلاء شـعارات معينـة كالحريـة والديمقراطيـة وإزاحـة المسـتبد عبـد الحميد، وعلى هذا الأساس قاموا بنشر الشقاق والتمرد في الدولة العثمانيـة بـين صـفوف الجـيش . وكانت الغاية من هذا هي تحقيق المشروع الاستيطاني الصهيوني باسـتيطان فلسـطين. وكـان يهـود الدونمة يشكلون اللبنة الأولى لتنفيذ المخططات اليهودية العالمية[3].

ثانيا: السلطان عبد الحميد وزعيم اليهودية العالمية (هرتزل):

استطاع زعيم الحركة اليهودية الصهيونية العالمية (تيودر هزتزل) أن يتحصل على تأييـد أوروبي للمسألة اليهودية من الدول (ألمانيا، وبريطانيا وفرنسا) وجعل من هـذه الـدول قـوة ضـغط عـلى الدولة العثمانية تمهيدا لمقابلة السلطان عبد الحميد، وطلب فلسطين منه وكانت الدولة العثمانيـة تعاني من مشاكل مالية متعددة، إذ كانت الأحوال

(1) انظر: السلطان عبد الحميد والخلافة الإسلامية للجندي ، ص107.
(2) انظر: يهود الدونمة، ص81.
(3) انظر: الحركة الإسلامية الحديثة في تركيا لمحمد مصطفى، ص68،69.

الاقتصادية في البلاد على درجة من السوء بحيث فرضت الدول الأوروبية الدائنة وجود بعثة مالية أوروبية في تركيا العثمانية للإشراف على أوضاعها الاقتصادية ضمانا لديونها ، الأمر الذي دفع عبد الحميد الثاني أن يجد حلا لهذه المعضلة.

كانت هذه الثغرة هي السبيل الوحيد أمام هرتزل، كي يؤثر على سياسة عبد الحميد الثاني تجاه اليهود. وفي هذا الصدد يقول هرتزل في مذكراته: (علينا أن ننفق عشرين مليون ليرة تركية لإصلاح الأوضاع المالية في تركيا ... مليونان منها ثمنا لفلسطين والباقي لتحرير تركيا العثمانية بتسديد ديونها تمهيدا للتخلص من البعثة الأوروبية ...ومن ثم نقوم بتمويل السلطان بعد ذلك بأي قروض جديدة يطلبها)[1].

لقد أجرى هرتزل اتصالات مكثفة مع المسؤولين في ألمانيا والنمسا وروسيا وإيطاليا وإنكلترا وكانت الغاية من هذه الاتصالات هي إجراء حوار مع عبد الحميد الثاني. وفي هذا الصدد فقد نصح لاندو منذ 21 شباط 1896م الصديق اليهودي لهرتزل أن يقوم بواسطة صديقه نيولنسكي رئيس تحرير (بريد الشرق) .وفي هذا المجال يقول هرتزل: (إن نحن حصلنا على فلسطين ، سندفع لتركيا كثيرا أو سنقدم عطايا كثيرة لمن .. لمن يتوسط لنا. ومقابل هذا نحن مستعدون أن نسوي أوضاع تركيا المالية. سنأخذ الأراضي التي يمتلكها السلطان ضمن القانون المدني، مع أنه ربما لم يكن هناك فرق بين السلطة الملكية والممتلكات الخاصة)[2].

وقام هرتزل بزيارة إلى القسطنطينية وذلك في حزيران عام 1896م ، ورافقه في هذه الزيارة نيولنسكي ، الذي كانت له علاقة ودية مع السلطان عبد الحميد، ونتيجة لذلك فقد نقل بيولنسكي آراء هرتزل إلى قصر يلدز، وقد دارت محاورة بين نيولنسكي والسلطان عبد الحميد إذ قال السلطان له: (هل بإمكان اليهود أن يستقروا في مقاطعة أخرى غير فلسطين؟ أجاب نيولنسكي قائلا:

(1) انظر: اليهود والدولة العثمانية، ص116.
(2) انظر: اليهود والدولة العثمانية، ص117.

(تعتبر فلسطين هي المهد الأول لليهود، فعليه فإن اليهود لهـم الرغبـة في العـودة إليهـا)، ورد السلطان قائلا: (إن فلسطين لاتعتبر مهدا لليهود فقط، وإنما تعتبر مهدا لكافة الأديان الأخرى). أجاب نيولنسكي قائلا: (في حالة عدم استرجاع فلسطين مـن قبـل اليهـود فإنهم سـوف يحـاولون الذهاب وبكل بساطة إلى الأرجنتين)[1].

وقام السلطان عبد الحميد بإرسال رسالة إلى هرتزل بواسطة صديقه نيولنسكي جاء فيهـا: (انصـح صديقك هرتزل، أن لايتخذ خطوات جديدة حول هذا الموضوع ، لأني لا أستطيع أن أتنازل عـن شـبر واحد من الأراضي المقدسة، لأنها ليست ملكي، بل هي ملك شعبي. وقد قاتل أسلافي مـن أجل هـذه الأرض، ورووها بدمائهم؛ فليحتفظ اليهود بملايينهم . إذا مزقت دولتي ، مـن الممكـن الحصـول عـلى فلسطين بدون مقابل، ولكن لزم أن يبدأ التمزيق أولا في جثتنا ولكن لا أوافق على تشريح جثتي وأنـا على قيد الحياة)[2].

وفي هذا الصدد يقول عبد الحميد في مذكراته:

(ومن المناسب أن نقوم باستغلال الأراضي الخالية في الدولة، وهذا يعني من جانب آخر، أنـه كان علينا أن ننهج إتباع سياسة تهجير خاصة، ولكننا لانجـد أن هجرة اليهـود مناسبة، لأن غايتنا هي استيطان عناصر تنتمي إلى دين أسلافنا وتقاليدنا حتى لايستطيعوا مـن الهيمنـة عـلى زمـام الأمور في الدولة)[3].

وبعد إخفاق جهود هرتزل في واسطة نيولنسكي ، اتجه هرتزل إلى قصر ـ وليم الثاني أمبراطور ألمانيا، ولاسيما أنه كان صديقا لعبد الحميد، بالإضافة إلى كـون وليـم الثـاني هـو الحليـف الوحيـد للعثمانيين في أوروبا[4] إلا أن مساعيه لم تكلل بالنجاح يقول المؤرخ التركي نظـام الـدين نظيـف في كتابه (إعلان الحرية والسلطان عبد الحميد الثاني) :

---

(1) المصدر السابق نفسه، ص120.
(2) انظر:اليهود والدولة العثمانية، ص120.
(3) المصدر السابق نفسه، ص120.
(4) المصدر السابق نفسه، ص121.

(....عندما رد طلب الوفد اليهودي -المسند من قبل الإمبراطور وليم- في الحصـول عـلى وطـن لهم، أي : عندما خاب هرتزل في مسعاه اشتد العداء ضد (يلدز) وهذا ماكان يتوقعه عبد الحميـد، لأن اليهود قوم يتقنون العمل المنظم، وكانت لديهم قوى عديدة تضمن لهم النجاح في مسـعاهم ، فالمال متوفر لديهم وكانوا يسيطرون على أهم العلاقات التجارية الدولية، وكانت صحافة أوروبا في قبضتهم، فكان في مقدرهم إطلاق العواصف التي يريدونها لدى الرأي العام متى شاءوا....)⁽¹⁾.

يردف المؤرخ التركي قائلا: (بدأوا أولا بتحريك الصحافة العالمية، ثم أخذوا بتوحيد أعـداء عبـد الحميد الذين نشأوا في ذلك المجتمع العثماني الخليط، نجد، أنصار المشـروطية يتخذون طابعـا منظما وهجوميا، علما بأنهم كانوا حتى ذلك الوقت متفرقين ويعملون دون نظام ودون تنسيق، إذ لم يكن صعبا عليهم توحيد أعداء عبد الحميد الذين نشأوا في ذلك المجتمع العثماني الخليط. وقد أخذ (المشرق الأعظم الماسوني الإيطالي) على عاتقه هذه المهمة في التوحيـد والتنسيـق لأنـه كان أقرب مركز ماسوني للإمبراطورية العثمانية. ولعبت المحافل الايطالية وخاصة محفل (ريزوتـا) في سلانيك دورا ملحوظا...)⁽²⁾.

إزاء هذا الإخفاق قرر هرتزل أن يستخدم وسائل أخرى لاستمالة عبد الحميـد الثـاني، حيـث عرض نفسه عن طريق نيولنسكي خدمته بواسطة القضية الأرمنية⁽³⁾ وفي هذا الصدد يقول هرتزل: (طلب مني السلطان أن أقوم بخدمة له، وهي أن أؤثر على الصحف الأوروبيـة ، بغية قيـام الأخـيرة بالتحدث عن القضية الأرمنية بلهجة أقل عداء للأتراك، أخبرت نيولنسكي حـالا باستعدادي للقيـام بهذه المهمة، ولكني أكدت على إعطائي فكرة وافية عن الوضع الأرمني : من هم الأشخاص في لندن الذين يجب

---

(1) انظر: السلطان عبد الحميد حياته وأحداث عهده، محمد أورخان، ص281، 282.
(2) المصدر السابق نفسه، ص282.
(3) انظر : اليهود والدولة العثمانية، ص132.

أن أقنعهم بما يريدون ، وأي الصحف يجب أن نستميلها لجهتنا وغير ذلك)[1].

وعلى هذا الأساس، فقد نشطت الدبلوماسية الصهيونية لإقناع الأرمن بالتخلي عن ثورتهم. ونتيجة لذلك فقد اتصل هرتزل مع سالزبوري والمسؤولين الانكليز بغية استخدامهم للضغط على الأرمن، كما نشط اليهود في مدن أوروبية أخرى مثل فرنسا للقيام بنفس الدور. إلا أن دبلوماسية هرتزل قد أخفقت بسبب عدم تحمس بريطانيا، لأن ذلك كان يعني تأييد سياسة عبد الحميد، الأمر الذي يؤدي في إثارة الرأي العام البريطاني ضد الحكومة[2].

وقد حاول هرتزل لقاء عبد الحميد الثاني ، ولاسيما أثناء الزيارة الثانية للإمبراطور وليم الثاني إلى القسطنطينية، إلا أن موظفي قصر يلدز منعوه من ذلك. واستمر هرتزل في محاولاته المستمرة حتى تكللت جهوده بالنجاح بعد سنتين (1899-1901م) من الاحتكاك المباشر مع الموظفين الكبار لقصر يلدز من مقابلة عبد الحميد، حيث قابل السلطان لمدة ساعتين وقد اقترح هرتزل قيام البنوك اليهودية الغنية في أوروبا بمساعدة الدولة العثمانية لقاء السماح بالاستيطان في فلسطين، بالإضافة إلى ذلك فإنه قد أكد لعبد الحميد أنه سوف يخفف الديون العامة للدولة العثمانية وذلك منذ عام 1881م ، وقد وعد هرتزل عبد الحميد أن يحتفظ بمناقشاته السرية معه[3].

كان السلطان عبد الحميد في خلال مقابلته مع هرتزل مستمعا أكثر منه متكلما وكان يرخي لهرتزل في الكلام كي يدفعه أن يتحدث بكل مايخطر في مخيلته من أفكار ومشروعات ومطالب. وقد أدى هذا الأمر إلى أن يعتقد هرتزل بأنه نجح في مهمته هذه. ولكنه أدرك في نهاية الأمر بأنه قد أخفق مع عبد الحميد وأنه أخذ يسير في طريق مسدود معه[4].

(1) انظر: اليهود والدولة العثمانية ، ص137.
(2) المصدر السابق نفسه، ص138.
(3) انظر: اليهود والدولة العثمانية، ص141.
(4) المصدر السابق نفسه، ص143.

وبعد إخفاق جهود هرتزل عند عبد الحميد الثاني، تحدث هرتزل قائلا: (في حالة منح السلطان فلسطين لليهود ، سنأخذ على عاتقنا تنظيم الأوضاع المالية، أما في القارة الأوروبية فإننا سنقوم بإيجاد حصن منيع ضد آسيا، وسوف نبني حضارة ضد التخلف، كما سنبقى في جميع أنحاء أوروبا بغية ضمان وجودنا)[1].

وفي الحقيقة كان عبد الحميد يرى أنه من الضروري عدم توطين اليهود في فلسطين ، كي يحتفظ العنصر العربي بتفوقه الطبيعي. وفي هذا الصدد يقول: (... ولكن لدينا عدد كاف من اليهود ، فإذا كنا نريد أن يبقى العنصر العربي متفوقا، علينا أن نصرف النظر عن فكرة توطين المهاجرين في فلسطين وإلا فإن اليهود إذا استوطنوا أرضا تملكوا كافة قدراتها خلال وقت قصير، ولذا نكون قد حكمنا على إخواننا في الدين بالموت المحتم)[2].

وكانت الدولة العثمانية تسعى في أحيان كثيرة إلى أبعاد اليهود العثمانيين عن أفكار هرتزل والحركة الصهيونية، ومع ذلك فإنها في أحيان أخرى كانت تستخدم لغة التهديد معهم. وفي هذا الصدد أوضح علي فروخ بك الوسائل الإعلامية الأجنبية، وبصراحة تامة: (إنه لبعيد من الصواب أن يقوم الصهاينة على خلق صعوبات للحكومة العثمانية، بغية إرغامها على تحقيق مصالحها. ولكن هذه الصعوبات سوف تؤدي في نهاية الأمر إلى إلحاق الأذى بوجودهم السلمي والسعيد في الدولة العثمانية... وهذه النقطة واضحة بالنسبة لعلاقة العثمانيين مع رعايا الأرمن، لأن قلة من المتمردين الذين قاموا على ارتكاب الخطأ والحماقة معتمدين إلى الإرشاد الميكافلي قد أدى في نهاية الأمر أن يندما على مافعلوه ، من دون التوصل على أية نتيجة)[3].

---

(1) المصدر السابق نفسه، ص143.

(2)انظر: اليهود والدولة العثمانية، ص146.

(3)المصدر السابق نفسه، ص146.

وعلى الرغم ، من إخفاق جهود هرتزل عند السلطان عبد الحميد، كتب هرتزل قائلا: (يجب تملك الأرض بواسطة اليهود بطريقة تدريجية دون ماحاجة إلى استخدام العنف، سنحاول أن نشجع الفقراء من السكان الأصليين على النزوح إلى البلدان المجاورة بتأمين أعمال لهم هناك مع خطر تشغيلهم في بلدنا إن الاستيلاء على الأرض سيتم بواسطة العملاء السريين للشركة اليهودية التي تتولى بعد ذلك بيع الأرض لليهود. علاوة على ذلك تقوم الشركة اليهودية بالإشراف على التجارة في بيع العقارات وشرائها، على أن يقتصر بيعها على اليهود وحدهم)[1].

وكتب هرتزل قائلا: (أقر على ضوء حديثي مع السلطان عبد الحميد الثاني أنه لايمكن الاستفادة من تركيا إلا إذا تغيرت حالتها السياسية أو عن طريق الزج بها في حروب تهزم فيها، أو عن طريق الزج بها في مشكلات دولية أو بالطريقتين معا في آن واحد)[2].

إن عبد الحميد كان يعرف أهداف الصهيونية، حيث قال في مذكراته السياسية: (لن يستطيع رئيس الصهاينة هرتزل أن يقنعني بأفكاره وقد يكون قوله : ستحل المشكلة اليهودية يوم يقوي فيه اليهودي على قيادة محراثه بيده، صحيحا في رأيه ، أنه يسعى لتأمين ارض لإخوانه اليهود، لكنه ينسى أن الذكاء ليس كافيا لحل جميع المشاكل .. لن يكتفي الصهاينة بممارسة الأعمال الزراعية في فلسطين بل يريدون أمورا مثل تشكيل حكومة وانتخاب ممثلين، إنني أدرك أطماعهم جيدا، لكن اليهود سطحيون في ظنهم أنني سأقبل بمحاولاتهم. وكما أنني أقدر في رعايانا من اليهود خدماتهم لدى الباب العالي فإني أعادي أمانيهم وأطماعهم في فلسطين)[3].

وعن القدس يقول عبد الحميد الثاني: (لماذا نترك القدس ...إنها أرضنا في كل

(1)انظر: اليهود والدولة العثمانية، ص148.
(2)المصدر السابق نفسه، ص147.
(3) المصدر السابق نفسه، ص148.

وقت وفي كل زمان وستبقى كذلك، فهي من مدننا المقدسة، وتقع في أرض إسلامية ، لابد أن تظل القدس لنا)[1].

لقد كان غرض السلطان عبد الحميد في استماعه إلى (تيودور هرتزل) معرفة الآتي:

حقيقة الخطط اليهودية.

معرفة قوة اليهود العالمية ومدى قوتها.

إنقاذ الدولة العثمانية من مخاطر اليهود[2].

وشرع السلطان عبد الحميد في توجيه أجهزة الاستخبارات الداخلية والخارجية لمتابعة اليهود وكتابة التقرير عنهم وأصدر إرادتين سنتين الأولى في 28 يونيو 1890م والأخرى في 7 يونيو 1890م. في الأولى (رفض قبول اليهود في الممالك الشاهسانية) والأخرى: (على مجلس الوزراء دراسة تفرعات المسألة واتخاذ قرار جدي وحاسم في شأنها)[3].

واتخذ السلطان عبد الحميد الثاني كل التدابير اللازمة في سبيل عدم بيع الأراضي إلى اليهود في فلسطين ، وفي سبيل ذلك عمل جاهدا على عدم إعطاء أي امتياز لليهود من شأنه أن يؤدي إلى تغلب اليهود على أرض فلسطين. ولابد في هذه الحالة أن تتكاتف جهود المنظمات الصهيونية بغية إبعاد السلطان عبد الحميد الثاني من الحكم. ويعزز هذا القول هرتزل عندما قال: (إني أفقد الأمل في تحقيق أماني اليهود في فلسطين، وإن اليهود لن يستطيعوا دخول الأرض الموعودة، مادام السلطان عبد الحميد قائما في الحكم، مستمرا فيه)[4].

(1) انظر: العثمانيون في التاريخ والحضارة ، ص57.

(2) المصدر السابق نفسه، ص56.

(3) انظر: السلطان عبد الحميد الثاني، ص88.

(4) انظر: اليهود والدولة العثمانية، ص158.

وتحركت الصهيونية العالمية، لتـدعم أعـداء السـلطان عبـد الحميـد الثـاني ، وهـم المتمـردون الأرمن، والقوميون في البلقان، وحركة حزب الاتحاد والترقي، والوقوف مع كل حركة انفصـالية عـن الدولة العثمانية[1] .

---

(1) انظر: السلطان عبد الحميد الثاني لمحمد حرب، ص234.

المبحث الرابع

السلطان عبد الحميد وجمعية الاتحاد والترقي

كان الشباب العثماني المثقف في النصف الثاني من القرن التاسع عشر قد تأثر بأفكار الثورة الفرنسية، التي حققت حكما ديمقراطيا في فرنسا وأتت بأفكار القومية والعلمانية والتحرر من حكم الفرد، وكذلك تأثر بالحركة القومية الايطالية التي قادها (ماتزيني) بنظمها وخلاياها، وكانت الدولة العثمانية قد تعرضت لحملات عسكرية وإعلامية ، غرضها إضعاف الدولة ومن ثم العمل على تفتيتها وكانت الدول الأوروبية تتخذ من أوضاع النصارى في الدولة حجة للتدخل، وفي هذه الظروف وبالضبط في عام 1865م، كان ستة من الشباب العثمانيين المثقفين يسرون عن أنفسهم في حديقة في ضواحي إستانبول تسمى (غابة بلغراد). تحدث هؤلاء الشباب في موضوعات سياسية، وخرجوا بفكرة تكوين جمعية سرية، على نمط جمعية (إيطاليا الفتاة) التي أسسها الزعيم الايطالي (ماتزين) عام 1831م، بهدف الوحدة الايطالية تحت راية الجمهورية، أطلق هؤلاء الشباب على جمعيتهم هذه اسم (اتفاق الحمية) ومن ضمن هؤلاء الشبان الشاعر الذي أصبح فيما بعد واسع الشهرة: نامق كمال. ورأوا أن العمل لابد أن يكون في شكل تعريف الشعب بحقوقه السياسية، وحصوله عليها، وبالتالي فإن رغبة الشعوب النصرانية في الاستقلال بمناطقها عن الدولة، لن تجد لها مايبررها من تدخل أجنبي بحجة مساندة الأقليات الدينية، وكانوا يرون أن إنقاذ الدولة من حالة التردي التي وصلت إليها يكون، بإيجاد نظام سياسي ديمقراطي وكان في فرنسا في تلك الفترة مصطفى باشا الأمير المصري الذي نازع فؤاد باشا رغبة في تولي عرش مصر وفي فرنسا أعلن الأمير أنه ضمن التيار المنادي بالدستور في الدولة العثمانية، وقدم نفسه بعبارة ممثل حزب تركيا الفتاة وأعجب هذا الاسم المجتمعات الأوروبية المعنية فشاع اسم "حزب تركيا الفتاة" في أوروبا.

ألتحق ثلاثة من الإعلاميين الثوريين العثمانيين هم : نامق كمال، ومحمد ضياء وعلي سعاوي، بالأمير المصري مصطفى فاضل في باريس وكونوا منظمة أسموها جمعية "العثمانيين الجدد". وكان أبرز شخصيات جمعية العثمانيين الجدد إعلاميين وشعراء وأدباء وعلى رأسهم نامق كمال وعلي سعاوي. وكان من أشهر تلك الشخصيات تأثيرا على الساحة الأوروبية نامق كمال الذي تثقف ثقافة إسلامية، وكما تأثر بفلاسفة الثورة الفرنسية، مثل (روسو). وله حياة أدبية واسعة وكتابات امتدت عبر ربع قرن عبر عن أفكاره من خلال الشعر ، والإعلام ، والكتابة والتاريخ وكانت كتاباته تسعى للإجابة عن ثلاثة أسئلة هي:

1- ماهي أسباب انحطاط الدولة العثمانية؟

2- ماهي الطرق التي يمكن بها أن نوقف هذا الانحطاط؟

3- ماهي الإصلاحات اللازم عملها في هذا السبيل؟

كما يمكن إدراج إجابات نامق كمال في ثلاث نقاط رئيسية هي :

1- أسباب انحطاط الدولة العثمانية، أسباب اقتصادية، سياسية.

2- التربية، وهي الطريق التي يمكن أن يوقف بها هذا الانحطاط.

3- الإصلاح الرئيسي الواجب عمله، هو : البدء بإقامة نظام دولة مركزية دستورية.

وكان نامق كمال -يرى أن حركة التنظيمات العثمانية، استبدلت بسلطة السلاطين سلطة الباب العالي، أي الصدور العظام الوزراء. لذلك فإن النظام الذي جاءت به التنظيمات، نظام أقل من النظام العثماني القديم. لذلك لم تستطع التنظيمات أن تحقق نهضة اقتصادية في الدولة. وفتحت هذه التنظيمات الباب على مصراعيه لتدخل الدول الأوروبية في الشؤون العثمانية الداخلية.

وقد قال نامق كمال بفكرة الحقوق الطبيعية التي هي الأساس الفلسفي للحضارة الغربية المعاصرة، وقدم نامق كمال- مشروعا للدستور العثماني، إلى مدحت باشا وكان متأثرا بالدستور الفرنسي (دستور نابليون الثالث عام 1852م). ورأى نامق كمال أن هذا هو المناسب تماما لظروف الدولة العثمانية في ذلك الوقت وكان نامق كمال صديقا لمدحت باشا ولذلك تأثر بقرار السلطان عبد الحميد في عزله وقد تحدث السلطان عبد الحميد عن نامق كمال في مذكراته: (كان كمال بك أكثر من لفت انتباهي من بين عدة أشخاص أطلقوا على أنفسهم "العثمانيون الجدد". كان إنسانا مضطربا جدا. لاتتوافق حياته العائلية مع حياته الخاصة، ولا تتوافق حياته القلمية مع حياته الفكرية.

يمكن أن تجزم بأن إنسانا ما، يستطيع عمل أمر ما، أو لا يستطيع. لكنك لاتستطيع القطع بهذا بشكل من الأشكال، وأنت تفكر في كمال بك. ذلك لأنه هو نفسه لايعرف نفسه تستطيع القول أنه واحد من الأشخاص النادرين، الذين يحيون حياتين مزدوجتين ، كل حياة تختلف عن الأخرى حسب مزاجه. من يعرفونه عن قرب، يعرفون أنه: عندما كان على وئام مع السراي كتب (التاريخ العثماني) وعندما فسدت هذه العلاقة، يعرفون أنه قطع رأس التنين بقوله: (كلب هو الذي يؤمن لخدمة صياد غير منصف). إنه إنسان متقلب. ربما كان إنسانا مخلصا جدا، يمكنك خلال ساعات أن تجعله يفكر مثلك، ولا يمكنك معرفة عدد الساعات أو الأيام التي سيحمل فيها هذه الأفكار)[1].

بعد أن وجد السلطان عبد الحميد أن جماعة العثمانيين الجدد بقيادة مدحت باشا تمارس ضغطا متواصلا لقبول أفكارها، وأجبرته على دخول الحرب العثمانية الروسية، عمل على تشتيت أعضاء هذه الجمعية؛ فبدأ بنفي كبيرها وهو الصدر الأعظم مدحت باشا. بعد ذلك مباشرة، قامت ضد السلطان مؤامرتان لخلعه. واحدة : بقيادة علي

(1) مذكرات السلطان عبد الحميد، ص47.

سعاوي وهو من أعضاء هذه الجمعية. والأخرى: ماسونية قامت بها جمعية كلانتي سكاليري - عزيز.

والمؤامرتان مدعومتان من إنكلترا، وفشلت كلتاهما، لكنهما جعلت السلطان يتشدد في مراقبة الفكر الوافد والمتأثرين به، وقامت أثناء ذلك أيضا خلية سرية، من طلاب المدرسة الحربية، في استانبول من أصحاب الفكر الجديد، هدفها مقاومة حكم السلطان عبد الحميد ، حيث استطاع أحد أعضاء جمعية (كلاني-عزيز بك) الماسونية وهو (علي شفقتي بك) الفرار إلى نابولي، والى جنيف، حيث أصدر بين عامي 1879م و1881م، جريدة مناهضة للحكم العثماني، بعنوان (استقبال) بمعنى المستقبل.

وفي عام 1889م تأسست منظمة طلابية في المدرسة العسكرية الطبية في استانبول، حيث كان بعض الأساتذة هناك يحرضون الطلاب بشكل أو بآخر للقيام بمعارضة الحكم، ونشر أفكار العثمانيين الجدد بين الطلاب ، وكان المؤسس لهذه المنظمة إبراهيم تيمو الروماني الذي تأثر بالمحافل الماسونية الإيطالية. وأطلق على هذه المنظمة الاتحاد العثماني واختاروا يوم الاحتفال بذكرى الثورة الفرنسية المئوية، تاريخا لإنشاء منظمتهم وجعلوا من أهدافهم مقاومة حكم السلطان عبد الحميد، وتكوين دولة مناسبة لأفكار العصر السياسية، تتخذا من الدول الغربية نموذجا لها، مثل إنكلترا وفرنسا ألمانيا، والمناداة بالدستور والحرية والديمقراطية[1].

ومن المدرسة العسكرية الطبية ، سرت أفكار جمعية (الاتحاد العثماني) إلى مختلف المدارس العليا الأخرى. وكانت خلايا جمعية الاتحاد هذه سرية على نظام جمعية (الكاربوناري) الإيطالية.

ولم تكن الجمعية متعجلة، لا في الدعاية لأفكارها، ولا في الحركة ضد السلطان. حتى إن أحمد رضا بك قد وصل إلى منصب مدير إدارة المعارف في منطقة بوصة،

(1) انظر: السلطان عبد الحميد الثاني، ص279.

وسافر عام 1889م إلى باريس بحجة حضور معرض باريس الدولي، ووصل إلى هناك، وأعلن أنه لن يرجع إلى بلاده. ومكث في فرنسا حوالي ست سنوات، لم تصدر عنه حركة معارضة جديرة بالتسجيل، إلى حين أصدر جريدته (منشورات) عام 1895م.

ويذكر مؤسس جمعية الاتحاد -وهو أبراهم تيمو- أنه كان يمضي أوقاته في الخارج -حتى عام 1895م- بمحاولة كسب أعضاء جدد لمنظمتهم ، لتربيتهم تربية ثورية، ويعقد الاجتماعات السرية، وقراءة الأعمال الأدبية التي ألفها أعضاء جمعية العثمانيين الجدد، مثل نامق كمال وضياء باشا وقراءة منشورات على شفقتي بك -عضو كلانتي الماسونية- وكان فارا في أوروبا[1].

ونتيجة للمراسلات السرية بين أعضاء جمعية الاتحاد العثماني السرية في الداخل وفي الخارج تم الاتفاق على وحدة العمل العسكري والمدني ضد السلطان ، وعلى اعتماد اسم (جمعية الاتحاد والترقي) للجناحين المعارضين، العسكري والمدني، اللذين يعملان في إطار الجمعية.

كان اسم الجمعية في الأوساط العسكرية هو (الاتحاد العثماني). وكان أحمد رضا بك -ممثل الجناح المدني- متأثرا بأفكار الفيلسوف (أوغست كانت) وكان دستور هذا الفيلسوف هو:(الانتظام والترقي) . فأخذ أحمد رضا كلمة (الترقي) استلهاما من دستور "كانت" واحتفظ العسكريون بسمي (الاتحاد)، واتفق الجميع أن تكون جمعيتهم باسم (الاتحاد والترقي)[2].

لقد تغلغلت خلايا (الاتحاد والترقي) في وحدات الجيش، وبين موظفي الدولة من المدنيين، واتحدا في العمل الموحد بعد اتفاق جناحيهما العسكري والمدني في باريس،

---

(1) انظر: مذكرات إبراهيم تيمو، ص9.
(2) انظر: السلطان عبد الحميد الثاني، ص280،281.

للعمل الفعلي ضد السلطان عبد الحميد. واستطاعت الجمعية بالفعل إجبار السلطان في 24 يوليو 1908م على إعلان الدستور الذي كان قد أمر سابقا عام 1877م بوقف العمل به[1].

وكان الفكر السياسي لجمعية الاتحاد والترقي يؤكد على المفاهيم الطورانية على المستويين الداخلي والخارجي،والطورانية تسمية تشير إلى وطن الأتراك الأصلي ونسبته إلى جبل توران الواقع في المنطقة الشمالية الشرقية في إيران[2] وكان داخل حركة الاتحاد والترقي اتجاها قويا يؤكد أن الترك هم من أقدم أمم الأرض وأعرقها مجدا وأسبقها إلى الحضارة، وأنهم هم والجنس المغولي واحد في الأصل، ويلزم أن يعودوا واحدا ويسمون ذلك بالجامعة الطورانية ولم يقتصرا فيها على الترك الذين في سيبريا وتركستان والصين وفارس والقوقاز والأناضول وروسيا وكان شعارهم عدم التدين وإهمال الجامعة الإسلامية إلا إذا كانت تخدم القومية الطورانية، فتكون عندئذ وسيلة لاغاية وهذا يعني أن هذا الاتجاه يدعوا إلى إحياء عقائد الترك الوثنية السابقة على أسلافهم، كالوثن التركي القديم (بوزقورت) أو الذئب الأبيض -الأسود الذي صوروه على طوابع البريد ووضعوا له الأناشيد وألزما الجيش أن يصطف لإنشادها عند كل غروب، وكأنهم يحلون تحية الذئب محل الصلاة، مبالغة منهم في إقامة الشعور العرقي محل الشعور الإسلامي.

ويستشهد هؤلاء برجالاتهم في التاريخ أمثال: أتلاو وطغرك، جنكيزخان وتيمورلنك.

وقد تطرف هذا الاتجاه في الطورانية، إذ قالوا : (نحن أتراك فكعبتنا طوران). وهم يتغنون بمدائح جنكيز، ويعجبون بفتوحات المغول، ولا ينكرون شيئا من أعمالهم،

---

(1) المصدر السابق نفسه ، ص281.

(2) أنظر: اليهود والدولة العثمانية، ص163.

وينظمون الأناشيد للأحداث في وصف الوقائع الجنكيزية ليطبعوهم على الإعجاب ويرفعوا مستوى نفوسهم بزعيمهم ويمثل هذا الاتجاه كل من فياكوك الب[1] ويوسف أقثور وجلال ساهر ويحيى كمال وحمد الله صبحي ومحمد أمين بك الشاعر، وكثير من الأدباء والمفكرين وأكثر الطلبة والنشء الجديد.

وكان تأثير اليهود على الطورانية أمر واضح وفي هذا الصدد يقول نيازي بركس في كتابه (المعاصرة في تركيا) : (أن لليهود الأوروبيين واليهود المحليين) في الدولة العثمانية في القرنين التاسع عشر والعشرين دورا ضخما في إرساء تيار القومية الطورانية فالعلماء اليهود في الغرب مثل لومالي دافيد وليون كاهون وارمينيوس فاميري تصدوا للكتابة عن أصول الفكرة القومية الطورانية كما أن اليهود المحليين في الدولة العثمانية، مثل كراسوا (قراصو) وموئيز كوهين وابارهام غالانتي ، كان لهم ضلع في جمعية الاتحاد والترقي وبمجرد أن نجحت هذه الجمعية في الإطاحة بحكم عبد الحميد ومن ثم الاستيلاء على السلطة تقدم الصهاينة إلى الاتحاديين برغبتهم في أن تعترف الجمعية بفلسطين وطنا قوميا لليهود...)[2].

وقد ذكر نيازي بركس في كتابه السابق اسم اليهودي موئيز كوهين الذي وصفه رينيه بيلو قائلا:

1- إن كوهين هو من مؤسسي الفكر القومي الطوراني في الدولة العثمانية.

2- إن كتاب مؤئيز كوهين هو الكتاب المقدس للسياسة الطورانية[3].

كان اليهودي موئيز كوهين نشطا جدا في التعريف بحركة الاتحاد والترقي في الصحف الأوروبية، فقد كان يعرف بجانب العبرية والتركية، عدة لغات أوروبية،

(1) أنظر: اليهود والدولة العثمانية، ص165.
(2) انظر: العثمانيون في التاريخ والحضارة ، ص119.
(3) المصدر السابق نفسه، ص119.

وبدأ هذا بمقال باللغة الفرنسية يحمل عنوان (الأتراك يبحثون عن روح قومي)[1].

لقد أسهم موئيز كوهين في التخطيط للسياسة العنصرية الطورانية التي سارت عليها جمعية الاتحاد والترقي وهي السياسة التي شقت شعوب الدولة العثمانية وأوجدت بينها العداوة والبغضاء.

وكان هذا اليهودي لايكل ولايمل في نشر الفكر القومي التركي لتفتيت الدولة العثمانية. وكتب ثلاثة كتب اعتمدت عند جمعية الاتحاد والترقي وهي: (ماذا يمكن أن يكسب الأتراك من هذه الحرب) و(الطوران) و(سياسة التتريك). كما أسهم هذا الكاتب اليهودي في الكتابة للفكر الكمالي بكتابة (الكمالية) وكتابة (الروح التركية) الذي أرخ فيه التطور العنصر التركي[2].

لقد قامت جمعية الاتحاد والترقي على إثارة المشاعر القومية عند الأتراك، تحت حلم الطورانية، وقد نادت بمفاهيم جديدة مثل الوطن والدستور والحرية، وكانت هذه المفاهيم غريبة على العثمانيين، وقد ضمت في صفوفها مجموعة من الشباب المثقفين الأتراك، بالإضافة إلى يهود الدونمة وكانت الغاية منها الإطاحة بحكم عبد الحميد الثاني[3].

(1)انظر: العثمانيون في التاريخ والحضارة، ص120.
(2) المصدر السابق نفسه، ص122.
(3) انظر: اليهود والدولة العثمانية ،ص168.

المبحث الخامس

الإطاحة بحكم السلطان عبد الحميد الثاني

كان السلطان عبد الحميد الثاني شديد الحذر من جمعية الاتحاد والترقي المدعومة باليهود والمحافل الماسونية، والدول الغربية واستطاع جهاز مخابرات السلطان عبد الحميد أن يتعرف على هذه الحركة ويجمع المعلومات عنها؛ إلا أن هذه الحركة كانت قوية، وقد جاءت مراقبة عبد الحميد لأعضاء هذه الحركة في وقت متأخر ، حيث دفعوا الأهالي إلى مظاهرات صاخبة في سلانيك ومناستر واسكوب وسوسن مطالبين بإعادة الدستور، بالإضافة إلى أن المتظاهرين هددوا بالزحف على القسطنطينية. الأمر الذي أدى بالسلطان إلى الرضوخ على مطالب المتظاهرين حيث قام بإعلان الدستور وإحياء البرلمان وذلك في 24 تموز 1908م، وكانت هناك عدة أسباب جعلت من جمعية الاتحاد والترقي أن تبقي السلطان عبد الحميد الثاني في تلك الفترة على العرش منها:

1- لم تكن في حوزة الاتحاد والترقي القوة الكافية بعزله في عام 1908م.

2- اتباع عبد الحميد الثاني سياسة المرونة معهم، وذلك بتنفيذ رغباتهم بإعادة الدستور.

3- ولاء العثمانيين لشخص السلطان عبد الحميد. وهذه النقطة واضحة، حيث أن لجنة الاتحاد والترقي لم تكن لها الجرأة الكافية على نشر دعايتها ضد السلطان عبد الحميد الثاني بين الجنود ، لأن هؤلاء كانوا يبجلون السلطان[1].

إن الصهيونية العالمية لم تقتصر على الانقلاب الدستوري لعام 1908م، بل تعاونت

(1) انظر: اليهود والدولة العثمانية، ص168.

مع جمعية الاتحاد والترقي لتحقيق مكاسب أخرى في فلسطين ، وعليه كان لابد من التخلص من السلطان عبد الحميد الثاني نهائيا ولذلك دبرت أحداث في 31 أبريل 1909م في استانبول وترتب على أثرها، اضطراب كبير قتل فيه بعض عسكر جمعية الاتحاد والترقي؛ عرف الحادث في التاريخ باسم حادث 31 مارت.

وقد حدث هذا الاضطراب الكبير في العاصمة بتخطيط أوروبي يهودي، مع رجال الاتحاد الترقي وتحرك على أثره عسكر الاتحاد والترقي من سلانيك ودخل استانبول، وبهذا تم عزل خليفة المسلمين السلطان عبد الحميد الثاني من كل سلطاته المدنية والدينية. ثم وجهت إليه جمعية الاتحاد والترقي التهم التالية:

1- تدبير حادث 31 مارت.

2- إحراق المصاحف.

3- الإسراف.

4- الظلم وسفك الدماء [1].

مع أن جمعية الاتحاد والترقي العثمانية، تبنت الأفكار الغربية المضادة للإسلام وللفكر الإسلامي؛ لكنها استغلت الدين عند مخاطبتها للناس للتأثير فيهم، وكسب أنصار لهم في معركتهم ضد السلطان عبد الحميد الثاني. وقد نجحوا في ذلك.

تقول الجمعية في بياناتها إلى العثمانيين: (أيها العثمانيون: إن مقصدنا هو سلامة الدولة والخلافة، ولم يعد أحد يجهل هذا). (وبعون الباري وهمة الإخوان) و(أيها المسلمون: كفانا أن نقوم بدور المتفرج على سلطان جبار، عديم الإيمان، يسحق القرآن تحت أقدامه، وكذلك يسحق الضمير والإيمان) و(استيقظوا يا أمة محمد) و(الشجاعة الشجاعة يا مسلمون الشجاعة منا والعون من الله. نصر من الله وفتح قريب) و(أيها

(1)انظر: العثمانيون في التاريخ والحضارة، ص50.

المسلم الموحد! اقرأ باسم ربك) و(انهض أيها المسلم الموحد! وأنقذ دينك، وإيمانك من يد الظالمين. وأنقذ بذلك نفسك! فهنا شيطان جبار يحمل فوق رأسه تاجا. وفي يده دينك وإيمانك. فأنقذ دينك منه وإيمانك أيها الموحد) و(يا أيها المسلمون: إن السلطان عبد الحميد -شرعا- ليس بسلطان، ولا خليفة! ومن لايصدق قولنا هذا : فلينظر في الكتاب والسنة. لقد أبرزت جمعيتنا بالآيات القرآنية، والأحاديث النبوية، وأوامر الله وأوامر الرسول الموجهة إلى الحكومة والأهالي.

لكن السلطان عبد الحميد، أشاح بوجهه بعيدا عن أوامر الله ، وأوامر الرسول . وبالتالي : أثبت ظلمه ولم يخجل من الاعتراض على الله؛ لذلك ينبغي على شعبنا ، أن يلجأ إلى السلاح ضده وإذا لم يفعل الشعب هذا، فليتحمل إذا وزر ماعليه السلطان عبد الحميد من ظلم[1].

لقد كان الفكر الحاكم في اتجاهات جمعية (الاتحاد والترقي) ، هو : الماسونية وهي لاتعترف بالأديان، والفلسفة الوضعية (العقلانية وهي تنفي الدين) والعلمانية (وهي تبعد الدين عن الحياة)، ومع ذلك استخدم الثوار الاتحاديون الدين لمحاربة السلطان عبد الحميد الثاني وافتروا عليه باسم الدين[2].

إن التهم التي وجهت للسلطان عبد الحميد الثاني لاتثبت أمام البحث العلمي، والحجج، والبراهين الدالة على براءته الكلية مما ينسب إليه، فقد أثبتت الأدلة على عدم علم السلطان عبد الحميد بحادث 31 مارت، كما أنه (من المحال إحراق السلطان عبد الحميد للمصاحف، فهو سلطان معروف بتقواه، ولم يعرف عنه تركه للصلاة وإهماله للتعبد، كما أنه معروف بعدم إسرافه ولأنه لايعرف الإسراف فقد كان المال يتوفر معه دائما ولذلك فقد أزاح من على كاهل الدولة أعباء كثيرة من ماله الخاص). وعن ظلمه

(1) انظر: السلطان عبد الحميد الثاني، ص282،283.
(2) انظر: السلطان عبد الحميد الثاني، ص283.

وسفكه للدماء فلم يعرف عن السلطان عبد الحميد هذا، وسفك الـدماء لم يكـن أبـدا ضـمن سياسته[1].

ولم لا يغيب عن بال الانقلابيين الضغط على مفتي الإسلام محمـد ضـياء الـدين بإصـدار فتـوى الخلع ففي يوم الثلاثاء السابع والعشرين من شهر نيسان عام 1909م اجتمع 240 عضوا من مجلس الأعيان في جلسة مشتركة وقرروا بالاتفاق خلع السلطان عبد الحميد الثاني وكتب مسودة الفتوى ا لشيخ نائب حمدي أفندي المالي لكن أمين الفتوى نوري أفندي الـذي دعـي للاجـتماع رفـض هـذه المسودة وهدد بالاستقالة من منصبه إن لم يجر تعديل عليها وأيده في التعـديل عـدد مـن أنصـاره من النواب فعدل القسم الأخير على أن يقرر مجلس المبعوثان عرض التنازل عن العرش أو خلعه.
وإليكم نص الفتوى:

(الموقع عليها من شيخ الإسلام محمد ضياء الدين أفندي ووافق عليها مجلس المبعوثان بـالإجماع "إذا قام أمام المسلمين زيد فجعل ديدنه طي وإخراج المسائل الشرعية المهمـة مـن الكتـب الشرعية وجمع الكتب المذكورة والتبذير والإسراف من بيت المال واتفاقيـة خـلاف المسـوغات الشرعية وقتـل وحبس وتغريب الرعية بلا سبب شرعي وسائر المظالم الأخرى ثم اقسم على الرجوع عن غيه ثم عـاد فحنث وأصر على أحداث فتنة ليخل بها وضع المسلمين كافة فورد مـن المسـلمين مـن كافـة الأقطـار الإسلامية بالتكرار مايشعر باعتبار زيد هذا مخلوعا فلوحظ أن في بقائه ضررا محققا وفي زواله صـلاحا فهل يجب على أهل الحل والعقد وأولياء الأمور أن يعرضـوا عـلى زيـد المـذكور التنـازل عـن الخلافـة والسلطنة أو خلعه من قبلهم. الجواب: نعم يجب)[2].

قرأت هذه الفتوى في الاجتماع المشترك للمجلس الملي فصرخ النواب الاتحاديون

(1) انظر: العثمانيون في التاريخ والحضارة، ص50.
(2) انظر: صحوة الرجل المريض، ص410.

نريد خلعه وبعد مداولات تم الموافقة على خلع السلطان عبد الحميد الثاني[1].

وبتكليف من جمعية الاتحاد والترقي تم تكوين لجنة لإبلاغ خليفة المسلمين وسلطان الدولة العثمانية عبد الحميد الثاني بقرار خلعه. وكانت هذه اللجنة تتألف من:

1- إيمانويل قراصو: وهو يهودي أسباني. كان من أوائل المشتركين في حركة تركيا الفتاة وكان مسؤولا أمام جمعية الاتحاد والترقي عن إثارة الشغب وتحريضه ضد السلطان عبد الحميد الثاني وتأمين التخابر بين سلانيك واستانبول فيما يتعلق بالاتصالات الحركة. وقراصو هذا محام، عملت جمعية الاتحاد والترقي بنجاح على تعيينه في المجلس النيابي العثماني نائبا عن سلانيك مرة وعن استانبول مرتين. وصفته المصادر الانكليزية بأنه من قادة الاتحاد والترقي. عمل أثناء الحرب مفتشا للإعاشة ، واستطاع أثناء وجوده في هذا المنصب أن يجمع أموالا كثيرة لحسابه الخاص، ولعب دورا هاما في احتلال إيطاليا لليبيا نظير مبلغ من المال دفعته إليه إيطاليا. واضطر نتيجة لخيانته للدولة أن يهرب إلى إيطاليا ويحصل على حق المواطنة الإيطالية واستقر في تريسنا حيث مات عام 1934م. وكان أثناء وجوده في الدولة العثمانية الأستاذ الأعظم لمحفل مقدونيا ريزولتا الماسوني.

2- آرام : وهو أرمني عضو في مجلس الأعيان العثماني.

3- أسعد طوبطاني: وهو ألباني ، نائب في مجلس المبعوثان عن منطقة دراج.

4- عارف حكمت: وهو فريق بحري وعضو مجلس الأعيان، وهو كرجبي العراق[2].

---

(1) المصدر السابق نفسه، ص410.

(2) انظر: العثمانيون في التاريخ والحضارة، ص51.

يروي السلطان عبد الحميد في مذكراته تفاصيل هذه الحادثة فيقول: (إن مايحزنني ليس الإبعاد عن السلطة، ولكنها المعاملة غير المحترمة التي ألقاها بعد كلمات أسعد باشا هذه والتي خرجت عن كل حدود الأدب ، حيث قلت لهم: إنني أنحني للشريعة ولقرار مجلس المبعوثان ذلك تقدير العزيز العليم، سوى إني أؤكد بأنه لم يكن لي أدنى علاقة لا من بعيد ولا من قريب بالأحداث التي تفجرت في 31 مارت ثم أردف قائلا: (إن المسؤولية التي تحملتموها ثقيلة جدا). ثم أشار عبد الحميد إلى قرصو قائلا: (ماهو عمل هذا اليهودي في مقام الخلافة[1]؟ وبأي قصد جئتم بهذا الرجل أمامي؟)[2].

لقد اعتبر اليهود والماسونيون هذا اليوم عيدا لهم، وابتهجوا به وساروا بمظاهرة كبيرة في مدينة سلانيك، ولم يكتف الماسونيون بذلك بل طبعوا صورة هذه المظاهرات في بطاقات بريدية لتباع في أسواق تركيا العثمانية ولمدة طويلة. لقد كان الاتحاديون يفتخرون دائما بأنهم ماسونيون. وقد أدلى رفيق مانياسي زادة بتصريحات إلى صحيفة تمبس والفرنسية في باريس عقب نجاح انقلاب حركة الاتحاد والترقي، حيث جاء فيها:(لقد كانت للمساعدات المالية والمعنوية التي تلقيناها من الجمعية الماسونية الايطالية التي أمدتنا بالعون العظيم نظرا لارتباطنا الوثيق بها)[3].

إن هذه العلاقة بين الصهيونية والماسونية، وضحها السلطان عبد الحميد الثاني في الرسالة التي وجهها إلى الشيخ محمود أبي الشامات شيخه في الطريقة الشاذلية بعد خلعه وذلك في سنة 1329هـ[4] وقد جاء في هذه الرسالة:

(إن هؤلاء الاتحاديون قد أصروا علي بأن أصادق على تأسيس وطن قومي لليهود

(1) انظر: اليهود والدولة العثمانية، ص219.
(2) المصدر السابق نفسه، ص220.
(3) المصدر السابق نفسه، ص221.
(4) المصدر السابق نفسه، ص223.

في الأرض المقدسة (فلسطين) ورغم إصرارهم، لم أقبل بصورة قطعية هذا التكليف، وأخيرا وعدوا بتقديم مائة وخمسين مليون ليرة انكليزية ذهبا، فرفضت هذا التكليف بصورة قطعية أيضا، وأجبتهم بهذا الجواب القطعي: (إنكم لو دفعتم ملئ الدنيا ذهبا، فلن أقبل بتكليفكم هذا بوجه قطعي، لقد خدمت الملة الإسلامية والأمة المحمدية مايزيد على ثلاثين سنة فلم أسود صحائف المسلمين). وبعد جوابي هذا اتفقوا على خلعي، وأبلغوني أنهم سيبعدونني إلى سلانيك، فقبلت بهذا التكليف الأخير. هذا وحمدت المولى وأحمده أنني لم أقبل بأن ألطخ العالم الإسلامي بهذا العار الأبدي الناشئ عن تكليفهم بإقامة دولة يهودية في الأراضي المقدسة! فلسطين)[1].

وفي مقال نشرت في جريدة (بويوك ضوغو) التركية في 2 مايو عام 1947م العدد 61 يقول (محرم فوزي طوغاي) تحت عنوان (فلسطين والمسألة اليهودية) الآتي:

(منع السلطان عبد الحميد تحقيق هدف إنشاء دولة يهودية في فلسطين، وكلف هذا لمنع السلطان عبد الحميد غاليا وأودى بعرشه، وأدى هذا فيما بعد إلى انهيار الدولة العثمانية كلها). رغم أنه كان يدرك -كما قال نظام الدين لبه دنلي أوغلو- في دراسته عن دور اليهود في هدم الدولة العثمانية أن: (اليهود يمتلكون قوى كثيرة تستطيع النجاح في العمل المنظم، فالمال كان عندهم والعلاقات التجارية الدولية كانت في أيديهم. كما كانوا يمتلكون الصحافة الأوروبية والمحافل الماسونية)[2].

إن بعض أقطاب حركة الاتحاد والترقي اكتشفوا فيما بعد أنهم قد وقعوا تحت تأثير الماسونية والصهيونية، فهذا أنور باشا الذي لعب دورا مهما في انقلاب عام 1908م، يقول في حديث له مع جمال باشا أحد أركان جمعية الاتحاد والترقي: (أتعرف ياجمال ماهو ذنبنا؟ وبعد تحسر عميق قال: (نحن لم نعرف السلطان عبد الحميد، فأصبحنا

---

(1) انظر: اليهود والدولة العثمانية، ص223.
(2) انظر: السلطان عبد الحميد الثاني، ص88.

آلة بيد الصهيونية، واستثمرتنا الماسونية العالمية، نحن بذلنا جهودنا للصهيونية فهذا ذنبنا الحقيقي)[1].

وفي هذا المعنى، يقول أيوب صبري قائد الاتحاديين العسكريين: (لقد وقعنا في شرك اليهود ، عندما نفذنا رغبات اليهود عن طريق الماسونيين لقاء صفيحتين من الليرات الذهبية في الوقت الذي عرض فيه اليهود ثلاثين مليون ليرة ذهبية على السلطان عبد الحميد لتنفيذ مطالبهم، إلا إنه لم يقبل بذلك)[2].

ويقول في هذا الصدد برنارد لويس: (لقد تعاون الأخوة الماسونيون واليهود بصورة سرية على إزالة السلطان عبد الحميد، لأنه كان معارضا قويا لليهود، إذ رفض بشدة إعطاء أي شبر أرض لليهود في فلسطين)[3].

وقد علق نجم الدين أربكان المجاهد الكبير زعيم حزب الرفاه في تركيا على هذا الموضوع قائلا: (إن الحركة الماسونية سعت سعيا شديدا لعزل السلطان عبد الحميد، ونجحت في سعيها وأن أول محفل فتح في تركيا العثمانية كان على يد أميل قره صو وهو صهيوني وقد انضم إليه ضباط منطقة سالونيكا...)[4].

وبعد إبعاد عبد الحميد الثاني من السلطة، عبرت الصحف اليهودية في سلانيك عن غبطتها في الخلاص من (مضطهد إسرائيل) كما وصفته هذه الصحف. وفي هذا الصدد يقول لوثر : (وبعد إبعاد عبد الحميد من السلطة، عبرت الصحف اليهودية في سلانيك عن غبطتها، وأخذت تزف البشائر بالخلاص من (مضطهد إسرائيل) الذي رفض استجابة طلب هرتزل لمرتين، والذي وضع جواز السفر الأحمر الذي يقابل

---

(1) انظر: اليهود والدولة العثمانية، ص228.

(2) المصدر السابق نفسه، ص229.

(3) المصدر السابق نفسه، ص229.

(4) انظر: اليهود والدولة العثمانية، ص229.

عندنا قانون الأجانب)[1].

واستمرت الحملات الإعلامية المنظمة تشهر تشهيرا عنيفا بالسلطان عبد الحميد الثاني استهدف أعداء الإسلام من تلك الحملات:

1- الدفاع عن أعضاء الاتحاد والترقي، مبررين تصرفهم في إنهاء حكم السلطان عبد الحميد كي تسترد الدولة مكانتها.

2- تغطية فشل الاتحاد والترقي في حكم الدولة، فقد لجأ رجال الاتحاد والترقي إلى القوة والاستبداد ، وأثاروا الفرقة بين سكان البلاد.

3- إبراز صورة مشرقة لعهد الطاغية الملحد مصطفى كمال آتاتورك وأعوانه، وتبرير تصرفات عملاء اليهود والانكليز والدول الغربية في إلغاء الخلافة والسلطنة وإعلان الجمهورية التركية.

4- رغبة الصهاينة في تدمير سيرة السلطان عبد الحميد الثاني انتقاما منه لسياسته المعادية لأهدافهم في فلسطين[2].

وحقيقة الأمر أنه لولا أصالة الدولة العثمانية وعراقتها وشموخها لأصبحت هباء منبثا، وطويت صفحاتها في القرن الثامن عشر أو القرن التاسع عشر، ولكنها ظلت تقاوم عوادي الزمن أكثر من قرنين ونتيجة للزحف الاستعماري ، والكيد اليهودي ، والنخر الماسوني ، والضعف الشديد الذي انتاب الدولة ، وهو ضعيف لم يكن للسلطان عبد الحميد مسؤولا عنه غدت ممتلكات الدولة نهبا بين الدول الأوروبية الاستعمارية التي كانت تخطط منذ زمن بعيد للقضاء على الدولة[3].

---

(1) المصدر السابق نفسه، ص230.
(2) انظر: الدولة العثمانية ، د. الشناوي (1018/2-1023).
(3) المصدر السابق نفسه (1061/2).

المبحث السادس
حكم الاتحاديين ونهاية الدولة العثمانية

تولى السلطنة والخلافة بعد السلطان عبد الحميد الثاني أخوه محمد رشاد إلا أنه في الحقيقة لايملك أي سلطة فعلية وإنما السلطة أصبحت بيد جمعية الاتحاد والترقي وغدت الحكومة العثمانية تركية في مضمونها، قومية في عصبيتها، بينما كانت من قبل عثمانية في مضمونها وإسلامية في رابطتها. فقد تأثرت هذه الجمعية بقوة الأفكار القومية الطورانية التي تدعو إلى تحرير كافة الأتراك. مدعين أن الشعوب الإسلامية في الأناضول وآسيا الوسطى تشكل أمة واحدة، وهي الأفكار التي تطورت أخيرا بمجهودات بعض كتاب الجمعية وعلى رأسها موئيز كوهين اليهودي، والكاتب التركي الشهير ضيا كوك آلب؛ فاتبعت سياسة التتريك وذلك بجعل اللغة التركية هي اللغة الرسمية الوحيدة أن كانت تقف اللغة العربية إلى جانبها. فتأججت حركة الدعوة إلى القومية العربية، في مواجهة حركة التتريك.

كون العرب حزب اللامركزية وتعني أن تأخذ الولايات غير التركية استقلالا ذاتيا وتبقى خاضعة خارجيا لاستانبول -كما كونوا جمعيات سرية مثل الجمعية القحطانية برئاسة عبد الكريم الخليل والضابط عزيز علي المصري، والجمعية العربية الفتاة التي تشكلت في باريس عام 1329هـ على منهج جمعية تركيا الفتاة ومن قبل طلاب يدرسون هناك تشبعوا بالأفكار الغربية وخاصة مبادئ العصبية القومية واستعمل بعضهم المصطلحات الماسونية وكان قصدهم: استقلال العرب التام، وقد نقلوا مقرهم من باريس إلى بيروت ثم إلى دمشق حيث ازداد عدد الأعضاء وخاصة من النصارى العرب.

وتكونت الجمعية الاصطلاحية في بيروت عام 1331هـ وتعاونت مع جمعية النهضة اللبنانية في المهجر فقدمتا رسالة مشتركة إلى حكومة فرنسا عـام 1331هـ التمستا فيهـا منهـا احتلال سوريا ولبنان بينما اتجه بعض مثقفي العراق نحو الانكليز وأيد بعضهم إقامة إشراف بريطاني علـى برامج الإصلاح، بل وحتى إلى بسط الحماية البريطانية على البلاد [1].

ولما بطش الاتحاديون بأعضاء الجمعيات العربية، قامت العربية الفتاة بعقـد مـؤتمر عـربي في باريس سنة 1332هـ/1913م، وقد هيأ الفرنسيون المكان المناسب لعقد الاجتماع وقرر المؤتمرون :

1- ضرورة تنفيذ الإصلاح بسرعة.

2- إشراك العرب بالإدارة المركزية.

3- جعل اللغة العربية لغة رسمية في كافة الولايات العربية .

4- جعل الخدمة العسكرية محلية بالنسبة للعرب إلا حين الضرورة .

5- التعاطف مع مطالب الأرمن .

وأكد الأعضاء بأن حركتهم لا دينية وتعادل عدد النصارى مـع عـدد المسـلمين في المـؤتمر وكان برئاسة عبد الحميد الزهراوي [2].

وقد علقت فرنسا آمالا كبيرة على المؤتمر وكان لها العديد من الأنصار في داخله ثم قامت بنشر مقرراته.

ولما قامت الحرب العالمية الأولى (1333-1337هـ/1914-1948م) دخلت تركيا الحرب إلى جانب دول الوسط (ألمانيا والنمسا) في حين تمكن الانكليز (بمراسلات

(1) انظر: تاريخ الدولة العثمانية ، د. علي حسون، ص249.
(2) انظر: حاضر العالم الإسلامي ،د. جميل المصري (109/1).

الحسين مكماهون) من جر العرب إلى جانب الحلفاء (بريطانيا وفرنسا وروسيا) فسادت فكرة القومية العربية ووقع الصدام بين العرب والترك[1].

وسقطت تركيا بعد هزيمتها في الحرب واحتل الحلفاء واليونان أجزاء منها ووقعت الأستانة تحت سيطرة الانكليز وأصبح الخليفة كالأسير فيها.

إن خلع السلطان عبد الحميد وقيام جمعية الاتحاد والترقي في الحكم كانت خطوة أساسية نحو تحقيق المخطط الذي تم أثناء الحرب وبعد الحرب في مراحل نلخصها فيما يلي:

1- اتفاق الحلفاء على تقسيم العالم الإسلامي الخاضع للدولة العثمانية بين الحلفاء، تجلى ذلك في معاهدة سايكس بيكو سنة 1334هـ/1916م السري في الوقت الذي وعد فيه العرب بالاستقلال. وأهم ماتضمنته هذه المعاهدة:

● أن يكون جنوب العراق لبريطانيا، وساحل سوريا الشمالي (لبنان والساحل الشمالي من سوريا) لفرنسا.

● تتكون دولتنا عربيتان شمال العراق وأواسط بلاد الشام وجنوبها، يكون النفوذ في الأولى التي تشمل شمال العراق وشرق الأردن لبريطانيا، والنفوذ في الثانية التي تشكل أواسط سوريا والجزيرة الفراتية لفرنسا.

● تكون فلسطين دولية.

● تكون الآستانة والمضائق (البوسفور والدردنيل) لروسيا[2].

2- وعد بلفور الذي أصدرته بريطانيا للصهيونية في 11/2/ 1917م (محرم 1326هـ) بأن تكون فلسطين وطنا قوميا لليهود.

(1) المصدر السابق نفسه (110/1).
(2) انظر: حاضر العالم الإسلامي (110/1)

3- تسليم تركيا لأبشع حركة تغريب وتدمير للقيم الإسلامية بنقلها من دولة ذات طابع إسلامي إلى دولة غربية الطابع، فيمكن القول بأن الفترة التي بدأت في تركيا بخلع السلطان عبد الحميد وتولي الاتحاديين للحكم هي الفترة التي اجتمعت فيها إرادة الحاكمين والاستعمار على تصفية الدولة العثمانية وإبراز طابع الجامعة الطورانية وإبلاغ العلاقة بين الترك والعرب أشد مراحلها عنفا وقسوة مما مهد إلى زوال الدولة والتهام الغرب للأجزاء العربية ومنح اليهود وعد بلفور الذي يعطيهم الحق في إقامة دولة فلسطين[1].

فقد قام الاتحاديون بتوجيه الدولة وجهة قومية لا دينية، ولما احتل الانجليز استانبول (الأستانة) وأصبح الخليفة شبه أسير في أيديهم، وأصبح المندوب السامي البريطاني والجنرال هازنجتون (القائد العام لقوات الحلفاء في استانبول) هما أصحاب السيادة الفعلية[2].

وكانت اللعبة العالمية للقضاء على الخلافة العثمانية نهائيا تستدعي اصطناع بطل تتراجع أمامه جيوش الحلفاء الجرارة وتعلق الأمة الإسلامية اليائسة فيه أملها الكبير وحلمها المنشود، وفي أوج عظمته وانتفاخه ينقض على الرمق الباقي في جسم الأمة فينهشه ويجهز عليها وهذا أفضل قطعا من كل الـ " مائة مشروع لتقسيم تركيا " وهدم الإسلام[3].

وتمت صناعة البطل بواسطة المخابرات الانجليزية بنجاح باهر، وظهر مصطفى كمال بمظهر المنقذ لشرف الدولة من الحلفاء واليونان الذين احتلوا أزمير بتمكين من بريطانيا سنة 1338هـ وتوغلوا في حقد صليبي دفين في الأناضول، فقام مصطفى كمال

---

(1) المصدر السابق نفسه (110/1)

(2) المصدر السابق نفسه (111/1).

(3) انظر: العلمانية ، د. سفر الحوالي ، ص569.

باستثارة روح الجهاد في الأتراك ورفع القرآن ورد اليونانيين على أعقابهم، وتراجعت أمامه قوات الحلفاء بدون أن يستعمل أسلحته وأخلت أمامه المواقع وبدأ مصطفى كمال يطفوا على السطح تدريجيا فقد ابتهج العالم الإسلامي وأطلق عليه لقب الغازي ومدحه الشعراء وأشاد به الخطباء

فأحمد شوقي قرنه بخالد بن الوليد في أول بيت من قصيدة مشهورة[1]

الله أكبر كم في الفتح من عجب يا خالد الترك جدد خالد العرب

ثم يجعله في مصاف صلاح الدين الأيوبي حين يقول:

حذوت حرب الصلاحيين في زمن

فيه القتال بلا شرع ولا أدب

وشبه انتصاره بانتصار بدر فيقول:

يوم كبدر فخيل الحق راقصه

على الصعيد وخيل الله في السحب

تهيئة أيها الغازي وتهنئة

بآية الفتح تبقى آية الحقب[2]

فكان الناس إذا قارنوا كفاح مصطفى كمال المظفر باستسلام الخليفة وحيد الدين محمد السادس القابع في الأستانة مستكينا لما يجري عليه من الذل، كبر في نظرهم الأول بمقدار مايهون الثاني، وزاد في سخطهم على الخليفة ما تناقلته الصحف بإهدار دم مصطفى كمال واعتباره عاصيا متمردا. ولم يكن مصطفى كمال في نظرهم إلا بطلا

---

(1) انظر: حاضر العالم الإسلامي (111/1).
(2) انظر: حاضر العالم الإسلامي (111/1).

مكافحا يغامر بنفسه لاستعادة مجد الخلافة، الذي خيل إليهم أن الخليفة يمرغه في التراب تحت أقدام الجيوش المحتلة.

ولكنه لم يلبث غير قليل حتى ظهر على حقيقته صنيعة لأعداء الإسلام من اليهود والنصارى وخاصة انجلترا التي رأت أن إلغاء الخلافة ليس بالأمر الهين وإن ذلك لايمكن أن يتم دون اصطناع بطل وإعطائه صورة عظيمة وإظهار هالة حوله وتصويره وكأن الكرامات تجري على يديه وعندها يمكن توجيه الطعنة على يديه بلا ألم عميق إذ الشعور قد تخدر من نشوة الانتصارات الزائفة، فالخلفاء أنفسهم هم الذين اصطنعوا القلاقل وطلبوا من السلطان إخمادها واقترحوا اسم مصطفى كمال لتلك المهمة ليصبح محط آمال الناس وموضع تقدير ضباط الجيش فتتصاعد مكانته وهيبته وتتدهور سمعة الخليفة وينحط مركز الخلافة في أعين الناس، فألاعيب الانجليزية لاتدرك بسهولة[1].

لقد استطاعت المخابرات الانجليزية أن تجد ضالتها المنشودة في شخصية مصطفى كمال وكانت تلك العلاقة بين المخابرات الإنجليزية ومصطفى كمال بواسطة رجل المخابرات الانجليزي (أرمسترونج) الذي تعززت علاقته في فلسطين وسورية، عندما كان مصطفى كمال قائدا هناك في الجيش العثماني.

نجد أرمسترونج في كتابه عن مصطفى كمال يضع إصبعه بصراحة على بداية العقد النفسية عند مصطفى كمال حينما يشير إلى الزواج الثاني لوالدته من أحد الروديسيين الميسورين، وانقطاعه عن زيارتها ولجوئه إلى أصحابه من الرهبان المقدونيين، الذين تلقفوه فلقنوه مبادئ اللغة الفرنسية، مع صديقه المقدوني " فتحي ". فإليهما كتب فولتير وروسو ومؤلفات هوبز وجون ستيورات ميل وغيرها من الكتب الممنوعة، حتى أصبح ينظم الشعر الملتهب بمشاعر القومية ويخطب في ملائه بالكلية العسكرية،

(1) انظر: تاريخ الدولة العثمانية، ص277.

فيحدثهم عن فساد السلطان، قبل أن يتجاوز العشرين من العمر، ثم انتقل إلى استانبول وانغمس في ملاهيها وحاناتها، وراح يشرب ويقامر ويغازل، قبل أن يسجن لانضمامه إلى (جمعية وطن)[1].

ويشهد ارمسترونج بعلاقة الاتحاد والترقي بالدونمة والماسونية في معرض تأريخه لحياة مصطفى كمال فيذكر كيف (دعي لحضور أحد اجتماعاتها في بيوت بعض اليهود المنتمين للجنسية الايطالية، والجمعيات الماسونية الايطالية إذ أن جنسيتهم هذه تحميهم بحكم المعاهدات والامتيازات الأجنبية وقد دأب الاتحاديون على الاحتماء بحصانة اليهود، فكانوا يجتمعون في بيوتهم آمنين من كل خطر، وكان بعضهم كفتحي المقدوني صديق كمال القديم، قد انضم إلى جماعة الماسون (البنائين الأحرار) ويروي كيف استعانوا على تأليف جمعيتهم الثورية وتنظيمها باقتباس أساليب المنظمات الماسونية، وصاروا يتلقون الإعانات المالية الوافرة من مختلف الجهات ويتصلون باللاجئين السياسيين الذين نفاهم السلطان إلى خارج البلاد.

ويكشف ارمسترونج كيف وقع الاختيار على مصطفى كمال وحده، من دون بقية أقرانه، لتنفيذ آخر خطوة في الخطة البريطانية فيقول: (إن طبيعته كانت تميل إلى أن يكون الآمر الناهي، فلم يظهر أي احترام لزعماء الاتحاديين، وتشاجر مع : أنور وجمال وجاويد اليهودي الأصل، ونيازي الألماني المتوحش، وطلعت الدب الكبير، الذي كان موظفا صغيرا في مصلحة البريد.

وبعد أن تحول مصطفى كمال من مجرد ضابط صغير ثائر على الأوضاع إلى قائد عسكري يملك رصيدا من الأمجاد والانتصارات لقبت بـ(الغازي) بفضل نفوذ رجال الاستخبارات البريطانية، ويذكرنا أرمسترونج صفحة جديدة من حياته الخاصة بعد كشفه عن مجونه وفسقه، وأهليته لنسف الخلافة الإسلامية ، فيتطرق إلى زواجه

---

(1) انظر: صحوة الرجل المريض، ص265،266.

الأسطوري من (لطيفة) تلك الفتاة الأميرية الموسرة التي عادت لتوها من باريس لتقدم خبراتها الإدارية وثقافتها العصرية وإجادتها لعدة لغات فضلا عن أنوثتها وسحرها مع قصر أبيها الفاخر في أزمير إلى الغازي مصطفى كمال ، الذي أوقعته في حبائلها بتمنعها ودلالها فتخلص من (فكرية) التي أرسلها إلى ميونخ للعلاج من المرض الذي نقله إليها، ثم دبر أمر انتحارها كما تخلص من (صالحة) ليقوم بزواج خاطف من (لطيفة) بعد أفسد حياة (سعادت) وعشرات البنات والنساء والغلمان وغيرها، كما تؤكد ذلك الوثائق التي تركها أحد زملائه من الضباط المتقاعدين[1]. وقد كانت لطيفة نفسها ضحية من ضحاياه، فيما بعد، حيث طلقها بقرار وزاري ، وتركها فريسة للأمراض والأوجاع، بعد تحذيرها للصمت من كل شذوذه، ولم تبق بجانبه إلا (عفت) ، تلك الفنانة التي كانت له معلمة ومؤرخة، حتى استطاعت أن تقود ذلك الوحش -على حد تعبير - بأسلوب الخضوع والعبودية له.

ولكن (لطيفة) هانم أشاكي كيل لك يمنعها قانون حماية مصطفى كمال من أي هجوم أو نقد من التلميح بين سطور مذكراتها التي نشرتها صحيفة (الحرية) التركية في حزيران (يونيو) عام 1973من تسليط بعض الأضواء على حياة أتاتورك الخاصة وإفراطه في الشرب، محاولة إلقاء المسؤولية على أصحابه وزملائه أمثال: (قلج علي) و(نوري جنكر) ، و(رجب هدى) الذي كانوا يتعمدون إهدار وقته وهم مجموعة من القتلة والأشقياء المعروفين الذين ضمهم إلى حاشيته ولحراسته وأصبح بعضهم يرفع الكلفة معه إلى أبعد الحدود بعد تنفيذهم للعديد من المهمات الإجرامية التي كلفهم بها للتخلص من بعض خصومه[2].

إن تلك الأخلاق العفنة التي اشتهر بها مصطفى كمال لاتستغرب منه خصوصا عندما نعلم أن أصله من يهود الدونمة.

---

(1) انظر: صحوة الرجل المريض، ص267.

(2) المصدر السابق نفسه، ص267.

فقد جاء في دائرة المعارف اليهودية : (لقد أكد الكثير من اليهود سلانيك أن كمال آتاتورك كان أصله من الدونمة، وهذا هو أيضا رأي الإسلاميين المعارضين لكمال آتاتورك، ولكن الحكومة تنكر ذلك)[1].

ويعلق تويني على نسب مصطفى كمال قائلا: (إن دما يهوديا يجري في عروق الأسرة الكمالية. فقد كانت سلانيك مهبط اليهود أيام محنتهم. وقد درؤوا عقائدهم باعتناق الإسلام . ولكن طبائع مصطفى كمال ولون عينه وتكوينه الجسمي يبعده عن أن يكون متأثرا بدماء يهودية)[2].

ويقول أسامة عيناي : (أن الدونمة يعتزون كثيرا بآتوتورك ويعتقدون اعتقادا راسخا أنه منهم وحجتهم في ذلك أن أتاتورك أسفر عن نياته ضد الإسلام حين تولى الحكم)[3].

إن أفعال مصطفى كمال دلت على بغضه للإسلام فيما بعد، فبينما كان في عام 1337هـ عندما انتصر على اليونان في أنقرة يعلن أمام الشعب: (إن كل التدابير التي ستتخذ لا يقصد منها غير الاحتفاظ بالسلطنة والخلافة وتحرير السلطان والبلاد من الرق الأجنبي)[4]، نجده بعد أن تمكن من العباد والبلاد في عام 1341هـ/1923م تعلن الجمعية الوطنية التركية بزعامته عن قيام الجمهورية التركية وانتخب مصطفى كمال أول رئيس لها، وتظاهر بالاحتفاظ مؤقتا بالخلافة فاختير عبد المجيد بن السلطان عبد العزيز خليفة بدلا من محمد السادس الذي غادر البلاد على بارجة بريطانية إلى مالطة ولم يمارس السلطان عبد المجيد أي سلطات للحكم[5].

(1) انظر: يهود الدونمة، د.النعيمي، ص87 إلى 89.
(2) المصدر السابق نفسه، ص90.
(3) المصدر السابق نفسه، ص94.
(4) انظر: حاضر العالم الإسلامي (112/1).
(5) انظر: حاضر العالم الإسلامي (112/1).

كان الخليفة عبد المجيد رجلا مهذبا مثقفا كما يليق بسلالة بني عثمان، وقد أصبح في نظر الأتراك الصلة الحية بالتراث والتاريخ العثماني الإسلامي ، وكانت جماهير استانبول تهرع لإلقاء نظرة عليه وتحيته كل جمعة وهو في طريقه لأداء الفريضة، وكان الخليفة مدركا تمام الإدراك مكانة منصبه السامية، وعراقة السلالة التي ينتمي إليها، فكان مرة يرتدي عمامة محمد الفاتح وثانية يتقلد لسيف السلطان سليمان القانوني.

استشاط مصطفى كمال غيظا فما كان ليطيق أن يرى أو يسمع عن محبة الناس وتعلقهم بآل عثمان وبالخلافة والسلطنة، فمنع الخليفة من الخروج للصلاة ثم خفض مخصصاته للنصف وحكم مصطفى كمال البلاد بالحديد والنار، وضمن تأييد الدول العظمى لسياسته التعسفية.

دعا مصطفى كمال الجمعية التأسيسية إلى اجتماع في 3 آذار/ مارس 1924م، وكان على ثقة تامة من أن أحدا في الجمعية التأسيسية - التي لم يبقى منها سوى اسمها - لن يجرؤ على معارضته، وطرح على الجمعية مشروع قرار بإلغاء الخلافة التي أسماها " هذا الورم من القرون الوسطى "[1]، وقد أجيز القرار الذي شمل نفي الخليفة في اليوم التالي دون مناقشة، وانطفأت على يد مصطفى كمال شعلة الخلافة التي كان المسلمون طيلة القرون يستمدون من بقائها رمز وحدتهم واستمرار كيانهم [2].

لقد كان مصطفى كمال ينفذ مخططا مرسوما له في المعاهدات التي عقدت مع الدول الغربية، فقد فرضت معاهدة لوزان سنة 1340هـ/1923م على تركيا فقبلت شروط الصلح والمعروفة بشروط كرزون الأربع " وهو رئيس الوفد الانجليزي في مؤتمر لوزان " وهي:
1- قطع كل صلة لتركيا بالإسلام.

(1) انظر: التاريخ العثماني في شعر أحمد شوقي لمحمد أبو غدة ، ص110.
(2) المصدر السابق نفسه، ص110.

2- إلغاء الخلافة الإسلامية إلغاء تاما.

3- إخراج الخليفة وأنصار الخلافة والإسلام من البلاد ومصادرة أموال الخليفة.

4- اتخاذ دستور مدني بدلا من دستور تركيا القديم[1].

وعم الاستياء الشديد العالم الإسلامي، فشوقي الذي مدحه سابقا بكى الخلافة فقال:

عادت أغاني العرس رجع نواح ... ونعيت بين معالم الأفراح
كفنت في ليل الزفاف بثوبه ... ودفنت عند تبلج الإصباح
ضجت عليك مآذن ومنابر ... وبكيت عليك ممالك ونواح
الهند والهة، ومصر حزينة ... تبكي عليك بمدمع سحاح
والشام تسأل، والعراق وفارس ... أمحا من الأرض الخلافة ماح
يا للرجال لحرة موؤدة ... قتلت بغير جريرة وجناح

ثم انبرى شوقي بوجه التقريع والنقد الشديد إلى أتاتورك الذي يريد بجرة قلم وبالحديد والنار أن ينقل الأتراك رغم أنوفهم من آسيا إلى أوروبا ، ومن جـذورهم العميقـة في الشرق إلى الانتظـار على أبواب الغرب:

بكت الصلاة وتلك فتنة عابث ... بالشرع عربيد القضاء وقاح
أفتى خزعبلة وقال ضلالة ... وأتى بكفر في البلاد بواح
إن الذين جرى عليهم فقهه ... خلقوا لفقه كتيبة وسلاح
نقل الشرائع والعقائد والقرى ... والناس نقل كتائب في الساح
تركته كالشبح المؤلة أمه ... لم تسل بعد عبادة الأشباح
غرته طاعات الجموع ودولة ... وجد السواد لها هوى المرتاح[2]

---

(1) انظر: تاريخ الدولة العثماني، د.علي حسون ،ص287.

(2) انظر : التاريخ العثماني في شعر أحمد شوقي، ص112.

ولم يترك شوقي أن يبين سبب ظهور هؤلاء المتسلطين إلى جهل الشعوب واستسلامها للطغاة المستبدين فقال:

مجد الأمور زواله في زلة لا ترج لا سمك بالأمور خلودا
خلعته دون المسلمين عصابة لم يجعلوا للمسلمين وجودا
يقضون ذلك عن سواد غافل خلق السواد مضللا ومسودا
إلـي نظرت إلى الشعوب فلم أجد كالجهل داء للشعوب مبيدا
وإذا سبي الفرد المسلط مجلسا ألفيت أحرار الرجال عبيدا(1)

لقد نفذ مصطفى كمال المخطط كاملا وابتعد عن الخطوط الإسلامية ودخلت تركيا لعمليات التغريب البشعة؛ فألغيت وزارة الأوقاف سنة 1343هـ/1924م، وعهد بشؤونها إلى وزارة المعارف. وفي عام 1344هـ/1925م أغلقت المساجد وقضت الحكومة في قسوة بالغة على كل تيار ديني وواجهت كل نقد ديني لتدبيرها بالعنف. وفي عام (1350-1351هـ/1931-1932م) حددت عدد المساجد ولم تسمح بغير مسجد واحد في كل دائرة من الأرض يبلغ محيطها 500متر وأعلن أن الروح الإسلامية تعوق التقدم.

وتمادى مصطفى كمال في تهجمه على المساجد فخفض عدد الواعظين الذين تدفع لهم الدولة أجورهم إلى ثلاثمائة واعظ ، وأمرهم أن يفسحوا في خطبة الجمعة مجالا واسعا للتحدث على الشؤون الزراعية والصناعية وسياسة الدولة وكيل المديح له. وأغلق أشهر جامعين في استانبول وحول أولهما وهو مسجد آيا صوفيا إلى متحف، وحول ثانيهما وهو مسجد الفاتح إلى مستودع.

أما الشريعة الإسلامية فقد استبدلت وحل محلها قانون مدني أخذته حكومة تركيا

(1) انظر: الشوقيات ديوان احمد شوقي (112/1).

عن القانون السويسري عام 1345هـ/1926م. وغيرت التقويم الهجري واستخدمت التقويم الجريغوري الغربي، فأصبح عام 1342هـ ملغيا في كل أنحاء تركيا وحل محله عام 1926م.

● وفي دستور عام 1347هـ/1928م أغفل النص على أن تركيا دولة إسلامية، وغير نص القسم الذي يقسمه رجال الدولة عند توليهم لمناصبهم، فأصبحوا يقسمون بشرفهم على تأدية الواجب بدلا من أن يحلفوا بالله كما كان عليه الأمر من قبل.

● وفي عام 1935م غيرت الحكومة العطلة الرسمية فلم يعد الجمعة، بل أصبحت العطلة الرسمية للدولة يوم الأحد، وأصبحت عطلة نهاية الأسبوع تبدأ منذ ظهر يوم السبت وتستمر حتى صباح يوم الاثنين.

● وأهملت الحكومة التعليم الديني كلية في المدارس الخاصة، ثم تم إلغاءه بل أن كلية الشريعة في جامعة استانبول بدأت تقلل من أعداد طلابها التي أغلقت عام 1352هـ/1933م.

● وأمعنت حكومة مصطفى كمال في حركة التغريب فأصدرت قرارا بإلغاء لبس الطربوش وأمرت بلبس القبعة تشبها بالدول الأوروبية[1].

● وفي عام 1348هـ/1929م بدأت الحكومة تفرض إجباريا استخدام الأحرف اللاتينية في كتابة اللغة التركية بدلا من الأحرف العربية. وبدأت الصحف والكتب تصدر بالأحرف اللاتينية وحذفت من الكليات التعليم باللغة العربية واللغة الفارسية، وحرم استعمال الحرف العربي لطبع المؤلفات التركية وأما الكتب التي سبق لمطابع استانبول أن طبعتها في العهود السالفة، فقد صدرت إلى مصر، وفارس، والهند، وهكذا قطعت حكومة تركيا مابين تركيا وماضيها الإسلامي من ناحية، وما بينها وبين المسلمين في سائر البلدان العربية والإسلامية من ناحية أخرى[2].

---

(1) انظر: حاضر العالم الإسلامي (115/1).
(2) المصدر السابق نفسه (115/1).

● وأخذ أتاتورك ينفخ في الشعب التركي روح القومية، واستغل مانادى به بعض المؤرخين من أن لغة السومريين أصحاب الحضارة القديمة في بلاد مابين النهرين كانت ذات صلة باللغة التركية فقال: بأن الأتراك هم أصحاب أقدم حضارة في العالم ليعوضهم عما أفقدهم إياه من قيم بعد أن حارب كل نشاط إسلامي وخلع مصطفى كمال على نفسه (أتاتورك) ومعناه أبو الأتراك[1].

● وعملت حكومته على الاهتمام بكل ماهو أوروبي فازدهرت الفنون وأقيمت التماثيل لأتاتورك في ميادين المدن الكبرى كلها، وزاد الاهتمام بالرسم والموسيقى ووفد إلى تركيا عدد كبير من الفنانين اغلبهم من فرنسا والنمسا[2].

● وعملت حكومته على إلغاء حجاب المرأة وأمرت بالسفور ، وألغي قوامة الرجل على المرأة وأطلق لها العنان باسم الحرية والمساواة، وشجع الحفلات الراقصة والمسارح المختلطة والرقص.

● وفي زواجه من لطيفة هانم ابنه أحد أغنياء أزمير الذين كانوا على صلة كبيرة مع اليهود من سكان أزمير، أجرى مراسم الزواج على الطريقة الغربية كي يشجع على نبذ العادات الإسلامية واصطحبها وطاف بها أرجاء البلاد وهي بادية المفاتن تختلط مع الرجال وترتدي أحدث الأزياء المعينة على التبرج الصارخ[3].

● وأمر بترجمة القرآن إلى اللغة التركية ففقد كل معانيه ومدلولاته، وأمر أن يكون الأذان باللغة التركية[4].

● عمل على تغيير المناهج الدراسية وأعيد كتابة التاريخ من أجل إبراز الماضي

---

(1) انظر: حاضر العالم الإسلامي (115/1).
(2) انظر : المسألة الشرقية للدسوقي ، ص428-432.
(3) انظر: حاضر العالم الإسلامي (116/1).
(4) المصدر السابق نفسه (116/1).

التركي القومي، وجرى تنقية اللغة التركية من الكلمات العربية والفارسية، واستبدلت بكلمات أوروبية أو حثية قديمة.

● وأعلنت الدولة عزمها في التوجيه نحو أوروبا وانفصلت عن العالم الإسلامي والعربي، وأمعنت حكومتها من استدبار الإسلام حتى حاربت بقسوة أي محاولة ترمي إلى إحياء المبادئ الإسلامية[1].

وكان خطوات مصطفى كمال هذه بعيدة الأثر في مصر وأفغانستان وإيران والهند الإسلامية، وتركستان وفي كل مكان من العالم الإسلامي، إذ أتاحت الفرصة لدعاة التغريب وخدام الثقافة الاستعمارية أن ينفذوا إلى مكان الصدارة وأن يضربوا المثل بتركيا في مجال التقدم والنهضة المزعومة، فقد هللت له صحف مصر- الأهرام، والسياسة والمقطم- ذات الاتجاهات المضادة للإسلام ، والمدعومة النفوذ الغربي واليهودي والماسوني.

لقد بررت تلك الصحف تصرفات كمال أتاتورك ووافقت عما ابتدعه، ونشرت له أقوال:(ليس لتركيا الجديدة علاقة بالدين). وأنه -أي مصطفى كمال- : (ألقى القرآن ذات يوم في يده فقال : إن ارتقاء الشعوب لايصلح أن ينفذ بقوانين وقواعد سنت في العصور الغابرة).

لقد كانت حكومة تركيا العلمانية الكمالية -هي كما وصفها الأمير شكيب أرسلان- ليست حكومة دينية من طراز فرنسا وإنكلترا فحسب، بل هي دولة مضادة للدين كالحكومة البلشفية في روسيا سواء بسواء، إذ أنه حتى الدول اللادينية في الغرب بثوراتها المعروفة لم تتدخل في حروف الأناجيل وزي رجال الدين وطقوسهم الخاصة وتلغى الكنائس[2].

---

(1) انظر: الاتجاهات الوطنية لمحمد حسين (100/2).
(2) انظر : العلمانية ، د. سفر الحوالي ، ص573.

وكان للإعلام اليهودي دور كبير في الترويج لهذه الردة ، مثلما كان له دوره البارز في تشجيع أتاتورك على البطش بأية معارضة إسلامية ، وكانت تزين له أن مايقوم به من المذابح والوحشية ضد المسلمين ليست سوى معارك بطولية، كما كانت منبرا لكل دعوات التشبه بالغرب الصليبي والمناداة بالحرية الفاجرة للمرأة التركية، والترويج لفنون الانحلال الخلقي معتبرة أن شرب الخمر والمقامرة والزنا ليست إلا مظاهر للتمدن والتحضر [1].

إن الحقيقة المرة أن مصطفى كمال أصبح نموذجا صارخا للحكام في العالم الإسلامي وكان لأسلوبه الاستبدادي الفذ أثره في سياسات من جاء بعده منهم، كما أنه أعطى الاستعمار الغربي مبررا كافيا للقضاء على الإسلام فإن فرنسا مثلا بررت حرصها على تنصير بلاد شمال الأفريقي وإخراجها من دينها وعقيدتها وإسلامها بأنه لايجب عليها أن تحافظ على الإسلام أكثر من الأتراك المسلمين أنفسهم [2].

لقد أصبح مصطفى كمال زعيما روحيا لكثير من الحكام الذين باعوا آخرتهم بدنياهم الزائلة.

قاد المسلمون ثورات مسلحة ضد الحكم العلماني التركي المعادي للإسلام وظهرت أهم الثورات في المنطقة الجنوبية الشرقية عام 1344هـ ثم في منيمين عام 1349هـ وقد قمعها الكماليون بشدة منقطعة النظير وذهب ضحيتها عدد كبير من العلماء، وأهملت المنطقة اقتصاديا وعلميا.

وقامت حركة النور بزعامة الشيخ بديع الزمان سعيد النورس وتلاميذه من بعده، وقد كتب العديد من الرسائل الإسلامية تحت عنوان (رسائل النور) في سبيل التوعية الإسلامية ومقاومة مبادئ الكماليين والعلمانية، ولم تعمد حركته إلى حمل السلاح

---

(1) انظر: حاضر العالم الإسلامي (117/1).
(2) انظر: العلمانية، د.سفر الحوالي، ص573.

واقتصر جهادها على اللسان. وقد حاول أتاتورك استمالته ونافشه واستنكر دعوته الناس إلى الصلاة مدعيا أنها تثير الفرقة بين أعضاء المجلس فأجابه:

(إن أعظم حقيقة تتجلى بعد الإسلام إنما هي في الصلاة، وان الذي لايصلي خائن وحكم الخائن مردود)[1].

فسجنه ثم نفاه بعد أن اتهمه بمؤامرة لقلب نظام الحكم، ولكن دعوته استمرت في الانتشار سرا بين صفوف الجامعين ومعسكرات الجيش ودوائر الدولة، ومثل للمحاكمة مرة أخرى بتهمة أتاتورك بالدجال، فوقف أمام المحكمة وقال:

(إنني لأعجب كيف يتهم أناس يتبادلون فيما بينهم تحية القرآن وبيانه ومعجزاته باتباعهم للسياسة والجمعيات السرية، على حين يحق للمارقين الافتراء على القرآن وحقائقه في وقاحة وإصرار، ثم يعد ذلك أمرا مقدسا لأنه حرية. أما نور القرآن الذي يأبى إلا أن يشع في أفئدة ملايين المسلمين المرتبطين بدستوره ، فهو خطورة ينهال عليها جميع ألفاظ الشر والخبث والسياسة...

أسمعوا يا من بعتم دينكم بدنياكم وتنكستم في الكفر المطلق: إنني أقول بمنتهى ما أعطاني الله من قوة افعلوا مايمكنكم فعله فغاية مانتمناه أن نجعل رؤوسنا فداء لأصغر حقيقة من حقائق الإسلام....)[2].

فأعيد إلى منفاه وبقي حتى عام 1367هـ حين بدأت الحكومة تضطر للاستجابة لمطالب الشعب المسلم بخصوص النشاط الديني[3].

لقد تجلت سياسة أتاتورك العلمانية في برنامج حزبه (حزب الشعب الجمهوري) لعام 1349هـ مرة وعام 1355هـ مرة ثانية والتي نص عليها الدستور التركي وهي

(1) انظر: حاضر العالم الإسلامي (117/1).
(2) انظر: حاضر العالم الإسلامي (122/1).
(3) المصدر السابق نفسه (122/1).

المبادئ الستة التي رسمت بشكل ستة أسهم على علم الحزب وهـي : القوميـة ، الجمهوريـة ، الشعبية ، العلمانية، الثورة، سلطة الدولة)⁽¹⁾.

توفي أتاتورك عام 1356هـ بعد أن حقق علمانية تركيا رغم أنف المسلمين. لقـد أصيب مصطفى كمال بمرض قبل وفاته بسنين بمرض عضال في الكلية لم تعرف كنهته. وكان يتعـرض لآلام مبرحة مزمنة لاتطاق، كانت السبب في إدمانه على شرب الخمر مما أدى إلى إصابته بتليف الكبد والتهاب في أعصابه الطرفية وتعرضه لحالات من الكآبة والانطواء -وقد تدهور في المستويات العليا للمخ- لذلك كان هـذا الديكتاتور مثلا فريد في القسوة والتنكيل والأنانية المدمرة⁽²⁾.

---

(1) المصدر السابق نفسه (116/1).

(2) انظر: المسألة الشرقية ، محمد ثابت الشاذلي ، ص242.

المبحث السابع
بشائر إسلامية في تركيا العلمانية

بعد وفاة أتاتورك عام 1356هـ تولى الرئاسة رفيقه على الدرب العلماني عصمت اينونو وسار على نهج سياسة أتاتورك. وعند نشوب الحرب العالمية الثانية ألتزمت تركيا الحياد ثم دخلت في نهاية الحرب إلى جانب الحلفاء وبعد انتهاء الحرب العالمية الثانية ، تقاربت تركيا من الولايات المتحدة ودخلت في المعاهدات معها، وأقامت أمريكا على الأراضي التركية قواعد عسكرية، وظهرت الأزمات الاقتصادية العنيفة التي تزايد خطرها يوما بعد يوم ، وازداد التضخم المالي.

وسمحت الدولة بتشكيل أحزاب علمانية جديدة فنشأ الحزب الديمقراطي عام 1366هـ من انشقاق داخل صفوف حزب الشعب الجمهوري نفسه، وفاز في الانتخابات بدغدغة عواطف الناس، وقد تبنى السياسة الأمريكية وأصبح رئيسه جلال بايار رئيسا للجمهورية عام 1374هـ ، كما أصبح عدنان مندرس رئيسا للوزراء، وأصبح منصب رئيس الوزراء يفوق في الأهمية من منصب رئيس الجمهورية.

وبقيت الأزمات والكوارث الاقتصادية في ترد مستمر وتوجهت الانتقادات للحزب الحاكم ، فحل الحزب القومي الذي ظهر عام 1368هـ بحجة معارضته المبادئ الكمالية ولكنه تشكل باسم آخر هو الحزب القومي الجمهوري، وفرضت غرامات فادحة على الصحفيين الذين يحطون من قدر الحكومة ، وضيق على أساتذة الجامعات والقضاة والموظفين المدنيين بصورة عامة، وفرضت قيود على الاجتماعات عام 1376هـ

ووجه الحزب الديمقراطي التهمة إلى كثير من الأبرياء بالاشتراك بما سمي:(مؤامرة الضباط التسعة) واتهمهم بالارتداد عن مبادئ العلمانية والميل إلى جانب المنظمات الدينية الإسلامية وقد حصل بالفعل بعض التراجع عن بعض العداء ضد الإسلام بفعل الضغط الإسلامي[1].

حتى إن حزب الشعب الجمهوري، بدأ يغير من اتجاهاته العلمانية منذ الانتقال إلى ظاهرة التعدد الحزبي ، حيث وافق الحزب على إنشاء كلية الإلهيات، ومعهد العلوم الإسلامية في أنقرة.

واعتمد الحزب الديمقراطي على الجماعات الإسلامية في انتخابات 14 أيار 1950م، وكان سببا رئيسيا في فوزه على حزب الشعب الجمهوري، وفضلا عن ذلك، اعتمدت أحزاب أخرى على الجماعات السالفة الذكر، مثل حزب العدالة في المدة الواقعة بين 1961-1980م.

وأما حزب الطريق المستقيم؛ فإنه استمد قوته في الثمانينات من الرأي العام الإسلامي.

وركب حزب العمل القومي بزعامة ألب أرسلان توركش الموجة الإسلامية وغير مفهومه عن العلمانية، وبدأ بالتقرب من الرأي العام الإسلامي وكان شعار هذا الحزب في انتخابات عام 1987م (دليلنا القرآن، وهدفنا الطوران)[2].

إلا أن العمل الإسلامي المنظم الذي شق طريقه في تلك الأمواج العلمانية المتلاطمة يظهر جليا مع ظهور حزب السلامة الوطني.

كانت الحركة الإسلامية في تركيا قبل ظهور حزب السلامة الوطني تتكون من :

---

(1) انظر: حاضر العالم الإسلامي (120/1).
(2) انظر: الحركة الإسلامية الحديثة في تركيا، د. احمد النعيمي، ص184-187.

● المتصوفة المناوئة للحركة الكمالية، وهؤلاء حافظوا على التراث الإسلامي بمفهومه الخاص بهم، وواصلوا تحفيظ القرآن سرا وكان هدف هذه الحركة هو الحفاظ على العبادات الإسلامية في نفوس الرأي العام التركي، وفي هذا المجال قاموا بتكوين جمعيات للإنفاق على طلاب مدارس الأئمة والخطباء للإكثار منهم، وتعويض النقص الذي نتج عن اختفاء الدعاة الإسلاميين عندما اصطدم بهم الحزب الكمالي.

● حركة الإمام المصلح الكبير سعيد النورسي والتي تعرف بحركة النور والتي تركزت جهودها على الدعوة إلى الإيمان بالله واليوم الآخر ومحاربة المادية الملحدة والاهتمام بتربية الأجيال وابتعد الكثير من اتباعها عن السياسة[1].

عندما تحصلت تركيا على نوع من الحريات تقدم الإسلاميون المؤمنون بضرورة خوض المعترك السياسي بتأسيس حزب النظام الوطني في كانون الثاني عام 1970م، حيث قام على تأسيسه يونس عارف. وقد جاء دعم هذا الحزب بصورة رئيسية من التجار الصغار والحرفيين والرجال المتدينين في الأناضول، وتوسع الحزب في مدة قصيرة جدا وبدأ يشكل تهديدا خطيرا للأحزاب العلمانية وقد جاء في بيان التأسيس مايلي: (أما اليوم : فإن أمتنا العظيمة التي هي امتداد لأولئك الفاتحين الذين قهروا الجيوش الصليبية قبل ألف سنة، والذين فتحوا استانبول قبل 500 سنة، أولئك الذين قرعوا أبواب فينا قبل 400 سنة.. وخاضوا حرب الاستقلال قبل خمسين سنة. هذه الأمة العريقة تحاول اليوم أن تنهض من كبوتها تجدد عهدها وقوتها مع حزبها الأصيل (حزب النظام الوطني) إن حزب النظام الوطني سيعيد لأمتنا مجدها التليد، الأمة التي تملك رصيدا هائلا من الأخلاق والفضائل يضاف إلى رصيدها التاريخي، والى رصيدها الذي يمثل الحاضر المتمثل في الشباب الواعي المؤمن بقضيته وقضية وطنه)[2].

---

(1) انظر: المعالم الرئيسية للأسس التاريخية والفكرية لحزب السلامة، عبد الحميد حرب ، ص435. ندوة اتجاهات الفكر الإسلامي المعاصر البحرين 1985.
(2) انظر: الحركات الإسلامية الحديثة في تركيا، ص126.

وقدم حزب النظام برنامج عمله في منظومة من الأفكار يمكن إيجازها في الآتي:

1. جميع المؤسسات الهامة في تركيا في أيد غربية غير وطنية، والأمر الطبيعي والواجب القومي يقضي بأن تعود هذه المؤسسات إلى أصحابها.

2. عاش الناس أربعين سنة والقوى الخارجية المؤثرة تحاول إبعادهم عن محورهم الحقيقي إلى محور غريب، فوقع الناس في ضيق وعنت شديدين، ولابد من إرجاع الناس إلى طبيعتهم ومحورهم الأصيل (فطرة اللـه) حتى يستقيم أمرهم ويتخلصوا من عقائدهم.

3. إن التسميات المعاصرة مثل اليمين واليسار والوسط هـي مـن اختراع الماسونية والصهيونية، وكلها مؤسسات تابعة لغرض واحد وهو أن تنحرف تركيا عـن خطها الحضاري الذي عمره ألف سنة، وانه لابد من التخلص من هذه الأسماء الغريبة والعودة إلى الخط الأصيل الذي يصل الماضي التليد بالغد المشرق.

4. إن حزب النظام الوطني لايشبه الأحزاب الأخرى، فجميع الأحزاب تقوم عـلى أساس التسلط وشهوة الحكم، ونحن نقوم على أساس جديد يبتغي مرضات اللـه والعمل في سبيل الوطن.

5. إن نظام التعليم في تركيا فاسد وضعته شرذمة من الحاقدين من الصليبين واليهود بشكل لايناسب الأمة، فهو يسقط من حسابه كل قيمة معنوية أو أخلاقية أو دينية غايته فصل تركيا عن ماضيها الإسلامي وسلخها عن دينها وقيمتها، وبهذه الطريقة فقط يستطيعون أن يقتلوا الجيل ويدمروا البلاد، لقد مرت خمسون سنة ونحن نسمع أن تركيا جزء مـن أوروبا، وأن النهضة لابد أن تقوم على أنقاض الـدين كـما حصل في الغرب، متناسـين أن الإسلام يختلف عن الكنيسة ودولة القس.

6. في الوقت الذي تمنع الدولة فيه توزيع الكتب عـلى المعاهد الإسلامية العالية وتحاول إغلاق معاهد الأئمة والخطابة ومدارس تعليم القرآن، تنفق الملايين على

المسارح والممثلين وثمنا للمشروبات التي توزع في السـفارات وفي الوقـت الـذي تعـترض الدولة على الطالبات اللواتي يلبسن الحجاب على رؤوسهن، تدرس في كتـب اللاهـوت في كل مكان دونما رقابة أو ضجة وهـذا يعنـي أن حـزب النظام الـوطني أكـد العـودة إلى الإسلام الحقيقي [1].

إن اليهود والعلمانيين في تركيا لم يتحملوا هذا الصوت الفتي الذي يتـدفق بالحيوية والنشاط ويحركه في قضاياه الإيمان العميـق بالإسلام وبضـرورة رجـوع الشـعب الـتركي إليه، ولـذلك تحـرك الجيش التركي في آذار 1971م بسبب نشاط حزب العمـال وأحـال قضـية حـزب النظام الـوطني إلى المحكمة الدستورية التي أصدرت قرارا جائرا بحل الحزب في 21 مارس 1971م [2].

وقد جاء في قرار محكمة أمن الدولة العليا مايلي:

1. إن المبادئ التي قام عليها الحزب وتصرفاته تخالف الدستور التركي.
2. العمل على إلغاء العلمانية في البلاد، وإقامة حكومة إسلامية.
3. قلب جميع الأسس الاقتصادية والاجتماعية والحقوقية التي تقوم عليها البلاد.
4. العمل ضد مبادئ أتاتورك.
5. القيام ببعض التظاهرات الدينية.

وجاء في الحكم المحكمة أيضا أنه لايحق لأي شخص من شخصيات الحزب أن تعمل من خـلال أي حزب سياسي آخر ، ولا أن يؤسسـوا أي حـزب جديـد، ولا أن يرشـحوا أنفسـهم لأي انتخابـات قادمة ولو بشكل مستقلين لمدة خمس سنوات. وهذا يعني أن المـدة بـين نشـوء الحـزب وإغلاقـه كانت ستة عشر شهرا فقط [3].

---

(1) انظر: الحركات الإسلامية الحديثة في تركيا ، ص127.
(2) المصدر السابق نفسه، ص128.
(3) المصدر السابق نفسه، ص128.

وفي تلك الأحداث الساخنة والمشادة العنيفة بين الإسلام والعلمانية في تركيا ظهر المجاهد الكبير نجم الدين أربكان يخوض المعارك الفكرية مع العلمانيين ففي 2 آب عام 1972م وقبل تأسيس حزب السلامة الوطني تحدث أربكان في المجلس الوطني فقال: (في رأينا أن التوضيح المهم الأكثر ملائمة لجعل الدستور، دستورا ديمقراطيا، لابد أن تكون هناك مواد دستورية مناسبة قبل تحديد الحركات وحقوق الفكر والمعتقد، وهكذا من الممكن إيجاد مناخ للتطبيقات الحالية والتي تتعارض مع المبادئ الأساسية للدستور، وفي مثل هذه الحالة ، على المرء أن يتكلم عن وجود فكر الحرية والمعتقد، وأن دولتنا لتسعى وتنمو، ومن ثم لتأخذ مكانتها بين الأقطار الحضارية في العالم)[1].

كان أربكان يرى أن النظام الديمقراطي لايعد ديمقراطيا بدون الحقوق وحرية الفكر والمعتقد ، وكان يقصد من وراء ذلك الحرية التامة لاستخدام نشر الأفكار الإسلامية، وقد فسرت كل من صحيفتي (جمهوريت) و(ملليت) العلمانيتين تصريحات وأقوال أربكان بأنها ذريعة لاستخدام الدين لأغراض سياسية[2].

لقد هاجم نجم الدين أربكان العلمانية واستفاد من الثغرات الموجودة في الدستور التركي ورد على الحملة الإعلامية العلمانية الموجهة ضد أطروحاته فقال: (إن مصطلحات القومية، والديمقراطية والعلمانية والاجتماعية، والتي تقوم عليها شخصية الدولة، واستنادا إلى المادة الثانية من الدستور، إن هذا من الممكن توضيحه بأن هذه المادة لاتسمح باستخدام وتفسير المعارضة في الممارسة، وفي هذا المجال وبصورة خاصة مصطلح القومية بحاجة إلى توضيح ، وهذا يعني أنها بحاجة إلى تحديدها بطريقة تقوم على احترام جميع القيم الروحية لقوميتنا من حيث التاريخ والتقاليد[3].

---

(1) انظر: الحركة الإسلامية الحديثة في تركيا ، د. النعيمي ، ص128.

(2) المصدر السابق نفسه، ص128.

(3) انظر: الحركة الإسلامية الحديثة في تركيا، ص128.

وأضاف نجم الدين قائلا: (الدين هو معتقد أساسي ونظام فكري للأفراد، وهذا يعني الاعتراف بحق الحرية والوجود والاعتراف بحقوق المعتقد للفرد. إن تحريم الشخص من هذه الأسس هو ضد الروح والمبادئ الأساسية للدستور خاصة الفقرة (1) من المادة (19) والمادة (20) من الدستور)[1].

بعد هدوء جو العنف والقلق السياسي في السياسة الداخلية التركية من جراء الأحكام العرفية؛ قام أربكان بلم شعث حزب النظام الوطني وأسس حزبا جديدا أطلق عليه حزب السلامة الوطني.

استطاع حزب السلامة الوطني خلال مدة قصيرة لاتتجاوز ثمانية أشهر من تنظيم قواعد في 67 محافظة ، وأعلن نجم الدين أربكان بأن نجاح حزبه خلال هذه المدة يعود إلى تعاطف الرأي العام المحلي مع الحزب الذي ينادي بأهمية الأخلاق الدينية والمواقف المعنوية، وعلى هذا الأساس فقد أكد حزب السلامة الوطني في برنامجه على مايأتي:

(قيام تجمع يعتمد الفضيلة والأخلاق ويعطي القيمة المعنوية للإنسان مثلما نصت عليه المادتان العاشرة والرابعة عشرة من الدستور والتي تؤكد على القيمة المعنوية للإنسان على أساس من الأخلاق والفضيلة)[2].

أهم أعمال حزب السلامة:

- عندما شعر حزب السلامة بقوته، وصار جزءا من الحياة السياسية في تركيا شرع منظرو الحزب بشن حملة إعلامية منظمة على أسس العلمانية في تركيا وبينوا للناس إن الإطار السياسي لتركيا الجديدة يناقض المبادئ السياسية للإسلام ويقضي- الإسلام بتوحيد السلطات السياسية والدينية تحت سيطرة الدين، وفي هذا المعنى، فإن العلمانية،

(1) انظر: المعالم الرئيسية للأسس التاريخية لحزب السلامة الوطني ، ص435.
(2) انظر : الحركة الإسلامية الحديثة ، د.النعيمي ، ص130.

والنظام العلماني ضد الإسلام، والشريعة والدين وخاصة تطبيقها في تركيا، فإنها صممت لضمان الزندقة[1].

ويردف هؤلاء: " إن الخونة والكذابين هم وحدهم الذين يقولون بأن الدين والسياسة شيئان منفصلان، لأن المسلمين لايفضلون شؤون الدنيا عن شؤون السماء. لقد أصبح واضحا بأن التشريع ليس من حق الإنسان. أما إذا وضع القوانين أو ادعى بأنه يفعل ذلك، فإن علمه هذا يعد خطيئة .. إن خالق القوانين الإسلامية هو نفسه خالق الإنسان، لقد خلق الله الإنسان وفق هذه القوانين. إن القوانين الإنسانية لاتتناسب وطبيعة الإنسان. إن الإسلام نظام يصلح لكل زمان، إنه يمثل كلا من الدين والدولة. إن القرآن لم ينزل ليقرأ في القبور أو يغلق عليه في أماكن العبادة. لقد أنزل القرآن ليحكم[2].

إن المجاهد الكبير نجم الدين أربكان شق طريقه بصعوبة في محاربته للعلمانية بالحجة والبرهان ولقد عبر عن آرائه بصراحة خلال مباحثاته مع ضياء الحق حاكم باكستان سابقا - رحمه الله - مؤكدا أن دخول الإسلام في كافة جوانب الحياة هو الشرط الوحيد لقيام دولة إسلامية، وفي هذا المجال قال نجم الدين أربكان: " قبل كل شيء يجب أن تكون الدولة إسلامية، إذا لم يكن الأمر كذلك، فإن الدين الإسلامي في خطر"[3].

إن حزب السلامة الوطني لم يحاول أن يتخذ موقف الهجوم المباشر على الديمقراطية في انتخابات عام 1973م، إلا أنهم عبروا عن مشاعرهم الحقيقية عن ذلك في عام 1980م، حيث بدأوا ينتقدون الديمقراطية مؤكدين أنها تتعارض مع مبادئ الإسلام[4].

(1) المصدر السابق نفسه، ص131.
(2) المصدر السابق نفسه، ص132.
(3) انظر: الحركة الإسلامية الحديثة ، ص132.
(4) المصدر السابق نفسه، ص135.

وفي هذا المجال أكد حزب السلامة أن " الديمقراطية مؤامرة غربية لقيادة الجهلة بموجب الأساليب الغربية والمسيحية. إنه انتصار للمسيحية ضد الإسلام، لذلك يجب تطبيق القوانين الإلهية إذ لايمكن للإنسان تشريع قوانين يمكن تطبيقها"[1] .

وبالإمكان تلخيص وجهة نظر حزب السلامة الوطني عن الرأسمالية والاشتراكية، في مقالة لنجيب فاضل جاء فيها:

" نحن نقسم طريق الخلاص إلى مجموعتين: الأولى هي طريقة الإسلام في الخلاص، والثانية يمكن تصنيفها كنظم وراثية والتي لاتوصل إلى الخلاص. إن المجموعة الثانية لاتعتمد على التعاليم الإلهية وتناقض نفسها باعتمادها على قوانين من صنع الإنسان مثل الشيوعية والرأسمالية والاشتراكية والديمقراطية. لقد تم التأكيد أيضا على أن الله قد أمرنا أن نحكم طبقا لتعاليم القرآن الكريم، وليس حسب آرائنا الخاصة. إذا حكم الناس حب نظام التصويت، فإنهم لن يكونوا بحاجة إلى كلام الله. في المجتمعات التي تحل فيها كل القضايا وفق لنظام التصويت، لاينتشر الإسلام[2] .

أما فيما يتعلق بموقف الحزب من الولايات المتحدة، فقد عارض الحزب الوجود الأمريكي في الأراضي التركية، كما عارض استخدام الولايات المتحدة الأراضي التركية في استخدامها ضد دول منطقة الشرق الأوسط. ونتيجة لهذا فقد انتقد الحزب حكومة ديمريل في أواخر عام 1979م بسبب زيادة النشاط العسكري الأمريكي في تركيا، حيث قدم استجوابا إلى مجلس النواب التركي مطالبا فيه محاسبة حكومة ديمريل بسبب هذا النشاط الأمريكي، وقد دلل هذا على قيام طائرتين بالهبوط في مطار مالقا وهما تحملان 180 عسكريا مع أحدث المعدات الحربية، مؤكدا أن هذا يشكل تهديدا لأمن المنطقة.

---

(1) المصدر السابق نفسه، ص135.

(2) انظر: الحركات الإسلامية الحديثة في تركيا، د. النعيمي ، ص135.

وفي الحقيقة استطاع الحزب أن يشكل رأي عام مناهض للغرب والولايات المتحدة، عن طريق المشكلة القبرصية والتي قام فيها أربكان بدور رئيسي في إقناع القيادات العسكرية بإنزال قواتها في الجزيرة. فقد تولى القيادة مدة غياب أجويد في زيارة لدول أوروبا الشمالية.

ولقد عمل الحزب بقيادة أربكان على إفشال جميع الخطط والمشاريع اليونانية في بحر أيجة، وفي هذا المجال يقول أربكان:(سنتحرك وفق أسس العدل والحق لا وفق الأسس التي تحددها الأقطار الأوروبية الكبيرة)[1].

وفيما يتعلق بالسوق الأوروبية المشتركة يقول أربكان:(إن تركيا يجب أن لاتكون في السوق الأوروبية المشتركة للدول الغربية، وإنما في السوق المشتركة للدول الشرقية، إن تركيا متخلفة بالنسبة للغربيين، ولكنها متقدمة بالنسبة للشرقيين. إذا دخلت تركيا السوق المشتركة في الأوضاع السائدة اليوم، فإنما مستعمرة)[2].

لقد كان لحزب السلامة تأثير كبير في الشارع التركي وعمل على إعادة الهوية الإسلامية ونازل بحجج الإسلام وبراهينه الأنظمة الاشتراكية والرأسمالية وكان زعيمه نجم الدين أربكان يتحدث بعزة الإسلام ويوضح للشعب التركي خطورة الانحراف عن منهج الله ويوجه صواريخه إلى أعداء الإسلام وفي هذا المجال، يقوم لنا نجم الدين أربكان النظامين الاشتراكي والرأسمالي وفيما يتعلق بالأول يقول أربكان: (أنه فكر يهدد الحريات، ويضر بالكيان القومي، ويركز على مصادر أجنبية)[3]، أما فيما يتعلق بالثاني، يقول أربكان: (الفكر الرأسمالي هو فكر يقوم على الربا، ومصدره أجنبي أيضا، أما حزب السلامة فيمضي في طريقه رافعا راية الأخلاق والأصالة. إن النظام الرأسمالي والنظام الاشتراكي لا يقتصران على ميدان الاقتصاد، وإنما يمتد

---

(1) انظر: الأحزاب السياسية في تركيا، حسين فاضل كاظم، ص192.
(2) انظر: الحركات الإسلامية الحديثة في تركيا، د. النعيمي ، ص137.
(3) انظر: يقظة الإسلام في تركيا ، أنور الجندي، ص29-30.

تأثيرهما إلى الميدانين الاجتماعي والمعنوي، ورغم اختلاف النظامين في الظاهر، فكلاهما مادي ، وكلاهما يعمل على النهوض بالجانب المادي في مقابل انحطاط الأخلاق والمعنويات، وكلاهما يزداد ارتفاعا ماديا مع هبوط الثقافة والأخلاق)[1].

إن غاية حزب السلامة هو الوصول إلى فهم "تركيا الكبرى" وحرص على التمسك بالماضي العثماني المجيد وبين للناس أهمية الالتزام بالإسلام واتبع سياسة تؤدي في مداها البعيد القضاء على مبادئ أتاتورك العلماني، وهو في نفس الوقت يدعو إلى عدم التعاون مع العناصر غير الإسلامية في تركيا، وهو في نفس الوقت يعارض الشيوعية بعنف، ويؤكد على أن أفضل طريق لانتشار المبادئ الإسلامية هو توفير الحياة الحرة للمواطن التركي.

ودعا أربكان إلى ضرورة تطوير علاقات تركيا مع العالم الإسلامي في المجالات كافة، حيث قال: (وأن لاتظل هذه العلاقات صورية، وإنما يجب أن تكون علاقات فعلية متطورة، حيث إن في العالم مايقرب من خمسين دولة إسلامية يبلغ سكانها مليارا، وهذه الدول الإسلامية سوق طبيعية قوية لإنتاجنا)[2].

وعلى هذا الأساس ، فقد انتقد اربكان كل من الصهيونية والماسونية[3] حيث قال في هذا المجال: (إن الصهيونية والماسونية حاولا عزل تركيا عن العالم الإسلامي، ومؤامراتهم مستمرة، ذلك أن المعركة بين الإسلام في تركيا والصهيونية قد اتخذت أشكالا عدة وهي حرب طويلة المدى، ومستمرة منذ خمسة قرون، منذ فتح السلطان محمد الفاتح القسطنطينية وعمل على فتح رومية، ولكن هذا الصراع في المائة سنة الأخيرة، أخذ شكل مخطط أعد له سلفا، فاستطاعت بعض القوى عام 1839م أن توثر في جسم الدولة الفكري، وتدخل القوانين الوضعية البعيدة عن الإسلام بوساطة

---

(1) انظر: يقظة الإسلام في تركيا، ص30.
(2) المصدر السابق نفسه، ص30.
(3) انظر: الحركات الإسلامية الحديثة في تركيا، د. النعيمي، ص141.

المنظمات اليهودية الماسونية، وقسم العمل اليهودي في تركيا إلى ثلاث مراحل مدتها ثلاثون سنة، وهي عبارة عن تنفيذ فكرة ليتويود وهرتزل بإسقاط الدولة الإسلامية في تركيا، أما المرحلة الثانية، فقد استمرت عشرين سنة، وكان لإبعاد تركيا عن الإسلام، ثم نشأ حزب الإتحاد والترقي، وكانت له علاقة باليهود والماسونية، ومن ثم استطاع إسقاط السلطان عبد الحميد، وبدأ في إبعاد تركيا عن النمط الإسلامي وتغريبها بطرق عديدة أهمها العلمانية التي كانت تعني في تركيا بالتحديد اضطهاد المسلمين)[1].

وقد خاض حزب السلامة الوطني الانتخابات العامة لعام 1973م حيث حصل على 11.9% من الأصوات، أي بواقع 1.24 مليون من أصوات الناخبين، ونتيجة لذلك فقد مثل نفسه في المجلس الوطني التركي بواقع 45 مقعدا[2].

وقد أعلن أربكان عشية انتخابات 1973م: " إننا سنعيد عهد الرسول صلى الله عليه وسلم ، كما أعلن أربكان بعد الانتخابات أن شعار حزبه هو - المفتاح - وهذا ما سيؤهل للحزب فتح الطريق المغلقة أمامه، ويكون مفتاح كل الحكومات الائتلافية "[3].

ونتيجة لذلك فقد تكونت أول حكومة ائتلافية، ضمت حزب الشعب الجمهوري، وحزب السلامة الوطني، وذلك في 25 كانون الثاني 1974م، حيث ضمت الوزارة ثمانية عشر وزيرا من أعضاء حزب الشعب الجمهوري، وسبعة أعضاء من حزب السلامة.

وبفضل الله تعالى ثم جهود حزب السلامة الوطني بقيادة أربكان، مثلت تركيا ولأول مرة في آذار 1974م في مؤتمر القمة الإسلامي، وقد اختير وزير الداخلية التركي " وهو من حزب السلامة الوطني " في هذا المؤتمر.

إن نشاط حزب السلامة الوطني خلال السبعينات أدى إلى خرق المظاهر العلمانية

(1) انظر: الصحوة الإسلامية منطلق الأصالة وإعادة بناء الأمة على طريق الله،الجندي، ص117.
(2) انظر: الحركات الإسلامية الحديثة في تركيا، د. النعيمي ، ص142.
(3) انظر: الحركات الإسلامية الحديثة في تركيا، د. النعيمي ، ص143.

في تركيا، حيث انتشرت بعض المظاهر الإسلامية وخاصة في شهر رمضان، كما تم التوسع في المدارس الإسلامية، حيث سمح لها بتدريب الأئمة والوعاظ، وأصبحت هذه المدارس تعلم حوالي 10% من الطلاب في المدارس الثانوية بما فيهم 50.000 من العنصر ـ النسائي في تركيا، وفي الحقيقة وصل التصويت الإسلامي بين 10% - 15%، وقد اعتبر العلمانيون هذه النسبة بمثابة خطر على المدنية التركية[1].

وبتأثير من حزب السلامة الوطني، وطلاب النور في تركيا خرجت إلى حيز الوجود سلسلة " ألف كتاب " التي دعمتها وزارة التربية، وتناولت هذه السلسلة الثقافية التركية بمعيار إسلامي وأخذ حزب السلامة يعمق المفاهيم الإسلامية في المجلس الوطني التركي الكبير وهاجمت الصحف الإسلامية في تركيا كمال أتاتورك وأطلقت عليه اسم " الدجال " وضغط حزب السلامة الوطني على رئاسة الشؤون الدينية حتى أصدرت بيانا في حزيران 1973م أكدت فيه على دعوة المرأة التركية إلى الحجاب.

وحينما سافر أربكان إلى السعودية عام 1974م - وكان وقتئذ نائبا لرئيس الوزراء -بدأ زيارته للكعبة، وفي الرسالة التي كتبها للملك فيصل -رحمه الله-، ذكر مايلي: " إن معرفة الشعب والحجاج للمشاريع التي ستقام في المناطق الشرقية والجنوبية الشرقية بالقروض التي ستمنحونها لتركيا تعد من الأمور الهامة، إن دعمكم لموقفي في تركيا سيفتح لتركيا مرحلة جديدة في العالم الإسلامي، ومساعدتكم لنا في هذا المجال سوف تدعم هذه المرحلة "[2].

واستطاع أربكان أن يمرر قانونا في البرلمان يسمح بموجبه للأتراك السفر برا إلى الحج، وكان ذلك ممنوعا[3].

(1) المصدر السابق نفسه، ص145.
(2) انظر: الحركات الإسلامية الحديثة في تركيا، د. محمد مصطفى، ص207.
(3) انظر: الحركات الإسلامية الحديثة في تركيا، د. النعيمي، ص147.

لقد كانت خطوات حزب السلامة الوطني جريئة في المجتمع التركي ولذلك لم يتحمل الجيش التركي خادم العلمانية في تركيا هذه الأعمال الحميدة ولذلك تدخل الجيش بانقلابه الذي قضى على التعددية والحرية السياسية في 12 أيلول 1980م. وقد سبق هذا الانقلاب مظاهرات كبيرة في مدينة قونيا يوم 6 أيلول، ونادى المتظاهرون بتأسيس دولة إسلامية، وقام أنصار حزب السلامة بالاستهزاء بكل مايؤمن به أتاتورك والمؤسسة العسكرية. وقد هتف هؤلاء الذين جاءوا من جميع أنحاء البلاد بالشعارات الدينية، وطالبوا باستخدام الشريعة الإسلامية في التعامل السياسي الداخلي، ومنعوا عزف النشيد الوطني[1].

واحتج المتظاهرون على ضم القدس، ونادوا بقطع العلاقات مع إسرائيل، ودعوة إسرائيل المناداة بالقدس الحرة، كما دعي إربكان في هذه التظاهرة إلى بدء الصراع لإنهاء العقلية الغربية الزائفة والتي تحكم تركيا. وقد كتب المتظاهرون الشعارات باللغة العربية، وقام هؤلاء بحرق العلم الصهيوني والأمريكي والسوفيتي ونادى المتظاهرون بشعار " الموت لليهود " ولاسيما أن مدينة قونيا تضم أعدادا من طائفة اليهود والتي يبلغ عددها 20.000 يهودي ونادى المتظاهرون أيضا: " جاء دور القانون الديني وانتهت الهمجية، الشريعة أو الموت، إن الدولة الملحدة يجب أن تدمر، وإن القرآن هو دستورنا، نريد دولة إسلامية بدون الحدود والطبقات "[2].

كانت شعبية حزب السلامة الوطني ترتقي، لأنه التزم القضايا الإسلامية علنا خصوصا في العامين 1979م، 1980م واضطر الحزب الجمهوري وحزب العدالة بإرضاء حزب السلامة الوطني، وقدما تنازلات للاتجاه الإسلامي، طمعا في المساعدات الاقتصادية من الأقطار الإسلامية والحاجة الملحة إلى بترولها.

---

(1) انظر: الحركات الإسلامية الحديثة في تركيا، د. النعيمي، ص151.

(2) المصدر السابق نفسه، ص151.

لم يستحي قادة الجيش التركي بعد انقلابهم العسكري أن يقولوا بأن سبب تدخلهم من أجل وقف المد الإسلامي.

اتخذ الانقلابيون قرارا بحظر جميع الأحزاب السياسية وحجز قادتها وتقديمهم للمحاكمة وكان من الطبيعي أن يحاكم حزب السلامة الوطني وأن توجه التهم لزعيمه أربكان وزملائه المجاهدين وكانت كل التهم تدور حول حرص حزب السلامة على إعادة دولة الإسلام لتركيا والتخلص من الأفكار العلمانية والمبادئ الكمالية، إن الغطرسة التركية العلمانية أعلنت بكل وقاحة على لسان الجنرال إيفرن رئيس أركان الجيش التركي بأن لها من القوة بحيث تستطيع أن تقطع لسان كل من يتهجم على أتاتورك[1].

لقد استطاع حزب السلامة الوطني أن يدخل بعض التغييرات في السلوك السياسي الداخلي التركي، من بين ذلك " تحقيق الأذان في الجوامع وباللغة العربية، وفرض قراءة القرآن الكريم في محطات الإذاعة والتلفزيون، وكان ذلك محرما منذ مجيء المفسد الكبير مصطفى كمال إلى الحكم.

لقد أصبح أربكان مع حزبه المجاهد معلما من معالم الحركة الإسلامية المعاصرة في تركيا ولقد أثرت حركة حزب السلامة في الأوساط الإسلامية والطرق الصوفية والزوايا التقليدية ووجدت من التيار الإسلامي التقليدي من يناصرها ويقف بجانبها ويدعمها وحكمت المحكمة العسكرية الظالمة في عام 1983 على المجاهد أربكان لمدة أربعة أعوام وعلى 22 عضوا من أعضاء حزب السلامة الوطني بالسجن لمدد تصل إلى ثلاثة أعوام ونصف[2].

وقام الجيش التركي بتسريح كل من تشم منه رائحة إسلامية وأعلن إيفرن في حملته

---

(1) انظر: الحركات الإسلامية الحديثة في تركيا، د. النعيمي، ص150.

(2) المصدر السابق نفسه، ص156.

التي استهدفت الإسلاميين داخل القوات المسلحة بأن هؤلاء المسلمين " كان هدفهم الوصول إلى المراتب العليا في القوات المسلحة، ماذا سيحدث لو أنهم أمسكوا بزمام الجيش؟ "[1] وأضاف قائلا: " قد يحولون البلاد إلى أي نوع من الأنظمة التي يريدون، هل هذا نشاط ديني أم خيانة "[2].

وبدأت القيادة العسكرية في تركيا تبحث عن حل لمشاكلها السياسية وإرضاء الضغوط الأوربية التي اتهمت تركيا بخرق حقوق الإنسان ويجب عليها إعادة الديمقراطية من جديد، فشكلت لجان جديدة لصنع دستور للبلاد بحيث يعطي الرئيس التركي الحق في فرض حالة الطوارئ، وحل البرلمان، والدعوة إلى انتخابات جديدة، وبذلك يكون باستطاعة العلمانيين قطع محاولات الإسلاميين المستمرة للقضاء على الدستور العلماني، وعدلت القوانين بحيث تكون للقيادة العسكرية حق الاحتفاظ ببعض السيطرة على الحياة السياسية في تركيا.

وبعد إعلان الدستور الجديد في عام 1982 تكونت أحزاب سياسية وظهر حزب الرفاه وهو امتداد طبيعي لفكر السلامة الوطني وبدأت العناصر الإسلامية تتوافد على هذا الحزب الجديد والذي تعرض لمعارضة الجيش والضغط عليه لمنعه من دخول انتخابات عام 1983م، إلا أنه خاض الانتخابات وحصل على نسبة 5% من الأصوات[3].

إضافة إلى ذلك، اشترك حزب الرفاه في انتخابات تشرين أول 1987م، حيث فاز 7.06% من الأصوات[4].

(1)انظر: الحركات الإسلامية الحديثة في تركيا، د. النعيمي، ص165.
(2) المصدر السابق نفسه، ص165.
(3) انظر: الحركات الإسلامية الحديثة في تركيا، ص179.
(4)انظر: الحركات الإسلامية الحديثة في تركيا، د. النعيمي، ص179.

وبدأت الجماعات الإسلامية تتمحور حول حزب الرفاه وشرع حـزب الرفاه في قيادة الحركـة الإسلامية في كافة المدن التركية، وحتى المحافظات الكبرى والقرى المتباعـدة الأطـراف، وانتعشـت الحركة الإسلامية مع استلام أوزال السلطة وهو المتعاطف مع الإسلام في تركيا خاصـة وأن أعـدادا كبيرة من قيادة حزبه -حزب الوطن الأم- من الوجوه الإسلامية المعروفة في تركيا ودخلـت كـوادر قيادية هامة من حزب السلامة المنحل إلى حزب الوطن الأم الذي نجـح في انتخابات عام 1983م بأغلبية كبيرة، وشجعت حكومة أوزال نشاط المساجد والمدارس الدينية واهتم وزير الدولة المشرف على الشـؤون الدينيـة (كـاظم اكصوي) بـدورات تعليم القرآن الكـريم والتي كانـت في بدايـة الثمانينات 200 دورة رسمية ووصلت إلى 3000 دورة في عام 1987م ونشطت الطرق الدينيـة، وقام كاظم اكصوي يجعل بعض المؤسسات الدينية والبنوك مثل بنك الأوقاف مـن أهـم المراكـز التي تغذي الحركة الإسلامية في تركيا[1].

واستمر حزب الرفاه في جهاده السلمي والتوغل المتزن في أعماق الشعب المسـلم التـركي الـذي لاتزال أعمال حزب السلامة في ذاكرته ووجدانه والتي أعـادت للمجتمع التـركي وجـوده وحضوره الإسلامي واستطاع حزب الرفاه الذي هو امتداد لحزب السلامة في مـارس عـام 1994م أن يتحصـل على أهم وأكبر البلديات في تركيا، وعلى فوزه بانتخابات ديسمبر عام 1995م كأكبر حـزب في الـبلاد، تسلم على أثرها السلطة في ائتلاف حكومي مع حزب الطريق القويم في يونيو 1996م[2] وأصبح المجاهد الكبير نجم الدين أربكان رئيس الوزراء وقام بإصلاحات اقتصادية رائعة وارتفعت الرواتب في فترة وجيزة، وتقدم مندفعا كالسهم نحو الدعوة لإقامة سوق إسلامية مشـتركة ورفض دخـول تركيا السوق الأوروبية المشتركة، فكانت دعـوة إلى قيـام أمـم إسلامية متحـدة، ومجلس إسلامي مشترك، وضرب ممثلو حزب الرفاه في البلديات

---

(1) المصدر السابق نفسه، ص183.
(2) انظر: تحديات سياسية تواجه الحركة الإسلامية ، مصطفى الطحان، ص118.

وعلى مستوى الدولة أروع الأمثلة في النزاهة والعفة وطهارة اليد والمقدرة على التخطيط واهتمت مؤسسات الحزب بتقديم وتحسين أداء الخدمات للمواطنين وتعاطف الشعب التركي مع حزب الرفاه حتى كثير من المومسات أعطين أصواتهن لحزب الرفاه الذي عمل على إيجاد فرص للعمل الشريف لهن وترك بيوت الدعارة والفساد والرجوع إلى الله بالتوبة والمغفرة.

ولقد عالج ممثل الرفاه والذي تولى بلدية استانبول مشاكل العاصمة بكل جدارة وتضاعفت ميزانية البلدية بعد أن كانت دائما تشتكي من العجز المالي بسبب الاختلاس.

لم يرضى اليهود والعلمانيون عن هذه المكاسب العظيمة التي حققتها الحركة الإسلامية في تركيا فدفعوا قادة الجيش لممارسة ضغوطهم على الأحزاب حتى قضوا على التحالف بين حزب الطريق القويم وحزب الرفاه وتقدم حزب علماني متطرف مدعوم بقوة العسكر ورجال الاقتصاد العلمانيين وقدموا حزب الرفاه إلى المحكمة الدستورية التي حكمت بحل حزب الرفاه ومصادرة أملاكه عام 1997م ولايزال الإسلاميون في تركيا يديرون صراعهم مع اليهود والعلمانيين وأعداء الإسلام بكل جدارة وشجاعة وذكاء واني على يقين راسخ لا يتزعزع أن الحركة الإسلامية في تركيا ستصل إلى الحكم وتطبق شرع الله بإذن الله، لأن كل المؤشرات والسنن تقول بذلك.

واختم بالتجربة الإسلامية في تركيا هذا الحوار للأستاذ والمجاهد الكبير الذي نخر أعمدة العلمانية في تركيا البروفسور نجم الدين أربكان، سأله صحفي مسلم مشهور بقوله: إن المشاركة في العملية الانتخابية أمر لايجوز من الناحية الشرعية.. وهي مساهمة في تقوية النظام الجاهلي الذي يعتمد مثل هذه الأساليب .. فرد أربكان: ماذا نفعل إذن...؟ هل كان بإمكاننا أن نحقق المكاسب الكبرى على صعيد الحريات الشخصية والعامة.. ونؤسس هذه المئات من المدارس الإسلامية..ونرفع أصواتنا في البرلمان لتعديل المواد الدستورية التي تحد من الحريات الدينية، ونعيد للناس ثقتهم

بأنفسهم وبدينهم، ونحاصر الشر بأنواعه حتى يكاد ينحسر عن بلادنا، بغير هذه الوسائل التي ترفع من مستوى أداء الجميع أفرادا وجماعات وتدفع الجميع لتحمل مسؤولياتهم في إعادة البناء..[1]؟

إن التيار الإسلامي في تركيا لايزال في نمو متصاعد على الرغم من ضخامة مخططات الأعداء المحيطين به، وجسامة الأخطار التي يواجهها من اليمين واليسار على السواء وإننا لمنتظرون تحقيق وعد الله تعالى في قوله : ﴿فأما الزبد فيذهب جفاء وأما ماينفع الناس فيمكث في الأرض﴾ (سورة الرعد: آية 17).

وقوله تعالى: ﴿إن الله لايصلح عمل المفسدين﴾ (سورة يونس: آية 81).

وقوله تعالى: ﴿ويأبى الله إلا أن يتم نوره ولو كره الكافرون﴾ (سورة التوبة: 32).

---

(1) انظر: تحديات سياسية تواجه الحركة الإسلامية ، ص87.

المبحث الثامن
أسباب سقوط الدولة العثمانية

تمهيد

إن أسباب سقوط الدولة العثمانية كثيرة جامعها هو الابتعاد عن تحكيم شرع اللـه تعالى الذي جلب للأفراد والأمة تعاسة وضنكا في الدنيا، وإن آثار الابتعاد عـن شرع اللـه لتبدوا علـى الحياة في وجهتها الدينية والاجتماعية والسياسية والاقتصادية.

وإن الفتن تظل تتوالى وتترى على الناس حتى تمس جميع شؤون حياتهم.

قال تعالى : ﴿فليحذر الذين يخالفون عن أمره أن تصيبهم فتنة ، أو يصيبهم عـذاب أليم ﴾ (سورة النور: الآية 63).

لقد كان في ابتعاد أواخر سـلاطين الدولة العثمانيـة عـن شرع اللـه تعـالى آثاره علـى الأمـة الإسلامية؛ فتجد الإنسان المنغمس في حياة المادة والجاهلية مصاب بالقلق والحيرة والخوف والجبن يحسب كل صيحة عليه، يخشى مـن النصارى ولا يستطيع أن يقف أمامهم وقفة عـز وشـموخ واستعلاء، وإذا تشجع في معركة من المعارك ضعف قلبه أمام الأعداء مـن أثـر المعاصي في قلبـه، وأصبح في ضنك من العيش: ﴿ومن أعرض عن ذكري فإن له معيشة ضنكا﴾ (سورة طه: آيـة 124).

وقد أصيبت الشعوب الإسلامية في مراحل الدولة العثمانية الأخيرة بالتبلد وفقد الإحساس بالذات، وضعف ضميرها الروحي، فلا أمر بمعروف تأمر به ولا نهي عن منكر تنهى عنه، وأصابهم ماأصاب بنو إسرائيل عندما تركوا الأمر بالمعروف والنهي

عن المنكر قال تعالى: ﴿لعن الذين كفروا من بني إسرائيل على لسان داود وعيسى ابن مريم ذلك بما عصوا وكانوا يعتدون، كانوا لايتنهاون عن منكر فعلوه لبئس ماكانوا يفعلون﴾.(سورة المائدة، آية 78-79).

فإن أي أمة لاتعظم شرع الله أمرا ونهيا تسقط كما سقط بنو إسرائيل قال رسول الله صلى الله عليه وسلم : (كلا و الله لتأمرن بالمعروف ولتنهون عن المنكر ولتأخذن على يد الظالم ولتأطرنه على الحق أطرا، ولتقصرنه على الحق قصرا أو ليضربن الله بقلوب بعضكم بعضا، ثم ليلعنكم كما لعنهم)[1].

لقد تحققت في الدولة العثمانية سنة الله في تغيير النفوس من الطاعة والانقياد إلى المخالفة والتمرد على أحكام الله. ﴿ذلك بأن الله لم يك مغيرا نعمة أنعمها على قوم حتى يغيروا ما بأنفسهم﴾ (سورة الأنفال:آية 53).

كما أن الشعوب التي ترضخ تحت الحكام الذين تباعدوا عن شرع الله تذل وتهان حتى تقوم أمام من خالف أمر الله وتطلب العون من إخوانهم في العقيدة.

إن انحراف سلاطين الدولة العثمانية المتأخرين عن شرع الله وتفريط الشعوب الإسلامية الخاضعة لهم في الأمر بالمعروف والنهي عن المنكر، أثر في تلك الشعوب، وكثرة الاعتداءات الداخلية بين الناس وتعرضت النفوس للهلاك، والأموال للنهب، والأعراض للاغتصاب بسبب تعطل أحكام الله فيما بينهم، ونشبت حروب وفتن ، وبلايا تولدت على أثرها عداوة وبغضاء لم تزل عنهم حتى بعد زوالهم، وأصبحت شوكة الأعداء من الروس والانكليز والبلغار والصرب وغيرهم تقوى وتحصلوا على مكاسب كبيرة، وغاب نصر الله عن السلاطين والأمة العثمانية، وحرموا التمكين ، وأصبحوا في خوف وفزع من أعدائهم، وتوالت المصائب ، وضاعت الديار، وتسلط الكفار.

(1) أبو داود، كتاب الملاحم، باب الأمر بالمعروف رقم الحديث 4670.

إن من سنن الـلـه تعالى المستخرجة من حقائق الدين والتاريخ أنه إذا عصي الـلـه تعالى ممن يعرفونه سلط الـلـه عليهم من لايعرفونه؛ ولذلك سلط الـلـه النصارى على المسلمين في الدولة العثمانية.

إن الذنوب التي يهلك الـلـه بها الدولة ، ويعذب بها الأمم قسمان:

1- معاندة الرسل والكفر بما جاؤوا به.

2- كفر النعم بالبطر والأشر، وغمط الحق واحتقار الناس وظلم الضعفاء ومحاباة الأقوياء والإسراف في الفسق والفجور، والغرور بالغني والثروة فهذا كله من الكفر بنعمة الـلـه ، واستعمالها في غير مايرضيه من نفع الناس والعدل العام، والنوع الثاني من الذنوب هو الذي مارسه أواخر سلاطين الدولة العثمانية وأمراؤهم[1].

إن الدولة العثمانية في بداية أمرها كانت تسير على شرع الـلـه في كل صغيرة وكبيرة، ملتزمة بمنهج أهل السنة في مسيرتها الدعوية والجهادية آخذة بشروط التمكين وأسبابه كما جاءت في القرآن الكريم والسنة النبوية الشريفة أما في أواخر عهدها فقد انحرفت عن شروط التمكين ، وابتعدت عن أسبابه المادية والمعنوية قال تعالى: ﴿وعد الـلـه الذين آمنوا منكم وعملوا الصالحات ليستخلفنهم في الأرض كما استخلف الذين من قبلهم وليمكنن لهم دينهم الذي ارتضى لهم وليبدلنهم من بعد خوفهم أمنا يعبدونني لايشركون بي شيئا ومن كفر بعد ذلك فأولئك هم الفاسقون وأقيموا الصلاة وأتوا الزكاة وأطيعوا الرسول لعلكم ترحمون﴾ (سورة النور: آية 56،55).

فكانت الدولة الإسلامية العثمانية في بداية أمرها مستوعبة لتلك الشروط أما في أواخر عهدها فقد أصاب تلك الشروط انحرافا عن مفاهيمها الأصلية فمثلا:

(1) انظر: دولة الموحدين لعلي محمد الصلابي، ص170.

أولا: من لوازم الإيمان الصحيح الولاء والبراء:

فكانت الدولة في عصورها المتقدمة عاملة بقول الله تعالى : ﴿لا يتخذ المؤمنون الكافرين أولياء من دون المؤمنين ومن يفعل ذلك فليس من الله في شيء إلا أن تتقوا منهم تقة ويحذركم الله نفسه والى الله المصير﴾ (سورة آل عمران: آية 28).

وقول الله تعالى : ﴿يا أيها الذين آمنوا لاتتخذوا اليهود والنصارى أولياء بعضهم أولياء بعض ومن يتولهم منكم فإنه منهم إن الله لايهدي القوم الظالمين ﴾ (سورة المائدة: آية 51).

ويقول رسول الله صلى الله عليه وسلم : (أوثق عرى الإيمان المولاة في الله والمعاداة في الله والحب في الله والبغض في الله)[1].

أما في عصورها المتأخرة وخصوصا في القرنين الثالث عشر والرابع عشر الهجريين فقد أصيب مفهوم الولاء والبراء بالانحراف ، نتيجة للجهل الذريع الذي خيم على أغلب أقاليم الدولة العثمانية والبلدان الإسلامية، ولغياب العلماء الربانيين الذين ينيرون للأمة دروبها، ويأخذون بزمامها إلى الطريق المستقيم وكان الحكام والسلاطين يصانعون الأعداء من الكافرين ويتولنهم من دون المؤمنين؛ حيث كان هؤلاء الكافرون على جانب عظيم من القوة المادية، والمسلمون في المقابل على العكس تماما من الضعف؛ فقد ساعد الواقع الأليم الذي كان يعيشه المسلمون على زعزعة هذه العقيدة[2].

فالواقع المليء بكافة صور الانحطاط من فقر وضعف وجهل ومرض وخرافة في مقابل الواقع الأوروبي مثلا كان عاملا من عوامل إضعاف عقيدة الولاء والبراء، ومع

(1) صحيح الجامع الصغير (343/2، ح2536).
(2) انظر: الانحرافات العقدية والعلمية لعلي الزهراني (142/1).

ذلك لايجوز لنا أبدا أن نبرر لهؤلاء المنبهرين انبهارهم بواقع الكافرين؛ إذ لو كان إيمانهم صادقا ، وعقيدتهم راسخة لم تجرفهم أهواء الكافرين ولم تتقاذفهم أمواج المادة والقوة، كما كان حال الجيل الأول رضي الله عنهم الذي استعلى بدينه وعقيدته على قوة الكافرين وجبروتهم حتى في وقت الهزيمة ، ولحظة الفشل كما قال الله تبارك وتعالى: ﴿ولا تهنوا ولا تحزنوا وأنتم الأعلون إن كنتم مؤمنين﴾(سورة آل عمران:139).

ومع هذا فإن هذه العقيدة على مستوى شعوب الأمة كانت متوهجة في النفوس ، مستقرة في العقول ؛ فقد كان المسلم في الشمال الأفريقي يحب أخاه المسلم في الشام ويبغض جاره النصراني وهكذا في كل الأقطار والبلدان وكان المسلم يحس بإخوانه في كل مكان بما يقع لإخوانه في الدين من اعتداءات ونكبات، ويشارك بعضهم مع إخوانهم لجهاد المعتدين، والنفير في سبيل الله. فكانوا إلى حد كبير كما وصفهم الرسول صلى الله عليه وسلم كالجسد الواحد إذا اشتكى منه عضو تداعى له سائر الجسد بالسهر والحمى ⁽¹⁾.

وقد بينا مناصرة مسلمي الحجاز وليبيا لإخوانهم في مصر- عندما احتلها الفرنسيون في عام 1213هـ/1798م وكيف تفاعل المسلمون مع دعوة السلطان عبد الحميد الثاني إلى فكرة الجامعة الإسلامية ودعوته لاتحاد المسلمين في العالم في مقابل التسلط الأوروبي والروسي وغيرهما، وقد أثمرت هذه الدعوة إلى حد كبير ، وتجاوب معها المسلمون في كل مكان على اختلاف لغاتهم وألوانهم وبلادهم؛ وليس أدل على ذلك من تبرع المسلمين في أقطار العالم لإنشاء خط سكة حديد بين بغداد والحجاز بثلث نفقات الخط.

إن الشعور بالترابط الديني بين المسلمين كان قويا على الرغم من كثرة الانحرافات التي توحي بالفرقة والاختلاف كالمذاهب الكلامية والفقهية، والطرق الصوفية، وكانت عقيدة الولاء والبراء سليمة إلى حد كبير في نفوس العامة؛ لذلك كبر على

(1) البخاري، كتاب الأدب، باب رحمة الناس والبهائم (438/10) رقم 6011.

أعداء الإسلام من اليهود والنصارى أن يروا في تلك العقيدة جدارا صلبا وحاجزا قويا يقف أمام مخططاتهم ومحاولاتهم في القضاء على المسلمين ودينهم. ولذا أخذوا يعملون على تحطيم ذلك الجدار وتذويب ذلك الحاجز عن طريق صنائعهم وعملائهم في البلاد الإسلامية وفي الدولة العثمانية ممن بأيديهم مقاليد الأمور من السلاطين والباشوات. كما حدث مع السلطان العثماني محمود الثاني المتوفى عام 1839م الذي تزعم حركة الإصلاح المقلدة للمنهج الأوروبي، حيث عمل على مسخ عقيدة الولاء والبراء وحاول طمسها في النفوس، ويتجلى هذا الاتجاه الخطير في قول السلطان نفسه (...إنني لا أريد -ابتداء من الآن - أن يميز المسلمون إلا في المسجد، والمسيحيون إلا في الكنيسة واليهود في المعبد، إني أريد مادام يتوجه الجميع نحوي بالتحية أن يتمتع الجميع بالمساواة في الحقوق وبحماية الأبوية ومن هنا نعمت المسيحية وغيرها في الدولة في ذلك العصر ـ بحرية واسعة النطاق[1].

وفي هذا العصر انتشرت المدارس اليونانية والأرمنية والكاثوليكية انتشارا واسعا بفضل رعاية السلطان وتشجيعه[2]. وقد ثار رجال إحدى الحاميات العثمانية ضد احتمال إلزامهم أن يضعوا على صدورهم الحزامين المتقاطعين على شكل صليب على النسق النمساوي، وطرد الثوار الباشا المرسل من قبل السلطان[3].

وقد سمح السلطان لرعاياه المسيحيين بارتداء الطربوش بدلا من القلنسوة القديمة، وبذلك خلصهم من الرمز المميز لهم، وكان لذلك رنة فرح شديدة عندهم، وقد حاول فرض الطربوش الأحمر على العلماء بدلا من العمامة، فلما أبوا عليه ذلك تراجع مغطيا موقفه بإعلان الجهاد ضد الروس[4].

---

(1) انظر: حركة الإصلاح في عصر السلطان محمود الثاني ، د. البحراوي، ص214.
(2) المصدر السابق نفسه، ص214.
(3) انظر: حركة الإصلاح في عصر السلطان محمود الثاني ، د. البحراوي، ص258.
(4) المصدر السابق نفسه، ص261.

والأدهى من ذلك ما(حدث من استعانة الدولة العثمانية بضباط دانوا بالولاء لروسيا من قبل ، وظلت الدولة غافلة عن هذه الحقيقة، وبالتالي كان لروسيا عيون في جيش السلطان الجديد تزودها بأدق المعلومات والخطط)[1]. وكم من هزيمة ساحقة تلقتها الدولة العثمانية من روسيا، وكان من أسبابها تسرب المعلومات الهامة عن طريق هؤلاء.

هذا مثال بارز على ضعف عقيدة الولاء والبراء لدى بعض سلاطين العثمانيين وعدم الاهتمام بها.

أما الباشا محمد علي والي مصر، فقد فتن بالغرب ، وتابع سياستهم، وسار على خطاهم ، وما فتئ خلال حكمه الطويل الذي بلغ خمسة وأربعين عاما تقريبا يتولى الكفار ويصانعهم، ويعلي من شأنهم ويقوم باتباعهم والاقتباس من نظمهم وقوانينهم ، والسير في ركابهم، مع شدة بطشه وتنكيله بالمسلمين، واستهانته بهم؛ فقد تخطى عقيدة الولاء والبراء وضربها في الصميم، ليرضي أسياده الصليبيين وليخضع أمته وشعبه المسلم للمخططات اليهودية فقد اعتاد محمد علي باشا أن يكون أغلب المحيطين به من النصارى واليهود، الذين تغلغلوا في حكومته وبلاطه، خصوصا نصارى الأرمن من أعداء الملة الذين هم خاصته وجلساؤه وأهل مشورته، وشركاؤه في اختلاس أموال الدولة ونهب خيراتها[2].

وفتح البلاد على مصراعيها لأفواج النصارى الصليبيين للبحث والتنقيب، واكتشاف الآثار، ودراسة الأماكن دراسة دقيقة بل ومساعدته لهم وتذليله الصعاب في طريقهم[3].

(1) المصدر السابق نفسه، ص247.
(2)انظر: الانحرافات العقدية والعلمية (165/1).
(3) المصدر السابق نفسه (170/1).

لقد قام النصارى بدراسة مراكز الثروة، ودراسة المواقع دراسة تخطيطية ، مما أفادهم ولاشك في احتلال مصر فيما بعد عام 1882م خصوصا إذا علمنا أن كثيرا من هؤلاء المنقبين كانوا من الانكليز ، وكانت هناك أهداف أخر لم يفطن لها كثير من الباحثين ونترك الحديث لأحد المستشرقين في كتابه (الشرق الأدنى؛ مجتمعه وثقافته): (إننا في كل بلد إسلامي دخلناه، نبشنا الأرض لنستخرج حضارات ماقبل الإسلام ، ولسنا نطمع بطبيعة الحال أن يرتد مسلم إلى عقائد ما قبل الإسلام، ولكن يكفينا تذبذب ولائه بين الإسلام وبين تلك الحضارات...)[1].

وعلى ضوء ماسبق من أهداف نستطيع أن نفسر اهتمامات هؤلاء النصارى بشق البلاد طولا وعرضا ، وإنفاقهم الأموال الطائلة في كشف الآثار وتعريتها بدءا بالفرنسيين ثم الانكليز الذين ساروا على خط واحد في تنفيذ هذه الأهداف الخبيثة[2].

يقول الأستاذ محمد قطب: (ولكن المخطط الخبيث الذي حمله الصليبيون معهم وهم يجوسون خلال الديار كان هونبش الأرض الإسلامية لاستخراج الحضارات، تمهيدا لاقتلاعهم نهائيا من الولاء للإسلام)[3].

وقدم محمد علي خدمة لمخططات الأعداء بضرب الاتجاه الإسلامي السلفي في الجزيرة العربية تظاهرا بطاعة السلطان العثماني الذي فقد السيطرة على بلاد الحرمين الشريفين، واتخذ من ذلك ستارا لتنفيذ مخططات بريطانيا وفرنسا اللتين رأتا الوجود السعودي يشكل خطرا على مصالحهما، خصوصا في الخليج العربي والبحر الأحمر[4].

---

(1) انظر: واقعنا المعاصر، ص202.
(2) انظر: الانحرافات العقدية والعلمية (171/1).
(3) انظر: واقعنا المعاصر ، ص202.
(4) انظر: قراءة جديدة في تاريخ العثمانيين، ص189.

وقد كان على رأس تلك الجيوش التي وجهها محمد علي ضباط فرنسيون وبعض النصارى[1].

وقد سرت فرنسا بذلك العمل الحربي المدمر، وكذلك بريطانيا وأبلغت فرنسا محمد علي عـن طريق قنصلها في القاهرة أنها ممنونة مـما رأتـه مـن اقتـداره عـلى نشـر أعـلام التمـدن في الـبلاد الشرقية[2].

وضايق محمد علي باشا العلماء والفقهاء والأزهريين في لقمـة العـيش وسيطر عـلى الأوقاف التابعة للأزهر وضمها للدولة وبالتالي أحكم السيطرة على المشايخ القائمين على التعليم من رجـال الأزهر[3] وحتى الكتاتيب التي تعلم القرآن الكريم والعلوم الأولية للناشئة من أبناء المسلمين ، لم تنج من غائلة محمد علي؛ فقد ذكر الجبرتي -رحمه اللـه- أن كثيرا مـن المكاتب أغلقت بسبب تعطل أوقافها واستيلاء محمد علي عليها[4].

وذكر الشيخ محمد عبده أن ماأبقاه محمد علي من أوقاف الأزهر والأوقاف الأخرى لا يساوي جزءا من الألف من إيرادها. وأنه أخذ من أوقاف الجامع الأزهر مـا لـو بقـي إلى اليـوم (في عهد الشيخ محمد عبده) لكانت غلته لاتقل عن نصف مليون جنيه في السنة، وقرر له بذلك مايساوي أربعة آلاف جنيه في السنة بينما نجده قـد انـدفع نحـو التغريب وإرسال البعثات كمـا ذكرنـا في البحث.

إن هذه السياسة التدميرية التي نهجها محمد علي والتي فرضت قهرا عـلى المسلمين كانت تنفيذا للمخطط الصليبي الذي عجزت الحملة الفرنسـية عـن تنفيذه بسبب اضطرارها للرحيل، وهو أمر أكده المؤرخ الانكليزي أرنولد توينبي في قوله: (كان

---

(1) المصدر السابق نفسه، ص187.
(2) انظر: الانحرافات العقدية والعلمية (174/1).
(3) انظر: قراءة جديدة في تاريخ العثمانيين ، ص179.
(4) انظر: عجائب الآثار (478/3).

299

محمد علي ديكتاتورا أمكنه تحويل الآراء النابليونية إلى حقائق فعالة في مصر)[1].

لاشك أن محمد علي باشا كان صنيعة من صنائع الغرب وعميلا من عملائهم، سواء كان وصوله إلى سدة الحكم نتيجة تخطيط صليبي على الأخص تخطيط فرنسي- أو كان نتيجة لدهاء محمد علي ومكره وثقافته أو كان للأمرين معا ، فإن هذا كله لايغير من الأمر شيئا، ولاينفي أن محمد علي قد احتوته الدول الغربية، وأخذت تقوده في ركابها ، وخصوصا وأن فيه من الصفات والخلال التي ينشدها المستعمرون دائما كجنون العظمة، وغلظة القلب وفظاظة الطبع ورقة الديانة أو عدمها[2].

وقد عمل محمد علي طوال سنوات حكمه على القضاء على عقيدة الولاء والبراء ، واستخدم سياسة العسف والإرهاب والتنكيل في أنحاء مملكته لينتزع هذه العقيدة من قلوب المسلمين، ويقضي عليها قضاء مبرما[3].

ومع عظم الهالة التي أحيط بها محمد علي من قبل المستشرقين ومن اقتفى أثرهم من المؤرخين القوميين والعلمانيين حول ما قام به من إصلاحات في كثير من المجالات التعليمية والاقتصادية والعسكرية إلا أنه من الثابت من سيرة محمد علي أنه يكره مسلمي مصر- ويحتقرهم ويزدريهم أيما ازدراء ، وليس أدل من ذلك إلا قوله : (ثقوا أن قراري ... لاينبع من عاطفة دينية فأنتم تعرفونني وتعلمون أنني متحرر من هذه الاعتبارات التي يتقيد بها قومي ..وقد تقولون أن مواطني حمير وثيران وهذه حقيقة أعلمها)[4].

وقد كان محمد علي باشا متواطئا مع الفرنسيين عند احتلالهم للجزائر، حتى لقد هم -بعد أن جاءته الأوامر بالطبع- أن يقوم بنفسه باحتلال الجزائر خدمة للفرنسيين وعملا لحسابهم الخاص إلا أن أسياده رفضوا تلك الفكرة التي تهيج المسلمين وتثيرهم

(1) انظر: قراءة جديدة في تاريخ العثمانيين ، ص182.
(2) انظر: الانحرافات العقدية والعلمية (181/1).
(3) المصدر السابق نفسه (181/1).
(4)انظر: الانحرافات العقدية والعلمية (188/1).

بعد أن ينكشف أمر عميلهم؛ لذا بادروا إلى إلغائها ، واكتفى محمد علي بتزويد الفرنسيين في الجزائر بالغلال[1].

ويذهب الدكتور سليمان الغنام إلى أن بريطانيا لما عملت بعزم محمد علي ثارت ثائرتها وهددته بنسف أسطوله إن هو فكر في ذلك.

هذه وقفة مع باشة من باشوات الدولة العثمانية عمل على إضعاف عقيدة الولاء والبراء لدى الأمة المسلمة بشكل مباشر تمثل في سياسة العسف والإرهاب، وبشكل غير مباشر اتخذ التغريب له مسارا، لقد استحق محمد علي أن يكون رائد التغريب في العالم الإسلامي العربي التابع للدولة العثمانية وسار أولاده وأحفادهم من بعده على نفس السياسة، فقد ظلوا يتعهدون غراس التغريب والعلمنة ، ويسيرون في نفس الطريق ويتسابقون إلى كسب ولاء الغرب ، وخطب وده[2].

إن فئة سلاطين الدولة العثمانية وباشاواتها أمعنوا في موالاة الكافرين وألقوا إليهم بالمودة، وركنوا إليهم واتخذوهم بطانة من دون المؤمنين وعملوا على إضعاف عقيدة الولاء والبراء في الأمة وأصابوها في الصميم، وبذلك تميعت شخصية الدولة العثمانية وهويتها وفقدت أبرز مقوماتها وسهل بعد ذلك على أعداءها أن يحتووها ثم مزقوها شر ممزق.

ثانيا: انحصار مفهوم العبادة:

إن من شروط التمكين التي قام بها العثمانيون الأوائل تحقيق مفهوم العبودية الشامل كما مفهومه من القرآن الكريم والسنة النبوية ، وكما أخذوه عن السلف الصالح رضوان الله عليهم .

---

(1) انظر: الشرق الإسلامي، حسين مؤنس، ص311.

(2) انظر: الانحرافات العقدية والعلمية (189/1).

ففهموا أن الدين كله عبادة، لذا كانت العبادة بمفهومها الواسع هي الغاية الحقيقية التي خلق الله الخلق لأجلها كما قال تعالى:﴿وما خلقت الجن والإنس إلا ليعبدون﴾(سورة الذاريات: آية 56). وكانت هي دعوة الرسل جميعا من لدن نوح عليه السلام إلى نبينا محمد صلى الله عليه وسلم لأقوامهم: ﴿ياقوم اعبدوا الله مالكم من إله غيره﴾ (سورة الأعراف: الآيات 59،65،73،85).

وقال تعالى: ﴿ولقد بعثنا في كل أمة رسولا أن أعبدوا الله واجتنبوا الطاغوت﴾ (سورة النحل : آية 36).

وقال تعالى:﴿وما أرسلنا من قبلك من رسولا إلا نوحي إليه أنه لا إله إلا أنا فاعبدون﴾ (سورة الأنبياء: آية 25).

لقد فهم العثمانيون الأوائل العبادة بمفهومها الشامل الذي أرداه الله عز وجل، وهي أن تشمل كل نشاط في حياة الإنسان: ﴿قل إن صلاتي ونسكي ومحياي ومماتي لله رب العالمين ۝ لاشريك له وبذلك أمرت وأنا أول المسلمين﴾(سورة الأنعام: الآية 162،163).

فأصبحت حياتهم حافلة بالأعمال العظيمة من تقوية الدولة المسلمة وتربية دائمة لرعاياها، وتعليم القرآن ، والعلم، وجهاد الكافرين والمنافقين، وقيام على أمور المسلمين ، وتنفيذ لأهداف التمكين ولذلك نجد العلامة الشيخ شمس الدين آق يجمع بين دوره في توجيه الأمة وتعليمها وتوظيف علم النبات والطب والصيدلة لمصلحة المسلمين ، لقد كان هذا الشيخ يتعبد المولى عز وجل بالعلم الديني والدنيوي وكانت له بحوثه في علم النبات ومعالجة الأمراض المعدية وألف في ذلك كتابا ، وأهتم أيضا بمعالجة مرض السرطان وكان مجاهدا في صفوف جيش محمد الفاتح،

مربيا لعوام العثمانيين على طاعة الله تعالى ومهتما بتزكيتهم وآمر بالمعروف وناهيا عن المنكر وكان نعم المربي والناصح لمحمد الفاتح، فبعد أن فتحت القسطنطينية جاء محمد الفاتح يدخل في الخلوة مع الشيخ فمنعه الشيخ شمس الدين وقال لمحمد الفاتح: (إنك إذا دخلت الخلوة تجد لذة تسقط عندها السلطنة من عينيك، فتختل أمورها ، فيمقت الله علينا ذلك والغرض من الخلوة تحصيل العدالة ، فعليك أن تفعل كذا وكذا وذكر له شيئا من النصائح إن هذا الفهم الجميل هو الذي سارت به الدولة العثمانية عندما كان للعلماء الربانيين صدارة التوجيه والإرشاد والتعليم، ولذلك نجد نهوضا شاملا في عصر السلطان محمد الفاتح في كافة شؤون الحياة التربوية والسياسية، والاقتصادية والعسكرية، والاجتماعية والعلمية كل ذلك النهوض مستمد من مفهوم العبودية الشامل الذي فهموه من الشريعة الغراء ولذلك نجد في الدولة العثمانية في عصر مجدها وقوتها تفوقا في كافة المجالات فمثلا في الجغرافيا يظهر اسم الريس بيري في زمن السلطانين سليم الأول، وسليمان القانوني، وكان الريس بيري، قائدا للبحرية العثمانية، وعالما جغرافيا فذا، ولد عام 1465م وتوفي عام (1554م)، كان هذا العالم الجغرافي رائدا من رواد رسم الخرائط في الأدب الجغرافي العثماني وله في هذا المضمار خريطتان هامتان، الأولى لإسبانيا وغرب أفريقيا والمحيط الأطلسي والسواحل الشرقية من الأمريكيتين.. وهذه، قدمها إلى السلطان سليم الأول في مصر عام 1517م، وموجودة الآن في متحف طوبقبو في إستانبول (60×85سم) وعليها توقيع الريس.

والأخرى لسواحل الأطلسي من جرونلاند إلى فلوريدا (68×69سم) وموجودة الآن في متحف طوبقبو بإستانبول أيضا.

والجدير بالذكر أن الخريطة التي رسمها الريس بيري لأميركا هي أقدم خريطة لها.

في 26 أغسطس عام 1956م عقدت في جامعة جورج تاون بالولايات المتحدة الأميركية ندوة إذاعية عن خرائط الريس بيري، اتفق كل الجغرافيين المشتركين فيها

بأن خرائط الريس بيري لأمريكا : (اكتشاف خارق للعادة).

وقد كان الريس بيري على معرفة بوجود أمريكا قبل اكتشافها، ويقول في كتاب البحرية : (إن بحر المغرب - يقصد المحيط الأطلسي - بحر عظيم، يمتد بعرض 2000 ميل تجاه الغرب من بوغار سبته. وفي طرق هذا البحر العظيم توجد قارة هي قارة أنتيليا)، وتعبير قارة أنتيليا هي الدنيا أو أميركا. وقد كتب الريس أن هذه القارة اكتشفت عام (870هـ/1465م) أي قبل اكتشاف كولومبس لأمريكا بحوالي 27سنة[1].

لقد ترك ريس بيري كتابا في البحرية أثار بما فيه من معلومات وخرائط دقيقة، دهشت المعاصرين من علماء الجغرافيا في أميركا وأوروبا، معلومات وخرائط أثبت العالم المعاصر صحتها.

وقد ذكر الراهب الجزويتي لاين هام مدير مركز الأرصاد في ويستون من يدل على عبقرية القائد العثماني ريس بيري في علم الجغرافيا حيث يقول: (خرائط الريس بيري صحيحة بدرجة مذهلة للعقل، خاصة أنها تظهر بوضوح أماكن لم تكن قد اكتشفت حتى أيامه في القرن السادس عشر الميلادي .. إن الجانب المذهل في مكانة بيري، هو رسمه لجبال أنتاركتيكا بتفاصيلها فيما رسمه من خرائط، مع أن هذه الجبال، لم يكن أحد قد تمكن من اكتشافها إلا في عام 1952م أي في النصف الثاني من القرن العشرين، وكيف؟ بعد استخدام الأجهزة المتقدمة العاكسة للصوت، أما قبل القائد العثماني الريس بيري، يعني حتى القرن السادس عشر الميلادي، لم يكن أحد يعرف أن أنتاركتيكا موجودة، إذ كانت مغطاة بالجليد طوال عصور التاريخ)[2].

والمعروف أن أنتاركتيكا هي القارة السادسة والواقعة في نصف الكرة الأرضية الجنوبي، لم يقتصر الذهول على الراهب لين هام فقط، بل تعداه إلى كثير من العلماء

---

(1) انظر: العثمانيون في التاريخ والحضارة، ص382.

(2) المصدر السابق نفسه، ص383.

والكتاب لقد قارن بعض العلماء صور الأرض التي تم التقاطها من مركبات الفضاء (في القرن العشرين) بالخرائط التي رسمها القائد البحري العثماني الريس بيري في البدايات المبكرة للقرن السادس عشر اتضح التشابه المذهل بين صور مركبات الفضاء وبين خرائط بيري)[1].

إن النهوض في الدولة العثمانية في عصورها الزاهية كان في كافة المستويات العلمية، والشعبية، والحكومية والعسكرية وكانت حركة الدولة والأمة تعبيرا صادقا لمفهوم العبودية الشامل، أما في العصور المتأخرة للدولة العثمانية فقد انحصر مفهوم العبادة في صور الشعائر التعبدية التي أصبحت تؤدى كعادة موروثة ليس لها من أثر في حياة ممارسيها، اللهم إلا ماتستغرقه من زمن لأدائها. (وتم عزل العبادة عن بقية الإسلام حتى كأن الإسلام منحصر فيها دون بقية الأجزاء كالجهاد مثلا، وأحكام المعاملات أو العلاقات المالية ومع أن أكثر الناس إن لم نقل كلهم يعلمون أن الإسلام ليس هو العبادات المفروضة فحسب، فإنهم أهملوا الجوانب الأخرى، وغضوا النظر عنها وأنزلوا مرتبتها. ودعا فريق من المرشدين إلى الإعراض عما سوى هذه العبادات، فالجهاد وإنكار المنكر ورد الطغيان والاستعمار ومقاومة الظلم والعمل في جميع ماينفع المسلمين من الأمور العامة، كل ذلك في نظر هذا الفريق من الناس وما أكثرهم في عصور الانحطاط - فضول يشغل عن الله وعبادته ... وبينما كانت مقاييس الصلاح والتقوى في الإسلام شاملة لجميع الواجبات التي أوجبها الإسلام من عبادات خاصة، وجهاد وعلم وعدل وعمل نافع للناس واستقامة في المعاملة وإحسان، كل ذلك مقرونا بتوحيد الله والإخلاص له أصبحت مقاييس التقوى محصورة في العبادات)[2].

وهكذا أعانت هذه الفكرة التي عزلت العبادة عن بقية أجزاء النظام الإسلامي الشامل على ضعف الوعي السياسي، والاجتماعي والأخلاقي.

---

(1) العثمانيون في التاريخ والحضارة، ص384.
(2) انظر: الانحرافات العقدية والعلمية (100/1).

ولقد تسبب هذا الانحصار في مفهوم العبادة في سلبيات من أهمها:

- صارت الشعائر التعبدية تؤدى بصورة تقليدية، عديمة الأثر والفائدة حين عزلت عـن بقيـة أمور الإسلام فلا تؤدي هذه الشعائر دورها في حياة الإنسان وقد عزلت عن بقية جوانب العبادة الأخرى، فالصلاة التي يخبر اللـه عز وجل عنها بقوله: ﴿إن الصلاة تنهى عن الفحشاء والمنكر ﴾ (سورة العنكبوت : 45). لم تعد ذات أثـر واقعـي في حيـاة مؤديها مـن النـاس حيـث لم تعد تنهاهم عن الفحشاء والمنكر، ومـا كان لهـا أن تحـدث ذلك الأثر وقد حصرت العبادة في أداء الشعائر التعبدية فحسب.

- تهاون الناس في بقية جوانب العبادات الأخرى.

إذ هي عندهم ليست من العبادة في شيء. حين نرى من المسلمين من يصلي الفروض جماعـة في المسجد، ثم يخرج ويحلف عن عتبة المسجد كاذبا، ويغش في بيعه وشرائه، ويحتال في معاملاته، ويأكل الربا أضعافا مضاعفة، ويقع في أعراض الناس، ثم تراه سادرا في ذلك مرتـاح الضـمير، هـادئ الخاطر، قد أسكت وخزات ضميره وتأنيب نفسه بما نقره من ركعات.

- العناية بالجانب الفردي الشخصي، وإهمال الجوانب الاجتماعية فنجد أن المسلمين قد " عنوا بالآداب الفردية والمتعلقة بذات الإنسان أكثر من عنايتهم بالآداب الاجتماعيـة المتعلقـة بـالآخرين، فقد يكون المسلم في ذاته نظيفا ولكنه لايبالي أن يلقـي القمامـة في طريق المسلمين، ناسيا أن " إماطة الأذى عن الطريق من شعب الإيمان " كما ورد في الحـديث [1]، وقد يكون المسلم مراعيـا لأحكام الطهارة وشروط النظافة في نفسه، ولكنه لايبالي أن يلوث للناس طرقهم وأمـاكن جلوسـهم وأن يخل بالآداب الاجتماعية التي أمر الإسلام بها "[2].

---

(1) مسلم، كتاب الإيمان، باب بيان عدد شعب الإيمان (63/1).
(2) انظر: المجتمع الإسلامي المعاصر لمحمد المبارك، ص66.

ونتيجة لكون مفهوم العبادة انحصر في الشعائر وحدها وخرجت منها بقية الأعمال، فاهتم الناس بشؤونهم الخاصة وأهملوا شئونهم العامة، ونمت روح الفردية على حساب الروح الاجتماعية.

- إقامة العبادة مقام العمل، والاكتفاء برسومها وشعائرها وبما أحدث فيها من بدع عن اتخاذ الأسباب.

" قراءة القرآن وتلاوته لفظا أصبح بديلا عن العمل بما فيه، من آيات الجهاد والنظر إلى الكون والتفكير فيما خلق الله وإقامة العدل والميزان بالقسط، والحكم بما أنزل الله واستثمار ما في الكون من نعم الله مع أن ذلك كله عبادة... وبينما كان الرسول صلى الله عليه وسلم يستعد لقتال المشركين كل الاستعداد كما أمره الله ويدعو الله ويبتهل إليه لينصره إذا بالمسلمين في هذه العصور الأخيرة يجعلون الصلاة والدعاء - المأثور منه والمبتدع المخترع - بديلا عن الأسباب فيلتمسون الرزق والشفاء والنصر لا بأسبابها المشروعة التي جعلها الله سببا وطريقا إليها، بأدعية خاصة يقتصرون على تلاوتها، وربما اخترعوا لذلك رقى وتمام وحجبا، وزيارات لأمكنة خاصة وأورادا ابتدعوها ...)[1].

ولقد نتج عن هذا الانحصار الخطير في مفهوم العبادة أن خرجت جميع الأعمال الأخرى عن دائرة العبادة، فخرج العمل السياسي بما يشتمل عليه من رقابة الأمة على أعمال الحاكم، وتقديم النصيحة إليه، والسهر على تطبيق الشريعة وأجراء العدل في حياة الناس.

وما أجمل ماقاله سيد قطب في توضيحه لحقيقة العبادة واستنكاره لمن يحصرها في الشعائر التعبدية: (إن الواقع أنه لو كان حقيقة العبادة هي مجرد الشعائر التعبدية ما استحقت كل هذا الموكب الكريم من الرسل والرسالات، وما استحقت كل هذه

---

(1) انظر: المجتمع الإسلامي المعاصر، ص69.

الجهود المضنية التي بذلها الرسل صلوات الله وسلامه عليهم - وما استحقت كل هذه العذابات والآلام التي تعرض لها الدعاة والمؤمنون على مدار الزمان! إنما استحق كل هذا الثمن الباهظ هو إخراج البشر جملة من الدينونة للعباد، وردهم إلى الدينونة لله وحده في كل أمر وفي كل شأن، وفي منهج حياتهم كله للدنيا وللآخرة سواء)[1]. وهذا هو معنى العبادة الشامل الذي وعاه العثمانيون الأوائل، فطبقوه في حياتهم، وعملوا به في واقع الأرض، فدانت لهم الممالك، وخضعت أمامهم الطواغيت، ومكن الله لهم في الأرض، ورفعوا راية الإسلام خفاقة فوق بقاع شاسعة من المعمورة ويوم تبدل ذلك المفهوم وانحصر في دائرة الشعائر، فترت الهمم وضعفت العزائم عن القيام بأمور الإسلام كاملة فوقع الضعف ثم السقوط.

إن ماحل بالدولة العثمانية من هزائم عسكرية، وأزمات اقتصادية، وانحرافات خلقية، ومصائب اجتماعية، وتلوثات فكرية، وجفاف روحي، وتأخر حضاري، كان من أسبابه إفراغ الإسلام من محتواه الأصيل، وضياع مفهوم العبادة الشامل.

" فيوم كانت : ﴿وأعدوا لهم ما استطعتم من قوة﴾ عبادة لم يجرؤ أحد على احتلال أراضي المسلمين واستلاب خيراتهم ويوم كان " طلب العلم فريضة " لم يكن هناك تخلف علمي، بل كانت الأمة المسلمة هي أمة العلم، التي تعلمت أوروبا في مدارسها وجامعاتها!

ويوم كانت ﴿فامشوا في مناكبها وكلوا من رزقه﴾ عبادة، كانت المجتمعات الإسلامية أغنى مجتمعات الأرض!

ويوم كانت " كلكم راع وكلكم مسئول عن رعيته " عبادة، وكان ولي الأمر يستشعر أنه راع ومسؤول عن رعيته، لم يكن للفقراء في المجتمع الإسلامي قضية، لأن العلاج الرباني لمشكلة الفقر كان يطبق في المجتمع الإسلامي عبادة لله! ويوم كانت

---

(1) انظر: ظلال القرآن (1938/4).

﴿وعاشروهن بالمعروف﴾ عبادة، لم تكن للمرأة المسلمة قضية، لأن كل الحقوق والضمانات التي أمر الله لها بها كانت تؤدى إليها طاعة لله، وعبادة لله! ..)[1].

لقد كان الانحراف عن مفهوم العبادة الشامل من أسباب إفساح المجال في العصور المتأخرة للدولة العثمانية لشيوع المذهب العلماني، وهيمنة الشعارات العلمانية على كثير من الأقاليم التابعة للدولة العثمانية.

ثالثا: انتشار مظاهر الشرك والبدع والخرافات:

إن الدولة العثمانية في القرنين الأخيرين كانت غارقة في كثير من مظاهر الشرك والبدع والخرافات، وحدث انحراف في توحيد الألوهية انحرافا رهيبا، وغشيها موج من الظلام والجهل حجب عنها حقيقة الدين وطمس فيها نور التوحيد وعدل بها عن صراطه المستقيم[2].

يوم كانت الدولة العثمانية محققة للتوحيد، وتمارس مفهوم العبادة الشامل، وتحارب الشرك كانت في ذروة التمكين والعز والنصرة من الله تعالى، فهذا السلطان مراد الأول وهو في سكرات الموت بعدما طعنه جندي صربي يودع الدنيا بمعاني عميقة في التوحيد، وكلمات جامعة على التوحيد المنافي للشرك فيقول " لايسعني حين رحيلي إلا أن أشكر الله إنه علام الغيوب المتقبل دعاء الفقير، أشهد أن لا إله إلا الله، وليس يستحق الشكر والثناء إلا هو، لقد أوشكت حياتي على النهاية ورأيت نصر جند الإسلام، أطيعوا ابني يزيد، ولا تعذبوا الأسرى ولا تؤذوهم ولا تسلبوهم وأودعكم منذ هذه اللحظة وأودع جيشنا الظافر العظيم إلى رحمة الله فهو الذي يحفظ دولتنا من كل سوء "[3].

---

(1) انظر: مفاهيم يجب أن تصحح لمحمد قطب ، ص249.
(2) انظر: الانحرافات العقدية والعلمية (271/1).
(3) انظر: الفتوح الإسلامية عبر العصور، ص391.

أما السلطان مراد الثاني فقد ترك وصيته : (فليأت يوم يرى الناس فيه ترابي)[1]. لقد كان قلقا يخشى أن يدفن في قبر ضخم، وكان يريد ألا يبنى شيء على مكان دفنه.

لقد كان السلاطين الأوائل تتفجر معاني التوحيد في كلماتهم وتنعكس على أعمالهم وانتشرت تلك المفاهيم في الشعب العثماني قاطبة، أما في العصور المتأخرة فقد تغير الحال، ومع تضافر الأدلة وتواترها ووضوحها في النهي عن كل السبل المفضية إلى الشرك وتحذير النبي صلى الله عليه وسلم وتشديده في ذلك قبل وفاته، كقوله صلى الله عليه وسلم في الصحيحين: (لعن الله اليهود والنصارى اتخذوا قبور أنبيائهم مساجد يحذر ما فعلوا).

قالت عائشة رضي الله عنها: ولولا ذلك لأبرز قبره، ولكن كره أن يتخذ مسجدا[2]، وقوله صلى الله عليه وسلم : " لعن الله زائرات القبور، والمتخذين عليها المساجد والسرج "[3].

وقال صلى الله عليه وسلم قبل أن يموت بخمس : " إن من كان قبلكم كانوا يتخذون القبور مساجد، ألا فلا تتخذوا القبور مساجد، فإني أنهاكم عن ذلك "[4].

وقوله صلى الله عليه وسلم : " اللهم لاتجعل قبري وثنا يعبد، اشتد غضب الله على قوم اتخذوا قبور أنبيائهم مساجد "[5]، وقوله صلى الله عليه وسلم : " لاتجلسوا على القبور، ولاتصلوا إليها "[6].

وحين ذكرت له بعض نسائه كنيسة رأينها في أرض الحبشة فيها تصاوير، قال صلى الله عليه وسلم : " إن أولئك إذا مات فيهم الرجل الصالح بنوا على قبره مسجدا، ثم صوروا فيه تلك

(1) انظر: العثمانيون في التاريخ والحضارة، ص346.
(2) البخاري، كتاب الجنائز ، باب ما يكره من اتخاذ المساجد على القبور رقم 1330.
(3) الترمذي، كتاب الجنائز، باب ما جاء أن يتخذ على القبر مسجدا، رقم 320.
(4) مسلم، كتاب المساجد ومواضع الصلاة، باب النهي عن بناء المساجد، رقم 532.
(5) رواه مالك في الموطأ (172/1).
(6) مسلم، كتاب الجنائز، باب النهي عن الجلوس على القبور، رقم 972.

الصور، أولئك شرار الخلق عند اللـه "[1].

ونهيه صلى اللـه عليه وسلم أن يجصص القبر وأن يقعد عليه وأن يبنى عليه، وجاء في رواية أخرى النهي عن الكتابة على القبور[2] وفي أواخر الدولة العثمانية كثر على غير العادة تشيد القباب وتبنى الأضرحة وإقامة المشاهد، وتحديث المزارات حتى لكأن هذه النصوص جاءت تأمر بالبناء على القبور، وتذكر فضله وتحث عليه.

وزاد الأمر سوءا أن بعض الفقهاء أفتوا بجواز بناء القباب على القبور إذا كان الميت فاضلا، واحتجوا بقولهم: إن بعض السلف استحسن ذلك، وزاد الطين بلة أنهم أودعوا تلك الآراء الفاسدة في مصنفاتهم التي يعكف على دراستها الطلاب[3].

وأول من أحدث هذه المشاهد الشركية، والمزارات الوثنية في الأمة هم الشيعة.

يقول شيخ الإسلام ابن تيمية بعد أن تحدث عن دور اليهود في نشأة التشيع: " فظهرت بدعة التشيع التي هي مفتاح باب الشرك، ثم لما تمكنت الزنادقة أمروا ببناء المشاهد وتعطيل المساجد، محتجين بأنه لاتصلى الجمعة والجماعة إلا خلف إمام معصوم، ورووا في إنارة المشاهد وتعظيمها والدعاء عندها من الأكاذيب مالم أجد مثله فيما وقفت عليه من أكاذيب من أهل الكتاب حتى صنف كبيرهم ابن النعمان[4] كتابا في (مناسك حج المشاهد) وكذبوا فيه على النبي صلى اللـه عليه وسلم وأهل بيته أكاذيب بدلوا بها دينه، وغيروا ملته، وابتدعوا الشرك المنافي للتوحيد"[5].

وانتقل هذا الوباء العظيم وبدأ في نخر الدولة العثمانية، وتعاظم شره، ووقع ماحذر منه النبي صلى اللـه عليه وسلم من الشرك العظيم.

(1) البخاري: كتاب الصلاة، باب هل تنبش قبور مشركي الجاهلية رقم 427.
(2) الترمذي، كتاب الجنائز، باب ماجاء في كراهية تجصيص القبور، صححه الألباني رقم 757.
(3) الانحرافات العقدية والعلمية (273،272/1).
(4) من كبار الشيعة الإسماعيلية في مصر.
(5) انظر: مجموع الفتاوى (162/27).

وقد تجلت مظاهر الشرك ووسائله في تلك الفترة في الصور التالية:

- بناء المساجد والقباب والمشاهد على الأضرحة والقبور في أقاليم الدولة، بل انتشر ذلك في العالم الإسلامي كله وللأسف الشديد نجد الدولة العثمانية في العصور المتأخرة تشجع على تلك المشاهد والأضرحة المنتشرة في العالم الإسلامي فمثلا أعفت الدولة أهالي البصرة من الرسوم والتكاليف، احتراما لصاحب الحضرة الشريفة، يعني الزبير بن العوام رضي الله عنه، وأن العثمانيين بنوا على ضريحه مسجدا، وقامت والدة السلطان عبد العزيز بترميم القبب، وتكبير المسجد، وفي سنة 1293هـ ورد أمر من السلطان عبد الحميد الثاني بتعمير هذه المراقد الشريفة على نظارة والي البصرة (ناصر باشا السعدون).

ثم في سنة 1305هـ أمر السلطان عبد الحميد أيضا بتبييض القبب وتعمير المسجد، وأمر أيضا بكسوتين للضريحين (الزبير وعتبة بن غزوان) من الحرير الأحمر المفتخر المطرز بالفضة وأمر أيضا بوضع مباخر وقماقم من الفضة عند الضريحين الكريمين(1) وكانت جميع الأقاليم الإسلامية، في الحجاز واليمن وإفريقيا ومصر والمغرب العربي والعراق والشام وتركيا وإيران، وبلاد ما وراء النهر والهند وغيرها تتسابق في بناء الأضرحة والقباب وتتنافس في تعظيمها والاحتفاء بها، إذ البناء على القبور هو ما درج عليه أهل ذلك العصر، وهو الشرف الذي يتوق إليه الكثيرون.

لقد أولع العثمانيون في عصورهم المتأخرة بالبناء على كل ما يعظمه الناس في ذلك العصر سواء أكان ما يعظمونه قبورا أو آثار لأنبياء أو غير ذلك.

وأصبحت تلك المشاهد والأضرحة محلا للاستغاثة والاستعانة بأصحابها وانتشرت عقائد شركية كالذبح لغير وجه الله والنذر للأضرحة، والاستشفاء وطلب البراء من الأضرحة والاعتصام بها، وأصبحت الأضرحة والقبور تهيمن على حياة

---

(1) انظر: الانحرافات العقدية والعلمية (294/1).

الناس وهكذا طغت هذه الأضرحة على حياة الناس، وأصبحت مهيمنة على شئونهم، وشغلت تفكيرهم، وتبوأت في نفوسهم وقلوبهم أعلى مكانة، وكانت رحى تلك الهيمنة تدور على الغلو والشرك بالأموات، والتعلق بهم من دون الله عز وجل فلا يبرمون من أمورهم صغيرة ولا كبيرة إلا بعد الرجوع إلى تلك الأضرحة، ودعاء أصحابها واستشارتهم، وهم لا يملكون لأنفسهم ضرا ولا نفعا، فكيف لغيرهم، وقد كان العلماء وللأسف الشديد يتقدمون العامة ويسنون لهم السنن السيئة في تعظيم الأضرحة والمقامات والولوع بها ويزرعون الهيبة في نفوسهم بما كانوا يقومون به.

وقد تمادى الناس في الشرك والضلال وأمعنوا في الوثنية ومحاربة التوحيد فلم يكتفوا بالمقبورين والأحياء، بل أشركوا بالأشجار والأحجار، ووصل الأمر إلى اعتقاد العامة في بغداد في مدفع قديم في ساحة الميدان من بقايا أسلحة السلطان مراد العثماني التي استخدمها في حربه مع الفرس، لإخراجهم من بغداد حيث كانوا يقدمون إليه النذور، ويطلبون منه إطلاق ألسنة أطفالهم وهو يعرف عندهم " طوب أبي خزامة "، مما حدا بالعلامة محمود شكري الآلوسي إلى التصدي لهذه الخرافة الشنيعة بكتابة رسالة يزجر بها هؤلاء الجاهلين أسماها بـ (القول الأنفع في الردع عن زيارة المدفع)[1].

واعتاد الناس في أواخر الدولة العثمانية أن يحلفوا بغير الله عز وجل من المخلوقين، وكان يسهل عليهم الحلف بالله كاذبا، عامدا متعمدا، ولكنه لا يجرؤ أبدا أن يحلف بما عظمه من المخلوقين إلا صادقا.

- انتشار البدع والخرافات:

كان السلاطين الأوائل في الدولة العثمانية ينفرون من البدع وأهلها ويحاربونها فهذا السلطان محمد الفاتح في وصيته يقول لمن بعده: " جانب البدع وأهلها وباعد الذين

---

(1) انظر: الانحرافات العقدية والعلمية (367/1).

يحرضونك عليها " أما في العصور المتأخرة من الدولة العثمانية فإن البدع انتشرت انتشارا ذريعا، وأصبحت حياة رعايا الدولة ممزوجة بها، فقلما تخلو منها عبادة، أو عمل أو شأن من شؤون الحياة سواء في الجنائز والمآتم والأعراس والضيافات والولائم، وبدع الموالد عند المتصوفة المنحرفين وهكذا أصبحت البدع ترى في كل مكان تكاد تحتل منزلة الصدارة من حياة الناس يعمل بها الجاهلون ويؤيدها العالمون، وأصبحت السنة بدعة والبدعة سنة[1] وتغير مفهوم الدين والعلم من منهج كامل وشامل لجميع مجالات الحياة إلى طقوس غريبة ورسوم بالية يتشبثون بها، ويحسبون أنهم مهتدون وتحول صحيح البخاري بما حواه من منهج للنبي صلى الله عليه وسلم إلى تقليد بال رتيب، يتلى في الأزمات، ويقرأ في الحروب، طلبا للنصر ودحر الأعداء[2].

لقد أضحت السنة في تلك الفترة غريبة جدا، بعد أن غمرها طوفان البدع العظيم، وصار الناس متشبثين بالبدع على أنها من صميم الدين، ويأبون التفريط فيها مطلقا، في الوقت الذي كانوا يفرطون فيه في كثير من أحكام الإسلام، ويكافحون من أجلها، ويتعاهدون عليها، ويرون أنهم خدموا الدين، ونفعوا المسلمين[3].

- انتشار الخرافات:

في أواخر الدولة العثمانية فشت الخرافات والأساطير في جموع المسلمين بشكل منقطع النظير، وأضحت كحقائق مسلمة لاتقبل النقاش مطلقا، وليس ذلك فحسب، وإنما غدت عند كثير منهم أمورا مقدسة لايجوز التهاون بها، فضلا عن التشكيك في صحتها.

ومن الخرافات في الأستانة أنه جامع خوجة مصطفى باشا محاط بزنجير مربوط

(1) انظر: مشكلات الجيل في ضوء الإسلام، ص373.
(2) انظر: الانحرافات العقدية والعلمية (380/1).
(3) المصدر السابق نفسه (428/1).

طوفه بشجرة سرو قديمة، ولهذا الزنجير خرافة يتناقلها الجهلاء مؤداها أن كل من أنكر شيئا حقيقيا، وجلس تحت هذا الزنجير، فهو يسقط على رأسه، وإذا كان صادقا في إنكاره، فالزنجير لايتحرك[1] لقد كانت الأمة في تلك الفترة غارقة في عبادة الأضرحة، والتعلق بها من دون الله عز وجل، ووقعت فريسة لكثير من مظاهر الشرك والغلو والبدع والخرافات، التي ملأت حياتها، وشغلت أوقاتها، وقتلت طاقاتها، وصرفت جهودها عن طريقها الصحيح، فعجزت عن النهوض من كبوتها، ولم تستطع أن تعالج أسباب انحطاطها؟ وانهزمت أمام جيوش الأعداء ووهنت عن مقاومة مخططاتهم ومؤامراتهم وكانت النتيجة ضياع الدولة العثمانية.

رابعا: الصوفية المنحرفة:

إن أعظم انحراف وقع في تاريخ الأمة الإسلامية ظهور الصوفية المنحرفة كقوة منظمة في المجتمع الإسلامي تحمل عقائد وأفكار وعبادات بعيدة عن كتاب الله وسنة رسوله صلى الله عليه وسلم وقد قوى عود الصوفية المنحرفة واشتدت شوكتها في أواخر العصر ـ العثماني بسبب عوامل متعددة منها:

1- الأحوال السيئة التي كانت تعيشها الأمة الإسلامية، والواقع المرير الذي كان يعيشه المسلمون في تلك الفترة، من انتشار التخلف والظلم والطغيان والفقر والمرض والجهل، كل ذلك جعل الناس يرتمون في أحضان الصوفية المنحرفة، التي لاتقوم بأكثر من الترتيب عليهم، والتحذير لهم، وجعلهم يعيشون في غير واقعهم الذي فروا منه.

2- كان اضطراب الأمن وانعدامه سمة من سمات العصور المتأخرة، حيث كانت تزهق الأرواح لأسباب تافهة بل دون سبب في بعض الأحيان، وفي هذه الأجواء الحالكة، والظروف العصيبة، كان أرباب التصوف يحيون حياة هادئة يرفرف عليها

---

(1) انظر: الانحرافات العقدية والعلمية (432/1).

الأمن والاطمئنان بعيدة عن المصائب والفتن التي فتكت بالناس.

" قد كان الفقراء أروح بالا وأكثر طمأنينة من الفلاحين في حقولهم والتجار في متاجرهم والصناع في مصانعهم، فقد كانوا في أمن من تطبيق القوانين ... وكانوا في أغلب فترات الظلم الفادح في نجاة من هذه الشرور كلها، لأن الجنود كانوا يخافون بأسهم، ويخشون سلطانهم الروحي، ويؤمنون باتصالهم بالله، فيتزلفون إليهم ويطلبون الرضا منهم، فأقبل بعض الناس على دخول الطريق مدفوعا بما سيصيبه في رحاب الزوايا من اطمئنان البال واستقرار الحال "(1).

3- الترف في معيشة أرباب الفرق: " كان الفقراء فوق النجاة من ضغط الحياة يومذاك لايجهدون أنفسهم في احتراف عمل يكسبون قوتهم من ورائه، بل كانوا يعيشون في الزوايا، طامعين كاسين، على نفقة المحسنين والأثرياء بدعوى التفرغ للذكر والانقطاع للتهجد والتجرد لعبادة الله. ومن أطرف مفارقة هذا العصر أن يكون هؤلاء الزهاد الذين يدعون التقشف والقناعة بالتافه من شؤون العيش، أرغد عيشا وأترف حياة من الفلاحين والتجار وأرباب الحرف ..."(2).

4- حب الأتراك العثمانيين للدروشة والتصوف: " كان الأتراك يحبون التصوف ويميلون إلى تقديس أهل الإيمان بصدق ولايتهم "(3).

" لقد كانت الصوفية قد أخذت تنتشر في المجتمع العباسي، ولكنها كانت ركنا منعزلا عن المجتمع، أما في ظل الدولة العثمانية، وفي تركيا بالذات، فقد صارت هي المجتمع وصارت هي الدين، وانتشرت - في القرنين الأخيرين بصفة خاصة - تلك القولة العجيبة: من لاشيخ له فشيخه الشيطان! وأصبحت- بالنسبة للعامة بصورة

(1) انظر: التصوف في مصر أبان العصر العثماني، د. الطويل، ص152،154.
(2) المصدر السابق نفسه، ص154.
(3) انظر: التصوف في مصر أبان العصر العثماني، ص154.

عامة - هي مدخلهم إلى الدين وهي مجال ممارستهم للدين"[1].

وقد كان كثير من سلاطين آل عثمان يقومون برعاية الصوفية، ويفيضون عليها من عطفهم وحدبهم، حتى جاء السلطان عبد الحميد إلى السلطنة في ظروف عصيبة، والمؤامرات تحاك للأمة، والكوارث والمحن تحيط بها من كل مكان، ودعاة القومية يبثون دعوتهم في سائر البلاد، فدعا إلى الجامعة الإسلامية والرابطة الدينية، وكانت الصوفية بجميع أصنافها وطرقها تشكل ثقلا في الدعوة إلى الجامعة الإسلامية.

لقد كان ذلك العصر، عصر الصوفية التي أطبقت على العالم الإسلامي من أدناه إلى أقصاه ولم تبقى مدينة ولا قرية إلا دخلتها إلا إذا استثنينا نجد وملحقاتها[2].

لقد سيطرت الصوفية المنحرفة على العالم الإسلامي في تلك الفترة، ووقع جمهور من المسلمين في أسرها، وعظم سلطان المتصوفة في ذينك القرنين، وبلغ مبلغا عظيما، لو لم يكن من قوته ونفوذه إلا هيمنته على الجماهير الغفيرة في طول البلاد وعرضها لكفى، فكيف إذا تبنته الدولة وناصره الحكام[3].

وكانت نظرة المتصوفة المنحرفة تحترم البطالة وتبيح التسول، وتصطنع الضيق، وتسعى إلى مواطن الذل، وتغتبط بالهوان وكانت نظرتهم إلى الأخذ بالأسباب منحرفة جدا " فما أخيب التاجر الذي يصرف وقته في تجارته، والزارع الذي ينفق جهده في زراعته، والصانع الذي يبذل نشاطه في صناعته، وما أفشل من سافر منهم طلبا لكسب أو رغبة في مال، فإن الرزق في طلب صاحبه دائر، والمرزوق في طلب رزقه حائر، وبسكون أحدهما يتحرك الآخر..".

وفسدت لدى كثير من المتصوفة عقيدة القضاء والقدر وأصبحت عندهم عقيدة

---

(1) انظر: واقعنا المعاصر، ص155.
(2) انظر: الانحرافات العقدية والعلمية (447/1).
(3) انظر: الانحرافات العقدية والعلمية (448/1).

سلبية مخذلة لقد كتب أحد المستشرقين الألمان وهو يؤرخ لحال المسلمين في عصورهم الأخيرة يقول: " طبيعة المسلم التسليم لإرادة الله والرضا بقضائه وقدره والخضوع بكل مايملك للواحد القهار. وكان لهذه الطاعة أثران مختلفان: ففي العصر الإسلامي الأول لعبت دورا كبيرا في الحروب إذ حققت نصرا متواصلا لأنها دفعت في الجندي روح الفداء وفي العصور الأخيرة كانت سببا في الجمود الذي خيم على العالم الإسلامي فقذف به إلى الانحدار وعزله وطواه عن تيارات الأحداث العالمية "(1).

إن هذا الرجل وهو كافر أدرك هذه الحقيقة: حقيقة الفرق بين الإيمان بالقدر كما فهمه السلف وبين الإيمان الذي ابتدعه الخلف متأثرين بالمتصوفة، فالذنب ليس ذنب العقيدة بل ذنب المعتقدين بها، وقد صاغ ذلك شاعر الإسلام محمد إقبال شعرا فقال:

من القرآن قد تركوا المساعي ... وبالقرآن قد ملكوا الثريا
إلى التقدير ردوا كل سعي ... وكان زمامهم قدرا خفيا
تبدلت الضمائر في أسار ... فما كرهوه صار لهم رضيا(2)

وقد استغل نابليون بونابرت تلك الفكرة المنحرفة عن القضاء والقدر لما احتلت جيوشه الصليبية أرض مصر، فكان يصدر منشوراته بتذكير المسلمين بأن ماوقع لهم من الاحتلال والأسر كان بقدر من الله، فمن حاول الاعتراض على ماوقع فكأنما يعترض على القضاء والقدر(3).

لقد كانت مفاهيم التصوف المنحرف تنخر في كيان الدولة العثمانية، وكان العالم الصليبي ينطلق في مجالات العلم وميادين المعرفة آخذا بأسباب القوة والتقدم والرقي ويدير المؤامرات والدسائس لتفتيت الدولة العثمانية ومن ثم الهيمنة على العالم الإسلامي.

---

(1) انظر: الإسلام قوة الغد العالمية، باول شمتز، ص78.

(2) انظر: العلمانية ، سفر الحوالي، ص519.

(3) انظر: الانحرافات العقدية والعلمية (467/1).

وكان المتصوفة المنحرفون مقبلين على استماع الملاهي والمعازف ويتعلمون الموسيقى وكانت مجالسهم مليئة بالطبول والنايات والأعلام والرايات وكانت كثير من الطرق المنحرفة لاتخلو حلقات الذكر من الدف حتى قال أبو الهدى الصيادي وهو من خواص السلطان عبد الحميد الثاني، ومن أنصار الجامعة الإسلامية:

اضرب الدف وجانب جاهلا	حكمة الشرع لمعنى ما درى
كل ما حرك قلبا ساكنا	ودعا العقل منه معتبرا
وأجال الروح في برزخها	تذكر الله وتبغي مظهرا
فهو بر والذي يفعله	فعل البر و الله يرى
إن في الدف وفي رنته	نغمة يعرفها من ذكرا
صوته ذكر وفي بحته	أنه تذكر أوقات السرى
نضرب الدف ومنه عندنا	ذاكرا نسمعه لن يفترا[1]

وقد كان للسماع عند جمهور المتصوفة منزلة عظيمة: يقول أبو الهدى الصيادي: " من لم يحركه السماع فهو ناقص مائل عن لطف الاعتدال بعيد عن نور الروحانية، زائد في غلظة الطبع وكثافته، بل هو أبلد من الجمال والطيور وسائر البهايم، فإن جميعها تتأثر بالنغمات الموزونة ... وبالجملة فالسماع يثمر حالة في القلب وتسمى وجدا، ويثمر الوجد تحريك الأطراف، إما بحركة غير موزونة فتسمى الاضطراب، وإما بحركة موزونة فتسمى التصفيق والرقص"[2].

ويا ليت أولئك المتصوفة اقتصروا على الولوع بالطرب والسماع والغناء، ولكنهم جعلوه إلى الله قربة، وعدوه طاعة تلين بها القلوب، وتشف بها الأرواح.

(1) انظر: رياضة الأسماع في أحكام الذكر والسماع للصيادي ، ص45.
(2) انظر: رياضة الأسماع في أحكام الذكر والسماع، ص78.

وما أحسن ماقاله العلامة الحافظ ابن القيم الجوزية عن هؤلاء المتصوفة حيث يقول: " فلو رأيتهم عند ذياك السماع، وقد خشعت منهم الأصوات، وهدأت منهم الحركات، وعكفت قلوبهم بكليتها عليه، وانصبت انصبابه واحدة إليه، فتمايلوا له ولا كتمايل النشوان، وتكسروا في حركاتهم ورقصهم، أرأيت تكسر المخانيث والنسوان؟.

ويحق لهم ذلك، وقد خالط خمرة النفوس، ففعل فيها أعظم ما تفعله حميا الكؤوس، فلغير الله، بل للشيطان، قلوب هناك تمزق، وأثواب في غير طاعة تنفق، حتى إذا عمل السكر فيهم عمله، وبلغ الشيطان منهم أمنيته وأمله، واستفزهم بصوته وحيله، وأجلب عليهم برجله وخيله، وخز في صدورهم وخزا، وأزهم إلى ضرب الأرض بالأقدام أزا فطورا تجعلهم كالحمير حول المدار، وتارة كالذباب ترقص وسط الديار، فيا رحمة للسقوف والأرض من دك تلك الأقدام، ويا سوأتا من أشباه الحمير والأنعام، ويا شماتة أعداء الإسلام، بالذين يزعمون أنهم خواص الإسلام، قضوا حياتهم لذة وطربا، واتخذوا دينهم لهوا ولعبا، مزامير الشيطان أحب إليهم من سماع سور القرآن، لو سمع أحدهم القرآن من أوله إلى آخره لما حرك له ساكنا، ولا أزعج له قاطنا، ولا أثار فيه وجدا ولا قدح فيه من لواعج الأشواق إلى الله زندا، حتى إذا تلي عليه قرآن الشيطان وولج مزموره سمعه، تفجرت ينابيع الوجد من قلبه على عينيه فجرت، وعلى أقدامه فرقصت، وعلى يديه فصفقت، وعلى سائر أعضائه فاهتزت وطربت، وعلى أنفاسه فتصاعدت، وعلى زفراته فتزايدت، وعلى نيران أشواقه فاشتعلت .. ولقد أحسن القائل:

تلي الكتاب فأطرقوا لا خيفة	لكنه إطراق ساه لاهي
وأتى الغناء فكالحمير تناهقوا	و الله ما رقصوا لأجل الله
دف ومزمار ونغمة شادن	فمتى رأيت عبادة بملاهي
ثقل الكتاب عليهم لما رأوا	تقييده بأوامر ونواهي
سمعوا له رعدا وبرقا إذ حوى	زجرا وتخويفا بفعل مناهي

ورأوه أعظم قاطع للنفس عن شهواتها يا ذبحها المتناهي
وأتى السماع موافقا أغراضها فلأجل ذاك غدا عظيم الجاه[1]

وهكذا أصبحت حياة المتصوفة المنحرفين في اللهو والسخافة وأضاعوا أوقاتهم وأعمارهم في مجالس الذكر والسماع والملاهي، وأصبحت حياتهم من أولها إلى آخرها تدور حول الذكر في صورته المنحرفة، وضاعت عبادة السعي في مناكب الأرض وطلب الرزق، والجهاد، وطلب العلم ونشره، والأمر بالمعروف والنهي عن المنكر، فكلها أمور تشغل عن الذكر وتصد عنه، ومن ثم ينبغي على المسلم أن لايشتغل بها وأن يعيش حياته على الذكر بالسماع والغناء والرقص.

ودخل في عالم التصوف المنحرف تقديس الأشخاص الأموات منهم والأحياء ونسبوا إليهم خوارق العادات والكرامات، وعاشوا في الأوهام، وعالم الخيال وأصيب الناس بالوهن والعجز والانحطاط، واتسعت هوة التخلف والسقوط، وكانت أوربا الصليبية تواصل صعودها في سلم الحضارة المادية وتعد جيوشها للزحف على العالم الإسلامي الغارق أهله في دنيا الخرافات والأوهام، والاتكال على الخوارق والكرامات.

وفي الوقت الذي كانت فيه الأمة تعاني أشد المعاناة من الضعف والانحطاط، وتدور عليها المؤامرات من الأعداء وتحاك لها الدسائس ، كان كثير من علمائها طوع مشيئة شيوخهم من المتصوفة المنحرفين الذين أشاعوا روح الذل والخنوع في الأمة والذلة والهوان وغير ذلك من الأمراض المنحرفة، وتركت كثير من الطرق الصوفية المنحرفة الجهاد لمقارعة الأعداء، وأصبح الأولياء في عرف الناس هم المجاذيب والمجانين والمعتوهين، ولاشك أن هناك بينهم نسبة كبيرة من الدجالين والمحترفين،

(1) انظر: الانحرافات العقدية والعلمية (506/1).

استغلوا ما للمجاذيب من مكانة مقدسة في نفوس الناس ، فاندسوا في صفوفهم ، ليصبحوا ضمن رابطة الأولياء، من الذين لالوم عليهم ولا عتاب، مهما ارتكبوا من الموبقات، وجاهروا بالفواحش والآثام، وكان الكثير منهم يتعامل مع الجن فكان طبيعيا تنفذ سهام الأعداء، وتنجح مخططاتهم، وتحتل جيوشهم أرضنا، وتستباح بيضتنا ، ولقد حفلت الصوفية ببحر زاخر من العقائد المنحرفة والضالة ولعل آخر العقائد من آمن بها كثير من المتصوفة المنحرفين كعقيدة وحدة الوجود والحلول، لقد احتضن المتصوفة المنحرفين هذه العقائد، وعملوا على نشرها ، وألفوا مؤلفات من أجلها واعتبروها الحقيقة التي كشفت لهم سرها وستر عن الآخرين.

وكان تدريس كتابي (فصوص الحكم) و(الفتوحات المكية) لـ(ابن عربي) وغيرها من كتب المتصوفة التي تطفح بعقيدتي وحدة الوجود والحلول هو شعار كبار العلماء من المتصوفة وغيرهم، وهو المنزلة العلمية التي لايتبوؤها إلا الخاصة منهم، والمستوى العلمي الذي لايرقى إليه إلا فحول العلماء[1].

لقد لقيت هذه العقائد المنحرفة رواجا واسعا بين المتصوفة المنحرفين في تلك الفترة الحرجة التي كانت تمر بها الأمة الإسلامية، فكان كثير منهم يؤمن بعقيدة وحدة الوجود، التي لايمكن للحياة في ظلها أن تفسد، ويحيق الدمار بالعالم ، وتبطل الأديان بالكلية، فلا يبقى معها دين ولا جهاد، ولا عداء بين مسلم وكافر ، فالكل واحد، والوجود واحد، وإن تعددت المظاهر ، نسأل الله السلامة في الدين.

واستخفاف كثير منهم بالشرائع، وإلغاؤهم التكاليف أو إسقاطهم لها، واستهانتهم بأوامر الدين ونواهيه، تحت مسمى الولاية والحزب والجذب والشهود ولقد كان واقع الصوفية حجة قوية استندت إليها حركات التغريب التي نخرت الدولة العثمانية.

(1) انظر: الانحرافات العقدية والعلمية (556/1).

خامسا: نشاط الفرق المنحرفة:

كالشيعة الأثنى عشرية، والدروز والنصيرية ، والإسماعيلية والقاديانية والبهائية وغيرها من الفرق الضالة المحسوبة على الإسلام.

لقد كانت تلك الفرق قد استفحل أمرها، خصوصا مع مجيء الاستعمار الصليبي الذي طوق الأمة الإسلامية، فكانوا على عادتهم دائما مع أعداء المسلمين عونا لهم وجندا مخلصين تحت قياداتهم.

ففي الماضي كانوا أكبر عون للتتار والصليبيين ضد المسلمين، وهاهم يسيرون على نفس المنهج الممزوج بالخيانة والتآمر لحساب أعداء الأمة وقد مر بنا في هذا الكتاب دور الصفوية الأثنى عشرية الشيعة في محاربة الدولة العثمانية على مر عصورها، وحين احتل الفرنسيون سوريا وانطلقت الحركات الجهادية ضدهم كان الإسماعيلية في سليمة وغيرها يقاتلون جنبا إلى جنب مع الفرنسيين كما فعلوا مع المجاهد (إبراهيم هنانو) ومن معه من المجاهدين[1].

أما طائفتا النصيرية والدروز فقد كانتا على مر التاريخ والعصور مصدرا لإثارة القلاقل وزعزعة الأمن والثورات المستمرة ضد الحكم الإسلامي، وعونا للأعداء من الصليبيين المستعمرين وغيرهم.

وفي القرن الثالث عشر الهجري تفاقم أمر النصيرية وتعاظم خطرهم في بلاد الشام مما حدا بـ(يوسف باشا) والي الشام أن يقود جيشا بنفسه ويقاتلهم حيث (انتصر عليهم وسبي نساؤهم وأولادهم ، وكان قد خيرهم بين الدخول في الإسلام أو الخروج من بلادهم فامتنعوا وحاربوا وانخذلوا وبيعت نساؤهم وأولادهم، فلما شاهدوا ذلك أظهروا الإسلام تقية، فعفا عنهم وعمل بظاهر الحديث وتركهم في البلاد)[2].

---

(1) انظر: الأعلام (42/1).

(2) انظر: حلية البشر (1600/3).

وقد قاموا بثورة كبيرة عام 1834م وهاجموا مدينة اللاذقية ونهبوها وفتكوا بأهلها. وقد حاول السلطان عبد الحميد الثاني أن يعيدهم إلى حظيرة الإسلام وأرسل رجلا من خاصته اسمه (ضيا باشا) جعله متصرفا على لواء اللاذقية في بداية القرن الرابع عشر ـ الهجري ـ فأنشأ لهم المساجد والمدارس، فأخذوا يتعلمون ويصلون ويصومون، وأقنع الدولة بأنهم مسلمون فلم يعصوا له أمرا، وبعد أن ترك هذا المتصرف منصبه خربت المدارس وحرقت الجوامع أو دنست [1].

وهذا من تفريط المسلمين تجاههم وكم خدعت تلك العقيدة الخطيرة (التقية) المسلمين حكاما ومحكومين علماء ومتعلمين ، فأين علماء السنة الذين لاتنطلي عليهم دسائس الباطنين؟ إن تاريخ النصيريين ، تاريخ أسود ملطخ بالدماء ضد أهل السنة، وكانوا دائما خنجرا مسموما في جنب الأمة الإسلامية، يتآمرون ضدها في الخفاء، ويظهرون لها العداء كلما وجدوا لذلك سبيلا، والتاريخ يشهد بأنهم كانوا دائما في تحالف مع أعداء الإسلام. وكان أمير الدروز بشير الشهابي المتوفى سنة 1266هـ يقف بجنوده بجانب جيش محمد علي عند احتلاله للشام، مما سهل على جيش محمد علي هزيمة الجيش العثماني في حمص، وعبر جبال طوروس، وأوغلت جيوشه في قلب بلاد الترك، وكان هناك مراسلات بين نابليون والدروز عند حصار الفرنسيين (عكا) [2].

أما البهائية فقد نشأت عام 1260هـ/1844م تحت رعاية الاستعمار الروسي واليهودية العالمية والاستعمار الانكليز بهدف إفساد العقيدة الإسلامية، وتفكيك وحدة المسلمين وصرفهم عن قضاياهم الأساسية، وقد ادعى البهاء المهدية، ثم ادعى النبوة ، ثم ادعى الربوبية والألوهية [3].

(1) انظر: خطط الشام (260/1).

(2) انظر: الانحرافات العقدية والعلمية (577/1).

(3) المصدر السابق نفسه (589/1).

إن من المؤلم حقا تهاون الدولة العثمانية في القضاء على تلك النحلة الخبيثة وتطبيق فيهم حكم الله وشرعه في أمثالهم.

وأما القاديانية فهي نحلة تنسب إلى (غلام أحمد القادياني)، نسبت إلى قرية قاديان من إقليم البنجاب في الهند (المتوفى سنة 1326هـ) وهي: (حركة نشأت بتخطيط من الاستعمار الانكليزي في القارة الهندية بهدف إبعاد المسلمين عن دينهم وعن فريضة الجهاد بشكل خاص، حتى لايواجهوا المستعمر باسم الإسلام)[1].

وقد ادعى القادياني النبوة ثم الألوهية، وقد كان من أبرز ملامح دعوة (غلام احمد القادياني) (ميله الشديد للإنكليز وخدمته لأغراضهم في بلاد الهند، وإبطال عقيدة الجهاد لهم، وثناؤه عليهم، وحث اتباعه على نصرتهم في كل مكان...)[2].

ويقول القادياني :(ولا يجوز عندي أن يسلك رعايا الهند من المسلمين البغاة وأن يرفعوا على هذه الدولة المحسنة سيوفهم أو يعينوا أحدا في هذا الأمر ويعان على شيء أحد من المخالفين بالقول أو الفعل أو الإشارة أو المال أو التدابير المفسدة، بل هذه الأمور حرام قطعي ومن أرادها فقد عصى الله ورسوله وضل ضلالا مبينا)[3].

لقد كانت تلك الفرق مصدرا لإثارة القلاقل والفتن وإحداث الفوضى في داخل الدولة العثمانية وكذلك في تجمعات المسلمين كالهند وغيرها وكانت تلك الفرق لا تكل ولا تمل في تآمرها المستمر مع أعداء الإسلام وفي خيانة المسلمين في أحرج الأوقات، وأحلك الظروف، لقد اكتوت الأمة بشرور تلك الفرق عندما ضعفت عقيدة أهل السنة في كيان الدولة القائمة عليها وفي نفوس رعاياها من أهل السنة.

---

(1) انظر: الموسوعة الميسرة للأديان ، ص389.
(2) انظر: عقيدة ختم النبوة، د. عثمان عبد المنعم، ص209.
(3) انظر: عقيدة ختم النبوة بالنبوة المحمدية، د. أحمد حمدن ، ص255.

سادسا: غياب القيادة الربانية:

إن القيادة الربانية من أسباب نهوض الأمة والتمكين لها، لأن قادة الأمة هم عصب حياتها، وبمنزلة الرأس من جسدها، فإذا صلح القادة صلحت الأمة، وإذا فسد القادة صار هذا الفساد إلى الأمة، ولقد فطن أعداء الإسلام لأهمية القيادة الربانية في حياة الأمة ولذلك حرصوا كل الحرص على ألا يمكنوا القيادات الربانية من امتلاك نواصي الأمور وأزمة الحكم في الأمة الإسلامية ففي خطة لويس التاسع أوصى بـ(عدم تمكين البلاد الإسلامية والعربية من أن يقوم بها حاكم صالح) كما أوصى بـ(العمل على إفساد أنظمة الحكم في البلاد الإسلامية بالرشوة، والفساد، والنساء، حتى تنفصل القاعدة عن القمة)[1].

وصرح القائد المستشرق البريطاني (مونتجو مري وات) في (جريدة التايمز اللندنية) قائلا: (إذا وجد القائد المناسب الذي يتكلم الكلام المناسب عن الإسلام، فإن من الممكن لهذا الدين أن يظهر كإحدى القوى السياسية العظمى في العالم مرة أخرى)[2].

وقال المستشرق الصهيوني (برنارد لويس) تحت عنوان (عودة الإسلام) في دراسة نشرها عام 1976م: (إن غياب القيادة العصرية المثقفة: القيادة التي تخدم الإسلام بما يقتضيه العصر من علم وتنظيم ، إن غياب هذه القيادة قد قيدت حركة الإسلام كقوة منتصرة ، ومنع غياب هذه القيادات الحركات الإسلامية من أن تكون منافسا خطيرا على السلطة في العالم الإسلامي، لكن هذه الحركات يمكن أن تتحول إلى قوى سياسية هائلة إذا تهيأ لها هذا النوع من القيادة)[3].

---

(1) انظر: قادة الغرب يقولن ، جلال العالم ، ص 63.

(2) المصدر السابق نفسه ،ص25.

(3) انظر : التمكين للأمة الإسلامية ، ص185.

إن الباحث في الدولة العثمانية يجد أن القيادة الربانية كانت موجودة في عصورها المتقدمة وخصوصا عند فتح القسطنطينية فنجد القادة الربانيين في المجال الجهادي والمجال المدني ونلاحظ الصفات المشتركة بينهم، كسلامة المعتقد، والعلم الشرعي، والثقة بالله ، والقدوة، والصدق والكفاءة، والشجاعة، والمروءة، والزهد، وحب التضحية، وحسن الاختيار للمعاونين، والتواضع وقبول التضحية، والحلم والصبر ، وعلو الهمة، والتميز بخفة الروح والدعابة، والحزم والإرادة القوية، والعدل والاحترام المتبادل ، والقدرة على حل المشكلات، والقدرة على التعليم وإعداد القادة، وغير ذلك من الصفات.

لقد قاد محمد الفاتح الأمة في زمنه قيادة ربانية، وقد جرى الإيمان في قلبه وعروقه، وانعكست ثماره على جوارحه، وتفجرت صفات التقوى في أعماله وسكناته وأحواله، وانتقل بدولته وشعبه نحو الأهداف المرسومة بخطوات ثابتة وكان العلماء الربانيون هم قلب القيادة في الدولة وعقلها المفكر، ولذلك سارت الأمة والدولة العثمانية على بصيرة وهدى وعلم[1] وأما في العصور المتأخرة يجد الباحث انحرافا خطيرا في القيادة العثمانية على المستوى العسكري والعلمي ، فمثلا وصل إلى الصدارة العظمى مدحت باشا الماسوني، ووالي ولاية مصر محمد علي باشا العلماء والفقهاء وإن المرء ليعجب من اختيار العلماء لرجل مثل (محمد علي باشا) ليتولى أمورهم ، وإصرارهم عليه في تولي الحكم، أما كان أحدهم أولى به من عسكري جاهل مغرور ويبدو إن العلماء فقدوا ثقتهم في علمهم وتهيبوا النزول إلى الميدان، وتحمل المسؤوليات العظام؛ لأنهم قد ألفوا الركون إلى حلقات العلم وتأليف الكتب، ولم يعودوا قادرين على القيام بغير ذلك من مهمات ومسؤوليات؟

ومن الأمور المحزنة التي كانت تقع بين العلماء حدوث المنافسات والضغائن بينهم واستعانة بعضهم بالحكام واستعداء السلطة عليهم، ومتى ما حدث ذلك فإنها تسنح

(1) انظر: فقه التمكين في القرآن الكريم لعلي الصلابي ، ص328.

الفرصة للطغاة لإنزال ضرباتهم الموجعة لتقويض صف العلماء كالخلاف الذي وقع بين الشيخ (عبد الله الشرقاوي) شيخ الأزهر، وبين بعض المشايخ الآخرين حيث ترتب على ذلك الخلاف صدور الأمر من محمد علي باشا إلى الشيخ الشرقاوي بلزوم داره وعدم الخروج منها ولا حتى إلى صلاة الجمعة، وسبب ذلك كما يقول الجبرتي: (أمور وضغائن ومنافسات بينه وبين إخوانه ... فأغروا به الباشا ففعل به ماذكر فامتثل الأمر ولم يجد ناصرا وأهمل أمره)[1].

ويصف الشيخ مصطفى صبري حال العلماء الذين ابتعدوا عن أمور الحكم ونصح الحكام، وما هي نظرة العلمانيين للعلماء فقال: (والذين جردوا الدين في ديارنا عن السياسة كانوا هم وإخوانهم لايرون الاشتغال بالسياسة لعلماء الدين، بحجة أنه لاينبغي لهم وينقص من كرامتهم، ومرادهم حكر السياسة وحصرها لأنفسهم، ومخادعة العلماء بتنزيلهم منزلة العجزة ، فيقلبون أيديهم، ويخيلون لهم بذلك أنهم محترمون عندهم، ثم يفعلون ما يشاؤون لدين الناس ودنياهم، محررين عن احتمال أن يجيء من العلماء أمر بمعروف أو نهي عن منكر، إلا ما بعد من فضول اللسان، أو مايكمن في القلب، وذلك أضعف الإيمان.

فالعلماء المعتزلون عن السياسة ، كأنهم تواطئوا مع كل الساسة، صالحيهم وظالميهم، على أن يكون الأمر بأيديهم ويكون لهم منهم رواتب الإنعام والاحترام، كالخليفة المتنازل عن السلطة وعن كل نفوذ سياسي ...)[2].

لقد أخلد العلماء في أواخر الدولة العثمانية إلى الأرض واتبعوا أهواءهم، وضعفوا عن القيام بواجباتهم، فكانوا بذلك قدوة سيئة للجماهير التي ترمقهم وترقبهم عن قرب ولقد غرق الكثير منهم في متاع الدنيا وأترفوا فيها، وكممت أفواههم بدون

---

(1) انظر: عجائب الآثار (134/3).

(2) انظر: الاتجاهات الوطنية في الأدب المعاصر (84/2).

سيف أو سوط ولكن بإغداق العطايا عليهم من قبل الباشوات والحكام، ووضعهم في المناصب العالية ذات المرتبات الجزيلة والمزايا العظيمة التي تكون كفيلة بإسكات أصواتهم وكبح ثورتهم واعتراضهم[1].

(لقد كان علماء الدين دائما في تاريخ هذه الأمة هم قادتها وموجهيها، وهم ملجأها كذلك إذا حزبهم أمر ، وملاذها عند الفزع.. تتجهم إليهم لتتلقى علم الدين منهم، وتتجه إليهم ليشيروا عليها في أمورها الهامة، وتتجه إليهم إذا وقع عليهم ظلم من الحكام والولاة ليسعوا إلى رفع الظلم عنهم ، بتذكير أولئك الحكام والولاة بربهم، وأمرهم بالمعروف ونهيهم عن المنكر... وكان العلماء يضطهدون من قبل ذوي السلطان أحيانا، ويلقون في السجون أحيانا، ويؤذون في أبدانهم وأموالهم وكراماتهم أحيانا ولكنهم يصمدون لهذا كان ، تقديرا لمسؤولياتهم أمام الله....

وكما كان العلماء هم قادة الأمة ومرشديها في الأمور السياسية والاجتماعية والاقتصادية والفكرية والروحية، وكانوا كذلك دعاتها إلى الجهاد كلما حدث على الأمة عدوان .. يذكرونها بالله واليوم الآخر، وبالجنة التي تنتظر المجاهدين الصادقين، وكانوا يشاركون في الجهاد بأنفسهم، بل يقودون الجيوش بأنفسهم في بعض الأحيان.

تلك كانت مهمة علماء الدين ، والدين حي في النفوس ... وفي التاريخ نماذج عديدة لعلماء أرضوا ربهم وأدوا أمانتهم وجاهدوا في الله حق جهاده، وصبروا على ماأصابهم في سبيل الله فما ضعفوا وما استكانوا .. فأين كان العلماء في تلك الفترة التي نحن بصددها من التاريخ؟

هل كانوا في مكان القيادة الذين عهدتهم الأمة فيه إلى عهد ليس ببعيد...؟

هل كانوا حماة الأمة من العدوان؟ وحماتها من الظلم الواقع عليهم من ذوي السلطان؟

(1) انظر: الانحرافات العقدية والعلمية (605/1).

هـل كـانوا هـم الـذين يطـالبون للأمـة بحقوقهـا السياسـية وحقوقهـا الاجتماعيـة وحقوقهـا الاقتصادية؟

هل كـانوا هـم الـذين يـأمرون بـالمعروف وينهـون عـن المنكـر ، ويقومـون إلى الإمام الجـائر فيأمرونه وينهونه، قتلهم أم لم يقتلهم؟

أم كان كثير منهم قد استعبدوا أنفسهم للسلطان، ومشوا في ركابه ، يتملقونه ويباركون مظالمة فيمدونه في الغي، بينما البقية الصالحة منهم قد قبعت في بيوتها ، أو انزوت في الدرس والكتاب ، تحسب أن مهمتها قد انتهت إذا لقنت الناس العلم.. ومـا نريد أن نظلمهم فقد كان منهم - ولاشك- من صدع بكلمة الحق، ومنهم من ألقى بالمنصب تحت قدميه حين أحس أنـه يستعبده لأولي السلطان أو يلجمه عن كلمة الحق.. ولكنهم قلة قليلة بين الكثرة الغالية التي راحـت تلهـث وراء المتاع الأراضي، أو تقبع داخل الدرس والكتاب، على مافيها من جوانب القصور..)[1] .

وكان من الطبيعي أن تصاب العلوم الدينيـة في هـذه الفـترة بـالجمود والتحجر نتيجـة لعـدة عوامل أعطت أثرها عبر القرون المتوالية، ومن هذه العوامل:

1- الاهتمام بالمختصرات:

قام بعض العلماء باختصار المؤلفات الطويلة بغية تسهيل حفظها لطلبة العلم، حيث غدا الحفظ هو الغاية عند العلماء والطلاب حيث ضعفت ملكة الفهم والاستنباط عندهم: (فأصبح الفقهاء ينقلون أقوال من قبلهم، ويختصرون مؤلفاتهم في متون موجزة، ويأخذون هـذه الأقـوال مجردة عن أدلتها من الكتاب والسنة، مكتفين بنسبتها إلى أصحابها)[2]

يقول الشيخ عبد الحميد بن باديس ناقدا للطريقة في تدريس الفقه: (واقتصرنا على

---

(1) انظر: واقعنا المعاصر ، ص327.
(2) انظر : المجتمع الإسلامي المعاصر، ص56.

330

قراءة الفروع الفقهية مجردة بلا نظر، جافة بلا حكمة، وراء أسوار من الألفاظ المختصرة تفني الأعمار قبل الوصول إليها)[1].

ويذكر الإمام الشوكاني اهتمام الناس في عصره بهذه المختصرات والخطورة التي تنطوي على ذلك فيقول: (قد جعلوا غاية مطالبهم ونهاية مقاصدهم العلم بمختصر من مختصرات الفقه التي هي مشتملة على ماهو من علم الرأي والرواية والرأي أغلب، ولم يرفعوا إلى غير ذلك رأسا من جميع أنواع العلوم ، فصاروا جاهلين بالكتاب والسنة وعلمهما جهلا شديدا ، لأنه تقرر عندهم أن حكم الشريعة منحصر في ذلك المختصر، وأن ما عداه فضلة أو فضول ، فاشتد شغفهم به وتكالبهم عليه، ورغبوا عما عداه، وزهدوا فيه زهدا شديدا)[2].

2- الشروح والحواشي والتقريرات:

يقول الشوكاني -رحمه الله- الذي درس ودرس الكثير من هذه الشروح والحواشي في مختلف العلوم الدينية واللغوية منتقدا لها: (مع أن فيها جميعا ما لا تدعوا إليه الحاجة بل غالبها كذلك ولاسيما تلك التدقيقات التي في شروحها وحواشيها فإنها عن علم الكتاب والسنة بمعزل)[3].

لقد كانت المؤلفات على كثرتها من شروح وحواشي وغير ذلك من الأغلال التي كبلت العقول وأدت إلى جمود العلوم عبر قرون عديدة وكانت توجد بعض الحواشي والشروح المفيدة، ولكنها لاتكاد تذكر، وكانت مناهج التعليم في تلك الفترة بعيدة كل البعد عن منهج أهل السنة والجماعة وكانت المعاهد الإسلامية كلها تقريبا بعيدة عن ذلك المنهج الإسلامي الأصيل.

---

(1) انظر: ابن باديس حياته وآثاره (108/1).
(2) انظر: أدب الطلب، ص59.
(3) انظر: البدر الطالع بمحاسن مابعد القرن السابع (86/1).

فالأزهر مثلا وهو المعهد الإسلامي الكبير والجامعة العتيقة كان مركزا لعلوم المتكلمين البعيدة عن روح الإسلام ومبادئه يقول أحد الدارسين في الأزهر عن علم الكلام:

(ومن العلوم التي لم أنتفع بدراستها في الأزهر على الإطلاق علم الكلام، فقد درسته بالأزهر عدة سنوات، ولكني لم أعرف منه شيئا عن الله ذا بال، وإنما انغمست في اصطلاحات زادت تفكيري غموضا واضطرابا حتى تمنيت إيمان العوام...)(1).

لقد أصاب المناهج الإسلامية في تلك الفترة بالإضافة إلى الجمود موجة من الجفاف حيث: (أن العصور المتأخرة بعدت بعدا كبيرا عن روح الإسلام واهتمت بالجسم والمادة حتى أصبحت الدراسات الإسلامية دراسة لا حياة فيها ولا روح، وجرت عدوى هذه الدراسات إلى جميع أبواب الفقه حتى الأبواب التي كانت يجب أن تكون دراسة الروح أهم عنصر فيها...)(2).

3- الإجازات:

من عوامل تدهور الحياة العلمية في تلك الفترة التساهل في منح الإجازات ؛ فكانت تعطى في العصر المتأخر للدولة العثمانية جزافا، إذ كان يكفي أن يقرأ الطالب أوائل كتاب أو كتابين مما يدرسه الأستاذ حتى ينال إجازة بجميع مروياته، وكثير ما أعطيت لمن طلبوها من أهل البلاد القاصية عن طريق المراسلة. فكان العالم في القاهرة يبعث إلى طالب في مكة بالإجازة دون أن يراه أو يختبره(3).

فكانت ذلك التساهل من الأمور التي شغلت المسلمين عن تحصيل العلوم كما كان ينبغي، وهكذا كان التساهل في منح الإجازات عاملا مهما من عوامل انحدار المستوى

---

(1) انظر: الانحرافات العقدية والعلمية (42/2،43).
(2) انظر: المجتمع الإسلامي المعاصر ، ص210.
(3) انظر : الانحرافات العقدية والعلمية (59/2).

التعليمي، وضعف العلوم الشرعية، حيث أضحى الهدف عند كثير من المنتسبين إلى العلم، حيازة أكبر عدد من هذه الإجازات الصورية التي لم يكن لها في كثير من الأحيان أي رصيد علمي في الواقع[1].

4- وراثة المنصب العلمي:

أصبحت المناصب العلمية في أواخر الدولة العثمانية بالوراثة في الأمور العلمية المهمة كالتدريس والفتوى والإمامة وحتى القضاء، فقد صارت تلك المناصب تورث بموت من كانوا يتولونها، تماما كما تورث الدور والضياع والأموال، فكثير ما كان يحدث أن يموت شيخ يدرس عليه، فلا يوارى في التراب حتى ينتقل منصبه وكرسيه إلى ولده أو أخيه أو أحد أقاربه وقد يكون الوارث قليل الفهم مزجي البضاعة في العلم ولكن لابد للتصدر للإقراء والتدريس وعدم إخلاء الكرسي الذي قد يتربع عليه غريب عن أهل المتوفى حتى ولو كان جديرا بخلافته في منصبه الذي رحل عنه[2].

يقول المؤرخ التركي أحمد جودت المتوفى عام 1312هـ[3] متحدثا عن تلك الظاهرة السيئة في الدولة العثمانية: (وصار أبناء الصدور والقضاة ينالون وظيفة التدريس وهم أحداث وأطفال، ويترقون لذلك في الوظائف ، حتى إن الواحد منهم لتأتيه نوبته في المولوية[4] وما طر شاربه ولا اخضر عذاره. وكان ينال التدريس أيضا كل ذي وجاهة واعتبار حتى صارت المراتب والمناصب العلمية تؤخذ بالإرث، فسهل على الوزراء ورجال الدولة تقليدها لأبنائهم وغيرهم، فازدحم عليها الغوغاء وصار الجهال يموج بعضهم في بعض، والتبس الأمر وفسد أي فساد)[5].

---

(1) المصدر السابق نفسه (64/2).
(2) المصدر السابق نفسه (64/2).
(3) كان وزيرا في البلاط العثماني وكتب تاريخ جودت بالتركية في 12 مجلدا.
(4) المولوية : ثاني رتبة في القضاء العثماني بعد رتبة قاضي العسكر.
(5) انظر: الانحرافات العقدية والعلمية (68/2).

ويقول : (محمد كرد علي) في حديثه عن الأحوال العلمية في الشام وترديها في العصر العثماني: (وقد قويت في هذا العصر قاعدة خبر الأب للابن ، وكان المفتي (أبو السعود) من مشايخ الإسلام في الأستانة أول من ابتدعها وأخرجها للناس، فأصبح التدريس والتولية والخطابة والإمامة وغيرها من المسالك الدينية توسد إلى الجهلة بدعوى أن آبائهم كانوا علماء، وهم يجب أن يرثوا وظائفهم ومناصبهم وإن كانوا جهلة كما ورثوا حوانيتهم وعقارهم وفرشهم وكتبهم، بل بلغت الحال بالدولة إذ ذاك أن كانت تولي القضاء الأميين، وكم من أمي غدا في (دمشق) و(حلب) و(القدس) و(بيروت) قاضي القضاة، أما في الأقاليم فربما كان الأميون أكثر من غيرهم...)[1].

لقد كانت لتلك العادة السيئة آثار وخيمة في انحدار مستوى التعليم ، وضعف الحياة العلمية عند المسلمين ، وذلك بتوارث تلك المناصب الدينية، وحكرها في أسر معينة وبالتالي أثرت تلك العادة في إيجاد علماء ربانيين متجردين لدين الله تعالى همهم إحقاق العدل، ونصرة المظلوم، وإعزاز الدين.

سابعا: رفض فتح باب الاجتهاد:

في أواخر الدولة العثمانية أصبحت الدعوى بفتح باب الاجتهاد تهمة كبيرة تصل إلى الرمي بالكبائر، وتصل عند بعض المقلدين والجامدين إلى حد الكفر، وكان من التهم التي وجهها خصوم الدعوة السلفية إلى علمائها دعوى الاجتهاد، وكانت تهمة شديدة في ذلك الزمن مع أن أحد منهم لم يقل بذلك، وكانت الدعوة إلى قفل باب الاجتهاد توارثها المتعصبون على مر العصور وأصبح حرصهم في أواخر الدولة العثمانية ظاهرا ونافحوا من أجل عدم فتحه، ومقاومة كل من يحوم حوله مما شجع المتغربون بالسعي الدؤوب لاستيراد المبادئ والنظم من أوروبا ولقد ترتب على إغلاق باب الاجتهاد آثار خطيرة لاتزال أضرارها تنخر في حياة المسلمين إلى يومنا هذا.

---

(1) انظر: خطط الشام (70/3).

(فحين يتوقف الاجتهاد مع وجود دواعيه ومتطلباته..فماذا يحدث؟ يحدث أحد أمرين : إما أن تجمد الحياة وتتوقف عن النمو، لأنها محكومة بقوالب لم تعد تلائمها. وإما أن تخرج على القوالب المصبوبة، وتخرج في ذات الوقت من ظل الشريعة، لأن هذا الظلم لم يمد بالاجتهاد حتى يعطيها. وقد حدث الأمران معا ، الواحد تلوا الآخر .. الجمود أولا ثم الخروج بعد ذلك من دائرة الشريعة)[1].

لقد عانت الأمة من قفل باب الاجتهاد وكانت الدولة العثمانية في أواخر عهدها لم تعطي هذا الباب حقه وكانت عجلة الحياة أسرع وأقوى من الجامدين والمقلدين الذين ردوا كل جديد، وخرج الأمر من أيديهم : (وهكذا توقفت الحركة العقلية عند المسلمين إزاء كل جديد تلده الحياة، والحياة ولود لا تتوقف عن الولادة أبدا، فهي تلد كل يوم جديدا لم تكن تعرفه الإنسانية من قبل... وكان من هذا أن مضى الناس -من غير المسلمين- يواجهون كل جديد، ويتعاملون معه، ويستولدون منه جديدا .. وهكذا سار الناس -من غير المسلمين- قدما في الحياة ووقف المسلمون حيث هم لايبرحون مكانهم الذي كان عليه الآباء والأجداد من بضعة قرون)[2]. واستمر التعصب المذهبي في إضعاف المستوى التعليمي ، وانحدار العلوم وجمودها وتكبيل العقول والأفهام والحجر عليها. بالإضافة إلى ما تسبب فيه من تفريق كلمة المسلمين وإفساد ذات بينهم، وزرع العداء والشقاق بين أفرادهم وجماعاتهم، وبعد أن تحزبوا طوائف وجماعات، كل طائفة تناصر مذهبها، وتعادي غيرها من أجله، وفي تلك الفترة تفاقم هذا التعصب وعم الأقطار الإسلامية ولم يسلم منه قطر ولا مصر؛ فالجامع الأزهر كان ميدانا رحبا للصراعات المذهبية خصوصا بين الشوافع والأحناف وذلك من أجل التنافس الشديد على مشيخة الأزهر[3].

---

(1) انظر: واقعنا المعاصر ، ص159.
(2) انظر: سد باب الاجتهاد وما ترتب عليه ، د. عبد الكريم الخطيب، ص144.
(3) انظر: عجائب الآثار (242/2).

إن العصبية المذهبية أوجدت حواجز كثيفة بين المسلمين في القرون الأخيرة، فأضعفت شعورهم بوحدتهم الإسلامية اجتماعيا وسياسيا ، وأورثت فيما بينهم من العداوات ما شغلهم عن أعداء الإسلام على اختلاف أنواعهم، وعن الأخطار المحدقة بالمسلمين والإسلام...)[1].

لقد كان التعصب المذهبي منحرفا عن منهج الله تعالى وزاد هذا الانحراف عمقا في حجر العقول ، وجمود العلوم، وتفتيت الصف الإسلامي مما كان له أعظم الأثر في ضعف الدولة العثمانية وانحطاطها، وانشغالها بمشاكلها الداخلية في الوقت التي كانت المؤامرات قد أحاطت بها وشرع الصليبيون في الإجهاز على الرجل المريض.

ثامنا: انتشار الظلم في الدولة:

إن الظلم في الدولة كالمرض في الإنسان يعجل في موته بعد أن يقضي المدة المقدرة له وهو مريض، وبانتهاء هذه المدة يحين أجل موته، فكذلك الظلم في الأمة والدولة يعجل في هلاكها بما يحدثه فيها من آثار مدمرة تؤدي إلى هلاكها واضمحلالها خلال مدة معينة يعلمها الله هي الأجل المقدر لها ، أي الذي قدره الله لهما بموجب سنته العامة التي وضعها لآجال الأمم بناء على مايكون فيها من عوامل البقاء كالعدل، أو من عوامل الهلاك كالظلم التي يظهر أثرها وهو هلاكها بعد مضى مدة محددة يعلمها الله[2]. قال تعالى :﴿ولكل أمة أجل فإذا جاء اجلهم فلا يستأخرون ساعة ولا يستقدمون﴾ (سورة الأعراف: آية 34). قال الآلوسي في تفسيره لهذه الآية: ﴿ولكل أمة أجل﴾. أي ولكل أمة من الأمم الهالكة أجل، أي : وقت معين مضروب

---

(1) انظر: الانحرافات العقدية والعلمية (86/2).

(2) انظر: السنن الإلهية ، د. عبد الكريم زيدان ، ص121.

لاستئصالهم[1]. ولكن هلاك الأمم وإن كان شيئا مؤكدا ولكن وقت حلوله مجهول لنا، أي أننا نعلم يقينا أن الأمة الظالمة تهلك حتما بسبب ظلمها حسب سنة الله تعالى في الظلم والظالمين، ولكننا لا نعرف وقت هلاكها بالضبط، فلا يمكن لأحد أن يحدد الأيام ولا بالسنين، وهو محدد عند الله تعالى[2].

إن سنة الله مطردة في هلاك الأمم الظالمة، قال تعالى: ﴿ذلك من أنباء القرى نقصه عليك منها قائم وحصيد۝ وما ظلمناهم ولكن ظلموا أنفسهم فما أغنت عنهم آلهتهم التي يدعون من دون الله من شيء لما جاء أمر ربك وما زادهم غير تتبيب وكذلك أخذ ربك إذا أخذ القرى وهي ظالمة إن أخذه أليم شديد﴾ (سورة هود: الآيات 100-102).

إن الآية الكريمة تبين أن عذاب الله ليس مقتصر على من تقدم من الأمم الظالمة، بل إن سنته تعالى في أخذ كل الظالمين سنة واحدة فلا ينبغي أن يظن أحد أن هذا الهلاك قاصر بأولئك الظلمة السابقين، لأن الله تعالى لما حكى أحوالهم قال: ﴿كذلك أخذ ربك إذا أخذ القرى وهي ظالمة﴾. فبين الله تعالى أن كل من شارك أولئك المتقدمين في أفعالهم التي أدت إلى هلاكهم فلابد أن يشاركهم في ذلك الأخذ الأليم الشديد؛ فالآية تحذر من وخامة الظلم إن الدولة الكافرة قد تكون عادلة بمعنى أن حكامها لايظلمون الناس والناس أنفسهم لايتظالمون فيما بينهم، فهذه الدولة مع كفرها تبقى ، إذ ليس من سنته تعالى إهلاك الدولة بكفرها فقط، ولكن إذا انضم إلى كفرها ظلم حكامها للرعية وتظالم الناس فيما بينهم[3]. قال تعالى: ﴿وما كان ربك ليهلك القرى بظلم وأهلها مصلحون﴾ (سورة هود: آية 117).

---

(1) انظر : تفسير الآلوسي (112/8).
(2) انظر: السنن الإلهية ، ص121.
(3) انظر: السنن الإلهية ، ص122.

قال الإمام الرازي في تفسيره:(إن المراد من الظلم في هذه الآية الشرك. والمعنى أن الله تعالى لا يهلك أهل القرى بمجرد كونهم مشركين، إذا كانوا مصلحين في المعاملات فيما بينهم يعامل بعضهم بعضا على الصلاح، وعدم الفساد)[1].

وفي تفسير القرطبي قوله تعالى: ﴿بظلم﴾ أي : بشرك وكفر ﴿وأهلها مصلحون﴾ أي : فيما بينهم في تعاطي الحقوق، ومعنى الآية: إن الله تعالى لم يكن ليهلكهم بالكفر وحده حتى ينضاف إليه الفساد كما أهلك قوم شعيب ببخس المكيال والميزان وقوم لوط باللواط[2].

قال ابن تيمية في هلاك الدولة الظالمة وإن كانت مسلمة: (وأمور الناس إنما تستقيم مع العدل الذي يكون فيه الاشتراك في بعض أنواع الإثم أكثر مما تستقيم مع الظلم في الحقوق، وإن لم تشترك في إثم ، ولهذا قيل: إن الله يقيم الدولة العادلة وإن كانت كافرة، ولا يقيم الظالمة وإن كانت مسلمة، ويقال: الدنيا تدوم مع العدل والكفر، ولا تدوم مع الظلم والإسلام. وذلك أن العدل نظام كل شيء فإذا أقيم أمر الدنيا بالعدل قامت، وإن لم تقم بالعدل لم تقم وإن كان لصاحبها من الإيمان مايجزى به في الآخرة)[3].

لقد قام بعض الباشوات بأفعال قبيحة وسفكوا الدماء واغتصبوا الأموال؛ فهذا إبراهيم باشا المعروف بدالي أحد وزراء السلطان مراد الثالث وكان أمير الأمراء في ديار بكر بأسرها؛ ففتك فيها وظلم أهلها وأظهر من أنواع الظلم أشياء مستكرهة جدا، منها الاعتداء على الأعراض، ونهب الأموال، وفعل الأفاعيل العظيمة ولما وصل الأمر للسلطان وعقد مجلس القضاء وهاب الناس أن يشهد عليه ولم يستطع القاضي أن يدقق في الدعوة لأن أخته كانت عند السلطان مراد مقبولة جدا، وانصرف

---

(1) انظر: تفسير الرازي (16/18).
(2) انظر: تفسير القرطبي (114/9).
(3) انظر: رسالة الأمر بالمعروف والنهي عن المنكر لابن تيمية ، ص40.

خصماؤه ، وقرره السلطان في ديار بكر فذهب إليها ناويا على إهلاك كل من اشتكى عليه، وأهلك منهم خلقا تحت العذاب ووصل الأمر إلى أن ثار عليه أهل البلد وقاموا عليه قومة رجل واحد فتحصن في القلعة وصار يقذف القذائف بالمدافع على أهل المدينة حتى قتل منهم خلقا كثيرا(1).

وما قام به الباشا محمد علي من ظلم أهل مصر وأهل الشام، والحجاز معروف وقد ذكرناه في هذا الكتاب، وقد أشتد ظلم الأتراك للعرب، والأكراد، والألبان مع مجيء الاتحاد والترقي للحكم، بل قامت تلك العصابة بظلم الناس في داخل تركيا وخارجها وقد ذكرنا ما تعرض له السلطان عبد الحميد الثاني من ظلمهم، وعسفهم، وجورهم؛ فجرت فيهم سنة الله التي لا تتبدل ولا تتغير ولا تجامل، فانتقم من الظالمين وجعل بأسهم فيما بينهم وزالت دولة الخلافة العثمانية من الوجود.

تاسعا: الترف والانغماس في الشهوات:

قال تعالى: ﴿فلولا كان من القرون من قبلكم أولو بقية ينهون عن الفساد في الأرض إلا قليلا ممن أنجينا منهم واتبع الذين ظلموا ما أترفوا فيه وكانوا مجرمين﴾ (سورة هود: آية 116). وقوله تعالى: ﴿واتبع الذين ظلموا ما أترفوا فيه﴾. أراد بالذين ظلموا: تاركي النهي عن المنكرات، أي لم يهتموا بما هو ركن عظيم من أركان الدين وهو الأمر بالمعروف والنهي عن المنكر وإنما اهتموا بالتنعم والترف والانغماس في الشهوات والتطلع إلى الزعامة والحفاظ عليها والسعي لها وطلب أسباب العيش الهنيء(2).

وقد مضت سنة الله في المترفين الذين أبطرتهم النعمة وابتعدوا عن شرع الله تعالى بالهلاك والعذاب.

---

(1) انظر: المختار المصون من أعلام القرون (917،916/2).

(2) انظر: السنن الإلهية في الأمم والجماعات والأفراد ، ص186.

قال تعالى:﴿وكم قصمنا من قرية كان ظلمة وأنشأنا بعدها قوما آخرين ۞ فلما أحسوا بأسنا إذا هم يركضون ۞ لاتركضوا وارجعوا إلى ما أترفتم فيه ومساكنكم لعلكم تسألون ﴾.

ومن سنة الله تعالى جعل هلاك الأمة بفسق مترفيها، قال تعالى:﴿وإذا أردنا أن نهلك قرية أمرنا مترفيها ففسقوا فيها فحق عليها القول فدمرناها تدميرا﴾ (سورة الإسراء:آية 16).

وجاء في تفسيرها: (وإذا دنا وقت هلاكها أمرنا بالطاعة مترفيها أي متنعميها وجباريها وملوكها ففسقوا فيها، فحق عليها القول فأهلكناها. وإنما خص الله تعالى المترفين بالذكر مع توجه الأمر بالطاعة إلى الجميع؛ لأنهم أئمة الفسق ورؤساء الضلال، وما وقع من سوءهم إنما وقع بأتباعهم وإغوائهم ، فكان توجه الأمر إليهم آكد) [1].

وحدث في زمن السلطان محمد بن إبراهيم : (زينت دار الخلافة ثلاثة أيام وكان السلطان محمد إذ ذاك ببلدة سلستره بروم ايلي فكتب إلى قائم مقام الوزير بالقسطنطينية عبدي باشا النيشاني أنه يريد القدوم إلى دار المملكة وأنه لم يتفق له رؤية زينة بها مدة عمره وأمره بالنداء لتهيئة زينة أخرى إذا قدم فوقع النداء قبل قدوم السلطان بأربعين يوما وتهيأ الناس للزينة ثم قدم السلطان فشرعوا في التزيين وبذلوا جهدهم في التأنق فيها واتفق أهل العصر على أنه لم يقع مثل هذه الزينة في دور من الأدوار، وكنت الفقير إذ ذاك بقسطنطينية وشاهدتها ولم يبق شيء من دواعي الطرب إلا صرفت إليه الهمم ووجهت إليه البواعث، واستغرقت الناس في اللذة والسرور، واستوعب جميع آلات النشاط والحبور، وفشت المناهي وعلمت العقلاء أن هذا الأمر

(1) انظر: تفسير الآلوسي (42/15).

كان غلطا وأن ارتكابه كان جرم عظيم، وما أحسب ذلك إلا نهاية السلطنة وخاتمة كتاب السعادة والميمنة، ثم طرأ الانحطاط وشوهد النقصان وتبدل الربح بعدها بالخسران...)[1].

وفي سنة تسعين وتسعمائة للهجرة احتفل السلطان مراد بن سليم الثاني بختان ولده السلطان محمد وضع لذلك فرحا لم يقع في زمن أحد من الخلفاء والملوك وامتدت الولائم والفرحة واللهو والطرب مدة خمسة وأربعين يوما وجلس للفرجة في دار إبراهيم باشا بمحلة آت ميدان وأغدق النعم العظيمة ورأيت في تاريخ الطبري أنه جعل صواني صغارا من ذهب وفضة وملأ الذهب بالفضة والفضة بالذهب وألقى في ذلك لأرباب الملاهي وغيرهم من طالبي الإحسان[2].

وهذا انحراف خطير عن المنهج الذي سارت عليه الدولة في زمن قوتها وصولتها وتمكينها وكانت من وصايا محمد الفاتح لولي عهده (واحرس أموال بيت المال من أن تتبدد)، (ولا تصرف أموال الدولة في ترف أو لهو وأكثر من قدر اللزوم؛ فإن ذلك من أعظم أسباب الهلاك)، فكان من الطبيعي بعد هذا الانحراف الخطير والانغماس في الترف واللهو والشهوات أن تزول الدولة بعد ضياع مقومات بقائها.

عاشرا: الاختلاف والفرقة:

إن سنة الله تعالى ماضية في الأمم والشعوب لاتتبدل ولا تتغير ولا تجامل ، وجعل الله سبحانه وتعالى من أسباب هلاك الأمم الاختلاف وقال صلى الله عليه وسلم : (فإن من كان قبلكم اختلفوا فهلكوا) وفي رواية (فأهلكوا)[3].

---

(1) انظر: المختار المصون من أعلام القرون (1164،1163/2).

(2) المصدر السابق نفسه (1155،1154/2).

(3) انظر: صحيح البخاري بشرح العسقلاني (102،101/9).

وعند ابن حبان والحاكم عن ابن مسعود : فإنما أهلك من كان قبلكم الاختلاف[1].

قال ابن حجر العسقلاني: وفي الحديث والذي قبله الحض على الجماعة والألفة والتحذير من الفرقة والاختلاف[2].

وقال ابن تيمية -رحمه الله- : (وأمرنا الله تعالى بالاجتماع والائتلاف ونهانا عن التفرق والاختلاف)[3].

والاختلاف المهلك للأمة هو الاختلاف المذموم، وهو الذي يؤدي إلى تفريقها وتشتتها وانعدام التناصر فيما بين المختلفين كل طرق يعتقد ببطلان ماعند الطرف الآخر، وقد يؤول الأمر إلى استباحة قتال بعضهم بعضا[4].

(وإنما كان الاختلاف علة لهلاك الأمة كما جاء في حديث رسول الله صلى الله عليه وسلم ، لأن الاختلاف المذموم الذي ذكرنا بعض أوصافه يجعل الأمة فرقا شتى مما يضعف الأمة، لأن قوتها وهي مجتمعة أكبر من قوتها وهي متفرقة، وهذا الضعف العام الذي يصيب الأمة بمجموعها يجرئ العدو عليها فيطمع فيهاجمها، ويحتل أراضيها ويستولي عليها ويستعبدها ويمسخ شخصيتها وفي ذلك انقراضها وهلاكها)[5].

إن من الدروس المهمة في هذه الدراسة التاريخية أن توقى الهلاك بتوقي الاختلاف المذموم، لأن الاختلاف كان سببا من الأسباب في ضياع الدولة العثمانية وهلاكها

---

(1) المصدر السابق نفسه (102/9).
(2)المصدر السابق نفسه (102/9).
(3) انظر: مجموع الفتاوى (116/19).
(4) انظر: السنن الإلهية ، ص139.
(5) المصدر السابق نفسه، ص139.

واندثارها. وإن من أخطر مانعاني منه الآن الخلاف في صفوف الإسلاميين القائمين بواجب الدعوة إلى الله تعالى، وهذا الخلاف يؤدي إلى ضعف الأمة إذا لم تأخذ بسبل الوقاية منه.

يقول الشيخ عبد الكريم زيدان:(والاختلاف كما يضعف الأمة ويهلكها يضعف الجماعة المسلمة التي تنهض بواجب الدعوة إلى الله ثم يهلكها ولهذا كان شر ماتبتلى به الجماعة المسلمة وقوع الاختلاف المذموم فيما بينها بحيث يجعلها فرقا شتى، بحيث ترى كل فرقة أنها على حق وصواب وأن غيرها على خطأ وضلال، وتعتقد كل فرقة أنها هي التي تعلم لمصلحة الدعوة . وهيهات أن تكون الفرقة والتشتت والاختلاف المذموم في مصلحة الدعوة أو أن مصلحة الدعوة تأتي عن طريق التفريق، ولكن الشيطان هو الذي يزين الفرقة والتفريق في أعين المتفرقين المختلفين فيجعلهم يعتقدون أن اختلافهم وتفرقهم في مصلحة الدعوة.

والاختلاف في الجماعة لايقف تأثيره عند حد إضعاف الجماعة وإنما يضعف تأثيرها في الناس، وتجعل المعرضين ينفثون باطلهم في الناس ويقولون: جماعة سوء تأمر الناس بأحكام الإسلام، والإسلام يدعو إلى الألفة والاجتماع وينهى عن الاختلاف، وهي تخالفه إذ هي متفرقة مختلفة فيما بينها، كل فرقة تغيب الأخرى وتدعي أنها وحدها على الحق. ثم يؤول الأمر إلى انحسار تأثير الجماعة في المجتمع ثم اضمحلالها واندثارها وقيام جماعات جديدة مكانها هي فرق المنفصلين عنها، ووقائع التاريخ البعيد والقريب تؤيد مانقول)[1].

لقد ابتليت الدولة العثمانية خصوصا في أواخر عهدها بالاختلاف والتفريق بين

---

(1) انظر : السنن الإلهية ، ص140،141.

الزعماء والسلاطين ، فقد حاول بعض الحكام المحليين الاستقلال الذاتي عن الحكومة المركزية بإطالة فترة حكمهم ومحاولة تأسيس أسر محلية (المماليك في العراق، آل العظم في سوريا، المعنيون والشهابيون في لبنان، ومحمد علي في مصر، ظاهر العمر في فلسطين، أحمد الجزار في عكا، علي بك الكبير في مصر، القراMليون في ليبيا)[1] وهذا الصراع بين الحكام المحليين والدولة العثمانية ساهم في إضعافها ثم زوالها وسقوطها ولقد ذكر بعض المؤرخين أسباب السقوط وحدث لهم تخليط بين الأسباب في السقوط وبين الآثار المترتبة عن الابتعاد عن شرع الله تعالى.

إن الحديث عن الضعف السياسي والحربي والاقتصادي والعلمي والأخلاقي والاجتماعي وكيفية القضاء على هذا الضعف والحديث عن الاستعمار والغزو الفكر ي والتنصير وكيفية مقاومتها لا يزيد عن محاولة القضاء على تلك الأعراض المزعجة، ولكن لايمكنه أبدا أن ينهض بالأمة التي أصيبت بالخواء العقدي وما لم يتم محاربة الأسباب الحقيقية والقضاء عليها فإنه لايمكن بحال من الأحوال القضاء على تلك الآثار الخطيرة.

إن الآثار كانت متشابكة ومتداخلة ، يؤثر كل منها في الآخر تأثيرا عكسيا، فالضعف السياسي مثلا يؤثر في الضعف الاقتصادي، ويتأثر به ، وهكذا.

إن كثيرا من المحاولات التي بذلت في العالم الإسلامي من أجل إعادة دولة الإسلام، وعزته وقوته ركزت على الآثار ولم تعالج الأسباب الحقيقية الذي كانت خلف ضياع الدولة العثمانية وضعف الأمة، وانحطاطها.

إن جهود النصارى، واليهود، والعلمانية ماكانت لتؤثر في الدولة العثمانية إلا بعد

(1) انظر: العالم العربي في التاريخ الحديث، د. إسماعيل ياغي، ص94.

أن انحرفت عن شرع الله وفقدت شروط التمكين ، وأهملت أسبابه المادية والمعنوية قال تعالى: ﴿لقد كان في قصصهم عبرة لأولي الألباب ما كان حديثا يفترى ولكن تصديق الذي بين يديه وتفصيل كل شيء وهدى ورحمة لقوم يؤمنون﴾ (سورة يوسف: آية 111).

الخاتمة

1. تعرض التاريخ العثماني لحملات التشويه والتزوير والتشكيك من قبل اليهود والنصارى والعلمانيين.

2. سار مؤرخو العرب والأتراك في ركب الاتجاه المعادي لفترة الخلافة العثمانية.

3. احتضنت القوى الأوروبية الاتجاه المناهض للخلافة الإسلامية وقامت بدعم المؤرخين في مصر والشام إلى تأصيل الإطار القومي وتعميقه من أمثال البستاني واليازجي وجورج زيدان وأديب إسحاق وسليم نقاش وشبلي شميل، وسلامة موسى، وغيرهم.

4. استطاعت المحافل الماسونية أن تهيمن على عقول زعماء التوجه القومي في داخل الشعوب الإسلامية، وخضع أولئك الزعماء لتوجيه المحافل الماسونية أكثر من خضوعهم لمطالب شعوبهم وبخاصة موقفها من الدين الإسلامي.

5. اعتمد المؤرخون الذين عملوا على تشويه الدولة العثمانية على تزوير الحقائق، والكذب والبهتان والتشكيك والدس ولقد غلبت على تلك الكتب والدراسات طابع الحقد الأعمى، والدوافع المنحرفة ، بعيدة كل البعد عن الموضوعية.

6. قام مجموعة من علماء التاريخ العثماني من أبناء الأمة بالردود على تلك الاتهامات والدفاع عن الدولة العثمانية من أهمها وأبرزها تلك الكتابة التي قام بها الدكتور عبد

العزيز الشناوي في ثلاثة مجلدات ضخمة تحت عنوان الدولة العثمانية دولة إسلامية مفترى عليها ، وما قدمه الـدكتور محمد حـرب مـن كتب مهمة مثل؛ العثمانيـون في التاريخ والحضارة ، والسلطان محمد الفاتح فاتح القسطنطينية وقاهر الروم، وما كتبـه الدكتور موفق بني المرجة، صحوة الرجل المريض.

7. ترجع أصول الأتراك إلى منطقة ماوراء النهر والتي تسمى اليوم تركستان والتي تمتد مـن هضبة منغوليا وشمال الصين شرقا إلى بحر قزوين غربا، ومن السهول السيبرية شمالا إلى شبه القارة الهندية وفارس جنوبـا ، استوطنت عشـائر الغز وقبائلها الكبـرى في تلك المناطق وعرفوا بالترك أو الأتراك.

8. دخل الأتراك في الإسلام في عام 22هـ في زمن عثمان بن عفان رضي اللـه عنه .

9. أصبحت قبائل الأتـراك بعد دخولها في الإسلام ضـمن رعايا الدولـة الإسلامية وازداد عددهم في بلاط الخلفاء والأمراء العباسيين وشرعوا في تولي المناصب القياديـة والإدارية في الدولة؛ فكان منهم الجند والقادة والكتاب.

10. استطاع السلاجقة (وهم أتراك) أن يقوموا بتأسيس دولة تركية كبرى ضمت خراسان وما وراء النهر وإيران والعراق وبلاد الشام وآسيا الصغرى.

11. ساند السلاجقة الخلافة العباسية في بغداد ونصروا مذهبها السني بعد أن أوشكت عـلى الانهيار بين النفوذ البويهي الشيعي في إيران والعراق، والنفوذ العبيدي (الفاطمي) في مصر والشام فقضى ـ السـلاجقة عـلى النفـوذ البويهـي تمامـا وتصدوا للخلافـة العبيدية (الفاطمية).

12. استطاع طغرل بك الزعيم السلجوقي أن يسقط الدولة البويهية في عام 447هـ في بغـداد وأن يقضي على الفتن وأزال من على أبواب المساجد سب الصحابة، وقتل شـيخ الـروافض أبي عبد اللـه الجلاب لغلوه في الرفض.

13. تولى زعامة السلاجقة ألب أرسلان بعد وفاة عمه طغرل بك وكان قائدا ماهرا مقداما، وهو الذي انتصر على جيوش إمبراطور الروم في معركة ملاذكرد في عام 463هـ وكان ذلك الانتصار نقطة تحول في التاريخ الإسلامي لأنها سهلت على إضعاف نفوذ الروم في معظم أقاليم آسيا الصغرى، وهي المناطق المهمة التي كانت ترتكز عليها الإمبراطورية البيزنطية.

14. تولى زعامة السلاجقة بعد ألب أرسلان أبنه ملكشاه واتسعت الدولة السلجوقية في عهده لتبلغ أقصى امتداد لها من أفغانستان شرقا إلى آسيا الصغرى غربا وبلاد الشام جنوبا.

15. يعتبر نظام الملك من أعظم وزراء السلاجقة ، واشتهر بضبطه لأمور الدولة وحبه للعلم والعلماء، وكثرة إنفاقه، وأعماله في الخير، وبناء المدارس لتعليم المسلمين.

16. تضافرت عوامل عديدة في سقوط سلطنة السلجوقية مهدت بدورها لسقوط الخلافة العباسية منها؛ الصراع داخل البيت السلجوقي، تدخل النساء في شؤون الحكم ، ضعف الخلفاء العباسيين، المكر الباطني الذي تمثل في اغتيال سلاطين السلاجقة وزعمائهم وقاداتهم.

17. قدمت دولة السلاجقة أعمال جليلة للإسلام منها؛ كان لهم دور في تأخير زوال الدولة العباسية، حوالي قرنين من الزمان، منعت الدولة العبيدية في مصر من تحقيق أغراضها التوسعية ، كانت جهود السلاجقة تمهيدا لتوحيد المشرق الإسلامي والذي تم على يد صلاح الدين الأيوبي تحت راية الخلافة العباسية السنية، قاموا بنشر العلم والأمن والاستقرار في الأقاليم التي تحت نفوذهم، وقفوا في وجه التحركات الصليبية من جانب الإمبراطورية البيزنطية، وحاولوا صد الخطر المغولي إلى حد كبير، ورفعوا من شأن المذهب السني وعلمائه.

18. ينتسب العثمانيون إلى قبيلة تركمانية كانت تعيش في كردستان، وتزاول حرفة الرعي.

19. هاجر سليمان جد عثمان في عام 617هـ مع قبيلته من كردستان إلى بلاد الأناضول فأستقر في مدينة أخلاط في شرق تركيا حاليا.

20. تولى زعامة قبيلة سليمان بعد وفاته ابنه أرطغرل الذي واصل تحركه نحو الشمال الغربي من الأناضول، وفي طريقه وجد صراعا مسلحا بين السلاجقة المسلمين والروم النصارى، فأنضم إلى المسلمين وكان تدخله في الوقت المناسب سببا في تحقيق نصر السلاجقة.

21. اقتطع القائد الإسلامي السلجوقي اطغرل ومجموعته أرضا من الحدود الغربية للأناضول بجوار الثغور في الروم، وأتاح لهم فرصة توسيعها على حساب الروم.

22. تولى عثمان الأول قيادة قومه بعد وفاة أبيه وسار على نهج سياسة أبيه السابقة في التوسع في أراضي الروم.

23. كان عثمان الأول يتميز بصفات رفيعة منها؛ الشجاعة، والحكمة، والإخلاص، والصبر، والجاذبية الإيمانية، والعدل، والوفاء، والتجرد لله في فتوحاته، وحبه للعلم والعلماء.

24. كانت حياة عثمان الأول مؤسس الدولة العثمانية، جهادا ودعوة في سبيل الله وكان علماء الدين يحيطون به ويشرفون على التخطيط الإداري والتنفيذ الشرعي في الإمامة ولقد حفظ لنا التاريخ وصية عثمان لابنه أورخان وهو على فراش الموت وكانت تلك الوصية فيها دلالة حضارية ومنهجية شرعية سارت عليها الدولة العثمانية فيما بعد.

25. تولى السلطان أورخان الحكم بعد وفاة والده عام 726هـ وسار على نفس سياسة والده في الحكم والفتوحات، وحرص على تحقيق بشارة رسول الله صلى الله عليه وسلم في فتح القسطنطينية ووضع خطة استراتيجية تستهدف إلى محاصرة العاصمة البيزنطية من الغرب والشرق في آن واحد.

26. إن من أهم الأعمال التي ترتبط بحياة السلطان أورخان، تأسيسه للجيش الإسلامي، وحرصه على إدخال نظاما خاصا للجيش، فقام بتقسيم الجيش إلى وحدات تتكون كل وحدة من عشرة أشخاص، أو مائة شخص، أو ألف شخص، وخصص خمس الغنائم للإنفاق منها على الجيش، وجعله جيشا دائما بعد أن كان لايجتمع إلا وقت الحرب، وأنشأ له مراكز خاصة يتم تدريبه فيها.

27. أهتم أورخان بتوطيد أركان دولته والى الأعمال الإصلاحية والعمرانية ونظم شؤون الإدارة وقوى الجيش وبنى المساجد وأنشأ المعاهد العلمية، وأشرف عليها خيرة العلماء والمعلمون وكانوا يحظون بقدر كبير من الاحترام في الدولة.

28. تولى الحكم بعد السلطان أورخان السلطان مراد الأول عام 761هـ وكان مراد الأول شجاعا مجاهدا كريما متدينا، وكان محبا للنظام متمسكا به، عادلا مع رعاياه وجنوده، شغوفا بالغزوات وبناء المساجد والمدارس والملاجئ وكان بجانبه مجموعة من خيرة القادة والخبراء والعسكريين شكل منهم مجلسا لمشورته، وتوسع في آسيا الصغرى وأوروبا في وقت واحد.

29. استطاع مراد الأول أن يفتح أدرنة في عام 762هـ واتخذ من هذه المدينة عاصمة للدولة العثمانية من عام 762هـ وبذلك انتقلت العاصمة إلى أوروبا، وأصبحت أدرنة عاصمة إسلامية.

30. كان السلطان مراد الأول يعلم أنه يقاتل في سبيل الله وأن النصر من عنده

ولذلك كان كثير الدعاء والإلحاح على الله والتضرع إليه والتوكل عليه ومن دعاه الخاشع نستدل على معرفة السلطان مراد لربه وتحقيقه لمعاني العبودية واستشهد في معركة قوصوة ضد الصرب.

31. قاد السلطان مراد الشعب العثماني ثلاثين سنة بكل حكمة ومهارة لا يضاهيه فيها أحد من ساسة عصره.

32. تولى بايزيد الحكم بعد أبيه مراد عام 791هـ وكان شجاعا شهما كريما متحمسا للفتوحات الإسلامية، ولذلك أهتم اهتماما كبيرا بالشؤون العسكرية واستهدف الإمارات المسيحية في الأناضول وخلال عام أصبحت تابعة للدولة العثمانية، وكان بايزيد مثل البرق في تحركاته بين الجبهتين البلقانية والأناضولية ولذلك أطلق عليه لقب (الصاعقة).

33. انهزم بايزيد أمام جيوش تيمورلنك بسبب اندفاعه وعجلته وعدم إحسانه لاختيار المكان الذي نزل به جيشه.

34. تعرضت الدولة العثمانية لخطر داخلي ونشبت الحرب الأهلية في الدولة بين أبناء بايزيد على العرش واستمرت هذه الحرب عشر سنوات وكانت هذه المرحلة في تاريخ الدولة العثمانية مرحلة اختبار وابتلاء سبقت التمكين الفعلي المتمثل في فتح القسطنطينية.

35. استطاع السلطان محمد جلبي أن يقضي على الحرب الأهلية بسبب ما أوتي من الحزم والكياسة وبعد النظر وتغلب على أخوته واحدا واحدا حتى خلص له الأمر وتفرد بالسلطان وقضى سني حكمه العثماني في إعادة بناء الدولة وتوطيد أركانها ويعتبره بعض المؤرخين المؤسس الثاني للدولة العثمانية.

36. استطاع السلطان محمد جلبي أن يقضي على حركة الشيخ بدر الديني الذي

كان يدعو إلى المساواة في الأموال، والأمتعة والأديان ولا يفرق بين مسلم وغير مسـلم في العقيدة.

37. كان السلطان محمد جلبي محبا للشعر والأدب والفنون وقيل هـو أول سـلطان عـثماني أرسل الهدية السنوية إلى أمير مكة.

38. تولى أمر السلطنة مراد الثاني عام 824هـ بعد وفاة أبيه محمد جلبي وكان محبا للجهاد ، والدعوة إلى الإسلام، وكان شاعرا ومحبا للعلماء والشعراء.

39. تولى محمد الفاتح حكم الدولة العثمانية بعد وفاة والـده في عـام 855هـ وكـان عمـره آنذاك 22 سنة وقد تميز بشخصية فذة جمعت بين القوة والعدل، كما فـاق أقرانـه منـذ حداثته في كثير من العلوم التي كان يتلقاها في مدرسة الأمراء وخاصة معرفته لكثير مـن لغات عصره وميله الشديد لدراسة كتب التاريخ.

40. كانت من أهم أعمال السلطان محمد الثاني فتحه للقسطنطينية وكان لـذلك الفتح أثـر عظيم على العالم الإسلامي والأوروبي وكان لفتح القسطنطينية أسباب مادية ومعنويـة وشروط أخذ بها.

41. حرص العثمانيـون عـلى تحكـيم شرع اللـه وظهـرت آثـاره الدنيويـة والأخرويـة عـلى المجتمع العثماني منها؛ الاستخلاف والتمكـين ، الأمـن والاستقرار ، النصرـ والفـتح، العز والشرف، انتشار الفضائل وانزواء الرذائل وغير ذلك من الآثار.

42. من أهم الصفات القيادية في شخصية محمد الفاتح، الحزم والشجاعة والـذكاء، العزيمـة والإصرار، العدالة ، عدم الاغترار بقوة النفس وكـثرة الجنـد وسعة السلطان، الإخـلاص، العلم.

43. من أعمال محمد الفاتح الحضارية؛ بناءه للمدارس والمعاهد، والعلماء والشعراء

والأدبـاء والترجمـة، والعمـران والبنـاء والمستشـفيات واهتمامـه بالتجـارة والصناعة، والتنظيمات الإدارية ، والجيش والبحرية والعدل.

44. ترك محمد الفاتح وصية عبرت اصدق التعبير عن منهجه في الحياة، وقيمه ومبادئه التي آمن بها.

45. يعتبر الشيخان محمد بن حمزة المشهور بـ (آق شـمس الـدين) ، وأحمـد الكـوراني مـن الشيوخ الذين كان لهم أثر على محمد الفاتح.

46. بعد وفاة السلطان محمد الفاتح تولى ابنه بايزيد الثاني (886هـ) وكان سلطانا وديعـا ، نشأ محبا للأدب ، متفقها في علوم الشريعة الإسلامية شغوفا بعلم الفلك.

47. دخل بايزيد الثاني في صراع مع أخيه جم، واشتبك مع المماليك في معارك عـلى الحدود الشامية، وحاول أن يساعد مسلمي الأندلس في محنتهم الشديدة.

48. تولى الحكم السلطان سليم الأول بعد بايزيد الثاني، وكان يحـب الأدب والشـعر الفارسي والتاريخ ورغم قسوته فإنه كان يميل إلى صحبة رجـال العلـم وكان يصطحب المـؤرخين والشعراء إلى ميدان القتال ليسجلوا تطورات المعارك وينشدوا القصائد التي تحكي أمجاد الماضي.

49. كان للسلطان سليم الأول الفضل بعد الـلـه في إضعاف النفوذ الشيعي في العراق وبلاد فارس وحقق على الصفويين الشيعة الروافض انتصارا عظيما في معركة جالديران.

50. كانت نتيجة الصراع بين الدولة العثمانية والصفوية؛ ضم شمال العـراق، وديار بكـر إلى الدولة العثمانية ، أمن العثمانيون حدود دولتهم الشرقية ، سيطرة المـذهب السـني في آسيا الصغرى بعد أن قضى على اتباع وأعوان إسماعيل الصفوي.

51. استفاد البرتغاليون من صراع الصفويين مع الدولة العثمانية وحاولوا أن يفرضوا على البحار الشرقية حصارا عاما على كل الطرق القديمة بين الشرق والغرب.

52. دخل السرور على الأوروبيين بسبب الحروب بين العثمانيين والصفويين وعمل الأوروبيون على الوقوف مع الشيعة الصفوية ضد الدولة العثمانية لإرباكها حتى لاتستطيع أن تستمر في زحفها على أوروبا.

53. استطاع العثمانيون أن يحققوا انتصارا ساحقا على المماليك في معركة غزة ثم معركة الريدانية وأزاحوا دولة المماليك بعد ذلك من الوجود.

54. بعد مقتل السلطان الغوري ونائبه طومان باي بادر شريف مكة (بركات بن محمد) إلى تقديم السمع والطاعة إلى السلطان سليم الأول وسلمه مفاتيح الكعبة وبذلك أصبح السلطان سليم خادما للحرمين الشريفين.

55. دخلت اليمن تحت النفوذ العثماني بعد سقوط دولة المماليك وكانت تمثل بعدا استراتيجيا وتعتبر مفتاح البحر الأحمر وفي سلامتها سلامة للأماكن المقدسة في الحجاز، واستفاد العثمانيون من وجودهم في اليمن فقاموا بحملات بحرية إلى الخليج بقصد تخليصه من الضغط البرتغالي.

56. بعد أن ضم العثمانيون بلاد مصر والشام ودخلت البلاد العربية تحت نطاق الحكم العثماني، واجهت الدولة العثمانية البرتغاليين بشجاعة نادرة، فتمكنت من استرداد بعض الموانئ الإسلامية في البحر الأحمر مثل : مصوع وزيلع، كما تمكنت من إرسال قوة بحرية بقيادة مير علي بك إلى الساحل الأفريقي فتم تحرير مقديشو وممبسة ومنيت الجيوش البرتغالية بخسائر عظيمة.

57. في عهد السلطان سليمان القانوني (927-974هـ) تمكنت الدولة العثمانية من إبعاد البرتغاليين عن البحر الأحمر ومهاجمتهم في المراكز التي استقروا بها في الخليج العربي.

58. تمكن العثمانيون من صد البرتغال وإيقافهم بعيدا عن المماليك الإسلامية والحد من نشاطهم ونجحت الدولة العثمانية في تأمين البحر الأحمر وحماية الأماكن المقدسة من التوسع البرتغالي المبني على أهداف استعمارية وغايات دنيئة ومحاولات للتأثير على الإسلام والمسلمين بطرق مختلفة.

59. كانت نتيجة الصراع العثماني البرتغالي؛ أن احتفظ العثمانيون بالأماكن المقدسة وطريق الحج، وحماية الحدود البرية من هجمات البرتغاليين طيلة القرن السادس عشر واستمرار الطرق التجارية التي تربط الهند واندونيسيا بالشرق الأدنى عبر الخليج العربي والبحر الأحمر.

60. فتحت رودس في زمن السلطان سليمان القانوني واستطاع سليمان القانوني أن يحاصر فينا، ودخل في سياسة التقارب مع فرنسا.

61. اهتمت الدولة العثمانية بالشمال الأفريقي ووقفت مع حركة الجهاد البحري وقدمت لهم كافة المساعدات المادية والمعنوية .

62. دخلت الجزائر تحت نفوذ الدولة العثمانية منذ زمن السلطان سليم الأول وظهر في ساحة الجهاد في الشمال الأفريقي قائدان عظيمان هما الأخوان عروج، وخير الدين بربروسا.

63. نجح خير الدين في وضع دعامات قوية لدولة فتية في الجزائر وكانت المساعدات العثمانية تصله باستمرار من السلطان سليمان القانوني واستطاع خير الدين أن يوجه ضرباته القوية للسواحل الاسبانية وكانت جهوده مثمرة في إنقاذ آلاف المسلمين من اسبانيا .

64. كان للوجود العثماني في الجزائر أثر على موقف الملك البرتغالي في المغرب إذ تراجع عن القيام بعمليات عسكرية فيه.

65. بعد أن أصبح خير الدين بربروسا قائدا للأسطول العثماني اهتم بالحوض الشرقي للبحر المتوسط وتولى حكم الجزائر القائد حسن آغا الطوشي الذي انهمك في توطيد الأمن ، ووضع الأسس للإدارة المستقرة وحاول جمع أطراف البلاد حول السلطة المركزية الجزائرية.

66. استطاع حسن آغا الطوشي أن يهزم الجيوش الصليبية بقيادة شارل الخامس على أراضي الجزائر وكانت لتلك الهزيمة أثرها على الإمبراطورية الاسبانية ، وعلى ملكها شارلكان وعلى مستوى الأحداث العالمية.

67. نزلت أنباء هزيمة شارلكان نزول الصاعقة على أوروبا وتطورت الأحداث بسرعة على المستوى الأوروبي.

68. لم يعد شارل الخامس قادرا على التفكير في حملة أخرى ضد الجزائر وطغى شبح خير الدين وحسن آغا على العامة والخاصة .

69. ظهر في الشمال الأفريقي قادة عظام ساهموا في حركة الجهاد ضد الإسبان والنصارى في البحر المتوسط من أشهرهم؛ حسن خير الدين بربروسا، وصالح رايس، وقلج علي.

70. حاولت الدولة العثمانية أن تكون علاقات استراتيجية مع الدولة السعدية إلا أنها فشلت في بعض الأحيان وخصوصا في زمن السلطان محمد الشيخ السعدي ومحمد المتوكل .

71. إن من الأعمال العظيمة التي قامت بها الدولة السعدية في زمن السلطان عبد الملك انتصارهم الرائع والعظيم على نصارى البرتغال في معركة الملوك الثلاثة، والتي تسمى في كتب التاريخ معركة القصر الكبير، أو معركة وادي المخازن.

72. كان انتصار المغاربة في معركة وادي المخازن بسبب عدة أمور منها؛ القيادة الحكيمة التي تمثلت في قيادة السلطان عبد الملك وأخيه أبي العباس، والتفاف الشعب المغربي حول قيادته، ورغبة المسلمين في الذود عن دينهم وعقيدتهم وأعراضهم، والعمل على تضميد الجراح بسبب سقوط غرناطة، وضياع الأندلس، واشتراك خبراء من العثمانيين تميزوا بالمهارة في الرمي بالمدفعية مما جعل المدفعية المغربية تتفوق على المدفعية المغربية النصرانية.

73. تولى حكم الدولة السعدية السلطان أحمد المنصور بعد استشهاد أخيه عبد الملك في معركة وادي المخازن.

74. بوفاة قلج علي في الجزائر نظم البيلربك الذي جعل من حكام الجزائر ملوكا والسعي السلطة والنفوذ واستعيض عنه بنظام الباشوية مثلها في ذلك تونس وطرابلس.

75. لم تستطع الدولة العثمانية أن تضم المغرب الأقصى بسبب، ظهور الجزائر في محاولاتهم لضم المغرب الأقصى.

76. كان العثمانيون لديهم رغبة جامحة في استرداد الأندلس إلا أنهم لم يحققوا هدفهم المنشود، بسبب موقف الدولة السعدية من جهة، وتصرف بعض الانكشاريين من جهة أخرى، وجبهات المشرق من جهة ثالثة.

77. اتفق المؤرخون على أن عظمة الدولة العثمانية قد انتهت بوفاة السلطان العثماني سليمان القانوني عام (974هـ) وكانت مقدمات ضعف الدولة قد اتضحت في عهد السلطان سليمان.

78. تولى الحكم بعد سليمان القانوني سليم الثاني الذي لم يكن مؤهلا لحفظ فتوحات والده السلطان سليمان ولولا وجود الوزير الفذ والمجاهد الكبير والسياسي

القدير محمد باشا الصقللي لانهارت الدولة. وكان ذلك من فضل الـلـه على الأمة.

79. انهزم العثمانيون في معركة ليبانتوا عام 979هـ/1571م وكانت النتيجة لتلك المعركة مخيبة لآمال العثمانيين، فقد زال خطر السيادة العثمانية في البحر المتوسط وكان ذلك الانكسار نقطة تحول نحو توقف عصر الازدهار لقوة الدولة البحرية.

80. كانت معركة ليبانتو فرصة مواتية لإظهار طمع فرنسا نحو المغرب الإسلامي ، إذ بمجرد انتشار خبر هزيمة الأسطول العثماني في تلك المعركة قدم ملك فرنسا شارل التاسع مشروعا إلى السلطان العثماني ، وذلك بواسطة سفيره في استانبول ، يتضمن طلب الترخيص لحكومته في بسط نفوذها على الجزائر، بدعوة الدفاع عن حمى الإسلام والمسلمين بها.

81. عمل السلطان سليم الثاني على تخليص تونس من هيمنة الإسبان واستطاع العثمانيون بقيادة قلج علي وسنان باشا أن يفتحوا تونس في عام 982هـ.

82. قضى ضياع تونس من الإسبان على آمالهم في أفريقيا وضعفت سيطرتها تدريجيا حتى اقتصرت على بعض الموانئ مثل مليلة ووهران والمرسى الكبير وتبدد حلم الإسبان نحو إقامة دولة اسبانية في شمال أفريقيا وضاع بين الرمال.

83. أرسل السلطان سليم الثاني حملة كبرى إلى اليمن واستطاعت أن تخلص عدن وصنعاء من هيمنة الزيود.

84. تحولت سياسة الدولة العثمانية بعد معركة ليبانتو 979هـ إلى أن تكون الأولوية للمحافظة على الأماكن المقدسة الإسلامية أولا ثم البحر الأحمر والخليج العربي كحزام أمني حول هذه الأماكن وتطلب ذلك منها أسطولا قادرا على أن يقاوم البرتغاليين.

85. استطاعت الدولة العثمانية أن تبني درعا قويا، حمى الأماكن المقدسة الإسلامية من الهجمات المسيحية، ومع ذلك الدرع فقط احتفظ السلطان بحرس عثماني خاص في مكة المكرمة والمدينة المنورة وينبع.

86. تولى الحكم بعد وفاة سليم الثاني ابنه مراد الثالث وكان مهتما بفنون العلم والأدب والشعر وكان يتقن اللغات الثلاثة التركية، والعربية والفارسية وحاول منع الخمور إلا أن الانكشاريين اضطروه لرفع أمره وهذا يدل على ظهور ضعف الدولة .

87. تولى الحكم بعد مراد الثالث محمد الثالث ورغم حالة الضعف والتدهور التي كانت قد بدأت تعتري الدولة إلا أن راية الجهاد ظلت مرفوعة وقام هذا السلطان بدخول ميادين الوغى بنفسه وكان الشيخ سعد الدين أفندي ممن شجعه على الخروج بنفسه لقيادة الجيوش وقال للسلطان :(أنا معك أسير حتى أخلص نفسي من الذنوب ، فإني بها أسير).

88. تولى الحكم بعد محمد الثالث أبنه احمد الأول وكان عمره 14 سنة ولم يجلس احد قبله من السلاطين العثمانيين في هذه السن على العرش وكانت أحوال الدولة مرتبكة جدا لانشغالها بحروب النمسا في أوروبا وحرب إيران والثورات الداخلية في آسيا فأتم مابدأ به أبوه من تجهيزات حربية، وكان في غاية التقوى، وكان رجلا مثابرا في الطاعات، ويباشر أمور الدولة بنفسه، وكان متواضعا في ملابسه، وكان كثير الاستشارة لأهل العلم والمعرفة ، والقيادة وكان شديد الحب للنبي صلى الله عليه وسلم .

89. بعد وفاة السلطان أحمد الأول، تولى الحكم سلاطين ضعاف منهم مصطفى الأول، وعثمان الأول، ومراد الرابع، وإبراهيم بن أحمد، ومحمد الرابع، وسليمان الثاني، وأحمد الثاني، ومصطفى الثاني، وأحمد الثالث، ومحمود الأول، وعثمان الثالث، ومصطفى الثالث، وعبد الحميد الأول.

90. تولى السلطان سليم الثالث الحكم بعد وفاة عمه عبد الحميد الأول عام 1203هـ وبدأت مرحلة جديدة من مراحل الحرب بين الدولة العثمانية وأعداءها وشرع في إحياء الـروح المعنوية في نفوس جنده.

91. استطاعت الجيوش الروسية والنمساوية أن تهزم الجيش العثماني فكان لتلك الهزيمـة آثارها على الدولة العثمانية وتوالت الهزائم على العثمانيين وتزحزحت القوات العثمانية إلى الوراء باتجاه شرق الدانوب، وأعطت النمساويين الفرصة لفك حصار بلغراد وفتح الطريق لقوات الحلفاء وطرد العثمانيين من أوربا.

92. بعد هدوء القتـال انصرف سليم الثالـث للإصلاحات الداخليـة فبـدأ بتنظيم الجيش للتخلص من الانكشارية الذين أصبحوا سبب كل فتنة واتجه نحو تقليـد أوروبا إلا أنـه عزل من السلطنة.

93. انتهز الفرنسيون تدهور الدولة العثمانية وضعفها، فأرسلت حملتها المشهورة بقيـادة القائد المشهور نابليون بونابرت، وكانت تلك الحملة صـدى للثورة الفرنسية ومتأثرة بأفكارها الثورية.

94. سعى رجـال الحملـة الفرنسيـة إلى زعزعة الـدين في نفوس الشيوخ والعلماء وعوام المسلمين بعرض نماذج من الحضارة الغربية عليهم.

95. نجح الفرنسيون في استثارة العناصر القبطية المسيحية لمعاونة الحملة بمختلف الوسائل.

96. كان الهجوم الفرنسي على مصر يعتبر أول هجوم صليبي عـلى ولايـة عربية مـن ولايـات الدولة العثمانية في التاريخ الحديث، وعلى الفور أعلـن السـلطان سليم الثالث الجهـاد عـلى الفرنسـيين الصليبيين واستجاب لدعوتـه المسـلمون في الحجاز، والشام، وشمال إفريقيا.

97. كانت بريطانيا تتابع الأطماع الفرنسية في مصر وغيرها بدقة متناهية وعندما تحركت الحملة الفرنسية، ووصلت إلى مصر أرسلت أسطولا بقيادة الأميرال نيسلون لتعقب الحملة الفرنسية واستطاع الأسطول الانجليزي أن يدمر الأسطول الفرنسي- في معركة أبي قير البحرية.

98. كانت هزيمة الأسطول الفرنسي في موقعة أبي قير البحرية قد شجعت الدولة العثمانية على مهاجمة الحملة الفرنسية في مصر، فأعلن الحرب على فرنسا وأصدر أوامره بإلقاء القبض على القائم بأعمال السفارة الفرنسية وجميع رعايا فرنسا في استنبول وإلقائهم في السجون.

99. اضطرت الحملة الفرنسية إلى مغادرة مصر بسبب الهجوم المشترك الذي قام به الانجليز والعثمانيون على الفرنسيس في مصر- وقد تضافرت عوامل عدة أرغمت المحتلين الفرنسيس على الخروج من مصر في النهاية، منها تحطيم أسطولهم في معركة أبي قير البحرية وسيطرة الانجليز البحرية في البحر المتوسط، وتشديدهم الحصار على الشواطئ المصرية، مما أعجز الحكومة الفرنسية عن إرسال النجدات والإمدادات إلى فرنسا في مصر.

100. كان للحملة الفرنسية أثر بالغ في مصر- خصوصا والشرق عموما واستطاعت المحافل الماسونية اليهودية الفرنسية أن تشق طريقها لطعن الإسلام بخنجرها المسموم، واستطاع الفرنسيون أن يزرعوا أفكارهم ويجدوا لهم عملاء في المنطقة، واستفادوا بعد خروجهم العسكري من الدور الخطير الذي قام به محمد علي باشا حاكم مصر فيما بعد.

101. تولى الحكم السلطان محمود الثاني في عام 1223هـ واستطاع أن يتخلص من الإنكشارية وأزالها من الوجود وأصبح بعد ذلك حرا في تطوير جيشه، فترسم خطى

الحضارة الغربية واستبدل الطربوش الرومي بالعمامة، وتزيا بالزي الأوربي، وأمر أن يكون هو الزي الرسمي لكل موظفي الدولة.

102. في تلك الفترة الحرجة من التاريخ العثماني انتشرت المحافل الماسونية في مصر- والشام وتركيا وكانت تعمل ليلا ونهارا من أجل تفتيت وإضعاف الدولة العثمانية بمعاولها الفاسدة التي لاتكل ولا تمل.

103. كانت المحافل الفرنسية ترى دعم محمد علي ليتحقق لها أطماعه المستقبلية في حفظ وتقوية محافلها الماسونية، وإضعاف الدولة العلية العثمانية وزرع خنجرها المسموم في قلب الدولة العثمانية ولذلك أنشأت لمحمد علي أسطولا بحريا متقدما متطورا، وترسانة بحرية في دمياط.

104. قام محمد علي بدور مشبوه في نقل مصر من انتمائها الإسلامي الشامل إلى شيء آخر يؤدي بها في النهاية إلى الخروج عن شريعة الله وكانت تجربة محمد علي قدوة لمن بعده من أمثال مصطفى كمال أتاتورك وجمال عبد الناصر .. الخ.

105. قام محمد علي نيابة عن فرنسا وبريطانيا وروسيا والنمسا وغيرها من الدول الأوروبية بتوجيه ضربات موجعة للاتجاه الإسلامي في كل من مصر والجزيرة العربية، والشام، والخلافة العثمانية مما كان لها الأثر في تهيئة العالم الإسلامي للأطماع الغربية.

106. كان محمد علي مخلبا وخنجرا مسموما استعمله الأعداء في تنفيذ مخططاتهم ولذلك وقفوا معه في نهضته العلمية، والاقتصادية والعسكرية بعد أن أيقنوا بضعف الجانب العقدي والإسلامي لديه ولدى أعوانه وجنوده.

107. ترتب على دور محمد علي في المنطقة بأسرها أن تنبهت الدول الأوروبية إلى مدى الضعف الذي أصبحت عليه الدولة العثمانية، وبالتالي استعدادها لتقسيم

أراضيها حينما تتهيأ الظروف السياسية.

108. تولى الحكم في الدولة العثمانية بعد وفاة السلطان محمود الثاني ابنه عبد المجيد الأول وكان ضعيف البنية، شديد الذكاء واقعيا ورحيما وهو من أجل سلاطين آل عثمان قدرا.

109. كان السلطان عبد المجيد خاضعا لتأثير وزيره رشيد باشا الذي وجد في الغرب مثله وفي الماسونية فلسفته، ورشيد باشا هو الذي أعد الجيل التالي له من الوزراء ورجال الدولة، وبمساعدته أسهم هؤلاء في دفع عجلة التغريب التي بدأها هو.

110. كانت حركة الإصلاح والتجديد العثماني تدور حول نقاط ثلاثة هامة: الاقتباس من الغرب فيما يتعلق بتنظيم الجيش وتسليمه في نظم الحكم والإدارة، الاتجاه بالمجتمع العثماني نحو التشكيل العلماني، الاتجاه نحو مركزية السلطة في استانبول والولايات.

111. تكلل خطا كلخانة وهمايون بدستور مدحت باشا عام 1876م ولأول مرة في تاريخ الإسلام ودوله يجري العمل بدستور مأخوذ عن الدستور الفرنسي والبلجيكي والسويسري وهي دساتير وضعية علمانية.

112. وضعت حركة التنظيمات الدولة العثمانية رسميا على طريق نهايتها كدولة إسلامية، فعلمنت القوانين، ووضعت مؤسسات تعمل بقوانين وضعية، والابتعاد عن التشريع الإسلامي في مجالات التجارة والسياسة والاقتصاد، قد سحب من الدولة العثمانية شرعيتها في أنظار المسلمين.

113. إن النظرة الفاحصة في تاريخ الأمم واستقراء أحوالها تبين لنا أن التقليد بين أمة وأمة، وبين قوم وقوم يحدث بينهما من التشابه والتفاعل والانصهار، ما يضعف التمايز والاستقلال في الأمة المقلدة ويجعلها مهتزة الشخصية.

114. اقتضت سنة الله في خلقه أن الأمة الضعيفة المغلوبة تعجب بالأمة القوية المهيمنة الغالبة ومن ثم تقليدها فتكسب من أخلاقها وسلوكها وأساليب حياتها، إلى أن يصل الأمر إلى تقليدها في عقائدها وأفكارها وثقافتها وأدبها وفنونها، وبهذا تفقد الأمة المقلدة مقوماتها الذاتية وحضاراتها - إن كانت ذات حضارة - وتعيش عالة على غيرها.

115. تولى الحكم في الدولة العثمانية السلطان عبد العزيز ابن محمود الثاني عام 1277هـ وكانت الدول الأوربية عازمة على الضغط على الحكومة العثمانية للاستمرار في خطوات الإصلاح والنهوض المزعوم على النهج الغربي، والفكر الأوربي والمبادئ العلمانية وكان السلطان عبد العزيز يرفض الدساتير الغربية والعادات البعيدة عن البيئة الإسلامية وحاول النهوض بالمجتمع الإسلامي العثماني فدبرت مؤامرة لقتله بواسطة القناصل وممثلي الدول الأوروبية في العاصمة وقاموا بتنفيذها عن طريق عملائهم ممن تشربوا بأفكارهم من رجال الدولة وعلى رأسهم صنيعة الماسونية المدعو مدحت باشا.

116. تولى الحكم بعد السلطان عبد العزيز ابن أخيه مراد الخامس الذي كان منخرطا في سلك الماسونية، وكان ميالا إلى الدستور والليبرالية والعلمانية وكانت الحركة الماسونية هي التي دفعت به إلى السلطنة ولكنه أصيب باضطراب عقلي بعد أن أصابته الدهشة والفزع بسبب مقتل عمه عبد العزيز وظهرت عليه اضطرابات عصبية أثرت على جهازه الهضمي، وكانت صحته في تدهور مستمر، فكان لابد من خلعه وأعلن ذلك من قبل شيخ الإسلام.

117. تولى حكم الدولة العثمانية بعد مراد الخامس السلطان عبد الحميد الثاني في عام 1293هـ وضغط عليه من قبل مدحت باشا فأعلن الدستور، ومارس الوزراء استبدادهم واشتدت سياستهم التغريبية بقيادة جمعية العثمانيين الجدد والتي كانت

تضم النخبة المثقفة التي تأثرت بالغرب وعندما حانت الفرصة للسلطان عبد الحميد ألغى الدستور وشرد زعماء التغريب وعمل على إضعاف سلطاتهم، وشرع في إصلاح الدولة وفق التعاليم الإسلامية وحرص على تطبيق الشريعة الإسلامية.

118. عمل السلطان عبد الحميد على تشكيل جهاز استخباراتي قوي لحماية الدولة من الداخل وجمع معلومات على أعدائه من الخارج، وأخمد ثورات في البلقان وتمردات داخلية وكان جهاز الاستخبارات من الوسائل المهمة عند السلطان في القضاء على التمردات الداخلية في حينها.

119. دخلت الدولة العثمانية في حرب ضروس مع روسيا وانهزمت أمامها واضطرت لعقد معاهدة سان ستفانو معها ثم بعد ذلك كان مؤتمر برلين في ألمانيا.

120. ظهرت فكرة الجامعة الإسلامية في معترك السياسة في زمن السلطان عبد الحميد الذي اهتم بهذه الفكرة من دعم أواصر الأخوة بين المسلمين في كل مكان حتى تستطيع الأمة أن تقف ضد الأطماع الصليبية.

121. شرع السلطان عبد الحميد في تنفيذ مخططه للوصول إلى الجامعة الإسلامية بواسطة وسائل متعددة منها، الاتصال بالدعاة، وتنظيم الطرق الصوفية، والعمل على تعريب الدولة، وإقامة مدرسة العشائر، وإقامة خط سكة حديد الحجاز، وإبطال مخططات الأعداء.

122. حاول السلطان عبد الحميد التضييق على يهود الدونمة عندما علم قوتهم ومؤامراتهم ضد الإسلام ولذلك قام يهود الدونمة بوضع خطة إستراتيجية مضادة له حيث تحركوا ضده على مستوى الرأي العام العثماني والجيش وقاموا بدعم المحافل الماسونية للإطاحة به، واستخدموا شعارات الحرية، والديمقراطية وإزاحة المستبد، وعلى هذا الأساس قاموا بنشر الشقاق والتمرد في الدولة وبين صفوف الجيش، وكان

يهود الدونمة يشكلون اللبنة الأولى لتنفيذ المخططات اليهودية العالمية التي تعمل على تحقيق المشروع الاستيطاني الصهيوني في فلسطين.

123. كان السلطان عبد الحميد العائق القوي أمام مخططات حكماء صهيون فعملوا على ترغيبه بالمال فلم يستطيعوا وكان يتخذ التدابير اللازمة في سبيل عدم بيع الأراضي إلى اليهود في فلسطين ولم يعط اليهود أي امتياز من شأنه أن يؤدي إلى تغلب اليهود على أراضي فلسطين.

124. تحركت الصهيونية العالمية، لتدعيم أعداء السلطان عبد الحميد، وهم المتمردون الأرمن، والقوميون البلقان، وحركة حزب الاتحاد والترقي، والوقوف مع كل حركة انفصالية عن الدولة العثمانية.

125. استطاعت جمعية الاتحاد والترقي أن تعزل السلطان عبد الحميد الثاني عن الحكم وقد تحصلت على دعم من الدول الأوربية، واليهود والمحافل الماسونية للوصول إلى هذا الهدف.

126. كانت جمعية الاتحاد والترقي لاتستطيع مقاومة الحلفاء بعد هزيمتها في الحرب العالمية الثانية، واضطر زعماؤها إلى الفرار إلى ألمانيا وروسيا.

127. استطاع الانجليز واليهود أن يدفعوا بمصطفى كمال نحو زعامة الدولة العثمانية وقام الأخير بتنفيذ مخططا مرسوما انتهى بتحقيق شروط كرزون الأربع وهي: قطع كل صلة لتركيا بالإسلام، إلغاء الخلافة الإسلامية إلغاء تاما، إخراج الخليفة وأنصار الخلافة والإسلام من البلاد، ومصادرة أموال الخليفة، اتخاذ دستور مدني بدلا من دستور تركيا القديم.

128. عمل مصطفى كمال على سلخ تركيا من عقيدتها وإسلامها، وحارب التدين، وضيق على الدعاة، ودعا إلى السفور والاختلاط، إلا أن صوت الحق في تركيا قاوم

العلمانية بشدة وظهرت حركة سعيد النورسي وحزب السلامة الذي أصبح فيما بعد حزب الرفاه ولازال الصراع بين الحق والباطل، والهدى والضلال، والرشد والغي، على أشده في تركيا.

129. إن أسباب سقوط الدولة العثمانية كثيرة جامعها هو الابتعاد عن تحكيم شرع الله تعالى الذي جلب للأفراد والأمة تعاسة وضنكا في الدنيا، وإن آثار الابتعاد عن شرع الله ظهرت في وجهتها الدينية، والاجتماعية، والسياسية، والاقتصادية.

130. إن انحراف سلاطين الدولة العثمانية المتأخرين عن شرع الله وتفريط الشعوب الإسلامية الخاضعة لهم في الأمر بالمعروف والنهي عن المنكر، أثر في تلك الشعوب، وكثرة الاعتداءات الداخلية بين الناس، وتعرضت النفوس للهلاك، والأموال للنهب، والأعراض للاغتصاب بسبب تعطل أحكام الله فيما بينهم، ونشبت حروب وفتن، وبلايا تولدت على أثرها عداوة وبغضاء لم تزل عنهم حتى بعد زوالهم.

131. إن من سنن الله تعالى المستخرجة من حقائق التاريخ أنه إذا عصي الله تعالى ممن يعرفونه سلط الله عليهم من لايعرفونه ولذلك سلط النصارى على المسلمين، وغاب النصر عن الأمة وحرمت من التمكين، وأصبحت في فزع وخوف وتوالت عليها المصائب، وضاعت الديار، وتسلط الكفار.

132. لقد أصيبت الأمة بانحراف شديد في مفاهيم دينها، كعقيدة الولاء والبراء، ومفهوم العبادة، وانتشرت مظاهر الشرك والبدع والخرافات.

133. إن من أعظم الانحرافات التي وقعت في تاريخ الأمة الإسلامية ظهور الصوفية المنحرفة كقوة منظمة في المجتمع الإسلامي تحمل عقائدا وأفكارا وعبادات بعيدة عن كتاب الله وسنة رسوله صلى الله عليه وسلم وقد قوى عود الصوفية المنحرفة واشتدت شوكتها في أواخر العصر العثماني.

134. كانت الفرق المنحرفة قد استفحل أمرها، خصوصا مع مجيء الاستعمار الصليبي الذي طوق الأمة الإسلامية، فكانوا على عادتهم دائما مع أعداء المسلمين عونا لهم وجندا مخلصين لقيادتهم ومن أشهر هذه الفرق، الشيعة الاثني عشرية، والدروز والنصيرية، والإسماعيلية، والقاديانية والبهائية وغيرها من الفرق الضالة المحسوبة على الإسلام.

135. أصبح كثير من العلماء ألعوبة بيد الحكام الجائرين، وتسابقوا للحصول على الوظائف والمراتب وغاب دورهم المطلوب منهم، وكان من الطبيعي أن تصاب العلوم الدينية في نهاية الدولة العثمانية بالجمود والتحجر، واهتم العلماء بالمختصرات، والشروح والحواشي والتقريرات وتباعدوا عن روح الإسلام الحقيقية المستمدة من كتاب الله وسنة رسوله صلى الله عليه وسلم ، ورفض كثير من العلماء فتح باب الاجتهاد، وأصبحت الدعوة لفتح بابه تهمة كبيرة تصل إلى الرمي بالكبائر، وتصل عند بعض المقلدين والجامدين إلى حد الكفر.

136. انتشر الظلم في الدولة العثمانية، والظلم كالمرض في الإنسان يعجل بموته بعد أن يقضي المدة المقدرة له وهو مريض، وبانتهاء هذه المدة يحين أجل موته، فكذلك الظلم في الأمة والدولة يعجل في هلاكها بما يحدثه فيها من آثار مدمرة تؤدي إلى هلاكها واضمحلالها خلال مدة معينة يعلمها الله هي الأجل المقدر لها ولذلك زالت الدولة العثمانية من الوجود، وكذلك مما يعجل بزوال الدول انغماسها في الشهوات والترف وشدة الاختلاف والتفرق.

137. لقد ترتب عن ابتعاد الأمة عن شرع ربها آثار خطيرة، كالضعف السياسي، والحربي، والاقتصادي، والعلمي، والأخلاقي، والاجتماعي وفقدت الأمة قدرتها على المقاومة، والقضاء على أعدائها، فاستعمرت، وغزيت فكريا، نتيجة لفقدها لشروط

التمكين وابتعادها عن أسبابه المادية والمعنوية وجهلها بسنن الله في نهوض الأمم وسقوطها.

قال تعالى: ﴿ولو أن أهل القرى آمنوا واتقوا لفتحنا عليهم بركات من السماء والأرض، ولكن كذبوا فأخذناهم بما كانوا يكسبون ﴾ (سورة الأعراف، الآية: 196).

138. إن هذا المجهود المتواضع قابل للنقد والتوجيه وما هي إلا محاولة متواضعة هدفها معرفة عوامل نهوض الأمة وأسباب سقوطها وبيني وبين الناقد قول الشاعر:

إن تجد عيبا فسد الخللا — جل من لا عيب فيه وعلا

وأسأل الله العلي العظيم رب العرش الكريم أن يتقبل هذا الجهد قبولا حسنا وأن يبارك فيه وأن يجعله من أعمالي الصالحة التي أتقرب بها إليه وأن لايحرم إخواني الذين أعانوني على إكماله من الأجر والمثوبة وأختم هذا الكتاب بقول الله تعالى : ﴿ربنا اغفر لنا ولإخواننا الذين سبقونا بالإيمان ولا تجعل في قلوبنا غلا للذين آمنوا ربنا إنك رؤوف رحيم ﴾.

وبقول الشاعر:

أنا الفقير إلى رب البريات — أنا المسكين في مجموع حالاتي
أنا الظلوم لنفسي وهي ظالمتي — والخير أن يأتينا من عنده يأتي
لا استطيع لنفسي جلب منفعة — ولا عن النفس لي دفع المضرات
والفقر لي وصف ذات لازم أبدا — كما الغنى أبدا وصف له ذاتي
وهذه الحال حال الخلق أجمعهم — وكلهم عنده عبد له آتي

" سبحانك اللهم وبحمدك أشهد أن لا إله إلا أنت أستغفرك وأتوب إليك "،
" وآخر دعوانا أن الحمد لله رب العالمين ".

المصادر والمراجع

(أ)

1. أخبار الأمراء والملوك السلجوقية، د.محمد نور الدين .

2. أيعيد التاريخ نفسه، محمد العبده ، المنتدى الإسلامي ، طبعة 1411هـ

3. إعلام الموقعين عن رب العالمين ، الإمام ابن القيم ، مراجعة وتعليق طه عبد الرؤوف سعد، دار الجيل، بيروت - لبنان.

4. أوروبا في العصور الوسطى، سعيد عاشور، الطبعة السادسة، مكتبة الأنجلو المصرية 1975م.

5. اقتصاديات الحرب في الإسلام، د. غازي التمام، مكتبة الرشد الرياض، الطبعة الأولى 1411هـ/1991م.

6. أطوار العلاقات المغربية العثمانية، إبراهيم شحاتة، منشأة المعارف، الإسكندرية ، الطبعة الأولى 1980م.

7. إمام التوحيد محمد عبد الوهاب، أحمد القطان، مكتبة السندس الكويت، الطبعة الثانية 1409هـ 1988م.

8. استمرارية الدعوة، محمد السيد الوكيل، دار المجتمع المدينة، السعودية، الطبعة الأولى 1414هـ 1994م.

9. أضواء البيان في إيضاح القرآن بالقرآن، لمحمد الأمين الشنقيطي، مطبعة المدني عام 1384- الطبعة الأولى.

10. اقتضاء الصراط المستقيم مخالفة أصحاب الجحيم لابن تيمية، تحقيق محمد حامد الفقي الطبعة الثانية عام 1369هـ مطبعة السنة المحمدية.

11. ابن باديس حياته وآثاره: د. عمار الطالبي، دار الغرب الإسلامي، بيروت الطبعة الثانية 1403هـ - 1983م.

(ب)

12. البداية والنهاية، أبو الفداء الحافظ ابن كثير الدمشقي، دار الريان، الطبعة الأولى، 1408هـ - 1988م.

13. البطولة والفداء عند الصوفية، أسعد الخطيب، دار الفكر، سورية - دمشق.

14. البدر الطالع بمحاسن من بعد القرن السابع، لمحمد بن علي الشوكاني، دار المعرفة، بيروت.

15. بدر التمام في اختصار الاعتصام، اختصره أبي عبد الفتاح محمد السعيد الجزائري، دار الحنان الإسلامية، الطبعة الأولى 1411هـ 1991م، الإمارات العربية المتحدة.

16. بدائع الزهور في وقائع الدهور، محمد بن أحمد ابن إياس، القاهرة مطابع الشعب، 1960.

17. بداية الحكم المغربي من السودان الغربي، محمد الغربي، الدار الوطنية للتوزيع والنشر، طبعة عام 1982م.

18. البرق اليماني في الفتح العثماني، دار اليمامة، الرياض، قطب الدين محمد بن أحمد المكي، الطبعة الأولى 1387هـ - 1967م.

19. البلاد العربية والدولة العثمانية، ساطع الحصري، بيروت 1960م.

(ت)

20. تاريخ الترك في آسيا الوسطى، بارتولد ترجمة أحمد السعيد القاهرة، مطبعة الأنجلو المصرية 1378هـ/1958م.

21. تاريخ الأمم والملوك، محمد بن جرير الطبري، دمشق، دار الفكر 1399هـ/1979م.

22. تاريخ الدولة العلية العثمانية، محمد فريد بك، تحقيق الدكتور إحسان حقي، دار النفائس، الطبعة السادسة، 1408هـ - 1988م.

23. تاريخ الإسلام، شمس الدين محمد بن أحمد الذهبي، دار الكتاب العربي، الطبعة الثانية، 1411هـ - 1991م.

24. تاريخ دولة آل سلجوق، لمحمد الاصبهاني، القاهرة، دار الآفاق الجديدة، بيروت الطبعة الثانية 1978م.

25. تاريخ سلاطين آل عثمان، تحقيق بسام الجابي، تأليف يوسف آصاف، دار البصائر، الطبعة الثالثة 1405هـ - 1985م.

26. تاريخ العرب الحديث، رأفت الشيخ، عين للدراسات والبحوث الإنسانية والاجتماعية.

27. تاريخ العرب الحديث، تأليف د. جميل بيفون، د. شحادة الناظور، الأستاذ عكاشة، الطبعة الأولى 1412هـ/ 1992م، دار الأمل للنشر والتوزيع.

28. التقليد والتبعية وأثرها في كيان الأمة الإسلامية، ناصر العقل، دار المسلم، الطبعة الثانية 1414هـ

29. تاريخ الدولة العثمانية، د. علي حسون، المكتب الإسلامي الطبعة الثالثة 1415هـ 1994م.

30. التاريخ العثماني في شعر أحمد شوقي بقلم محمد زاهد عبد الفتاح أبو غدة، دار الرائد كندا، الطبعة الأولى 1417هـ/1996م.

31. تاريخ سلاطين آل عثمان، للقرماني، الطبعة الأولى 1405هـ/1985م، دار البصائر دمشق سوريا.

32. تاريخ المشرق العربي، عمر عبد العزيز عمر، دار المعرفة الجامعية، إسكندرية.

33. تجربة محمد علي الكبير، دروس في التغيير والنهوض، منير شفيق، دار الفلاح للنشر بيروت لبنان، الطبعة الأولى بيروت 1997م - 1418هـ

34. التراجع الحضاري في العالم الإسلامي د. علي عبد الحليم، دار الوفاء، الطبعة، 1414هـ/ 1994م.

35. تفسير المنار، محمد رشيد رضا، دار المعرفة، الطبعة الثانية، بيروت.

36. تفسير القرآن العظيم، ابن كثير أبو الفداء إسماعيل، تحقيق: عبد العزيز غنيم، وحمد أحمد عاشور، ومحمد إبراهيم البناء، مطبعة الشعب القاهرة - مصر.

37. تفسير الطبري المسمى جامع البيان عن تأويل القرآن، لابن جرير الطبري، دار الفكر، بيروت - لبنان، 1405هـ

38. تفسير السعدي، المسمى تيسير الكريم الرحمن في تفسير كلام المنان، للشيخ عبد الرحمن بن ناصر السعدي، المؤسسة السعدية بالرياض 1977م.

39. تركيا والسياسة العربية: أمين شاكر وسعيد العريان ومحمد عطا.

40. تفسير القرطبي، لأبي عبد الله القرطبي.

41. تفسير النسفي مدارك التنزيل وحقائق التأويل للإمام أبي البركات عبد الله بـن أحمـد بن محمود النسفي.

42. تاريخ الدولة العثمانية، يلماز أوزنتونـا، ترجمـه إلى العربيـة عـدنان محمـود سلمان، د. محمـود الأنصـاري، المجلـد الأول. منشـورات مؤسسـة فيصـل للتمويـل تركيـا استانبول 1988م.

43. تطبيق الشريعة الإسلامية، د. عبـد اللـه الطريقـي، مؤسسـة الرسـالة، بـيروت - لبنـان، الطبعة الأولى 1415هـ/1995م.

44. التيارات السياسية في الخليج العربي، صـلاح العقـاد، القـاهرة، المطبعـة الفنيـة الحديثـة، 1974م.

45. تاريخ الجزائر الحديث، محمد خير فارس، دار الشروق الطبعة الثانية، 1979م.

46. الأتراك العثمانيون في إفريقيا، عزيز سامح، دار النهضة العربيـة، ترجمـة محمـود عـامر، الطبعة الأولى 1409هـ/ 1989م.

47. تاريخ الجزائر العام، عبد الرحمن الجيلالي، دار الثقافة بيروت، الطبعة الرابعة، 1980م.

48. تاريخ إفريقيا الشـمالية، شـارل أنـدري جوليـان، الـدار التونسيـة للنشـر تـونس 1978م، تعريب محمد مزالي.

49. تاريخ المغرب، لمحمد عبود، دار الطباعة المغربية الطبعة الثانية.

50. تاريخ الفكر المصري الحديث - لويس عوض، ط1 القاهرة سنة 1979م.

51. التيارات السياسية الاجتماعية بين المجددين والمحافظين د. زكريا سليمان موسى، دراسة فكر الشيخ محمد عبده، القاهرة سنة 1983م.

52. تاريخ الإحساء السياسي، د. محمد عرابي، منشورات ذات السلاسل الكويت، 1400هـ/1980م.

53. التحفة الحليمية في تاريخ الدولة العلية، إبراهيم حلمي بك.

54. الاتجاهات الوطنية، لمحمد حسين، بيروت، 1972م.

55. التصوف في مصر ـ إبان العصر ـ العثماني د. توفيق الطويل. مطبعة الاعتماد بمصر ـ ط 1365هـ / 1946م.

(ج)

56. جوانب مضيئة في تاريخ العثمانيين، زيادة أبو غنيمة، دار الفرقان، الطبعة الأولى 1403هـ/ 1983م.

57. جمال الدين الأفغاني المصلح المفترى عليه، د. محسن عبد الحميد، مؤسسة الرسالة، الطبعة الأولى 1403هـ/1983م.

58. جهود العثمانيين لإنقاذ الأندلس في مطلع العصر الحديث، د. نبيل عبد الحي رضوان، مكتبة الطالب الجامعي، الطبعة الأولى 1408هـ/1988م.

59. الجبرتي والفرنسيس، د. صلاح العقاد، ندوة الجبرتي القاهرة 1976م.

(ح)

60. حاضر العالم الإسلامي، د. جميل عبد الله محمد المصري، جامعة المدينة المنورة.

61. حروب البلقان والحركة العربية في المشرق العربي العثماني د. عايض بن خزام الروقي، 1416هـ/1996م.

62. حروب محمد علي في الشام وأثرها في شبه الجزيرة العربية، د. عايض بن خزام الروقي، 1414هـ مركز بحوث الدراسات الإسلامية، مكة المكرمة.

63. حركة الجامعة الإسلامية، أحمد فهد بركات، مكتبة المنار، الأردن الطبعة الأولى 1984م/1404هـ

64. الحكم والتحاكم في خطاب الوحي، عبد العزيز مصطفى كامل، دار طيبة، الطبعة الأولى 1415هـ/1995م.

65. الحكومة الإسلامية للمودودي، ترجمة أحمد إدريس، نشر ـ المختار الإسلامي، للطباعة والنشر القاهرة، الطبعة الأولى 1397هـ/1977م.

66. الحسبة في العصر المملوكي د. حيد الصافح، دار الإعلام الدولي، الطبعة الأولى 1414هـ/1993م، القاهرة.

67. حرب الثلاثمائة سنة بين الجزائر واسبانيا، احمد توفيق مدني الطبعة الثانية، 1984م.

68. حقائق الأخبار عن دول البحار، إسماعيل سرهنك، المطبعة الأميرية، ببولاق، مصر الطبعة الأولى 1312هـ

69. الحروب الصليبية في المشرق والمغرب، محمد العمروسي دار الغرب الإسلامي، بيروت، الطبعة الثانية، 1982م.

70. حقيقة الماسونية لمحمد الزعبي، دار العربية، بيروت 1974م.

71. الحركة الإسلامية الحديثة في تركيا د. أحمد النعيمي، دار البشير، عمان، الأردن، الطبعة الأولى 1413هـ/1993م.

72. حركة الإصلاح في عصر السلطان محمود الثاني، د. البحراوي، دار التراث، القاهرة الطبعة الأولى 1398هـ/1978م.

(خ)

73. خراسان، محمود شاكر، الطبعة الأولى، بيروت، المكتب الإسلامي، 1398هـ/1978م.

74. خير الدين بربوس، بسام العسلي، دار النفائس الطبعة الثالثة: 1406هـ/1986م.

75. الخلافة والملك للمودودي، تعريب أحمد إدريس، دار القلم، الطبعة الأولى سنة 1398هـ/1978م.

76. خليفة من خياط تاريخه، تحقيق د. أكرم ضياء العمري، الطبعة الثانية دار القلم بيروت ومؤسسة الرسالة 1397هـ/1977م.

77. خلاصة تاريخ الأندلس، دار مكتبة الحياة، بيروت، شكيب أرسلان.

78. خطط الشام، محمد كرد علي، دار العلم للملايين، بيروت، 1390هـ

(د)

79. الدولة العثمانية والشرق العربي، محمد أنيس، القاهرة، مكتبة الأنجول المصرية.

80. دور الكنيسة في هدم الدولة العثمانية، تأليف ثريا شاهين، ترجمة الدكتور محمد حرب، دار المنارة للنشر والتوزيع، الطبعة الأولى 1418هـ/1997م.

81. دعوة جمال الدين الأفغاني في ميزان الإسلام، مصطفى فوزي عبد اللطيف غزال، دار طيبة، الطبعة الأولى 1403هـ/1983م.

82. الدولة العثمانية، دولة إسلامية مفترى عليها، د. عبد العزيز الشناوي، مكتبة الأنجلو المصرية، مطابع جامعة القاهرة عام 1980م.

83. الدولة العثمانية في التاريخ الإسلامي الحديث، د. إسماعيل مكتبة العبيكان، الطبعة الأولى 1416هـ/1996م.

84. الدولة العثمانية قراءة جديدة لعوامل الانحطاط، قيس جواد العزاوي، مركز دراسات الإسلام والعالم، الطبعة الأولى 1414هـ/1994م.

85. الدولة العثمانية، أخطاء يجب أن تصحح في التاريخ، د. جمال عبد الهادي، د. وفاء محمد رفعت جمعة، علي أحمد لبن، دار الوفاء، الطبعة الأولى، 1414هـ/1994م.

86. دراسات متميزة في العلاقات بين الشرق والغرب على مر العصور، يوسف الثقفي، دار الثقة، الطبعة الثانية، 1411هـ

87. دراسات في التاريخ المصري، أحمد سيد د. أ-ج، والسيد رجب حراز، القاهرة، دار النهضة، 1976م.

88. الدولة السعودية الأولى، عبد الرحيم عبد الرحمن.

89. دولة الموحدين، علي محمد الصلابي، دار البيارق عمان-الأردن، 1998م، الطبعة الأولى.

(ر)

90. الرسالة الخالدة، عبد الرحمن عزام، القاهرة 1946م.

91. رسائل البنا، حسن البنا، دار الأندلس.

92. رياضة الإسماع في أحكام الذكر والسماع، محمـد أبـو الهـدى الصيادي، مطبعـة التمـدن بمصر 1903م.

(ز)

93. زاد المعاد في هدى خير العباد، لابن القيم الجوزية.

(س)

94. السلوك، أحمد بن علي المقريزي، الطبعة الثانية، القاهرة 1376هـ/1956م.

95. السلاطين في المشرق العربي، د. عصام محمد شبارو، طبعـة 1994م، دار النهضـة العربيـة، بيروت-لبنان.

96. سير أعلام النبلاء، الذهبي، مؤسسة الرسالة، الطبعة السابعة، 1410هـ/1990م.

97. السلطان عبد الحميد الثاني، د. محمد حـرب، دار القلـم دمشـق، الطبعـة الأولى، 1410هـ/1990م.

98. الإسلام في آسيا منذ الغزو المغولي د. محمد نصر مهنا، الطبعة الأولى، 1991/1990، المكتب الجامعي الحديث، طبعة أولى، 1990م.

99. السلطان محمد الفاتح، فاتح القسطنطينية وقاهر الروم، عبد السلام عبد العزيز فهمي، دار القلم، دمشق، الطبعة الرابعة، 1407هـ/1987م.

100. السلاطين العثمانيون، كتاب مصور، طبع في تونس.

101. الإسلام وأوضاعنا القانونية، عبد القادر عودة، الناشر المختار الإسلامي، القـاهرة، الطبعـة الخامسة سنة 1397هـ.

102.سنن أبي داود، سليمان بن الأشعث، تحقيق، عزت عبيد الدعاس، حمص الناشر: محمد السيد.

103.سنن الترمذي، لأبي عيسى الترمذي، تحقيق أحمد شاكر مصطفى الحلبي، القاهرة.

104.الإسلام في مواجهة التحديات: أبو الأعلى المودودي، الطبعة الأولى عام 1391هـ دار القلم.

105.سد باب الاجتهاد وما ترتب عليه، عبد الكريم الخطيب، دار الأصالة الطبعة الأولى، 1405هـ/1984م.

106.السنن الإلهية في الأمم والجماعات والأفراد، عبد الكريم زيدان.

(ش)

107.الشعوب الإسلامية، الأتراك العثمانيون، الفرس، مسلمو الهند، د. عبد العزيز سليمان نوار، دار النهضة العربية، طبعة 1411هـ/1991م.

108.شذرات الذهب في أخبار من ذهب، لابن العماد الحنبلي دار الآفاق الجديدة بيروت.

109.الشرق الإسلامي في العصر الحديث، حسن مؤنس مطبعة حجازي القاهرة الطبعة الثانية، 1938م.

110.الشوقيات، ديوان أحمد شوقي، دار العودة، بيروت 1986م.

(ص)

111.صحوة الرجل المريض، د. موفق بني مرجه، دار البيارق، الطبعة الثامنة، 1417هـ/1996.

112.صحيح البخاري، للإمام محمد بن إسماعيل.

113.صحيح مسلم، للإمام أبي الحسن مسلم بن الحجاج القشيري النيسابوري، دار الحديث، القاهرة، الطبعة الأولى 1412هـ/1991م.

114.صراع المسلمين مع البرتغال في البحر الأحمر، غسان علي الرمال، جدة، دار العلم، 1406هـ

115.الصراع الفكري بين أجيال العصور الوسطى والعصر الحديث كما صوره الجبرتي، د. أحمد العدوي، أبحاث ندوة الجبرتي، القاهرة، سنة 1976م.

(ط)

116.طبقات الشافعية الكبرى، لتاج الدين أبي نصر ـ عبد الوهاب بن علي بن عبد الكافي السبكي، تحقيق عبد الفتاح محمد، محمود محمد الطناحي، دار إحياء الكتب العربية.

(ع)

117.العثمانيون في التاريخ والحضارة، د. محمد حرب، دار القلم، دمشق، الطبعة الأولى 1409هـ/1989م.

118.العالم العربي في التاريخ الحديث، د. إسماعيل أحمد ياغي، مكتبة العبيكان، 1418هـ/1997م.

119.العلمانية نشأتها وتطورها وآثارها في الحياة الإسلامية المعاصرة، سفر عبد الرحمن الحوالي، طبعة 1408هـ/1987م.

120.العثمانيون والروس، د. علي حسون، المكتب الإسلامي الطبعة الأولى، 1402هـ/1982م.

121.العبر وديوان المبتدأ والخبر، عبد الرحمن ابن خلدون.
122.علاقات بين الشرق والغرب بين القرنين الحادي عشر والخامس عشر، المكتبة العصرية، صيدا-لبنان، ط 1969م. عبد القادر أحمد اليوسف.
123.علاقة ساحل عمان ببريطانيا، دراسة وثائقية، عبد العزيز عبد الغني إبراهيم، الرياض، مطبوعات دار الملك عبد العزيز، 1402هـ/1982م.
124.عجائب الآثار في التراجم والأخبار، دار فارس- بيروت لعبد الرحمن الجبرتي.
125.عقيدة ختم النبوة المحمدية، د. أحمد سعدان حمدان، دار طيبة، الرياض، الطبعة الأولى، 1405هـ/1985م.
126.عقيدة ختم النبوة بالنبوة المحمدية، د. عثمان عبد المنعم، مكتبة الأزهر 1978م.

(ف)

127.فتوح البلدان، احمد يحيى البلاذري.
128.الفتوح الإسلامية عبر العصور، د. عبد العزيز العمري، دار اشبيلية، الرياض، الطبعة الأولى، 1418هـ/1997م.
129.الأفعى اليهودية في معاقل الإسلام، عبد الله التل، المكتب الإسلامي.
130.في أصول التاريخ العثماني، أحمد عبد الرحيم مصطفى، دار الشروق، الطبعة الثانية، 1986م/1406هـ
131.في ظلال القرآن الكريم، سيد قطب، دار الشروق.
132.الفوائد لابن القيم.
133.فتح القسطنطينية وسير السلطان محمد الفاتح ومحمد مصطفى.

134. فتح القسطنطينية وسيرة السلطان محمد الفاتح، محمد صفوت، منشورات الفاخرية، الرياض ودار الكتاب العربي، بيروت بدون تاريخ.

135. فقه التمكين في القرآن الكريم، لعلي محمد الصلابي، رسالة دكتوراه لم تطبع بعد.

136. فقه التمكين عند دولة المرابطين، علي محمد الصلابي، دار البيارق عمان، بيروت، طبعة أولى 1998م.

137. فتح العثمانيين عدن وانتقال التوازن الدولي من البر إلى البحر، محمد عبد اللطيف البحراوي، دار التراث، القاهرة، الطبعة الأولى، 1979م.

138. فلسفة التاريخ العثماني، محمد جميل بيهم، أسباب انحطاط الإمبراطورية العثمانية وزوالها - شركة فرج الله للمطبوعات، بيروت، 1954م.

(ق)

139. قـراءة جديـدة في تاريخ العثمانيين، د. زكريا سليمان بيومي، الطبعة الأولى، 1411هـ/1991م، عالم المعرفة.

140. قيام الدولة العثمانية، د. عبد اللطيف عبد الله دهيش، الطبعة الثانية، 1416هـ/1995م، مكتبة ومطبعة النهضة الحديثة، مكة المكرمة.

(ك)

141. الكامل في التاريخ، علي بن محمد بن أبي الكرم بن عبد الكريم، القاهرة.

142. الكشوف الجغرافية البرتغالية والاسبانية، مقالة في كتاب الصراع بين العرب والاستعمار، شوقي عبد الله الجمل، القاهرة، 1415هـ/1995م.

(ل)

143. ليبيا بين الماضي والحاضر، حسن سليمان محمود، مؤسسة سجل العرب، القاهرة، 1962م.

144. ليبيا منذ الفتح العثماني، اتوري، روسي، تعريب خليفة التليسي، دار الثقافة، الطبعة الأولى 1974م.

(م)

145. معركة نهاوند، شوقي أبو خليل.

146. مرآة الزمان لسبط بن الجوزي.

147. الموسوعة العامة لتاريخ المغرب والأندلس، نجيب زبيب، دار الأمير، الطبعة الأولى، 1415هـ/1995م.

148. مذكرات السلطان عبد الحميد، تقديم د. محمد حرب، دار القلم، الطبعة الثالثة، 1412هـ/1991م.

149. موقف الدولة العثمانية من الحركة الصهيونية د. حسان علي حلاق، دار الجامعة، الطبعة الثالثة، 1986م.

150. موقف أوربا من الدولة العثمانية، د. يوسف علي الثقفي، الطبعة الأولى، 1417هـ

151. المختار المصون من أعلام القرون، محمد بن حسن بن عقيل موسى دار الأندلس الخضراء للنشر والتوزيع جدة، الطبعة الأولى، 1415هـ/1995م.

152. المسألة الشرقية، دراسة وثائقية عن الخلافة العثمانية، محمود ثابت الشاذلي، مكتبة وهبة، الطبعة الأولى 1409هـ/1989م.

153. محمد الفاتح، د. سالم الرشيدي، الإرشاد، جدة، الطبعة الثالثة 1989م/1410هـ.

154. معجم المؤلفين، تراجم مصنفي الكتب العربية، تأليف عمر رضا كحالة، إحياء التراث العربي.

155. المشرق العربي والمغرب العربي د. عبد العزيز قائد المسعودي، جامعة صنعاء، دار الكتب الثقافية، صنعاء، الطبعة الأولى 1993م.

156. مجموع الفتاوى، جمع وترتيب عبد الرحمن القاسم.

157. الأمر بالمعروف والنهي عن المنكر، خالد السبت، المنتدى الإسلامي.

158. معارج القبول شرح سلم الوصول إلى علم الأصول في التوحيد، تأليف الشيخ الحافظ أحمد حكمي رحمه الله، تعليق عمر محمود، دار ابن القيم للنشر والتوزيع، الطبعة الأولى 1410هـ/1990م.

159. مسند الإمام أحمد، المكتب الإسلامي، بيروت، 1405هـ/1985م.

160. المجتمع المدني في عهد النبوة " الجهاد ضد المشركين، الطبعة الأولى 1404هـ

161. مواقف حاسمة، محمد عبد الله عنان.

162. منهج الرسول في غرس الروح الجهادية في نفوس أصحابه، د. السيد محمد السيد نوح، الطبعة الأولى 1411هـ/1990م، نشرته جامعة الإمارات العربية.

163. المغرب العربي في بداية العصور الحديثة، صلاح العقاد، مكتبة الأنجلو المصرية، القاهرة الطبعة الثالثة، 1969م.

164. المغرب العربي الكبير، شوقي عطا الله الجمل، طبعة أولى، 1977م، مكتبة الأنجلو المصرية، القاهرة.

165.المجتمع الإسلامي المعاصر، محمد المبارك، دار الفكر بيروت، ط 1390هـ/1971م.

166.مشكلات الجيل في ضوء الإسلام، محمد المجذوب ط 1390هـ

167.المغرب في عهد الدولة السعدية، عبد الكريم كريم، شركة الطبع والنشر الدار البيضاء، المغرب، 1977م.

168.المغرب العربي الكبير، جلال يحيى.

169.محنة الموريسيكوس في اسبانيا، لمحمد قشتيلو، مطبعة الشويخ، تطوان، 1980م.

170.الموسوعة الميسرة في الأديان، لندوة الشباب العالمي، جدة.

171.المسلمون وظاهرة الهزيمة النفسية، عبد الله بن حمد الشبانة، دار طيبة، الطبعة الثالثة، 1417هـ/1997م.

172.مصر في مطلع القرن التاسع عشر، د. محمد فؤادي شكري، القاهرة سنة 1958م.

173.الماسونية وموقف الإسلام منها، د. حمود أحمد الرحيلي، دار العاصمة. السعودية، طبعة أولى 1415هـ

174.من أخبار الحجاز ونجد في تاريخ الجبرتي، محمد أديب غالب، دار اليمامة السعودية ط1 سنة 1975م.

175.المعالم الرئيسية للأسس التاريخية والفكرية لحزب السلامة، محمد عبد الحميد حرب، ندوة اتجاهات الفكر الإسلامي المعاصر البحرين.

176.مفاهيم يجب أن تصحح، لمحمد قطب، دار الشروق، القاهرة، الطبعة السابعة، 1412هـ/1992م.

177.المجتمع الإسلامي المعاصر، محمد المبارك، دار الفكر ، بيروت ط 1390هـ/ 1971م.

178.مشكلات الجيل في ضوء الإسلام ، محمد المجذوب ط 1390هـ

(ن)

179.الانحرافات العقدية والعلمية في القرنين الثالث عشر والرابع عشر الهجريين وآثارهما في حياة الأمة، تأليف علي بن نجيب الزهراني، دار طيبة مكة، دار آل عمار الشارقة، الطبعة الثانية،1418هـ،1998م.

180.النظام السياسي في الإسلام د. محمد أبو فارس، دار الفرقان، عمان، الأردن، الطبعة الثانية 1407هـ/ 1986م.

181.النجوم الزاهرة، لجمال الدين أبي المحاسن يوسف بن تعزي الهيئة المصرية العامة للتأليف والنشر، 1391هـ/ 1971م.

182.النفوذ البرتغالي في الخليج العربي، نوال صيرفي، الرياض مطبوعات دار الملك عبد العزيز، 1403هـ/ 1983م.

183.نشوة المدام في العودة إلى مدينة السلام: أبو الثناء الآلوسي. مطبعة ولاية بغداد، 1293هـ

(و)

184.واقعنا المعاصر، محمد قطب، الطبعة الثانية، 1408هـ/1988م. مؤسسة المدينة المنورة.

185.الولاء والبراء في الإسلام، محمد سعيد القحطاني، دار طيبة، مكة الرياض، الطبعة السادسة، 1413هـ

186.وادي المخازن، شوقي أبو خليل.

187.وحي القلم، مصطفى صادق الرفاعي، دار الكتاب العربي، الطبعة الثانية.

188.والـدي السـلطان عبـد الحميـد، مـذكرات الأمـيرة عائشـة، دار البشـير، الطبعة الأولى، 1411هـ/1991م.

(ي)

189.اليهودية والماسونية، عبد الرحمن الدوسري، دار السنة، الطبعـة الأولى، 1414هـ/1994م، السعودية.

190.اليهود والدولة العثمانية، د. أحمد نوري النعيمي، مؤسسة الرسالة دار البشـير، الطبعـة الأولى 1417هـ/1997م.

191.يهود الدونمة، دراسة في الأصول والعقائد والمواقـف د. أحمـد نـوري النعيمـي، مؤسسـة الرسالة، الطبعة الأولى، 1415هـ/1995م.

فهرس الكتاب

فهرس الجزء الثاني

394

397